W0078669

Elisabeth Noelle-Neumann

Die Erinnerungen

Elisabeth Noelle-Neumann

Die Erinnerungen

Mit 41 Fotos

Herbig

Bildnachweis

Alle Abbildungen stammen aus dem Privatarchiv der Autorin
sowie aus dem Archiv des Instituts für Demoskopie Allensbach, außer:
Nr. 25 (Erich Lessing, dpa/picture-alliance), Nr. 36 (Zweites Deutsches
Fernsehen), Nr. 41 (Schule Schloß Salem).

*Dieses Buch entstand in Zusammenarbeit
mit meinem guten Freund Thomas Petersen.*

Besuchen Sie uns im Internet unter:
www.herbig-verlag.de

1. Auflage September 2006
2. Auflage Januar 2007

© 2006 by F. A. Herbig Verlagsbuchhandlung GmbH, München
Alle Rechte vorbehalten
Umschlaggestaltung: Wolfgang Heinzel
Umschlagbild: Institut für Demoskopie Allensbach
Herstellung und Satz: VerlagsService Dr. Helmut Neuberger
& Karl Schaumann GmbH, Heimstetten
Gesetzt aus der 11/13,7 pt New Caledonia
Drucken und Binden: GGP Media GmbH, Pößneck
Printed in Germany
ISBN 978-3-7766-2485-4

Inhalt

Der Garten in der Limonenstraße

Ich liege und blicke nach oben, also muß ich im Kinderwagen sein. Über mir sehe ich einen herrlichen großen Baum mit grünem Laub. Es ist also Sommer. Meine erste Erinnerung stammt damit wahrscheinlich aus dem Jahr 1918, dem letzten des Ersten Weltkriegs. Da war ich eineinhalb Jahre alt. Man hat das 20. Jahrhundert das »kurze Jahrhundert« genannt. Das Kaiserreich habe noch ganz in den Traditionen des 19. Jahrhunderts gestanden und der große historische Bruch, der Beginn eines neuen Zeitalters, erst im Jahr 1918 stattgefunden. Wenn man sich diese Sicht zu eigen macht, habe ich das gesamte Jahrhundert bewußt erlebt. Geboren wurde ich am 19. Dezember 1916 als zweites von vier Kindern des Unternehmers Ernst Noelle und seiner Frau Eva. Meine zwei Jahre ältere Schwester Gisela, meine jüngeren Brüder Ernst und Dieter und ich wohnten an einem der schönsten Orte Berlins, der Limonenstraße 8 in der Nähe des Botanischen Gartens an der Grenze zwischen Dahlem und Lichterfelde. Mein Elternhaus war eine prächtige Villa. Sie steht heute noch. Doch das schönste an der Limonenstraße war der Garten. Er war wie eine Insel aus Bäumen, Blumenrabatten und weit ausladendem Rasen. Die meisten Nachbargrundstücke waren damals noch unbebaut. Die Bäume hatte mein Vater ausgesucht, es sollten so viele verschiedene wie möglich sein. Seine Kinder sollten mit Platanen und Buchen, Kastanien und Ahorn, Eichen und Pappeln und Weiden und Flieder aufwachsen, ganz von Beginn ihres Lebens an sollten sich ihnen diese Bäume einprägen, eine Arche Noah von Bäumen. Und meine Mutter pflanzte die breiten Rabatten, Kaiserkronen und rote Päonien, Fliegende Herzen und Rittersporn. Vor der Freitreppe des Hauses, ringsum von Lilien umgeben, stand murmelnd ein niedriger Springbrunnen, und am Rande des Rasens thronte die steinerne weiße Porträtbüste einer Dame mit Locken, die auf den großen Rüschenkragen niederfielen.

Manchmal, wenn ich in Berlin bin, wache ich mitten in der Nacht auf und denke, ich müßte sofort aufspringen, meinen Koffer packen und in die Limonenstraße fahren. Was tue ich denn in diesem fremden Hotel?

Sowohl mein Großvater väterlicherseits als auch mein Großvater mütterlicherseits standen in dem 1902 herausgegebenen Verzeichnis der Berliner Millionäre. Daher kommt wahrscheinlich meine Gleichgültigkeit gegenüber Geld. Wenn seit vielen Generationen Geld selbstverständlich ist, dann interessiert man sich überhaupt nicht mehr dafür. Bis heute ist es so, daß ich immer, wenn ich Geld bekomme, es sofort wieder ausgebe. Wenn man das tragische Schicksal meiner Geschwister und vieler meiner Verwandten betrachtet und es mit diesem Reichtum noch am Anfang des 20. Jahrhunderts vergleicht, dann erkennt man, wie schrecklich, wie grausam dieses Jahrhundert war.

Mit meinen Vorfahren hatte ich ungeheures Glück, und ich nehme gerne an, das eine oder andere Talent von ihnen geerbt zu haben. Einer meiner Urgroßväter, Emil Rittershaus, war ein bekannter westfälischer Heimatdichter und ein Freund Hoffmanns von Fallersleben, der auf Helgoland das Deutschlandlied gedichtet hatte. Eben dort sollte nun eines Tages eine Büste zu Ehren des Dichters aufgestellt werden. Beauftragt wurde der damals berühmte Berliner Bildhauer Fritz Schaper. Hoffmann von Fallersleben brachte zur Enthüllung des Denkmals seinen Freund Rittershaus mit, der wiederum mit seiner Tochter Helene nach Helgoland angereist kam. Auf diese Weise lernten sich meine Großmutter Helene Rittershaus und mein Großvater Fritz Schaper kennen. 1891 heirateten sie.

8

Fritz Schaper war bei seiner Hochzeit bereits fünfzig Jahre alt. »Soll ich das Haus nun für dich verheiratet bauen oder nicht verheiratet?« hatte ihn noch der Architekt Kayser gefragt, als er sich mit neunundvierzig Jahren das Grundstück an der Buchenstraße in Berlin, ganz in der Nähe des Nollendorfplatzes, gekauft hatte. »Kannst du es nicht vielleicht auf beides einrichten und für alle Fälle reichlich Raum lassen?« antwortete Schaper unsicher. Zehn Jahre später war der reichliche Raum von einer rheinischen Frau und vier Kindern gut genutzt, darunter meiner Mutter als der Zweitältesten.

Über die Vorfahren von Fritz Schaper weiß man nichts. Seine Eltern waren früh bei einer Epidemie umgekommen. Er wurde von einer adeligen Familie aufgenommen, die auch über seinen Berufsweg bestimmte. Zunächst sollte er Steinmetz werden, bei der Ausbildung erkannte man aber dann, was für ein großes Talent er besaß. So kam mein Großvater an die Berliner Kunstakademie und wurde schließlich im Kaiserreich einer der angesehensten Bildhauer. Bis heute ist er im Stadtbild Berlins und vieler anderer Städte präsent. Von ihm stammt unter anderem der Giebelschmuck des Berliner Reichstags, die Christusfigur in der Gedächtniskirche, das Goethe-Denkmal im Tiergarten oder auch das Lessing-Denkmal auf dem Hamburger Gänsemarkt.

Im Haus meines Großvaters war alles darauf eingerichtet, daß er, der berühmte Bildhauer, während der Arbeit nicht gestört wurde. Zwar hatte jeden Morgen um halb acht und auch sonntags nur eine halbe Stunde später die Tischrunde beim Frühstück komplett sechsköpfig zu sein, aber nie wäre das Atelier, in das er regelmäßig um acht Uhr hinunterstieg, unaufgefordert betreten worden. Das zweite Frühstück um zehn stand auf der Veranda fertig angerichtet ohne einen Menschen in der Nähe, und wenn er in geripter Samtjacke oder weißem Ateliermantel mit Plänen behangen und halb abwesend im Garten sein »Alpinum« mit aus den Ferien heimgebrachten Pflanzen oder den Wein an der Südmauer besichtigte, wurde er mit sorgfältigem Bogen umgangen. Manchmal blieb er auf dem Kiesplatz stehen, um die Zeichnungen zu betrachten und zu kritisieren, die seine Kinder nach langsam erobertem Gewohnheitsrecht dort in den Boden geritzt hatten und die nun da wie auf eine Audienz von ihm warteten.

Aber während es in der Schule ein Vergnügen war, für Zeichnungen, Gedichte und Klavierspiel Lob einzustecken, schienen dem Vater zu Hause vor allem die Fehler ins Auge zu springen. Das galt nicht nur für die Kunstwerke im Kies, sondern vor allem für das allsonntägliche Vorspielen der Kinder auf dem Flügel, bei dem er die stilechten Improvisationen des Sohnes über jene Stellen, die seinem Gedächtnis entfallen waren, streng tadelte. Und es gab verwunderliche Erlebnisse mit ihm, wenn er zum Beispiel an einem Weihnachtsabend den mühsam gestrickten Schuhbeutel »Gute Reise« kaum beachtete, aber sich statt dessen das Steckenpferd mit beweglichen Beinen und Ohren ausbat, das sich dieselbe Tochter ganz nebenbei geschnitzt und bemalt hatte.

Richtige Künstlergewohnheiten gibt es aus dem Haus in der Buchenstraße nicht zu berichten. Vor den Klassenkameraden haben das die Schaper-Kinder immer bedauert. In nichts konnte man den berühmten Vater verraten – im Gegenteil. Während andere Kinder bunt angezogen oder in abstehenden weißen Spitzenkleidern gingen, trugen meine Mutter, ihr Bruder und ihre beiden Schwestern gestreifte Matrosenanzüge. Und von den häuslichen Mahlzeiten war zu berichten, daß zwar vor jedem Gedeck ein Weinglas stand, die rheinische Hausfrau aber meist die einzige war, die ein wenig Mosel daraus trank.

Von Zeit zu Zeit erstrahlte das Haus in Glanz. Dann wurde die Buchenstraße abgesperrt, drei Karossen fuhren vor, und der Kaiser kam, um im Atelier die neuen Werke zu begutachten. Bei solcher Festlichkeit standen auch die Kinder zur Begrüßung in der Diele, und später schauten sie vom zweiten Stock aus durch die Gardinen, wie auf Schienen der Wagen mit den neuesten Arbeiten »Wisentgruppe« oder der »Große Kurfürst« für den Kaiser in den Garten gerollt wurde.

Es war auch jedesmal von neuem eine große Begebenheit, wenn mein Großvater die Hofuniform mit Kniehosen und Dreispitz anzog, um zu einem Hoffest zu eilen. Die Bonbons, die er von dort mitbrachte, spielten in den Erinnerungen meiner Mutter eine wichtige Rolle. Allerdings war es wohl ein eher zweifelhaftes Vergnügen, beim Kaiser eingeladen zu sein. Die Gäste wurden nach der Sitzordnung, das hieß auch nach ihrem Rang, bewirtet. Zuerst wurde dem Kaiser aufgelegt, dann den höchsten Offizieren usw. Mein Großvater saß ganz am Ende des Tisches, am unteren Ende der Rangordnung. Nun war der Kaiser ein sehr schneller Esser, und sobald er gegessen hatte, räumten die Diener hastig alles ab, so daß mein Großvater das Essen nur von weitem betrachten konnte, aber selbst nichts abbekam.

Ich habe keine eigenen Erinnerungen an meinen berühmten Großvater. Er starb, als ich knapp drei Jahre alt war. Ich kann mich aber gut an meine Großmutter erinnern, die eine wunderbare, gütige Großmutter war. Als ich ungefähr zehn Jahre alt war, ging sie mit mir in die Berliner Museen und berichtete mir beispielsweise über den Streit um das Rembrandt-Gemälde »Der Mann mit dem Goldhelm«. Oft habe ich als Kind in dem Haus an der Buchenstraße übernachtet. Dort schlief ich in dem ehemaligen Atelier, in dem noch die von Fritz Schaper bearbeiteten, aber nicht mehr fertiggestellten Statuen aus Ton standen, eingewickelt in feuchte Tücher, damit der Ton nicht trocknete. In diesem Atelier war es nachts immer etwas gruselig, vor allem, wenn der Mond hineinschien, die Statuen Schatten warfen und scheinbar zu leben begannen.

Meiner Großmutter ist es letztlich auch zu verdanken, daß Fritz Schaper heute nicht gänzlich vergessen ist, obwohl man nach dem Zweiten Weltkrieg Bildhauern des Historismus mit ungerechtfertigter Geringschätzung begegnete. 1892, kurz nach ihrer Heirat, hatte meine Großmutter begonnen, ein Tagebuch zu führen. Nach ihrem Tod, ich war ungefähr sechzehn Jahre alt, kamen meine Mutter und ihre Schwester zu mir und übergaben mir diese Tagebücher. »Unsere Mutter hat uns aufgetragen, sie zu vernichten«, sagten sie. »Du sollst entscheiden, ob sie wirklich vernichtet werden sollen oder nicht.« Ich überlegte und sagte ihnen dann: »Niemand soll die Tagebücher lesen, der die Großmutter noch persönlich gekannt hat.«

Jahrzehnte später, in den siebziger Jahren, besuchte mich die Kunsthistorikerin Jutta von Simson in meinem Haus in Piazzogna am Lago Maggiore. Dort erlaubte ich ihr, die Tagebücher zu lesen, woraufhin sie beschloß, ein Buch über Fritz Schaper zu schreiben. Wenn sie tatsächlich vernichtet worden wären, wäre das Buch nicht entstanden und der Ruhm von Fritz Schaper vergessen worden. Wiederum Jahre später besuchte ich in Berlin auf dem Dorotheenstädtischen Friedhof das Grab meines Großvaters. Es war vollkommen heruntergekommen und überwuchert von Unkraut. Die Namen auf dem Grabstein waren unlesbar geworden. Ich bat Uwe Hinkfoth, einen damaligen Mitarbeiter des Instituts für Demoskopie Allensbach, der auf meine Bitte hin auch eine Ausstellung über Fritz Schaper im Museum Goch organisierte, sich um die Sache zu kümmern. Auch mit Hilfe des Buches von Jutta von Simson überzeugte er die Verwaltung, daß die Stadt das Grab eines so verdienstvollen Bürgers nicht so verkommen lassen dürfe. Heute ist das Grab hervorragend gepflegt und mit einer Tontafel versehen mit der Aufschrift: »Dies ist ein Ehrengrab des Landes Berlin«.

Ich bin oft gefragt worden, warum ich als Wissenschaftlerin und Unternehmerin in einem von Männern dominierten Umfeld nie in Versuchung gekommen bin, mich als Feministin zu gebärden. Ich habe dann immer gesagt, das habe meine Großtante Adeline Rittershaus schon für mich besorgt, die gleichzeitig auch meine Patentante war. Adeline Rittershaus war eine großartige, hochbegabte Frau, die sich ganz selbständig ihren Weg gesucht hatte gegen ungeheure Widerstände. Da Frauen im Kaiserreich kein Abitur machen konnten, ging sie in die Schweiz. Dort studierte sie

12

nordische Sprachen und wurde die erste Frau, die an der Züricher Universität promovierte. In den Jahren 1898 und 1899 ging sie nach Island, um die Volksmärchen zu untersuchen. Dabei lernte sie den Lehrer Thorleifur Bjarnason kennen und heiratete ihn. Dann aber stellte sich heraus, daß beide nicht miteinander zurechtkamen. Ihr Mann sagte, er könne an keinem anderen Ort als Island leben, sie dagegen konnte sich ein Leben auf Island nicht vorstellen. Also ließen sie sich nach einem Jahr wieder scheiden. 1904 heiratete sie den Architekten Theodor Oberländer, doch auch diese Ehe wurde später wieder geschieden. 1901 versuchte sie, sich an der Universität Bonn zu habilitieren, wurde aber abgelehnt. Erst zehn Jahre später gelang ihr die Habilitation an der Universität Zürich. Als sie ihre Antrittsvorlesung hielt, war die Zahl der Zuhörer so groß, daß die gesamte Gesellschaft in einer langen Prozession in ein anderes Gebäude umziehen mußte, in dem es einen größeren Hörsaal gab.

Man kann sich heute kaum noch vorstellen, mit welchen Schwierigkeiten eine Frau damals zu kämpfen hatte, wenn sie so wie meine Großtante ein selbstbestimmtes Leben führen wollte. Sie kehrte schließlich nach dem Ersten Weltkrieg nach Deutschland zurück und starb dort 1926 mit achtundvierzig Jahren. Mir ist erzählt worden – ich selbst war nicht dabei –, daß es auf ihrer Beerdigung einen Eklat gab. Der Pfarrer habe eine schöne Rede auf sie gehalten, da sei ein junger Mann aufgesprungen und habe mitten in die Zeremonie hineingerufen: »Was seid ihr doch alle verlogen! Ihr wißt doch ganz genau, wie übel ihr mitgespielt worden ist!« Ich denke oft an diesen jungen Mann, der offenbar wußte, wie bösartig mit ihr umgegangen worden war.

Ich finde es sehr bemerkenswert, daß meine Eltern ausgerechnet diese Tante als Patentante für mich ausgesucht haben. Ich erinnere mich, daß sie mich in Berlin zum Tee einlud. Sie lebte inzwischen im Haus meiner Großeltern. Ich war ungefähr drei Jahre alt, und sie empfing mich wie eine Erwachsene im Wohnzimmer meiner Großeltern, in dem es einen wunderbaren Teetisch gab, auf

13

dem alles angerichtet war. Ich weiß heute noch, daß ich links von ihr saß. Sie überreichte mir eine Schale mit Marzipanfrüchten. Das habe ich seitdem nicht vergessen. Immer, wenn ich Marzipanfrüchte sehe, denke ich an diese bemerkenswerte Patentante. Ihr verdanke ich meine frühe Erkenntnis, daß man sich als Frau nicht irgendwie genieren oder unterlegen fühlen muß.

Schließlich gibt es noch von einem weiteren Vorfahren zu berichten, von dem mir mein Vater einmal flüsternd, ganz leise erzählte, nämlich dem preußischen König Friedrich Wilhelm IV. (1795–1861). Im Jahr 1820 verbrachte er den Sommer in Ostpreußen und verliebte sich dort in ein bürgerliches Mädchen. Das allein wurde bereits als überraschend empfunden, denn der damalige Kronprinz galt allgemein als sehr zurückhaltend. Nun bekam das Mädchen einen Sohn. Damals gab es am Hof ganz klare Regeln, wie in einem solchen Fall verfahren werden mußte: Zuerst wurde das Mädchen verheiratet, und es wurde ein Vertrag geschlossen, wonach es mit ihrem Mann und dem Kind Ostpreußen verlassen und nach Westen ziehen mußte. Dem Sohn wurde eine lebenslange Position als Revierförster zugesichert. Er hatte in dieser Eigenschaft keine Aufgabe zu erfüllen, sondern die Beamtenstelle diente als finanzielle Absicherung.
Dieser Revierförster war mein Urgroßvater, der übrigens sehr gut aussah. Eine Tante von mir, die in Mecklenburg auf einem Rittergut lebte, hatte ein Bild von ihm, das leider in den Wirren am Ende des Zweiten Weltkriegs verlorengegangen ist. Der Familie wurde auferlegt, nie über den ganzen Vorgang zu sprechen. Und so wurde die Kunde von dem berühmten Vorfahren flüsternd von Generation zu Generation weitergetragen. Ich war wahrscheinlich die erste, die mit dieser Tradition brach. Jahrzehnte, nachdem mein Vater mir die Geschichte anvertraut hatte, während der Regierungszeit Kohls, traf ich auf einem Sommerfest im Bundeskanzleramt Prinz Louis Ferdinand von Preußen. Ihm erzählte ich die Geschichte. Daraufhin sprang er auf, umarmte mich und sagte:

»Das ist ja wunderbar! Dann sind wir also miteinander verwandt!«
Er war ganz begeistert. Offenbar hat sich der Umgang des preußischen Adels mit seinen illegitimen Verwandten in den letzten
200 Jahren erheblich verändert. Später gingen wir dann einmal
zusammen zum Familienarchiv in der Burg Hohenzollern, um
nachzusehen, ob die Geschichte wirklich stimmen konnte, ob
Kronprinz Friedrich Wilhelm tatsächlich im Sommer 1820 in
Ostpreußen war. Die Archivarin bestätigte das. Ich habe immer
gedacht, es kann nichts schaden, wenn man solche Vorfahren hat.

Die Engel

So wuchs ich also als Kind einer reichen und mit vielen Begabungen gesegneten Familie auf, allerdings in sehr schlechten Zeiten.
Geboren wurde ich im sogenannten Kohlrübenwinter. Die See-
blockade der Entente-Mächte im Ersten Weltkrieg führte dazu,
daß die Lebensmittelversorgung zusammenbrach. Außer Kohl-
rüben gab es kaum etwas zu essen. Ich nahm nicht zu. Schließlich
schickten mich meine Eltern zu einer Schwester meines Vaters
nach Schlesien, wo der Hunger nicht so groß war wie in Berlin.
Dort wurde ich langsam aufgepäppelt.
Auch in den folgenden Jahren blieb ich das Problemkind der
Familie, weil ich immerzu krank war. Diese vielen Krankheiten
haben mich wahrscheinlich fürs Leben geprägt, denn sie zwangen
mich, viel allein zu sein. Während andere Kinder gemeinsam
spielten, mußte ich das Bett hüten. Auf diese Weise lernte ich das
Alleinsein und mich mit dieser Situation anzufreunden. Eines
meiner Lieblingsspiele bestand beispielsweise darin, daß ich auf
ein Blatt Papier zehn häßliche Mädchengesichter zeichnete.
Wenn die Zeichnungen fertig waren, versuchte ich mit möglichst
wenig Strichen, die häßlichen in schöne Gesichter zu verwandeln.

Von meinem neunten bis zum dreizehnten Lebensjahr baute ich mir jedes Frühjahr, sobald es das Wetter zuließ, im Garten meines Elternhauses ein Zelt. Dort verbrachte ich bis zum Herbst so viel Zeit wie irgend möglich. Drei Viertel des herrlichen und sehr großen Gartens an der Limonenstraße waren wie ein Park angelegt. Der hinterste Teil dagegen war ein Obst- und Gemüsegarten. Dort, zwischen Johannis- und Stachelbeersträuchern, stellte ich mein Zelt auf, ganz in der Nähe der Mauer, die das Grundstück nach Westen begrenzte. Es gab auch Spalierobst, wunderbare Äpfel und Birnen. In diesem Zelt brachte ich nun den größten Teil meiner Zeit allein zu, über sechs, sieben Monate hinweg. Niemand konnte mich dort beobachten. Ich glaube heute, daß die vielen Sommer allein im Garten ganz wesentlich zu meinem Selbstbewußtsein beigetragen haben, über das sich viele Leute gewundert haben. Gerne denke ich daran, daß mir der Verfassungsrichter Paul Kirchhof auf einer Tagung in Bitburg einmal zurief: »Ihr Selbstbewußtsein möchte ich haben!« Das erscheint mir vor allem deswegen bemerkenswert, weil Paul Kirchhof allgemein nicht im Verdacht steht, ein wenig ausgeprägtes Selbstbewußtsein zu besitzen.

Man legt heute großen Wert darauf, die Kinder so zu erziehen, daß sie gut mit anderen Menschen umgehen können. »Soziale Kompetenz« ist eines der Modeworte, die in diesem Zusammenhang gebraucht werden. Mit Sicherheit ist dies auch eine wichtige Fähigkeit. Eines der Kennzeichen von Menschen mit großer Persönlichkeitsstärke ist, wie wir aus unseren Umfragen wissen, daß es ihnen leichtfällt, auf andere Menschen zuzugehen und auf sie einzugehen. Aber nach meiner festen Überzeugung ist es ebenso wichtig, daß ein Mensch lernt, allein zu sein, ohne dies als Unglück zu empfinden. Darüber wird meines Wissens in der Pädagogik überhaupt nicht gesprochen. Warum ist es so wichtig, allein zu sein? Unter anderem deswegen, weil man besser nachdenken kann, wenn man allein ist. Und man spricht mit sich selbst, freundet sich mit sich selbst an. Solche Selbstgespräche führte ich über Monate hinweg in meinem Zelt.

Und dann gibt es noch ein Ereignis in meiner Kindheit, aus dem sich mein Selbstbewußtsein speiste. Es ist eines von mehreren Wundern, die mir in meinem Leben widerfahren sind, vielleicht das wichtigste überhaupt. Es handelt sich um eine Begegnung mit Engeln.

Sicher, man kann wie Marcel Reich-Ranicki in einem Gespräch mit mir am Frühstückstisch im Münchner Hotel Vier Jahreszeiten sagen:»Engel, Teufel gibt es nicht, wie es auch Gott nicht gibt. Das sind alles Erfindungen der Literatur.« Die Literatur ist ja wirklich ein wunderbarer Teil der Schöpfung. Wie kommt sie wohl dazu, Engel zu beschreiben?

Seit mehr als 5000 Jahren glauben Menschen an Engel. Bildlich dargestellt wurden sie zuerst von den Sumerern und Babyloniern als geflügelte, monumentale Wesen. Das frühe Christentum, das sich vom heidnischen Engelskult absetzen wollte, stellte die Engel erdnahe dar, ohne Flügel und männlich. Erst vom 5. Jahrhundert an erhielten auch christliche Engel ihre Schwingen. Mit der Frührenaissance wurde der Eros populär, Frauen- und nackte Kinderengel tauchten auf. In der Neuzeit schließlich entwickelte sich große Freiheit in den Vorstellungen und Darstellungen von Engeln. Bei dem Maler William Blake wurde der Engel zum Lichtwesen und bestätigt damit den heiligen Augustinus, der bei der Frage, aus welchem Stoff Engel seien, erklärte: Licht und Äther. Das war auch die Auffassung des Papstes Johannes Paul II., der gesagt hat, Engel seien»geistige, körperlose Wesen«. Oder bei anderer Gelegenheit: Engel seien Licht.

Das altgriechische Wort »ággelos«, von dem unser Wort »Engel« abgeleitet ist, bedeutet»Bote«. Die Engel sind Gott nahe und können als Bote dem Menschen Botschaften Gottes überbringen.

Im 20. Jahrhundert ging der Glaube an Engel oder das Wissen über sie stark zurück. Damit muß es zusammenhängen, daß wir im Allensbacher Institut – Anfang 1947 gegründet – sehr spät, 1997, zum ersten Mal die Frage stellten:»Glauben Sie, daß es Engel gibt, oder glauben Sie das nicht?« Jeder dritte Westdeutsche

17

erklärte, daß er an Engel glaube, im Osten Deutschlands waren es nur 14 Prozent. Als die Frage im Jahr 2000 wiederholt wurde, waren die Ergebnisse praktisch die gleichen. Aber mit einer ähnlichen Frage können wir doch im Allensbacher Archiv etwas zurückgehen in der Zeit, wie bei so vielen Themen in dem inzwischen fast 60 Jahre alten Institut. 1956 fragten wir in Westdeutschland, wie die Weihnachtsbäume geschmückt waren, und 12 Prozent sagten, daß Engel an ihrem Weihnachtsbaum gehangen hätten. 30 Jahre später, 1986, gehörten für 25 Prozent auch Engel zum Baumschmuck.

Es gibt eine Reihe von Indizien, daß der Glaube an Engel, die Gegenwart der Engel zunimmt. Ihre Funktion ist es nicht, wie oft angenommen wird, den Menschen zu führen. Das Wirken der Engel wird vielmehr überwiegend als Warnung und Schutz, auch als rettender Eingriff erlebt. Unter den zahlreichen Berichten sind typisch Fälle, bei denen Engel ein Kind gerade eben noch rechtzeitig durch eine unsichtbare Hand wegrissen, bevor Sekunden später ein heruntergerissenes Starkstromkabel auf seinen Kopf geschlagen wäre. Sehr häufig sind auch Berichte, bei einem Sturz von einer Hand aufgefangen worden zu sein. Eine besonders wichtige Rolle spielt der Schutzengel beim Sterben. Die Sterbeforscherin Elisabeth Kübler-Ross hat viele Beobachtungen dazu niedergeschrieben. Sie hatte den Eindruck, der Sterbende werde von seinem Schutzengel abgeholt. Menschen, die klinisch tot waren und wiederbelebt wurden, berichteten mit großer Übereinstimmung, sie seien durch einen dunklen Tunnel gegangen, aber am Ende des Tunnels hätten sie Licht gesehen – ihr Schutzengel erwartete sie, um sie weiterzubegleiten. Diese Beobachtungen von Frau Kübler-Ross würden auch erklären, warum bei Sterbenden oft beobachtet wird, daß sich ihr Gesicht verändert. Entspannung breitet sich aus und sogar ein Lächeln.

Wenn man ein Erlebnis mit Engeln hat, verändert das das ganze Leben. Mein Erlebnis fand statt, als ich fünf Jahre alt war. Mitten in der Nacht wachte ich auf. Das Schlafzimmer war hell erleuch-

18

tet. Links, nach Osten, war das große Fenster, von weißen, gerafften Gardinen umrahmt, draußen in der Nacht lag der große Garten. In der Mitte eine Deckenlampe, mit weißem Stoff sanft verkleidet, aber das war nicht die Lichtquelle. Das Zimmer war einfach als Ganzes hell, ringsherum schloß eine breite Kante von Scherenschnitten mit Märchenmotiven nach oben hin die Tapete ab. Meine Schwester, im Bett rechts von mir auf der gegenüberliegenden Seite, schlief. Ich sah mich um in dem hellen Schlafzimmer und immer wieder zu dem mit den leichten weißen Vorhängen eingerahmten Fenster. Aber es war nichts da. Es war einfach nur alles hell.

Am nächsten Morgen fing ich an zu fragen. Zuerst meine Mutter: »Warst du in der Nacht in meinem Zimmer?« – »Ich? Wieso?« Meinen Vater: »Ich? Wieso?« Das Kindermädchen, die zwei Hausmädchen, die Köchin, alle wunderten sich: »Ich in deinem Zimmer? Wieso?«

Als ich alle gefragt hatte, und niemand war nachts in meinem Zimmer gewesen, da sagte ich mir: Dann müssen es die Engel gewesen sein.

Lange Zeit behielt ich dieses Erlebnis als Geheimnis. Aber man kann kaum beschreiben, welche Bedeutung es für mich hatte. Wenn ich später gefragt wurde, woher ich mein Selbstbewußtsein habe, antwortete ich: »Vom Besuch der Engel.«

Heinz Ullsteins Rat

Meine Eltern wußten nicht, was sie mit mir anfangen sollten, weil ich so intelligent war. Das einzige, was die Auswirkung dieser Intelligenz etwas eindämmte, war, daß ich immerzu krank war. Eine Operation folgte auf die andere. Als Sechsjährige wäre ich beinahe an einem vereiterten Blinddarm gestorben. Meine Eltern

19

konnten nicht herausbekommen, was mir fehlte. Wenn sie mich fragten: »Wo tut's denn weh?«, antwortete ich: »Überall.« Beinahe zu spät brachten sie mich in die Klinik, um mich operieren zu lassen. Für mich ist unvergeßlich, wie abscheulich ich es fand, durch die Äthermaske betäubt zu werden.

Doch wenn ich gesund war, war ich kaum zu bändigen. Meine Eltern beschlossen, mich frühzeitig in die Schule zu schicken. Bei meiner Einschulung war ich fünf Jahre alt. Ich kam in eine Klasse, die bereits ein halbes Jahr Unterricht gehabt hatte. Doch den Vorsprung hatte ich rasch überholt, so daß mich die Schule bald langweilte. Das letzte Jahr, bevor ich ins Gymnasium kam, ging ich dann praktisch überhaupt nicht mehr in die Schule, offiziell aus Gesundheitsgründen. Es wäre ohnehin überflüssig gewesen.

Ich glaube, die Ehe meiner Eltern war schon früh zerrüttet. Deswegen habe ich sehr viele Erinnerungen an meine Mutter, aber nur vergleichsweise wenige an meinen Vater. Mein Vater war in den späteren Jahren fast immer nicht da. Oder er kam nach Hause und ging in das sogenannte Herrenzimmer, unterhielt sich aber nicht mit meiner Mutter. Meine Mutter hatte auch einen Freund, Eduard Jung, mit dessen Sohn ich heute noch Kontakt habe. Als Kind fiel mir diese ungewöhnliche Situation in der Familie nicht auf. Jahre später, 1939, erzählte mir meine Mutter, sie hätte sich eigentlich scheiden lassen müssen, habe das aber nicht getan, um uns Kindern nicht das Elternhaus wegzunehmen. Später habe ich oft gedacht, es wäre besser gewesen, wenn sie sich hätte scheiden lassen. Dann hätte sie ein glücklicheres Leben führen können.

So aber gaben sich meine Eltern alle Mühe, mir ein gutes Zuhause zu bieten und mich zu fördern. Meine Mutter unternahm mit mir wunderschöne Reisen, man kann sagen: Kunstreisen. Mit dem Auto fuhren wir kreuz und quer durch Deutschland. Wir schauten in den Baedecker und suchten uns ein Ziel aus, dann fuhr meine Mutter, die sehr gut Auto fahren konnte, dorthin. Von ihr habe ich viel gelernt, unter anderem brachte sie mir bei, wie man mit Blumen umgeht, und ganz allgemein schulte sie meinen Sinn für Schönheit.

Mein Vater merkte früh, daß man mit mir anders umgehen mußte, mich auf andere Weise fordern mußte als andere Kinder. Als ich sechs oder sieben Jahre alt war, begann er, mit mir ausführliche Gespräche zu führen, zwei-, dreimal in der Woche. Obwohl er einen maßlos überfüllten Terminkalender hatte, fand er immer wieder die Zeit dazu. Er lag auf dem Diwan und rauchte seine Zigarre, neben ihm stapelte sich philosophische Literatur auf einem Messingrauchtisch. Ich saß auf einer Rolle am Fußende. »Sieh dir das Haus gegenüber einmal ganz genau an«, forderte er mich eines Tages auf. Nun, als ich mich ihm wieder zuwandte, fragte er: »Wie viele Türme hat das Haus?« Ich wußte es nicht, drehte mich um und sah noch einmal nach. Ich war etwas beschämt, aber noch mehr überrascht: Nun sah ich das Haus zum zweiten Mal und viel genauer. Noch heute frage ich mich oft: »Hast du genau hingesehen? Könntest du antworten?«

Viele Gespräche endeten mit einer solchen Einsicht. »Das hat schön geschmeckt«, erzählte ich meinem Vater nach dem Abendessen. »Hat es vielleicht gut geschmeckt?« fragte er. »Nein, schön«, sagte ich. Er begann, mit mir Beispiele einzusammeln. Wann schön, wann gut? Je mehr Beispiele wir zusammengebracht hatten, desto mehr merkte ich, wie sehr sich der Spielraum einengte und daß es wohl wirklich heißen mußte »gut geschmeckt«. Wenn gar kein Ausweg mehr blieb als die Einsicht, beendete ich das Gespräch, stand auf und sagte: »Aber trotzdem ...«

»Aber trotzdem ...«, viele Gespräche endeten so. Ich begriff den Unterschied zwischen anscheinend und scheinbar, den Unterschied zwischen »weil ich pünktlich sein will« und »um pünktlich zu sein«. Ich fand, daß ich es sehr schlecht getroffen hatte mit meinen vielen Krankheiten, der Blinddarmoperation mit sechs Jahren und weiteren Operationen mit acht Jahren. Schulmonate und Ferienmonate gingen darüber hin. Ich beklagte mich bei meinem

Vater, wieviel besser es doch die anderen Kinder hätten. »Nicht vergleichen!« sagte er, immer wieder: »Nicht vergleichen!«, bis ich anfing, es mir selbst zu sagen bei jedem Anflug von Selbstmitleid.

Später wählte ich einen Beruf, bei dem der Vergleich die wichtigste Erkenntnisquelle ist. Immerzu verglich ich nun Personen, die mehr, und Personen, die weniger krank waren, Bevölkerungsgruppen, die einer Maßnahme mehr oder die ihr weniger zustimmten; ich verglich, wie die Bevölkerung früher und wie sie jetzt dachte. Und erst, als ich alltäglich mit dem Gesetz der Großen Zahl arbeitete, fing ich an, zu verstehen, warum mir mein Vater einen wichtigen Leitsatz mitgegeben hatte. Aus dem Vergleich von Menschengruppen, die nicht als Individuen ins Blickfeld kommen, sondern nur in einem Merkmal oder einer klar umrissenen Kombination von Merkmalen (Eigenschaften, Meinungen, Lebensumständen) läßt sich Wichtiges über Zusammenhänge erfahren. Aber der einzelne, der sein Leben im Vergleich mit den anderen mißt, der verkürzt die ganz einzigartige Welt, die er bildet, auf wenige »Merkmale«, er bügelt sich gleichsam flach, er macht sich selbst zu einem Massenmenschen, so auswechselbar wie die Personen in einem statistisch-repräsentativen Querschnitt der Demoskopie, er gibt seine Individualität preis. Damals, als mein Vater mit mir sprach und ich auf der Diwanrolle zu seinen Füßen saß, hatte ich das Wort »Autonomie« sicher noch nie gehört. Aber mit seinem Rat »Nicht vergleichen!« hat er mich auf den Weg, Autonomie zu gewinnen, geschickt. Nicht nur bei jedem Anflug von Selbstmitleid hat mir sein Wort »Nicht vergleichen!« geholfen, sondern auch bei jedem Anflug von Hochmut.

Ich war ungeduldig. Mit zehn Jahren beschloß ich, Journalistin zu werden, und nun zogen sich die Jahre hin, elf, zwölf, dreizehn, vierzehn. Erwachsen fühlte ich mich längst, und in gewisser Hinsicht war ich es wohl auch. Eines Tages las ich in der damals sehr populären, beim Ullstein Verlag herausgegebenen Zeitschrift

»Der Uhu« die Aufforderung, die Leser möchten doch eine Probe ihrer Handschrift einreichen. Die würde dann kostenlos von einem kundigen Graphologen analysiert und das Ergebnis in der Zeitschrift veröffentlicht. Ich schickte meine Handschrift ein, und tatsächlich erschien bald darauf die Analyse im Uhu. Den Abdruck besitze ich bis heute. Die Analyse begann mit dem Satz »Man sollte es nicht glauben, daß das die Schrift einer Zwölfjährigen ist.«

Mein Vater konnte bei den Diwan-Gesprächen gut erkennen, daß es mich nicht mehr lange auf der Schule halten würde. Eines Tages sagte er, Heinz Ullstein wolle mich kennenlernen, um mit mir über meine Journalistenkarriere zu sprechen. Heinz Ullstein! Einer der berühmten Brüder Ullstein des Ullstein Verlages, in dem all das erschien, was ich journalistisch bewunderte, die BZ am Mittag, die Berliner Illustrierte, Der Uhu, Die Dame und die broschierten Ullstein-Romane. So fuhr ich in die Kochstraße, fünfzehnjährig, mit Manuskripten in der Tasche.

»Ein Mädchen wartet« hieß eine der Kurzgeschichten, die ich Heinz Ullstein überreichte, die Geschichte von einem Mädchen, das in einem Gartenlokal bei einer Tasse Kaffee und Apfelkuchen vergeblich darauf wartet, zum Tanz aufgefordert zu werden. Diese Kurzgeschichte konnte ich mir gut in der BZ am Mittag vorstellen. Heinz Ullstein las sie, während ich ihm gegenübersaß, und auch einige andere mitgebrachte Stücke. Es sei für ihn klar, sagte er, nachdem er alles gelesen hatte, daß ich eine erfolgreiche Journalistin werden würde. Aber erst, sagte er, müsse ich das Abitur machen, das sei ganz gewiß, aus seiner Erfahrung heraus wisse er, daß das für die Karriere einer erfolgreichen Journalistin absolut notwendig sei. Wütend beschloß ich, noch bis zum Abitur auszuhalten. Was hätte ich wohl mit einer abgebrochenen Schule auf meinem späteren Lebensweg gemacht?

Das Grollen am Horizont

Die politischen Unruhen der Weimarer Republik bekam ich nur am Rande mit. Dabei war auch meine Familie vom wirtschaftlichen Zusammenbruch nach dem Ersten Weltkrieg betroffen. Ich erinnere mich an die Inflation. Auf dem Heimweg von der Schule in Lichterfelde ging ich als Siebenjährige über den Wochenmarkt und kaufte für 32 Millionen Mark einen Rollmops. Das Vermögen der Familie war verloren. Der Familienrat beschloß den Verkauf der Firma für Eisen- und Stahlbau, die mein Großvater aufgebaut hatte. Stolz las ich als Kind an den Stahlträgern der Berliner Bahnhöfe den Schriftzug »Steffens und Nölle«. Nun bestanden die vier Geschwister meines Vaters darauf, die Firma aufzugeben. Sie brauchten Geld. Noch immer arbeitete mein Vater mit seiner Sekretärin und einem Buchhalter von der Firma regelmäßig jeden Samstagnachmittag, aber nun waren es andere Arbeiten. Mit der von seinem Vater gegründeten Firma, die für ihn von Jugend auf sein Lebensinhalt gewesen war, hatte das nichts mehr zu tun.

An einem Sonntagmorgen packte uns mein Vater ins Auto. Wir fuhren zu einer Matinee und sahen den ersten Tonfilm unsres Lebens: »Zwei Herzen im Dreivierteltakt«. Mein Vater war Generaldirektor der TOBIS geworden, neben der UFA der größte Filmproduzent. Bei uns zu Hause stapelten sich wunderbare Schallplatten der Marke TRI-ERGON – die gehörte zur TOBIS –, und meine Mutter bekam eine Kamera, mit der sie uns überall filmte, an der Ostsee und auch im großen Garten an der Limonenstraße. Natürlich wußte ich, daß es in anderen Teilen Berlins Schlägereien zwischen Kommunisten und Nazis gab, aber das fand in einer anderen Welt statt. Für mich war Berlin am Leipziger Platz zu Ende. Berlin, das war für mich in erster Linie Westberlin, der Wittenbergplatz und Nollendorfplatz und vor allem natürlich die ganz in der Nähe gelegene Buchenstraße mit dem Haus meines

Großvaters und, gleich angrenzend, dem Haus der Verlegerfamilie Ullstein. Ich erinnere mich an das KaDeWe, das heute allerdings viel schöner ist als damals. Die ganze Tauentzienstraße hat sich tief in mein Gedächtnis eingegraben mit dem Schuhgeschäft Leiser und der Konditorei Mielecke, in der ich mit meiner Mutter, wenn wir einkaufen gingen, öfter ein Stück Kuchen aß. Am Leipziger Platz allerdings, beim Kaufhaus Wertheim, wo es zu Weihnachten wunderschöne, für Kinder aufgebaute Spielzeuglandschaften gab, konnte man, wie Donnergrollen am Horizont, den Lärm der Straßenschlachten hören, die sich nicht weit entfernt im Osten der Stadt zutrugen.

Ich wußte, daß die Armut und Arbeitslosigkeit immer weiter anstiegen. Manchmal hörte ich im Gespräch Worte wie Youngplan oder Dawesplan, Völkerbund oder Pan-Europa und Esperanto. Viele Bettler klingelten an der Limonenstraße 8. Mehrfach wurde eingebrochen. Einmal wurde die ganze Speisekammer leer gegessen. Am Morgen fanden wir das Geschirr und die Gläser sorgfältig gespült und gestapelt im Garten.

Über Politik wurde in unserer Familie nur wenig gesprochen. Politik bestand für mich aus Wahlplakaten an Litfaßsäulen und aus den Fahnen am Ostseestrand, wo wir öfter die Ferien verbrachten. Der ganze Strand war ein Meer aus Fahnen, schwarz-rot-gold und schwarz-weiß-rot, Hakenkreuzfahnen und der Berliner Bär. Die Fahne auf unserer Strandburg war schwarz-weiß-rot. Dort, am Ostseestrand, trug sich ein Ereignis zu, das man als charakteristisch für die Grausamkeit des 20. Jahrhunderts und als Vorzeichen für das tragische Schicksal meiner Geschwister ansehen kann. Am schönsten waren die Sommerferien, wenn mein Onkel Wolfgang Schaper, Bildhauer wie mein Großvater und Maler, mit uns zeichnete. Eine Linie, und schon war da das Meer mit seinem Horizont, ein paar Striche, und schon sah man, wie wir, meine drei Geschwister und ich, vorne im flachen Wasser planschten. Aber man mußte vorsichtig mit meinem Onkel Wolfgang sein. Als Neunzehnjähriger hatte er 1914 im Krieg ein Bein verloren. Auf einem Waldspaziergang fingen wir an zu singen: »Ich hatt einen Kameraden …«. Das Lied hatten wir in der Schule gelernt. Da herrschte mein Onkel uns an, wir sollten sofort aufhören. Das Lied sei verlogen, er wolle es nicht hören. Er starb mit einunddreißig Jahren.

An einem Tag am Ostseestrand nun sah mein Bruder Dieter, er war drei Jahre jünger als ich, den Beinstumpf meines Onkels und fragte ganz arglos: »Wie kommt es, daß du nur ein Bein hast?« Da geriet meine Mutter ganz außer sich und fuhr meinen Bruder an, wie er so etwas nur fragen könne: »Das macht man doch nicht! Er hat im Krieg ein Bein verloren, wie kannst du nur fragen! Paß bloß auf, daß es dir nicht genauso geht!« Mein Bruder hörte das, und von da an verließ ihn nicht mehr die Überzeugung, dasselbe würde ihm auch passieren, er sei sozusagen von unserer Mutter verflucht worden. Tatsächlich kam es so. Im Zweiten Weltkrieg war er im Kaukasus bei der Nachrichtentruppe stationiert. Er erzählte mir später, sie hätten sich in einem Graben verschanzt und es sei klar geworden, daß sie sich würden zurückziehen müssen. Plötzlich habe er gewußt: »Jetzt passiert es.« Dann sprang er aus dem Graben und wurde am Bein schwer verwundet. Zweieinhalb Tage war der Lazarettzug unterwegs, der ihn nach Deutschland zurückbrachte. Dort wurde ihm das Bein amputiert.

Nach dem Krieg unterhielt Dieter in Tübingen ein Dolmetscherbüro. Nach der Währungsreform 1948 konnte er seine drei Angestellten nicht mehr bezahlen. Er entließ sie sofort, schuldete ihnen aber noch die letzten Gehälter, die in voller Höhe in der neuen Währung fällig waren. Um seine Schulden bei ihnen wenigstens allmählich abzahlen zu können, überarbeitete er sich maßlos, erkrankte schließlich an Hirnhautentzündung, an der er, geschwächt wie er war, schließlich mit achtundzwanzig Jahren starb. Ich bekam davon zunächst nichts mit, denn ich war selbst krank und hielt mich in Badenweiler auf, um mich auszukurieren. Meine Mutter kümmerte sich um ihn. Sie erzählte mir später, sie sei in der Nacht nach seinem Tod nach Hause gegangen. Da habe sich ihre Wohnungstür geöffnet, und mein Bruder sei eingetreten und habe sich von ihr verabschiedet. Viele Menschen können von solchen Geschichten berichten. Es hat keinen Zweck, diese Berichte zu ignorieren. Sie zeigen, daß unsere Weltkenntnis lückenhaft ist.

Angesichts dieser Lebensgeschichte könnte man vermuten, daß mein Bruder ein trauriger Mensch gewesen sei, aber das Gegenteil war der Fall. Er war ein wunderbarer, fröhlicher Gesprächspartner für mich. Schon als ich dreizehn war und er zehn, war es schön, sich mit ihm zu unterhalten. Wir führten lange, intensive Gespräche, als gebe es keinen Altersunterschied zwischen uns. Der Gedanke, daß er der »kleine Bruder« war, kam gar nicht erst auf. Für mich war er einfach mein bester Freund.

Meine Schwester Gisela war zwei Jahre älter und viel stärker, scheinbar gesundheitlich viel kräftiger als ich. Meiner Ansicht nach war sie auch viel schöner, was mich durchaus beschäftigte, denn meine Eltern schickten uns beide zusammen zur Tanzstunde, die in vornehmen Häusern in Lichterfelde und Dahlem stattfand. Anfangs trugen wir sogar die gleichen Kleider, und ich fand, daß sie viel besser darin aussah als ich. Später hat sie ein extrem unglückliches Leben gehabt, und während ich in unserer Kindheit immerzu krank war, wurde nun sie entsetzlich krank und blieb es bis an ihr Lebensende.

Mein anderer Bruder, Ernst, war zwei Jahre jünger als ich. Er wurde bereits als vergleichsweise junger Mann das Opfer einer ärztlichen Fehldiagnose. Nach dem Zweiten Weltkrieg holte er das Abitur nach – er hatte nur ein sogenanntes »Notabitur« –, studierte Physik und promovierte. Mein Vater sagte einmal, er habe früh geträumt, daß er am Gartentor unseres Hauses stand und drei Namensschilder untereinander sah mit der Aufschrift: »Dr. E. Noelle, Dr. E. Noelle, Dr. E. Noelle«. Das eine war er, das andere ich, das dritte mein Bruder. Ein merkwürdiger Traum, aber nun war er Wirklichkeit geworden. Ernst arbeitete sich hoch bei der Firma Osram und brachte es schließlich zum Vorstandsmitglied.

Viel zu spät – vielleicht hätte ich noch etwas tun können – erfuhr ich, daß er eines Tages eigenartig schwankend durch die Gänge bei Osram lief. Die Kollegen rieten ihm, nach Hause zu gehen, er sei krank. Also ging er nach Hause und suchte seinen Hausarzt auf. Der sagte ihm: »Jetzt ruhen Sie sich erst einmal richtig aus.« Das tat er auch, und als er am nächsten Tag aufwachte, war er gelähmt. Er hatte einen Schlaganfall erlitten. Hätte der Arzt die richtige Diagnose gestellt, hätte man etwas dagegen tun können. Ein Schlaganfall muß sofort behandelt werden. Aber wenn man sich erst einmal hinlegt, ist die Chance auf eine Heilung vorbei. So verbrachte mein Bruder die letzten zehn Jahre seines Lebens wegen des schlechten Arztes gelähmt.

»Du verdirbst deine Brüder«

Durch die Politik meiner Eltern, die beiden Schwestern immer zusammenzuhalten, wurde ich sehr früh in viele Dinge des Lebens eingeführt. Bei meiner ersten Tanzstunde war ich elf Jahre alt. Gleich nach der Konfirmation ließ ich mir die Zöpfe abschneiden. Nun trug ich Bubikopf und fing an, mit Freunden aus der Tanzstunde zusammen mit meiner Schwester Bars zu besuchen. Die hießen »Ciro«, »Pompeji« und »Cascade« oder »Quartier Latin«. In der Jockey-Bar spielte ein wunderbarer Pianist, Peter Kreuder. Ich war mit meinen dreizehn, vierzehn, fünfzehn Jahren im Berliner Nachtleben völlig zu Hause. Nun war die Welt nicht mehr am Leipziger Platz bei der Weihnachtsausstellung von Wertheim zu Ende. Ich besuchte die kleinen Galerien an der Leipziger Straße und entdeckte Chagall. Ganz spät kamen meine Schwester und ich oft nach Hause und schlichen auf Strümpfen in unsere Zimmer. Aber meine Eltern merkten natürlich doch, daß wir nicht dagewesen waren.

Eines Tages lud mich ein Freund, Lothar, zu einem Segeltörn auf dem Wannsee ein. Meinen Eltern erzählte ich, ich ginge zu einer Freundin, die wenige Minuten von meinem Elternhaus entfernt wohnte, tatsächlich ging ich segeln. Es war zunächst eine schöne Fahrt, aber dann schlief der Wind ein, während wir mitten auf dem See waren, und das Boot hatte keinen Motor. So kam ich erst um zwei Uhr nachts nach Hause. In der Limonenstraße traf ich einen Freund der Familie, der offenbar solange mit meinen Eltern ausgeharrt und geholfen hatte, nach mir zu suchen. Inzwischen hatten sie natürlich herausgefunden, daß ich nicht, wie behauptet, bei der Freundin gewesen war. »Armes Kind«, sagte der Freund der Familie. »In deiner Haut möchte ich nicht stecken. Deine Eltern sind sehr verärgert.«

Am nächsten Tag teilten mir meine Eltern mit, daß sie mich aus der Schule nehmen und auf eine Mädchenschule am Reinhardswald in der Nähe von Kassel schicken würden. Das war im Herbst 1932. Ich war entsetzt. Am Abend weinte ich während des ganzen Tanztees im Esplanade. Mein Lieblingsvetter, Ernst Balduin, war dabei, Jurastudent, gegen dessen Ironie ich mich immer so standhaft behauptete, und vielleicht sieben oder acht Freunde und Freundinnen. Es war ein großer Tisch, und die Kapelle Barnabas von Géczy spielte. Das war das fröhliche Revier zwischen den Tennisplätzen in Dahlem, dem Automatenrestaurant »Quick« am Zoo und den Bars, die wir mit der Tanzstunden-Clique zusammen besuchten, und nun schickten meine Eltern mich weg. Sie waren verständlicherweise zu dem Schluß gekommen, daß Berlin nicht das richtige Pflaster für mich sei, daß es besser sei, wenn ich aus dem Elternhaus weg und in ein Internat ginge. »Du verdirbst deine Brüder«, sagten sie mir.

So kam ich also nach Hessen und lernte dort Kochen und Säuglingspflege. Allerdings blieb ich nur ein Vierteljahr in diesem Internat. Ich freundete mich mit einer Schülerin aus Hannover an, mit der ich ein Leben lang in Kontakt blieb. Sie ist erst kürzlich gestorben. Ich überredete sie, nachts aus dem Fenster zu klettern und eine in der Nähe gelegene Kneipe aufzusuchen. »Der rote Kater« hieß die Kneipe. Dort verbrachten wir sehr nette Abende, aber nach kurzer Zeit bekam die Schuldirektorin heraus, was wir nachts trieben. Sie schrieb meinen Eltern einen Brief: »Nehmen Sie bitte Ihre Tochter wieder von der Schule. Sie paßt nicht hierher.« Als das Quartal zu Ende war, fuhr ich zu den Weihnachtsferien nach Hause und kehrte nicht zurück.

Bald darauf teilte mir meine Mutter mit, daß sie mich in der Salemer Schule Schloß Spetzgart am Bodensee angemeldet hatte. Es war nicht ganz leicht, an dieser exklusiven Schule angenommen zu werden. Meine Mutter besuchte mit mir ein Fräulein Ewald, Schuldirektorin, die mich begutachtete. Ich wurde akzeptiert. So saß ich im Januar 1933 im Nachtschnellzug von Berlin nach Friedrichshafen. In mehreren Abteilen nebeneinander saßen die Berliner Schüler von Salem, die nach dem Ende der Ferien in die Schule zurückkehrten. Ich dazwischen fühlte mich fremd und schlief fast nicht. In Friedrichshafen gab es beim Umsteigen eine Stunde Aufenthalt. Vom Bahnhof ging ich durch eine breite Allee in fünf Minuten an den See. Es war ein grauer, nebliger Vormittag. Da plötzlich wurde es etwas heller, und ich stand am Ufer. Nichts Besonderes – die Wasserfläche grenzenlos, verfließend, keine Farben, diesig, einige Möwen.

Und dann unvermittelt dieses großartige Gefühl, das es noch ein paarmal an anderen Punkten meines Lebens gegeben hat – angekommen zu sein.

Als ich sieben Jahre später, nach dem Doktorexamen, allein nach Überlingen reiste und zum ersten Mal durch Allensbach kam, hatte ich ein solches Gefühl nicht. Aber damals, an dem grauen Wintermorgen vor der Ankunft in der Schule, wußte ich, daß ich an einem Hauptschauplatz meines Lebens stand. Daran dachte ich, als ich im Krieg meinen Mann kennenlernte und ihm sagte: Nach dem Krieg leben wir am Bodensee.

30

Salem

Auch in Salem-Spetzgart war ich nur eine kurze Zeit, aber sie hat für mein Leben eine große Bedeutung gehabt. Für mich war das Frühjahr 1933, das für Deutschland so verhängnisvoll war, sehr schön. Ich verliebte mich in meinen Mitschüler Jörg Jensen. Wir gingen in eine Klasse. Es waren kleine Klassen, ich glaube, wir waren nicht mehr als zehn Jungen und vier Mädchen. Der Gründer und Leiter der Salemer Schulen, Kurt Hahn, hatte bestimmt, daß Mädchen und Jungen zusammen in die Schule gehen sollten, das sei gut für die Zivilisierung der Jungen.

In diesem Winter grassierte eine tückische Grippe. Die Schulleitung hielt frische Luft für das beste Vorbeugungsmittel, und allen Schülern wurden täglich zwei Stunden Spaziergang als Pflichtpensum vorgeschrieben. Man ging allein, zu zweit, in Gruppen – wie es sich so ergab. Die Jungen forderten die Mädchen zum Spazierengehen auf wie sonst zum Tanzen.

Jörg und ich gingen meist zu zweien. Wir liefen gegen den Wind, über die vereisten Höhen zum Dorf Hödingen und kauften Brötchen und Käseecken. Oder wir schlugen die entgegengesetzte Richtung zum Tobel ein, einer verschneiten Schlucht, an deren Abhang ein schmaler, glatter Weg entlangführte, den man nur hintereinander gehen konnte. Jörg war eher schweigsam, aber ich um so gesprächiger.

Jörg war eine Hoffnung der Schule, er sollte im kommenden Herbst als Primaner »Wächter« werden, wie das in den Salemer Schulen heißt, oder »Schülerkapitän«, wie man es in England nennt – das heißt Oberster der Schülerschaft. Das wußte ich nicht. Ich wußte nur, daß er einer der besten Handball- und Hockeyspieler war und der beste Tennisspieler beim letzten Turnier. Ich hörte ihn Geige spielen an den Sonntagen bei der Andachtsstunde, und ich meinte, ich hätte noch nie solche blauen Augen gesehen.

31

Die Schule Schloß Spetzgart liegt oberhalb von Überlingen, in einer vielgestaltigen Landschaft. Hieronymus Bosch oder Breughel hätten sie mit ihren Höhlen, Schluchten, Wäldern und Kegeln als Szene ihrer Bilder wählen können. Zu Fuß kann man – abwärts halb im Laufschritt – die Überlinger Bäckerei Haug in knapp 30 Minuten erreichen, da aßen wir Linzer Torte. Zurück bergauf brauchte man sicher 45 Minuten. In diesem Frühjahr sangen die Vögel, als ob sie Silberbäume fein hämmerten, und die Wiesen wuchsen immer höher mit Margeriten und Mohn und den blauen Dolden des Salbeis, die in der Dämmerung ihre Farbe nicht verloren, sondern immer stärker im Wiesengrün leuchteten. Manchmal konnten wir keine Verabredung treffen – irgendein auswärtiges Handballspiel kam dazwischen oder eine Schülerversammlung des engeren Kreises, an der ich noch nicht teilnahm; denn die Salemer Schuluniform war mir schon verliehen worden, aber ich war noch keine »Farbentragende«, das heißt, ich trug auf meinem Schulkleid noch nicht den schmalen, violetten Streifen der Farben von Salem, ja, ich war noch nicht einmal zur Anwärterin – der Vorstufe – ernannt.

An solchen Tagen saß ich an der Gletschermühle, wo die Landschaft tief zum See abfällt, auf der Bank und wartete. Gletschermühle! In einer Stadt sind die Erinnerungspunkte einer Liebe vielleicht ein bestimmtes Kino, eine Litfaßsäule, eine baumbestandene Straße, eine Omnibushaltestelle, ein Café. Für uns waren es Plätze in der Landschaft, die ganze Landschaft war erfüllt von unseren Treffpunkten und Stellen, die wir liebten. Damals bauten die Spetzgarter Schüler am Seeufer bei Goldbach einen Hafen, den man noch heute kurz vor der Einfahrt nach Überlingen sehen kann, wenn man mit dem Zug von Radolfzell kommt. Ich baute auch mit, aber ich glaube, viel seltener als Jörg; denn oft, wenn wir an der Gletschermühle waren, mußte er aufbrechen, während ich auf der Bank sitzenblieb und sah, wie er den Weg hinunterlief, der durch die Wiesen wie ein Band abwärts führte. Und dann war er nur noch einer unter den vielen dunklen, silhouettenhaften Gestalten, fern und schmal, die am Hafen eifrig gruben, Karren schoben, Balken stemmten, vor dem gleißenden Licht der Wasserfläche des Sees.

In Aufkirch im Trompeterschlößchen aßen wir Erdbeeren mit Schlagsahne, der Wirt nahm die Briefmarken in Zahlung, die wir in der Schule für die Briefe nach Hause bekamen. In der Gegend gibt es viele Kirschbäume, die Kirschen von Sipplingen sind berühmt. Aus dickem Packpapier falteten die Bauern die Tüten und füllten uns die Kirschen darein. Der Sandstein der Gegend ist weich. CARPE DIEM kratzten wir tief in die grauen Sandsteintürme der »Kurfürsten«. Es war die Zeit in der Prima, in der Horaz durchgenommen wird.

Die Schulleiterin machte sich Sorgen. Ein-, zweimal, auf langen Spaziergängen durch die Wälder, sahen wir sie plötzlich, wie sie uns in weitem Abstand folgte. Sie hätte tagelang hinter uns herlaufen können und nichts Verbotenes gesehen.

Wichtig war die Zeit in Salem für mich aber vor allem aus einem anderen Grund: Am 30. Januar kam Hitler an die Macht. Bereits vorher versammelte Kurt Hahn die gesamte Schülerschaft aller vier Schulen, die zum Salemer Internat gehörten. An drei Abenden fuhren wir mit Omnibussen von Spetzgart nach Salem. Dort beschrieb uns Hahn, welches Elend über Deutschland kommen werde, wenn Hitler an die Macht käme. Er erklärte uns die Werte, auf denen unsere Demokratie beruhte, die Werte der Freiheit und Selbstbestimmung. Er erläuterte, daß unter Hitler jeder, der nach seinen Überzeugungen lebe und diese frei ausspreche, bedroht sein werde. Das Wort »Konzentrationslager« gab es noch nicht. Aber Hahn beschrieb uns die Unfreiheit, das, was später der Nobelpreisträger Friedrich August von Hayek in seinem Buch »Der Weg zur Knechtschaft« analysierte.

Viel später, kurz vor seinem Tod im Jahr 1992, unterhielt ich mich mit Hayek. Er erzählte mir, er habe sich die Aufgabe gesetzt, 5000 Jahre Menschheitsgeschichte zu untersuchen und dabei der Frage nachzugehen, was erfolgreiche und stabile Gesellschaften kennzeichne. Schließlich habe er drei Werte gefunden, die man in allen guten, stabilen Gesellschaften vorfinde, nämlich das Hochhalten der Familie, Wettbewerb und den Schutz des privaten Eigentums.

Das war das Gegenteil dessen, was die meisten Utopien der Menschheit kennzeichnet, in deren Mittelpunkt die Gleichheit steht. An nichts dürfe der Mensch sein Herz hängen, nur das Kollektiv sei entscheidend. Darum gab es schon in Utopien der Antike die Vorschrift, daß alle immer gemeinsam essen und niemand etwa ein Haus besitzen dürfe, sondern alle fünf Jahre die Wohnung tauschen müsse. Es wird also gerade das bekämpft, was nach Hayeks Befunden die stabilen Gesellschaften charakterisiert.

Vieles von dem, was in den Utopien immer wieder von neuem beschrieben und durchzusetzen versucht wurde, fand sich in der nationalsozialistischen und kommunistischen Ideologie. Kurt Hahn warnte uns. Er sagte wie ein Prophet voraus, was mit Hitler kommen werde: Deutschland werde versuchen, über die Welt zu herrschen, es komme Krieg. Den Massenmord an den Juden sah er damals, im Januar 1933, allerdings nicht voraus. So etwas war auch mit der größten Phantasie einfach unvorstellbar.

Welche Tragik lag in dieser Situation: Deutschland nach dem Bankenzusammenbruch 1929, der Zusammenbruch der Wirtschaft, die Arbeitslosigkeit. Im Herbst 1932 war ein Drittel aller Arbeitnehmer arbeitslos, und es existierte noch nichts von dem sozialen Sicherungssystem, das wir heute kennen. Ein jammervolles, armes Land – anstehen für einen Teller Suppe, sich irgendwo ein bißchen Geld verdienen und seien es auch nur wenige Groschen. In dieser Situation kamen nun die Nationalsozialisten und stellten den Menschen eine Utopie in Aussicht, die, so beschrieb es uns Kurt Hahn wie später Hayek, das Land in die Knechtschaft führen würde.

Diese Vorträge waren meine politische Aufklärung. In gewisser Weise kann man sagen, daß mich die warnenden Reden von Kurt

Hahn gerettet haben, denn sie führten dazu, daß ich mich von den Nazis fernhielt, mich aus ihren Angelegenheiten heraushielt und so wenig wie möglich mitmachte. Beispielsweise trat ich später als einzige Abiturientin meines Jahrgangs nicht dem »Bund Deutscher Mädel« (BDM) bei. Viele, die als ganz junge Leute arglos den Jugendorganisationen der NSDAP beigetreten waren, bekamen dadurch nach dem Zweiten Weltkrieg Probleme, weil man ihnen Mitläufertum vorhielt. Mir blieb das erspart, weil mir durch die Warnungen von Kurt Hahn rechtzeitig die Augen geöffnet worden waren.

Man erkennt, was für ein großartiger Mann Kurt Hahn war. Er war auch ein vorzüglicher Pädagoge, was man an einer Einrichtung Salems sieht, die ich bis heute bewundere, dem »Trainingsplan«. Dieser Plan war so ähnlich gestaltet wie ein normaler Unterrichtsplan: Oben, waagerecht nebeneinander, standen die Wochentage, darunter waren Aufgaben aufgelistet wie: »Morgens kalt duschen«, »30 Seilsprünge«, »10 Minuten Dauerlauf«, »Keine Zwischenmahlzeiten, Süßigkeiten nur gleich nach dem Essen«, »Schweigend die Schularbeiten machen« usw. In meinem Vierbettzimmer hatte jedes Mädchen an seinem Spind einen solchen Trainingsplan und füllte ihn jeden Abend aus. Im Laufe der Zeit haben sich die Punkte darauf mehrfach geändert, aber der Grundgedanke war immer der gleiche: Es waren gute Vorsätze, und ob man sich am Tag an sie gehalten hatte, stellte man abends allein, ganz für sich fest. Zu jedem Punkt zeichnete man in den betreffenden Tag ein Plus – den Vorsatz habe ich erfüllt – oder ein Minus: nicht geschafft. Man kontrollierte sich selbst. Ich habe nicht gesehen, daß sich irgendwann irgend jemand meinen Trainingsplan angesehen hätte. Ich allein füllte ihn aus, ich selbst, niemand anders entschied, ob ich den Vorsatz erfüllt oder nicht erfüllt hatte. Ich selbst prüfte mich, nicht nur in einer feierlichen Stunde, sondern täglich, so daß mir der Verstoß oder eine Schwäche vor Augen standen, wenn sie noch zu reparieren, noch nicht zur schlechten Gewohnheit geworden waren.

Hat Kurt Hahn den »Trainingsplan« erfunden? Ich habe gelesen, daß das Wort von Benjamin Franklin stamme. Es komme aus dem Puritanismus, wo man sich täglich vor Gott Rechenschaft ablegen mußte über das, was man während des Tages getan hatte. Kurt Hahn begründete den Trainingsplan damit, daß es das Ziel sei, die Willenskräfte zu schulen, denn allein mit Willenskraft wäre man fähig zur Selbsterziehung, zur Selbstkontrolle.

Später merkte ich, daß ich mit Stolz an meinen Trainingsplan zurückdachte. Wie sehr er mich beschäftigte, erkannte ich auch daran, daß ich später meinen Studenten an der Universität Mainz so oft davon erzählte. Schließlich malte ich ihnen aus, wie man für sich selbst einen Trainingsplan entwerfen könnte. Ich beschrieb, welche Punkte ein solcher Plan enthalten könnte: »Mindestens eine Stunde Fachlektüre«, »Mindestens zwei Zeitungen oder Zeitschriften mit einander widersprechender Grundhaltung lesen«, »Zu jeder Stunde Vorlesung, die gehört wird, eine Stunde lesen oder Notizen nacharbeiten«, »Gute Gedanken sofort aufschreiben«, »Bei Gesprächen, Diskussionen den Gedanken anderer wirklich aufmerksam zuhören«, »Nach einem Gespräch prüfen, ob man sich noch an die Argumente des Gesprächspartners erinnern kann«, »Keine Zeit nutzlos vertun, die freie Zeit so verbringen, daß sie wirklich Freude macht« und – näher an den Salemer Schulvorschriften: »Acht Stunden Schlaf« (die Sache mit dem Buch, das man unter das Kopfkissen legt, stimmt ja. Der Kopf arbeitet auch im Schlaf, aber nur, wenn man ihm genug Zeit dafür gibt, und er bewegt sich in Richtungen, die man im Wachen nicht einschlagen würde).

Das also wäre, Wochentag für Wochentag, mit Plus- und Minuszeichen versehen, ein selbst aufgestellter Trainingsplan. Ich male mir eine heutige Klasse von Zehnjährigen aus, in der jeder seinen eigenen Trainingsplan entwickelt und darauf aufpaßt, wie gut er ihn einhält. Eine unpopuläre Idee gegen den Zeitgeist, aber ich bin überzeugt davon, daß sie eigentlich sehr modern ist, weil sie Selbstdisziplin und damit Selbständigkeit fördert. So verdanke ich

Kurt Hahn nicht nur die Warnungen vor Hitler und den National-sozialisten, sondern auch eine sehr wertvolle Lebensstrategie: Ob ich meine Vorsätze einhielt oder nicht, diese Frage begleitete mich immer.

Gleich nach der Machtergreifung Hitlers, der, wie man immer wieder betonen muß, von den Deutschen nie mehrheitlich gewählt worden ist, sondern an die Macht kam, indem man den Reichspräsidenten Hindenburg an der Nase herumführte, setzte die Rechtlosigkeit, die Unfreiheit ein. Es dauerte nicht lange, bis die Folgen auch bei uns in Salem-Spetzgart spürbar wurden. Im Grunde war die Schule in Salem bereits nach einem halben Jahr ruiniert. Gleich zu Beginn wurde Kurt Hahn ins Gefängnis gesteckt, kam nach kurzer Zeit wieder frei und emigrierte nach England. Fast die Hälfte der Salemer Schüler waren Juden. Die meisten von ihnen wurden zum Ende des Sommers von der Schule abgemeldet, die Eltern gingen ins Ausland, die Schule wurde verkleinert und der ganze Spetzgarter Zweig nach Salem verlegt. Die Pläne, Jörg zum »Wächter« seiner Jahrgangsklasse, zum »Schulkapitän« zu machen, änderten sich allerdings nicht. Eines Tages kam bei meinen Eltern in Berlin ein Brief an. Es wäre, hieß es, erwünscht, wenn ich von der Schule abginge. Man sähe es nicht so gern, wenn der Oberste der Schülerschaft eine enge Freund-schaft mit einem Mädchen habe.

Die Salemer Schulen gibt es noch heute. Über alle Schicksals-schläge hinweg, die Deutschland im 20. Jahrhundert erfahren hat, wurde das Salemer Werk fortgeführt, wechselnd im Erproben pädagogischer Konzepte, zugleich Traditionen fortsetzend oder auch zu ihnen zurückkehrend. Ich bin sicher, daß eines Tages auch der Trainingsplan wieder eingeführt werden wird.

Amerika und die Welt

Nun hatten meine Eltern also zum zweiten Mal innerhalb eines Jahres einen Brief erhalten: »Bitte nehmen Sie Ihre Tochter von der Schule ...« Sie gaben jegliche Hoffnung auf, auf mich noch irgendwelchen Einfluß auszuüben und sagten zu mir: »Du kannst gehen, wohin du willst. Wir wären sehr dafür, daß du das Abitur machst, aber du kannst entscheiden, wo du es machen möchtest. Nach Berlin kannst du allerdings nur in den Ferien kommen.« Ich entschied mich, nach Göttingen zu gehen, der Heimatstadt meines Freundes Jörg Jensen, und das Abitur auf dem dortigen Helmholtz Lyceum abzulegen. Ich mietete, wie eine Studentin, ein kleines Dachzimmer bei einem Konteradmiral Wilhelm Adelung. Wenn ich abends mit meiner Ziehharmonika Musik machte, saß er oft im Treppenhaus und lauschte andächtig.

Es war herrlich, in Göttingen in die Schule gehen zu können, weil die Eltern, die mich hätten kontrollieren können, weit weg waren. Wenn ich in der Schule fehlte, mußte ich hinterher keinen Entschuldigungsbrief mitbringen. Und ich fehlte oft. Mittwochs hielt an der Universität der berühmte Philosoph und Soziologe Eduard Baumgarten, ein Neffe Max Webers, seine Vorlesung über amerikanische Philosophie. Das war viel interessanter als Schule. Ich besitze heute noch das Schulzeugnis über ein halbes Jahr, in dem steht: »Gefehlt: 180 Stunden«. Es ging dennoch alles gut, weil ich im Unterricht trotzdem gut mitkam und die Lehrer wohl, ähnlich wie meine Eltern, vor meiner Eigenwilligkeit kapitulierten. Ich erinnere mich beispielsweise daran, daß mich meine Deutschlehrerin anfangs nicht leiden konnte. Aber dann sollten wir einen Aufsatz über Hans Hermann von Katte schreiben, einen Leutnant der preußischen Armee und engen Vertrauten des Kronprinzen Friedrich, dem er im Jahr 1730 bei dem Versuch half, vor dem strengen Vater, dem König Friedrich Wilhelm I. zu fliehen. Die Flucht scheiterte, und Katte wurde vor den Augen Friedrichs enthauptet. Die Geschichte faszinierte mich, und so schrieb ich sehr aufgeregt meinen Schulaufsatz ins Heft, ungefähr 30 Seiten. Von da an hatte ich alle Widerstände der Deutschlehrerin überwunden.

Eines Tages lernte ich auf einer ziemlich angeregten Geselligkeit Heinz Maier-Leibnitz kennen, einen Physikstudenten, der gerade an seiner Promotion arbeitete. Er machte mir den Vorschlag, wir sollten doch einmal zusammen mittagessen. Er bringe einen Freund mit, und die beiden würden mich dann an der Schule abholen. So kam es dann auch. Wir gingen nach meiner Erinnerung zusammen ins Gasthaus »Sonne« (Heinz Maier-Leibnitz meinte später, es sei das in der Nähe gelegene »Rathaus« gewesen). Außer uns dreien war niemand sonst im Eßraum. Heinz Maier-Leibnitz und sein Freund saßen einfach stumm da. Normalerweise sitzt man ja nicht stumm beim Mittagstisch, also begann ich, ein bißchen zu erzählen. Sie blieben aber weiter stumm und ließen sich die ganze Zeit, durch das ganze Essen hindurch von mir unterhalten. Ich fand das sehr unschicklich. Dann begleiteten sie mich zurück zur Schule, und ich verabschiedete mich von ihnen. Ich dachte mir: Mit diesem Mann, der sich einfach stumm hinsetzt und sich von mir unterhalten läßt, will ich in meinem ganzen Leben nichts mehr zu tun haben.

37 Jahre später, 1971, traf ich ihn wieder. Er hatte inzwischen eine glänzende Karriere als Physiker gemacht, hatte in Garching bei München den ersten deutschen Forschungsreaktor aufgebaut. Einer seiner Studenten, Rudolf Mößbauer, hatte für seine von Heinz Maier-Leibnitz betreute Doktorarbeit den Nobelpreis für Physik erhalten. Er selbst, Maier-Leibnitz, hätte ihn zusammen mit Mößbauer bekommen sollen, aber er riet dem Nobelpreiskomitee ab und sagte: »Geben Sie ihm den Nobelpreis lieber allein. Er hat dann viel mehr Freude daran.«

Einige Jahre später leitete er das von ihm mitinitiierte deutsch-französische Gemeinschaftsinstitut Max von Laue – Paul Langevin in Grenoble.

Ich hielt einen Vortrag bei einer Vereinigung sozialdemokratischer Akademikerinnen und entdeckte ihn mit seiner Frau im Auditorium. Nachdem der Vortrag und die anschließende Podiumsdiskussion vorbei waren, ging ich auf sie zu und begrüßte sie. Dann wandte ich mich an seine Frau und erzählte ihr von dem Vorfall in Göttingen und daß ich damals beschlossen hätte, ihn nie wiederzusehen. Später habe ich mich ein bißchen gewundert, warum ich das Bedürfnis hatte, seiner Frau diese Geschichte zu erzählen. Etwa acht Wochen später, es war ungefähr um Ostern herum, besuchten mich beide in Allensbach und wir unterhielten uns zwei, drei Stunden.

Etwa ein Vierteljahr später erhielt ich die Todesanzeige seiner Frau. Ich war maßlos erschrocken, denn ich hatte sie ja kurz zuvor noch ganz lebendig und fröhlich erlebt. Bald darauf starb auch mein erster Mann, Erich Peter Neumann. Eines Tages rief mich Heinz Maier-Leibnitz aus Grenoble an und erzählte, er wolle über Weihnachten nach München fahren, ob er mich auf dem Weg dahin besuchen dürfe, und zwar am 18. Dezember, dem Vorabend meines Geburtstags. Ich willigte zunächst ein, wurde dann aber sehr krank. Ich sagte ihm, er möchte bitte doch nicht kommen, ich sei zu krank, und zu meiner großen Überraschung antwortete er, er werde doch kommen: »Ich bin jetzt auf Sie eingestellt.« Wir unterhielten uns etwa eine Stunde lang, bis ich ihn bat, er möchte doch nun bitte gehen, ich sei zu sehr geschwächt für ein weiteres Gespräch. Er verabschiedete sich, und am nächsten Tag fand ich im Briefkasten einen Stein. Ich habe nie erfahren, was er mir mit diesem Stein sagen wollte, aber ich besitze ihn noch heute, einen Pyrit.

In den nächsten Monaten machte er immer wieder Halt in Konstanz, ganz in der Nähe von Allensbach. Dort trafen wir uns im Insel-Hotel und unterhielten uns. Wenn man sich so relativ spät im Leben wiedertrifft, gibt es unvorstellbar viel zu erzählen. Man hat ein ganzes Leben zu berichten. Wir heirateten 1979. Er war ein wunderbarer Mann, bis zu seinem Tod im Jahr 2000 ein anregender, kluger Gesprächspartner und, nebenbei bemerkt, ein großartiger Koch, der mit Eckart Witzigmann und anderen Spitzenköchen Rezepte austauschte und zwei sehr erfolgreiche Kochbücher schrieb.

Eine seiner Eigenschaften war seine große – eigentlich fast schon zu große – Bescheidenheit. Ich erinnere mich an eine Veranstaltung in der Katholischen Akademie in München, an der unter anderem Herbert Wehner teilnahm. Auf dem Empfang nach der Veranstaltung bellte Wehner grob und mit dem Unterton der Geringschätzung Heinz Maier-Leibnitz an: »Und was machen Sie?« Heinz Maier-Leibnitz, inzwischen Präsident der Deutschen Forschungsgemeinschaft, antwortete leise: »Ich bin ein Physiker.«

Eine andere Eigenschaft war seine Fähigkeit, sich still, aber ohne jede Herablassung, eher mit Nachsicht über seine Mitmenschen zu amüsieren. So erzählte er mit Vergnügen von einem Besuch bei dem berühmten dänischen Physiker Niels Bohr, über dessen Haustür ein Hufeisen hing. Überrascht fragten Heinz Maier-Leibnitz und seine Freunde Niels Bohr, ob er abergläubisch sei. Bohr antwortete: »Ich habe gehört, daß es auch hilft, wenn man nicht daran glaubt.« War dieses stille Vergnügen auch in Göttingen schon eine besondere Eigenschaft von Heinz? Als ich ihn fragte, warum er bei unserem Mittagessen stumm geblieben war, antwortete er, ich hätte ihn damals so gut unterhalten.

Zeitungswissenschaft

1935 machte ich Abitur, und es stellte sich die Frage, was nun geschehen sollte. Ich hatte, wie schon berichtet, bereits als Zehnjährige beschlossen, Journalistin zu werden. Meine letzten Sommerferien vor dem Abitur verbrachte ich bei meinen Eltern in Berlin. Irgend jemand erzählte mir von den Vorlesungen Emil Dovifats an der Berliner Fakultät für Zeitungswissenschaften »für Hörer aller Fakultäten«. »Zeitungswissenschaft« – das klang gut für mich, das hatte wenigstens mit Journalismus zu tun. Die Sommerferien hatten Anfang Juli begonnen, das Semester lief noch bis Ende Juli. Also ging ich schwarz in Dovifats Vorlesungen und war begeistert: das überfüllte Auditorium Maximum – ich saß in einer der letzten Reihen – und die weit entfernte, aber doch hoch aufragende Gestalt des Professors mit der mächtigen Stimme. Atemlos hörte ich zu, wie er eine Karikatur auf der Leinwand interpretierte. Eine neue Welt.

In diesen Sommerwochen fuhr ich oft mit dem doppelstöckigen Omnibus 20 vom Automatenrestaurant »Quick« am Bahnhof Zoo zu meinem Elternhaus am Botanischen Garten. Es war der gleiche Bus, mit dem Dovifat zu seinem Haus nach Zehlendorf fuhr. Einmal, als ich mich im Obergeschoß gerade hingesetzt hatte, entdeckte ich neben mir Dovifat. Ich überlegte kaum eine Minute. Dann sprach ich ihn an und erzählte ihm, daß ich seine Vorlesung schwarz hörte und daß ich später bei ihm mein Doktorexamen machen würde und daß ich Journalistin werden wollte. Damals sah ich zum ersten Mal das charakteristische nachsichtige Lächeln, das ich später so oft an ihm wahrnahm. Er fragte mich, ob ich schon etwas geschrieben hätte, und ich fragte, ob ich ihm ein paar Manuskripte schicken dürfte. Er stimmte zu. Wenige Tage nach dem Erhalt meiner Kurzgeschichten antwortete er, er glaube, daß ich gute Aussichten im journalistischen Beruf hätte.

Als ich mich nun aber auf der Berliner Universität anmelden wollte, merkte ich, welche Folgen es haben konnte, wenn man keiner Nazi-Organisation angehörte. Weil ich nicht Mitglied im BDM war, wurde ich nicht zum Studium zugelassen. Was nun? Ich dachte daran, daß ich so gerne zeichnete und stellte mich im Atelier Breuhaus am Olivaer Platz vor. Fritz August Breuhaus de Groot war ein damals bekannter Architekt und Kunstgewerbler oder, wie man heute sagen würde, Designer. Ich erinnere mich sehr lebendig daran, wie ich zum ersten Mal das Atelier betrat und gleich in eine Übung zum Aktzeichnen geriet. Vor den Schülern stand eine nackte Frau, und die Schüler saßen vor ihr und zeichneten sie. Nun gut, ich nahm meinen Zeichenblock und begann auch, den Akt zu zeichnen, ganz einfach, mit wenigen Strichen und einem normalen Bleistift auf Papier. Ich weiß heute noch ungefähr, wie die Frau stand. Der Professor Otto Arpke, der die Klasse leitete, sah sich an, was ich gezeichnet hatte, und rief in die Klasse: »Kommt mal alle her!« Die Schüler kamen zusammen, und er sagte: »Da könnt ihr mal sehen, was eine Begabung ist!«

Nach dieser schmeichelhaften Einschätzung nahm ich an, ich würde Künstlerin werden, und ging regelmäßig in den Zoo, um Tiere zu zeichnen. Doch es kam anders. Eines Tages im Juli 1935 erfuhr ich, daß ich nun doch noch zum Studium zugelassen würde. Die Nationalsozialisten hatten begonnen, die Wehrmacht gewaltig aufzurüsten. Dadurch wurden so viele junge Männer zum Militärdienst eingezogen, daß viele Studienplätze frei wurden, die nun denen zur Verfügung standen, die vorher abgelehnt worden waren.

Bevor man studieren konnte, wurde man allerdings für ein Vierteljahr zum Arbeitsdienst verpflichtet. Ich wurde nach Lauenburg eingeteilt. Der Gedanke gefiel mir gut. Lauenburg ist eine kleine Stadt an der Elbe bei Hamburg, und einige Zeit in der Nähe von Hamburg zuzubringen, stellte ich mir recht angenehm vor. Dann aber merkte ich enttäuscht, daß es sich gar nicht um dieses Lauenburg handelte, sondern um Lauenburg in Pommern, in der Nähe des polnischen Korridors und weitab von einer so interessanten Großstadt, wie es Hamburg war. Da war ich nun also in der pommerschen Provinz und wurde zunächst in der Landwirtschaft eingesetzt. Die Arbeit war sehr anstrengend, denn es war Juli, August, September, also Erntezeit. Schließlich wurde ich zur Kartoffelernte eingeteilt. Aber auch dort hatte ich wieder das Glück, das mich mein ganzes Leben lang immer begleitet hat. Plötzlich wurde ich von den schweren Arbeiten auf dem Feld befreit. Wie mir meine Freundin Imogen Seger, die mit mir zusammen beim Arbeitsdienst war, erzählte, hatte sich die Leiterin des Arbeitslagers in mich verliebt und tat nun alles, um mir das Dasein zu erleichtern. Von da an konnte ich mir meine Arbeit praktisch aussuchen, und ich begann, in kleinen Siedlerhäusern, die in der Gegend neu gebaut worden waren, Margeritenfriese rund um die Zimmerdecke zu malen. Das war natürlich herrlich: statt Kartoffeln ausbuddeln Friese malen. Ich habe damals sehr dankbare Abnehmer für meine Malereien gefunden.

Es kann gut sein, daß ich in Lauenburg bereits zum zweiten Mal unwissentlich meiner späteren langjährigen Allensbacher Sekretärin, Rose Marie von Milczewski begegnet bin. Zuerst habe ich sie wahrscheinlich gesehen, als sie Schülerin am Königin-Luise-Stift in Berlin-Dahlem war. Ich sah die Mädchen aus dem Stift häufig auf der Straße, wenn sie zu zweit nebeneinander in Schuluniformen spazierengingen, die mich an Matrosenanzüge erinnerten. Rose Marie von Milczewski stammt aus einer alten pommerschen Adelsfamilie aus der Gegend bei Lauenburg. Wenn ich nachmittags nach dem Arbeitsdienst frei hatte, fuhr ich öfter mit dem Fahrrad in die Stadt und aß dort auf dem Marktplatz in einer Konditorei Kuchen. Es ist nicht unwahrscheinlich, daß wir bei diesen Gelegenheiten aneinander vorbeigegangen sind. Es gab später noch so eine Beinahe-Begegnung, bis sie sich schließlich, Anfang der sechziger Jahre, auf eine Stellenanzeige meldete, als ich eine Sekretärin suchte.

Als wir uns trafen, wußte ich sofort, daß sie die richtige Sekretärin für mich war. Sie lebt heute in Allensbach, ist über achtzig Jahre alt und arbeitet noch immer für mich, vor allem am Wochenende und abends, wenn am Institut für Demoskopie niemand mehr zu erreichen ist. Es kommt vor, daß ich sie abends um zehn Uhr anrufe und frage: »Schlafen Sie schon?« Dann sagt sie, mit ganz fröhlicher, wacher Stimme: »Nein, nein«, und ich diktiere ihr etwas, beispielsweise den Text für einen der großen Artikel, die wir regelmäßig in der Frankfurter Allgemeinen Zeitung veröffentlichen. Man kann sich darauf verlassen, daß der Text dann am nächsten Morgen, wenn die Mitarbeiter wieder am Institut eintreffen, zum Redigieren bereitliegt. Sie ist noch immer eine großartige Mitarbeiterin.

Im Wintersemester 1935/36 begann ich mit dem Studium. Da die mißtrauische Berliner Universität Zeitungswissenschaft allein als Hauptfach nicht anerkannte, belegte ich als zweites Hauptfach Geschichte. Die Vorlesungen bei Dovifat, die Atmosphäre dort, das Verhältnis der Studenten untereinander im Wintersemester 1935/36 und im Sommersemester 1939, als ich an die Berliner Universität zurückkehrte, um meine Doktorarbeit zu schreiben, fließen in meiner Erinnerung zusammen. Inzwischen hatte ich in Königsberg, München und dann in Missouri studiert und war um die ganze Welt gereist, aber im Sommer 1939 war alles so, wie ich es unmittelbar nach Beginn der Hitlerzeit 1935/36 erlebt hatte.
Mit gespitzten Ohren hörten wir, die Studenten, die Vorlesung über Rhetorik. Und unerhört mutig schien uns, was Dovifat über die Rhetorik von Goebbels ausführte, was er über das Prinzip der Trennung von Nachricht und Meinung und Gesinnung und Verantwortung des Journalisten sagte oder wie er uns die Hoffnungslosigkeit eines Dementi erklärte, wenn eine Falschmeldung, erst einmal auf den Weg geschickt, als »Zeitungs-Ente« mal untergeht, dann aber unweigerlich wieder auftaucht. Wir fühlten uns wie Widerstandskämpfer, frei, untereinander alles zu sagen, was wir dachten. Freundschaften aus dieser Zeit haben sich bis heute gehalten. Einer aus dem Kreis wird in der Biographie Dovifats von Klaus-Ulrich Benedikt mehrfach zitiert, zum Beispiel mit dem Satz »Dovifat wußte sich ... so auszudrücken, daß die Leute, die hören konnten, wußten, was gemeint war«.
An Diskussionen über methodische Probleme der Zeitungswissenschaft kann ich mich allerdings nicht erinnern. Wir lernten die Systematiken nach der von Dovifat geschriebenen Zeitungslehre I und II, das war ein solides Fundament, noch nicht erschüttert durch die Erkenntnisse der späteren empirischen Sozialforschung. Richtig studiert habe ich am Berliner Institut für Zeitungswissen-

schaft allerdings nur zwei Semester lang, und so blieb mir das ganze Institut in der Breiten Straße hinter dem Schloß im Grunde fremd. Ich hatte mir zwar vorgenommen, bei Dovifat meine Doktorarbeit zu schreiben, aber mein eigentlicher Wunsch war es, nach Frankreich zu gehen. Noch bevor ich die erste Vorlesung besuchte, war ich bereits auf das akademische Auslandsamt gegangen, um mich für einen Studentenaustausch zu bewerben. Ich trat ein und fand mich vor einer Art Pult wieder. Dahinter saßen zwei Sekretärinnen, die mich amüsiert musterten. »Was möchten Sie denn?« Ich antwortete: »Ich möchte gerne einen Antrag stellen, um im Ausland zu studieren.« – »So? Wohin wollen Sie denn?« – »Nach Frankreich.« »Ach, nach Frankreich!« antworteten die Sekretärinnen. »Warum nicht nach Amerika? Wissen Sie: Nach Frankreich kommen pro Jahr zwei Studentinnen. Nach Amerika kommen pro Jahr sechs.« Sofort änderte ich meine Pläne und beschloß, mich für Amerika zu bewerben. So fällte ich eine der wichtigsten Entscheidungen meines Lebens in wenigen Sekunden. Noch an Ort und Stelle füllte ich das Antragsformular für die USA aus. Als Wunschuniversität nannte ich Stanford. Ich hatte irgendwo wunderbare Bilder vom Campus der Stanford-Universität gesehen, mit herrlichen Blumen. Dorthin wollte ich nun.

Es ist ein Gotteswunder, daß ich schließlich tatsächlich eines der begehrten sechs Stipendien bekam, wenn auch nicht für Stanford, sondern für einen Aufenthalt im tiefsten Mittelwesten der Vereinigten Staaten an der ältesten amerikanischen Journalistenschule. Sie war 1912 an der University of Missouri in Columbia gegründet worden. Allerdings hatte es im Vorfeld, wie ich später erfuhr, sehr starke Auseinandersetzungen um die Frage gegeben, ob ich das Stipendium erhalten dürfe oder nicht. Anscheinend hatte Dovifat Einfluß auf das betreffende Gremium in Berlin, aber wohl nicht das letzte Wort.

Mehr als fünfzig Jahre später, 1989, ich war gerade Gastprofessorin an der Universität von Chicago, erhielt ich Post von der Universität in Osnabrück. Im Zuge wissenschaftlicher Arbeiten über die Nazi-

zeit war eine Arbeit anläßlich des studentischen Reichsberufswett-
kampfs vom Winter 1936/37 entdeckt worden, die offenkundig ich
geschrieben hatte, um mich für das Stipendium zu qualifizieren:
eine Abhandlung über die Leitartikel der Deutschen Allgemeinen
Zeitung. Der Entdecker, Dr. Carsten Klingemann, schickte mir
auch die Gutachten dazu: eines von meinem Dozenten an der Universität Königsberg, wo ich das Sommersemester 1936 verbrachte,
dem SS-Standartenführer Six, das vernichtend war, und ein zweites
von einem Heidelberger Gutachter, dessen Namen ich nun, also
fünfzig Jahre später, zum ersten Mal hörte und der mich über alle
Maßen lobte. Ein Gutachten Dovifats war nicht dabei.
Ein vergleichsweise kleines Problem war dagegen, daß ich überhaupt kein Englisch konnte, aber nachweisen mußte, daß ich
fließend Englisch sprach, wenn ich das Stipendium nach Amerika
erhalten wollte. Irgendwie gelang es mir, den Prüfer, er hieß Ga-
linski, davon zu überzeugen, mir eine Bescheinigung über gute
Englischkenntnisse auszustellen. Das reichte. Dann wurden meine Papiere nach Amerika geschickt zu der Sorority Kappa Kappa
Gamma, einer Art Studentenverbindung für Mädchen. Die sahen
meine Unterlagen an, mein Foto, die Liste dessen, was ich bis
dahin getan hatte, fanden das überzeugend und schrieben zurück,
sie seien mit mir einverstanden. Zugleich bekam ein Mitglied der
Sorority einen Studienplatz in Berlin. In den USA bezahlte die
Sorority meinen Aufenthalt von einem Dreivierteljahr, in Berlin
sollten im Gegenzug meine Eltern die Kosten für meine Austauschstudentin übernehmen: Catherine Collier, die meine Eltern
auch besuchte, aber nicht in der Limonenstraße wohnte. Ich selbst
habe sie nie kennengelernt, und meine Eltern haben mir auch
kaum etwas von ihr erzählt. Die Sorority Kappa Kappa Gamma
war eine sehr vornehme Organisation, und wahrscheinlich waren
Catherine Colliers Eltern so reich, daß sie nicht auf meine Eltern
zurückgreifen mußten. Später erzählte mir übrigens George Gallup, der Begründer der Methode der Repräsentativumfrage, seine Frau habe ebenfalls zur Sorority Kappa Kappa Gamma gehört.

Von all den Auseinandersetzungen um mein Stipendium für Amerika erfuhr ich zunächst natürlich nichts. Statt dessen beschäftigte mich die Frage, an welcher Universität ich das nächste Semester, das Sommersemester 1936, zubringen könnte. Ich bewarb mich um die Zulassung an der Universität Wien. Dafür mußte man eine Woche lang in einem »Auswahllager« zubringen. Am Ende der Woche erfuhr man, ob man für das Land, in das man wollte, zugelassen wurde. Mein Antrag wurde abgelehnt. Darüber war ich so wütend, daß ich beschloß, ganz an das entgegengesetzte Ende des deutschen Sprachraums nach Königsberg zu gehen. Vorher allerdings machte ich noch eine Reise auf den Balkan, ganz allein, mit neunzehn Jahren, zuerst auf die Insel Rab, wo ich zum ersten Mal in meinem Leben – unvergeßlich – frische Feigen kaufte, dann nach Belgrad, Sarajevo und Mostar bis nach Montenegro. Das war eigentlich unverantwortlich, aber meine Eltern hatten längst aufgegeben, mir irgend etwas vorzuschreiben.

Wie ungeheuer leichtsinnig ich war und wie viel Glück ich dabei immer wieder hatte, zeigt sich deutlich an einer Episode, die sich in Sarajevo zutrug. Ich wurde, auch in Deutschland und später in Amerika, immer wieder von Männern angesprochen, die mir anboten, etwas zu zeigen oder mit ihnen essen zu gehen. Wenn mir der Betreffende sympathisch war, sagte ich zu. In Sarajevo wollte mir nun jemand die Stadt bei Nacht zeigen. Ich fand das einen schönen Gedanken, und so verabredeten wir, daß er mich um 20 Uhr an meinem Hotel abholen sollte. Vorher ging ich alleine in ein Restaurant zum Abendessen.

Plötzlich legte ein Kellner stumm einen Zettel neben mein Gedeck. Auf dem Zettel stand, mit Bleistift geschrieben und in unbeholfenem Deutsch, eine Warnung: »Gehen Sie nicht mit diesem Mann! Dieser Mann ist böse!« Trotz meiner sonstigen Unbekümmertheit nahm ich diese Warnung sehr ernst. Mir war der Appetit vergangen. Ich nahm den Zettel und ging sofort zu meinem Hotel, das etwa zehn Minuten entfernt lag, fuhr hinauf zu meinem Zimmer, schloß die Tür ab und legte mich schlafen.

Glücklicherweise gab es keinen Versuch, mich im Zimmer zu erreichen. Niemand klopfte an der Tür, es gab auch keinen Telefonanruf. Offenbar hatte der Mann gemerkt, daß ich gewarnt worden war. Ich betrachte diesen Warnungszettel als einen der größten Glücksfälle meines Lebens. Man kann sich lebhaft ausmalen, was mir alles hätte passieren können.

Diese Geschichte ist typisch. Ich habe mich, auch danach noch, sorglos in die größten Gefahren begeben. Im Grunde mein Leben lang, denn die Art und Weise, wie ich lebe, ist bis heute keineswegs besonders vernünftig. Den Zettel, den mir der Kellner damals auf den Tisch legte, habe ich bis heute aufbewahrt.

Nun kam ich also nach Königsberg, nicht, weil es dort eine besonders interessante Universität gegeben hätte, sondern allein, weil ich aus Ärger darüber, nicht nach Wien zu dürfen, die entgegengesetzte Richtung eingeschlagen hatte. In Königsberg lehrte, was ich aber vorher nicht wußte, der bereits erwähnte Franz Six, ein glühender Nazi, der in der Universität und der Parteihierarchie am Beginn einer steilen Karriere stand. Er wurde später SS-Standartenführer und soll wesentlich am Aufbau der Logistik zur Judenverfolgung beteiligt gewesen sein. Six ärgerte sich fürchterlich über mich, weil ich keine Anstalten machte, in eine Nazi-Organisation einzutreten. Außerdem merkte er natürlich, daß ich nie in seine Vorlesungen ging.

Ich kann mich nicht erinnern, in diesem Semester irgend etwas studiert zu haben. Statt dessen sah ich mir die Umgebung an und reiste viel. Jedes Wochenende fuhr ich an die Ostsee und unternahm viel mit meinem guten Freund Carus, übrigens ein Nachfahre des berühmten Mediziners und Naturphilosophen Carl Gustav Carus aus der Goethezeit. Ein Assistenzprofessor, Doktor Bremer, machte mir den Vorschlag, gemeinsam eine Reise zu unternehmen. Erst fuhren wir an die Ostsee und bestiegen dort ein Schiff nach Finnland, fuhren an Helsinki vorbei und auf Flüssen nach Norden. Dort blieben wir mindestens eine Woche an einem See. Ich erinnere mich an die herrlichen Polarnächte und wunderbare belegte Brote. Man konnte auch damals schon in Skandinavien sehr gut essen.

Eines Tages stattete ich der Königsberger Zeitung einen Besuch ab. Ich wollte mit der Redaktion sprechen und sie bitten, eine Glosse von mir abzudrucken. Lange saß ich in einem Vorraum und wartete, daß sich jemand mit mir beschäftigte. Dabei ging immerzu die Tür auf, jemand schaute herein und ging wieder weg. Später bin ich gefragt worden: »Ist Ihnen denn nicht aufgefallen, daß Sie von der ganzen Redaktion besichtigt worden sind?« Dort hatte sich die Nachricht verbreitet, im Vorzimmer säße ein sensationell schönes Mädchen, das man unbedingt gesehen haben müsse. Während ich also ernsthafte Gespräche führen wollte, betrachtete mich die Redaktion in erster Linie als Sehenswürdigkeit. Diese Geschichte erklärt vielleicht, warum ich trotz aller Widerstände das Stipendium für den Studentenaustausch nach Amerika bekam. Irgendwann beschrieb mir Dovifat einmal, wie die Auswahlkommission zusammensaß und auf einer großen Leinwand die Porträts der Kandidaten vorgeführt wurden und welche Wirkung es hatte, als dann mein Porträt auf der Leinwand erschien.

So verbrachte ich also den Sommer in Königsberg und Umgebung und arbeitete überhaupt nicht. Allmählich begann ich, mich dort ein bißchen heimisch zu fühlen. Als das Semester vorbei war, beschloß ich, zunächst noch in der Gegend zu bleiben und mir die Kurische Nehrung anzuschauen. Ich bestieg ein Schiff, das die Nehrung entlangfuhr, und der Kapitän fragte mich, wohin ich denn möchte. Ich antwortete: »Zum letzten Ort vor der Grenze.« Ich bin heute der Ansicht, daß diese Antwort die typische Aussage einer zukünftigen Wissenschaftlerin war. Der Wissenschaftler muß die Grenzen, muß das Neue suchen. Der letzte Ort vor der Grenze ist der Ort, an dem er stehen muß, um dann weiterzugehen.

Der letzte Ort vor der Grenze war, wie sich herausstellte, Pillkoppen, ein kleines Fischerdorf mit 300 Einwohnern. »Da halten wir nicht«, sagte der Kapitän. »Das macht nichts«, sagte ich. »Sie können mich mit einem Boot aussetzen.« So wurde ich also mit einem Boot in Pillkoppen abgesetzt. Ich ging zu irgendeinem der Fischerhäuser und fragte, ob ich ein Zimmer kriegen könnte. Ich bekam eine kleine, einfach ausgestattete Kammer, in der ich vier Wochen blieb. Touristen gab es in Pillkoppen nicht, die waren auf der litauischen Seite der Grenze in Nidden. Ich verbrachte die Zeit ganz allein, malte, zeichnete und schrieb. Auch im darauffolgenden Jahr fuhr ich in den Sommerferien dorthin. Das kommende Wintersemester beschloß ich, in München zu absolvieren.

Hitler

So sorglos ich in vielen Dingen auch sonst war, die Geschichte der Ablehnung meines Wunsches, in Wien zu studieren, gab mir doch zu denken. Bei meiner Immatrikulation war ich nicht in den NS-Studentenbund eingetreten, nun aber begann ich mir Sorgen um meinen Antrag auf das Stipendium des »Deutschen Akademischen Auslandsdienstes« (DAAD) für den Austausch nach Amerika zu machen. Das Stipendium war die einzige Chance, in die Welt zu kommen, denn es gab ja keine Devisen. Also meldete ich mich nun doch als Anwärterin auf eine Mitgliedschaft in der ANST, der »Arbeitsgemeinschaft nationalsozialistischer Studentinnen«, einer weiblichen Variante des NS-Studentenbundes. Auf dem Anmeldeformular sollte man angeben, ob man ehrenamtliche Mitarbeit bereit zu leisten sei. Ich antwortete mit »Nein«. Dennoch fand ich in München, als ich dort zum Wintersemester 1936/37 eintraf, eine Postkarte vor, ich sei zur »Zellenleiterin« des ANST ernannt worden.
Einer meiner Kommilitonen sagte mir, man habe erst einige Monate später auf der aus Königsberg nach München geschickten Anwärter-Karteikarte den Vermerk gefunden: »Auf keinen Fall in die ANST aufnehmen!« Nun war es aber zu spät. Als Zellenleite-

rin begründete ich eine Arbeitsgemeinschaft mit etwa 14 anderen Studentinnen zum Thema »Presseanalyse«. Wir trafen uns einmal in der Woche in dem Blockhaus, das ich in Obermenzing bewohnte, und nahmen dort beispielsweise die journalistischen Stilformen durch, beschrieben die Unterschiede zwischen Glossen, Kommentaren, Leitartikeln, Reportagen usw.

Anders als in Königsberg arbeitete ich im Wintersemester 1936/37 nahezu ununterbrochen. Vom Münchner Fasching sah ich fast nichts. Ich beteiligte mich, wie bereits berichtet, am Reichsberufswettkampf der Studenten mit einem Text über die Leitartikel der Deutschen Allgemeinen Zeitung. Mir war klar geworden, daß ich nur mit einer besonderen Leistung die Chance hatte, das DAAD-Stipendium für 1937/38 zu bekommen.

Wie begründet die Sorge um das Stipendium auch zu diesem Zeitpunkt noch war, habe ich erst später erfahren. Es begann damit, daß der Münchner Gauleiter Adolf Wagner unsere Studentengruppe besuchte. Der wollte sich wahrscheinlich einen schönen Sonntagnachmittag machen und dachte nun, er würde von uns bewundert und gefeiert werden. Statt dessen aber entwickelte sich bei Kaffee und Kuchen eine intensive Diskussion. Ich weiß nicht mehr, worum es dabei ging, aber ich weiß, daß ich die Nazi-Thesen, die er vertrat, falsch fand und ihm deswegen ganz munter widersprach, ohne mir darüber Gedanken zu machen, daß das vielleicht gefährlich werden könnte. Da regte er sich maßlos auf, brüllte mich an: »Sie haben Ansichten, Sie!!« und verließ wutschnaubend, mit hochrotem Kopf den Raum.

Zu diesem Zeitpunkt war gerade der Entschluß gefallen, mir das DAAD-Stipendium für Amerika zuzusprechen, und als der Gauleiter das erfuhr, gab er Anweisung, es mir wieder zu entziehen. Franz Ronneberger, der damals an der Universität für die Vergabe von Auslandsstipendien zuständig war, sagte mir, ich sei in Ungnade gefallen, daran könne man nichts ändern, das hätte ich mir selbst zuzuschreiben. Jahre später berichtete er mir, wie er hinter den Kulissen massiv bedrängt worden war, das Stipendium rückgängig zu machen. Schließlich schrieb er an die Sorority in Columbia, Missouri, sie möchte doch bitte mit einer anderen Stipendiatin einverstanden sein. Zu meinem Glück schalteten die Amerikaner auf stur und teilten dem Auslandsamt kühl mit, das Stipendium könne nicht zurückgenommen werden. »Wenn wir einmal ein Stipendium an jemanden vergeben haben, dann bleibt es dabei.«

In diese Zeit fällt auch meine Begegnung mit Hitler. An einem schönen Tag beschlossen meine Mitstudentinnen der ANST-Gruppe und ich, einen Ausflug in die Berge zu unternehmen und dabei auch den Obersalzberg zu besichtigen, wo Hitler und andere Nazigrößen ihre Häuser gebaut hatten. Ich erinnere mich daran, wie ich auf dem Münchner Hauptbahnhof, während wir auf unseren Zug warteten, ein Hitler-Porträt im Wartesaal betrachtete. Es war eines der typischen Bilder, die Hitler in starrer Pose zeigten und die an vielen Orten aufgehängt worden waren. Es wirkte grau, strahlte Kälte aus.

Das Gelände um Hitlers Berghof war selbstverständlich abgesperrt, man konnte aber drum herum wandern und aus einiger Entfernung auf die Häuser schauen. Als wir oben am Gatterzaun standen, wurde plötzlich ein Tor geöffnet. In Abständen wurden die Menschen, die draußen warteten, eingelassen und durften auf verschlungenen Wegen durch das abwärts fallende Gelände am Berghof vorbeigehen.

Plötzlich stand Hitler vor seinem Berghof und grüßte die abwärts wandernden Menschenschlangen. Als wir, die Studentinnen aus München, etwa seine Höhe erreicht hatten, kam von oben ein Adjutant gelaufen. Er sagte zu uns: »Der Führer will euch begrüßen.« Wir scherten aus der Menschenschlange aus und folgten ihm zum Berghof. Da stand auch schon Hitler und begrüßte uns mit Handschlag. Er fragte: »Wollt ihr Tee mit mir trinken?« Das fanden wir natürlich ganz aufregend, und so wurden wir auf die Terrasse geführt, wo es Tee und Kuchen gab. Hitler nahm mich am Arm und führte mich an die Brüstung, von der aus man ins

53

Salzburger Land nach Österreich sah. Er sagte zu mir: »Ich frage mich oft, ob es mir wohl so gehen wird wie Moses, der das Gelobte Land sah, aber nicht selbst erreichte.« Zwei Jahre später kam der Anschluß Österreichs an Deutschland.

Wir setzten uns wieder an den Tisch, ich selbst saß direkt neben Hitler, und unterhielten uns sehr gut, ganz unaufgeregt und heiter, insgesamt ungefähr zwei Stunden lang. An Kuchenessen war gar nicht zu denken, weil das Gespräch viel zu spannend war. Dann kam ein Adjutant und teilte mit, daß der chinesische Außenminister eingetroffen sei. Hitler erhob sich und sagte zu uns, es täte ihm leid, jetzt gehen zu müssen, er hätte gerne noch länger mit uns Tee getrunken, aber den chinesischen Außenminister könne er nicht warten lassen. Er verabschiedete sich, forderte uns aber auf, in Ruhe den Kuchen zu essen, den wir bis dahin kaum angerührt hatten. Also blieben wir noch ungefähr eine Stunde auf der Terrasse des Berghofes sitzen und aßen Kuchen.

Dann fuhren wir zurück. Wieder saß ich in dem Wartesaal des Münchner Hauptbahnhofs und wartete diesmal auf den Zug, der mich nach Obermenzing zu meinem Blockhaus bringen sollte. Wieder sah ich auf das Hitler-Bild, das dort an der Wand hing – und traute meinen Augen nicht: Es sah plötzlich ganz anders aus! Hitler sah mit einem Mal darauf viel besser, viel sympathischer aus, als es mir auf dem Hinweg erschienen war. Dabei hatte mich seine Erscheinung auf dem Berghof gar nicht überrascht. Er sah so aus, wie ich ihn mir vorgestellt hatte. Doch dieses Bild, das noch am Morgen so grau und abweisend gewirkt hatte, schien nun Wärme auszustrahlen. Mir ist dieses Erlebnis bis heute unheimlich: Wie war es möglich, daß sich ein Bild scheinbar so verändern konnte? Auf dem Hinweg war es einfach ein Farbdruck, auf dem Rückweg zeigte es einen richtigen Menschen.

Mehr als sechzig Jahre später, im Jahr 2001, wurde ich von Bernhard Bueb, dem damaligen Direktor meiner alten Schule Salem, eingeladen, zum Tag der Deutschen Einheit am 3. Oktober einen Vortrag vor den Schülern zu halten. Bei diesem Vortrag erzählte ich die Geschichte meiner Begegnung mit Hitler. Die Schüler reagierten ganz empört. Offensichtlich waren sie der Ansicht, ich hätte Hitler ins Gesicht spucken müssen, statt ihm die Hand zu geben. Daß ich mit einem der grausamsten Diktatoren der Geschichte friedlich Tee trank und mich gut mit ihm unterhielt, fanden sie vollkommen unverständlich.

Hinter der Aufregung stand wahrscheinlich die Vorstellung, daß man einem Menschen das Böse irgendwie ansehen könne. Doch das Teuflische an Hitler war ja gerade, daß dies nicht der Fall war. Es gab keine Warnung, kein für mich erkennbares Zeichen, daß ich einem Mann gegenüberstand, der im Begriff war, Deutschland und die halbe Welt ins Unglück zu stoßen. Nun war ich dank der Vorträge von Kurt Hahn ja nicht in Gefahr, mit den Nationalsozialisten zu sympathisieren, aber das Charisma Hitlers beeindruckte auch mich. Er wirkte angenehm, umgänglich, vertrauenerweckend. Man kann den Aufstieg Hitlers, die Geschichte des Dritten Reiches und die Treue von Hitlers Gefolgschaft bis zum Ende nicht verstehen, wenn man diese Doppelgesichtigkeit des Diktators ausblendet, diese verführerische Mischung aus scheinbar Gutem mit Bösem. Es sind genau die Eigenschaften, die man in der Literatur auch dem Teufel zuschreibt. Er wirkt eben nicht dadurch, daß er offensichtlich böse ist, sondern dadurch, daß sich das Böse mit angenehmen Seiten verbindet und auf diese Weise einschleicht.

Die amerikanischen Massenbefragungen

Dann war es soweit. Trotz aller Komplikationen und Widerstände durfte ich nach Amerika fahren. Vorher waren wir beim DAAD darauf vorbereitet worden, was uns dort erwarten würde. Ein etwas älterer Student, Erwin Wickert, heute ein berühmter Diplomat und Schriftsteller, führte uns in die Eigenheiten amerikanischer Sitten ein. Seitdem bin ich mit ihm befreundet. Wir sehen uns auch heute noch regelmäßig bei dem Empfang eines Verlags am Rande der Frankfurter Buchmesse, auf dem bekannte Persönlichkeiten der öffentlichen Lebens, deren Bücher bei dem Verlag herausgegeben werden, Reden halten. Vor einigen Jahren fanden wir, daß diese Reden nicht besonders interessant waren und zogen uns in ein Nebenzimmer zurück. Wir ließen die Tür halb offen stehen, so daß wir die Rede aus dem Augenwinkel verfolgen konnten, und unterhielten uns ganz in Ruhe, über die Veranstaltung hinweg, prächtig miteinander.

Wickert war 1935 mit einem DAAD-Stipendium in Amerika gewesen, hatte dort nach seinem Studienjahr noch einige Zeit verbracht und an verschiedenen Orten gearbeitet. Es war üblich, daß die älteren DAAD-Stipendiaten die jüngeren einwiesen, und so erzählte uns Erwin Wickert nun, wie man sich in Amerika verhalten müsse, etwa, daß man beim Essen nicht, wie in Deutschland üblich, die Hände auf den Tisch legt, sondern unter dem Tisch hält, und ähnliches.

Dennoch war Amerika für mich ein Kulturschock. Ich erinnere mich noch ganz genau an den ersten Abend nach der Ankunft in New York im September 1937. Der DAAD gab am Riverside Drive 100 ein Abendessen zum Empfang der Austauschstudenten. Ich hatte einen Tischherrn, er saß rechts von mir, der sich in stolzem Ton mir gegenüber rühmte: »I am just average.« – »Ich bin richtiger Durchschnitt.« Das war mir unbegreiflich, wie es eine Kultur geben könnte, in der man sich der Mittelmäßigkeit rühmte.

Dann kam die 36stündige Reise mit dem Zug in den Mittleren Westen nach Missouri. Vielleicht lag es auch an der langen Eisenbahnfahrt, daß ich später das Lied so sehr liebte: »If You miss the train I'm on, You will know that I am gone, You can hear the whistle blow a hundred miles ...« Die unerhörte Welt des Mittelwestens. Die monotonen Städte mit der main street, wie aus einem Roman von Sinclair Lewis. So sah auch meine Universitätsstadt Columbia aus.

Gaben meine mangelnden Sprachkenntnisse den Ausschlag, daß ich mich in Amerika nie heimisch, nie wirklich wohl fühlte? In der Studentenzeitung von Missouri las ich: Die neue deutsche Austauschstudentin sei sehr hübsch, aber das sei vielleicht »off the record«. Monatelang versuchte ich herauszufinden, was das heißt: »off the record«.

Ich hatte von Amerika eigentlich ein leuchtendes Bild gehabt, eine sehr positive Vorstellung, die geprägt war von den Romanen Thomas Wolfes. »Schau heimwärts, Engel« hatte ich gelesen. Oder »Manhattan Transfer« von John Dos Passos. Das Amerika von Thomas Wolfe war auch durchaus anzutreffen. Ich bewunderte, wie er es fertiggebracht hatte, mit seinen Büchern ein Gefühl für das Land zu vermitteln, als wenn man dagewesen wäre. Doch das fremde Amerika hatte für mich viel Erschreckendes an sich, beispielsweise den unglaublichen Konformismus, der die Gesellschaft kennzeichnete, übrigens auch heute noch, ohne daß die Amerikaner selbst dies wahrzunehmen scheinen. Zum Beispiel gab es die unausgesprochene Regel, am Freitagabend in seinem Zimmer, wenn das Fenster zur Straße hinausging, kein Licht anzumachen, denn das bedeutete, daß man für den Abend ohne »date« war. Das wäre diskreditierend gewesen. So gab es viele feine Zeichen und Symbole, die ich nicht beherrschte und die mir ganz fremd waren. Noch heute bereue ich, daß ich keine Tanzstunden genommen habe. Man tanzte völlig anders als in Deutschland und es wäre klug gewesen, diese Tänze gleich am Anfang zu lernen. Weil ich das nicht tat, blieb ich immer ein Fremdling, allein schon, weil ich ja noch nicht einmal »richtig« tanzen konnte, jedenfalls nicht wie die Amerikaner.

Doch es öffneten sich auch neue Welten: An der Journalistenschule produzierten wir, die Studenten, die Tageszeitung »Columbia Missourian«, die an der Universität mit einer Auflage von 3000 Exemplaren verbreitet wurde und die es auch heute noch gibt. Welch grotesker Kontrast zum rein theoretisch ausgerichteten Studium der Zeitungswissenschaft in Deutschland, bis heute.

Schon wenige Wochen nach der Ankunft wurde ich als Reporterin zur Polizeistation entsandt und brachte meinen Bericht über die Routine-Ereignisse zum »City Editor«. Mein fehlerhaftes Englisch wurde dort umgeschrieben.

Wie in Deutschland studierte ich auch in Amerika nicht besonders gründlich, sondern tat einfach, was mir Spaß machte. Eines Tages schickte die Universität von Chicago ein sogenanntes »Debating Team« nach Columbia. Vier Studenten aus Chicago diskutierten vor der versammelten Studentenschaft mit vier Studenten aus Missouri. Ich verliebte mich in eines der vier Mitglieder des Teams aus Chicago, Jack Conway. Im Frühjahr 1938 besuchte ich ihn an der Universität von Chicago. Ich besitze noch Fotos, die ich damals aufgenommen habe und die den Greyhound-Bus mit dem Fahrtziel »Chicago« und einen jungen Mann zeigen, der vor mir saß und mir am Ende der Reise ein Buch schenkte, das ich heute noch habe. Eigentlich hätte ich nach drei Tagen zurückkehren müssen, weil die Sorority Kappa Kappa Gamma, die immerhin meinen Aufenthalt in Amerika finanzierte, zu meinen Ehren einen Empfang in St. Louis organisiert hatte. Mir gefiel es aber in Chicago so gut, daß ich kurzerhand ein Telegramm schickte: »Sorry. Got the Flu«. Die Sorority reagierte mit Recht sehr verschnupft. Später, bevor ich aus Amerika abreiste, wurde dann noch eine große Veranstaltung mit Kappa-Kappa-Gamma-Mitgliedern in der Zentrale der Sorority in Virginia abgehalten, an der ich mich auch beeilte teilzunehmen. Auf diese Weise konnte ich ganz am Ende meines Aufenthaltes in den USA doch noch offiziell »vorgestellt« werden.

Vor vergleichsweise wenigen Jahren las ich bei einer Veranstaltung in Berlin-Wannsee den Namen Jack Conway auf der Liste der amerikanischen Teilnehmer. Mein Freund aus Chicago war inzwischen zu einem mächtigen Gewerkschaftsführer aufgestiegen, und er war ungeheuer dick geworden. Ich hatte Mühe, ihn wiederzuerkennen.

Bereits in diesem Studienjahr in Columbia begannen Versuche, die ich später immer wieder in den Vereinigten Staaten erleben mußte, mich als Nazi zu diffamieren. Eines Tages bat mich die Studentenzeitung »Columbia Missourian«, ich sollte den Lesern doch in einem Artikel den Nationalsozialismus erklären, was ich – in distanzierten Worten – auch tat. Bis heute halten mir Amerikaner diesen Artikel vor und behaupten, ich hätte mich damit als Nazi zu erkennen gegeben, als sei das, was ich auf ausdrücklichen Wunsch der Redaktion kühl beschrieb, meine eigene Position.

Vor allem aber bekam ich Probleme mit einem dänischen Studenten namens Karl Eskelund, mit dem ich mich zunächst etwas befreundete. Er war ein gutaussehender junger Mann, Sohn eines Zahnarztes, der in China praktizierte. An sich war Karl Eskelund interessant und intelligent. Er verliebte sich in mich, aber ich wies seine Annäherungsversuche ab. Darüber ärgerte er sich so maßlos, daß er das Studium abbrach und Amerika verließ. Bevor er dies tat, schrieb er einen Artikel in einer kommunistischen Zeitschrift mit dem Titel »New Masses«, in dem er behauptete, ich sei ein nationalsozialistischer Spion, trüge Landkarten von Missouri in meinen Schuhen und ähnliche Dinge. Das hätte für mich sehr gefährlich werden können, doch glücklicherweise nahmen die Respektspersonen an der Universität und an der Sorority den Artikel anscheinend nicht ernst. Wenn ich mich richtig erinnere, habe ich sogar einen Brief an die Zeitschrift geschrieben, in dem ich erklärte, daß die Behauptungen nicht zutrafen und Eskelund sich an mir habe rächen wollen.

Etwa ein Jahr später, ich war inzwischen auf einer Weltreise, kam er mir plötzlich in Hongkong in der Drehtür zu meinem Hotel entgegen. Ich war sprachlos. So ein Zufall! Er war genauso erschrocken über diese überraschende Begegnung. Ich fragte ihn, wie er dazu gekommen sei, mich derart zu verleumden, er habe doch wissen müssen, wie gefährlich das für mich hätte werden können. »Tut mir leid«, sagte er, als sei das eine Bagatelle gewesen, und dann trennten wir uns.

Das nächste Mal hörte ich ungefähr zwanzig Jahre später wieder etwas von Karl Eskelund. Ich las in der Neuen Zürcher Zeitung einen Bericht über einen Zwischenfall am Züricher Flughafen. Dort sei ein Flugzeug gelandet, von dem man die Nachricht gehabt habe, ein Drogenhändler befände sich an Bord. Als die Passagiere ausstiegen und Zoll und Polizei begannen, nach ihm zu suchen, sei plötzlich einer der Passagiere mit dem Namen Karl Eskelund aus der Gruppe ausgebrochen, mit riesigen Sprüngen davongerannt und seinen Verfolgern entkommen.

Der Studienaufenthalt in Columbia, Missouri, wurde entscheidend für mein ganzes weiteres Leben, denn ohne den Studentenaustausch wäre ich nicht, jedenfalls nicht vor dem Ende des Zweiten Weltkriegs, auf George Gallup, Elmo Roper und Archibald Crossley gestoßen, drei Forscher, die im Jahr zuvor, 1936, begonnen hatten, die Sozialwissenschaften zu revolutionieren.

Emil Dovifat hatte mir für meine Amerikareise das Thema für eine Doktorarbeit mitgegeben: »Was tun amerikanische Zeitungen, um Frauen als Leserinnen zu gewinnen?« Das war ein eher langweiliges Routine-Thema. Bei den Recherchen aber mußte ich fast zwangsläufig auf George Gallup stoßen, der im Jahr 1928 über die Methode des Copytests promoviert hatte, also ein Verfahren, mit dem man feststellen kann, welche Artikel einer Zeitung von den Lesern besonders stark beachtet werden und welche nicht. Vor allem aber hatte Gallup – wie gleichzeitig unabhängig davon auch Roper und Crossley – bei der amerikanischen Präsidentschaftswahl 1936 eine gute Wahlprognose veröffentlicht, die ihn sofort berühmt machte. Als ich ein Jahr später in Missouri studierte, schrieb er zweimal in der Woche Kolumnen, die in zahlreichen Zeitungen erschienen. Wer überhaupt Zeitung las, stolperte früher oder später über die Gallup-Kolumnen.

Das Aufregende an der Wahlprognose von Gallup war die Methode, mit der er die Wählerabsichten ermittelt hatte und die er auch verwendete, um die Einstellung der Bevölkerung zu verschiedenen anderen Themen zu messen. Es handelte sich um die Methode der Repräsentativumfrage, wie sie heute am Institut für Demoskopie Allensbach und auf der ganzen Welt im Grundprinzip unverändert angewandt wird.

Revolutionär an dieser Methode war die Art und Weise, wie die Befragten aus der Bevölkerung ausgewählt wurden. Sie ermöglichte es, wenige tausend Menschen zu befragen und von deren Antworten Rückschlüsse auf die Gesamtbevölkerung zu ziehen. Plötzlich konnte man mit vergleichsweise einfachen Mitteln verläßlich erfahren, wie ein ganzes Volk von 150 Millionen Menschen dachte und fühlte und war nicht mehr auf die mehr oder weniger einleuchtenden Interpretationen der angeblichen Volksmeinung durch Journalisten oder andere Analytiker angewiesen. Wahrscheinlich ist das für einen Menschen, der aus einer Diktatur in eine Demokratie kommt, ganz besonders eindrucksvoll. Ein solches Ringen verschiedener Meinungen um die Mehrheit der Bevölkerung, das mit den Massenbefragungen von Gallup, Roper und Crossley öffentlich sichtbar wurde, war im von den Nationalsozialisten beherrschten Deutschland unvorstellbar.

Fasziniert las ich die Geschichte des Scheiterns der Zeitschrift »Literary Digest«. Sie hatte seit 1916 begonnen, Umfragen von gigantischem Ausmaß im ganzen Land durchzuführen. Zunächst wurde jeder Leser aufgefordert, an das Magazin seine eigene Ansicht, dann die seiner Freunde und seiner Nachbarschaft über die Aussichten Woodrow Wilsons und Charles F. Hughes in der Präsidentschaftswahl zu berichten. Darüber hinaus wurden in fünf der achtundvierzig Staaten Postkarten-Stimmzettel verschickt. Als sich schließlich die Voraussage von einem Sieg Wilsons tatsächlich erfüllte, wurde dies als Triumph im ganzen Land gefeiert und der Literary Digest konnte feststellen, daß seine Aktion sich als überraschend erfolgreiche Werbemaßnahme auf die Auflage auswirkte.

1920 wurde darum eine neuerliche Stimmzettelaktion – inzwischen »Strohabstimmung« genannt – mit 11 Millionen Postkarten-Stimmzetteln durchgeführt, 1924 wuchs die Zahl auf 16 Millionen, 1928 auf 18 Millionen und 1932 auf 20 Millionen an. Die Postkarten-Stimmzettel gingen an Adressen, die aus Telefon-

61

büchern und Autozulassungsregistern entnommen worden waren. 1928 wurden die Strohabstimmungen des Literary Digest schon als eine Art nationaler Institution betrachtet. Die ständig gesteigerte Zahl der versandten Postkarten machte es möglich, jede neue Strohabstimmung als »die größte der Geschichte« zu proklamieren und damit das öffentliche Interesse wachzuhalten.

Währenddessen hatte sich in der Wirtschaft seit Anfang der zwanziger Jahre das Verfahren eingebürgert, mit Hilfe von Massenbefragungen das Konsumentenverhalten zu untersuchen. Da diese gewerblichen Befragungen nicht mit dem Nebenzweck, Werbewirkung zu erzielen, durchgeführt wurden, erübrigte es sich, 20 Millionen Telefon- und Autobesitzer zu befragen. Statt dessen entwickelte man ein Verfahren, mit dem man sicherstellte, daß die befragten Personen in ihren gesellschaftlichen – heute würde man sagen soziodemographischen – Merkmalen ein exaktes verkleinertes Abbild der Gesamtbevölkerung darstellten. Gleichzeitig ging man von postalisch versandten Fragebogen zum persönlichen Interview über.

Nachdem sich diese neue wissenschaftliche Technik der Umfragen in der Marktforschung bewährt hatte, lag es nahe, sie auch in der Politik zu erproben. Und so sah sich der Literary Digest im Wahljahr 1936 mit seinen Strohabstimmungen nicht mehr allein. Nun beteiligten sich auch Elmo Roper für das luxuriös ausgestattete Magazin »Fortune«, Archibald Crossley für King's Feature Syndicate und George Gallup in Kolumnen für 78 Tageszeitungen an den Wahlvoraussagen. Die Polemik, von der die konkurrierenden Umfragen begleitet wurden, war heftig. Im Juli 1936, vier Monate vor der Wahl und noch bevor der Literary Digest seine Postkarten-Stimmzettel überhaupt ausgeschickt hatte, verriet George Gallup schon in einer Tischrede, der Literary Digest würde 56 Prozent für den republikanischen Kandidaten Landon und 44 Prozent für den Demokraten Roosevelt voraussagen, wenn er bei seiner alten, unzuverlässigen Methode bleibe. Der Organisator der Digest-Abstimmungen verwahrte sich gegen die Einmischung und bemerkte herablassend gegenüber jeglicher Kritik, die Abstimmungen des Digest seien auf eine zwanzigjährige Erfahrung gegründet. Gallups Warnung, daß zuverlässige Befragungen sich auf eine für die Wählerschaft repräsentative Stichprobe stützen müßten, in der wenigstens arm und reich in den der Zusammensetzung der Wählerschaft entsprechenden Proportionen vertreten seien, tat er höhnisch ab mit den Worten, der Literary Digest habe sich noch nie in der Lage gesehen, im voraus zu beurteilen, wieviel »rich men, poor men, G-men, racketeers and candlestickmakers« in einer bestimmten Wahl tatsächlich wählen würden.

Tatsächlich sagte der Digest einen Sieg Landons mit rund 60 Prozent der Stimmen voraus, während Gallup, Roper und Crossley übereinstimmend – und richtig – einen Sieg Roosevelts ankündigten. Damit brachte die Präsidentschaftswahl 1936, ein Jahr vor meiner Ankunft in den USA, einen entscheidenden Wendepunkt in der Geschichte der Umfrageforschung. Gallup, Roper und Crossley hatten bewiesen, daß es nicht entscheidend ist, möglichst viele Personen zu befragen, sondern daß bei der richtigen repräsentativen Auswahl der Befragten wenige tausend Interviews genügen, um mit berechenbarer Sicherheit zu wissen, wie eine Bevölkerung von Millionen denkt. Gallup hatte für seine Wahlprognose nicht 20 Millionen, sondern 6000 Personen befragt.

Ich war begeistert. Eine neue Welt tat sich auf. Kurzerhand teilte ich meinem Doktorvater Emil Dovifat mit, ich hätte beschlossen, das Thema meiner Doktorarbeit zu ändern. Ich würde nicht über die Frage schreiben, wie amerikanische Zeitschriften versuchten, Leserinnen zu gewinnen, sondern über die amerikanischen Massenbefragungen. Daran, daß das Thema in Deutschland politisch heikel sein könnte, dachte ich nicht. Erst viel später habe ich bei Dovifats Biograph Klaus-Ulrich Benedikt gelesen, wie Dovifat bei der Vergabe von Doktorarbeiten verfuhr: Er habe streng darauf geachtet, daß nach Themen, die als »verdächtig« gelten mußten, entsprechend linientreue Themen folgten oder – bevorzugt – ungefährliche Themen wie historische Monographien, Porträts publizistischer Persönlichkeiten des 19. Jahrhunderts oder die Geschichte einer Zeitschrift oder Zeitung. Um meine Dissertation durchzubekommen, mußte sie also zwischen zwei »unverdächtigen« Arbeiten plaziert werden.

Durch die USA …

Als das Austauschjahr in Amerika zu Ende ging, war für mich klar, daß ich nicht auf direktem Wege nach Hause zurückkehren wollte. Zunächst reisten wir zu fünft, fünf deutsche Austauschstudenten, drei Jungen, zwei Mädchen, in einer alten Essex-Limousine sechs Wochen lang durch das ganze Land, durch vierzig der damals achtundvierzig Bundesstaaten (ohne Hawaii und Alaska, die noch nicht als Bundesstaat gezählt wurden). Ich schrieb Tagebuch, die Underwood-Schreibmaschine, die ich heute noch besitze, auf den Knien, vorn neben dem jeweiligen Fahrer sitzend. 140 eng beschriebene Seiten waren es am Schluß. Einige der Einträge wurden später von Berliner Zeitungen veröffentlicht. Hier ein Reisebericht, der in der Deutschen Allgemeinen Zeitung vom 13.8.1939 unter dem Titel »Nächtliches Montana« erschien:
»Der ungeheure amerikanische Himmel stand über uns, dieser Himmel, vor dem sich dahinten die Menschen zueinander gedrängt hatten, ein unendlicher Himmel über einem Riesenkontinent, der sich nach allen Seiten tausend und abertausend Meilen weit streckt. Das Meer, das irgendwo in der Ferne den Erdteil begrenzt – es ist ein Märchen. Das Land, das weite Rund des Horizonts ist von keinem Schornstein, keinem freundlichen Dächergewirr unterbrochen, der Himmel und die kahlen Telegrafenmasten sind die Wirklichkeit. In den verlorenen Ortschaften zwischen den Bergen und auf den Prärien leuchten jetzt, gegen Abend, die Laternen auf.

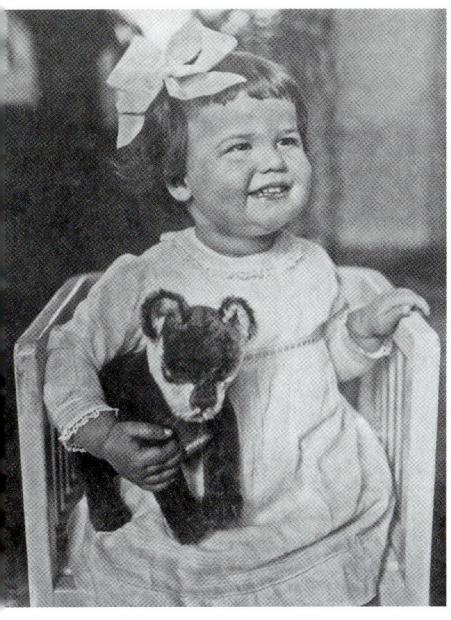 

Elisabeth Noelle im Alter von zwei Jah-
en. »Meine erste Erinnerung: Ich liege im
Kinderwagen, über mir ein herrlicher gro-
er Baum mit wunderbarem grünem Laub.«

2   Der Großvater: Fritz Schaper.
Der Berliner Bildhauer war eine Berühmt-
heit.

Das Haus in der Limonenstraße 8 auf einer Einladungskarte der 20er Jahre.
Die Zeichnung stammt von Wolfgang Schaper.

4   Die Geschwister an Weihnachten 1921. Von links nach rechts: Ernst, Dieter, Gisela und Elisabeth Noelle

5   Der Garten in der Limonenstraße: »Er war wie eine Insel aus Bäumen, Blumenrabatten und großem Rasen.«

6   Die Mutter: Eva Noelle, geb. Schaper

7 1926: Elisabeth Noelle
im Alter von neun Jahren.
»Ich wuchs als Kind einer
enorm reichen und mit vielen Begabungen gesegneten
Familie auf, allerdings in
sehr schlechten Zeiten.«

8 Der Vater: Ernst Noelle

9 Als Schülerin in Göttin-
gen machte Elisabeth
Noelle Musik mit ihrer
Ziehharmonika.

10 1935 nahm sie in Berlin
Zeichenunterricht. »Ich
nahm an, ich würde
Künstlerin werden.«

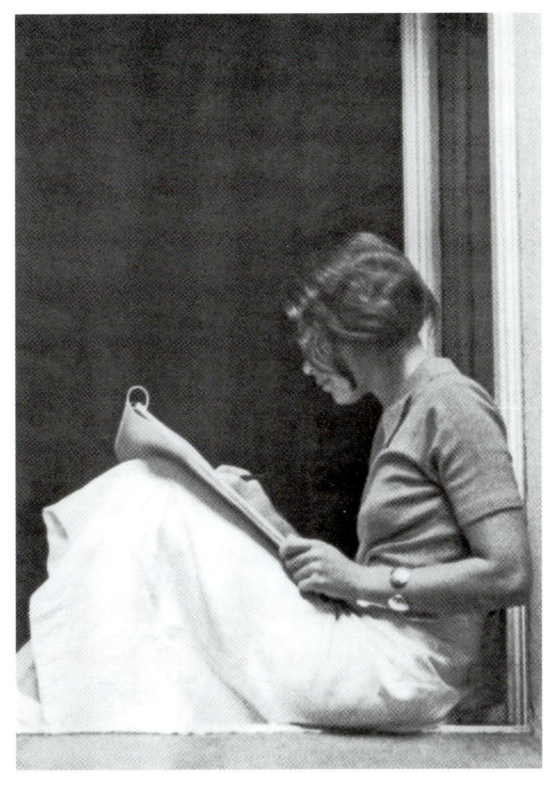

11 1938: Elisabeth Noelle ist 22 Jahre alt, als sie aus Columbia zurückkehrt, wo sie dank eines Stipendiums an der University of Missouri studieren durfte.

13 Die Underwood-Schreibmaschine, mit der sie um die Welt reiste, steht heute noch in ihrem Arbeitszimmer.

12 Amerikareise 1938: »Der ungeheure amerikanische Himmel stand über uns ...«

Um diese Zeit pflegten wir vor einer Farm zu halten und um ein Schlafquartier in der Scheune zu bitten oder um einen Zeltplatz und Wasser aus der Pumpe. Wir durften nicht zu spät kommen, denn wenn die Leute unsere Gesichter im Dunkeln nicht mehr erkennen konnten, bekamen sie Angst, während der Nacht Fremde auf den Hof zu lassen. Nun war die Sonne eben untergegangen, und schweigend beobachteten wir, wie nach vielen Meilen ein erstes, einsames Gehöft schnell vor uns aufwuchs. ›Warum fährst du denn weiter?‹ fragte ich den Fahrer. Aber schon lag die niedrige Häusergruppe ein paar hundert Meter hinter uns, und wir redeten nicht weiter darüber. Man konnte wohl auf dieser Straße nicht gut anhalten, sie nahm das Auto einfach mit sich. Es kam nichts mehr, keine Ortschaft, keine Farm und kein helles Fenster. Der Straße, die uns zum Fahren verführt hatte, mußten wir uns nun wohl oder übel anvertrauen. Sie begann, sich in vielen Schleifen zu winden, die Scheinwerfer eilten suchend auf ihr entlang, um die Warnungstafeln ›Kurve rechts‹ – ›Kurve links‹ rechtzeitig aus dem Dunkel zu holen, und manchmal begleitete uns für kurze Zeit ein weißer Streifen, der in scharfen Biegungen die zwei Fahrbahnen trennte. Bis endlich ein Licht auftauchte. Dann wurden es immer mehr Lichter, ein Bach rauschte und plapperte neben der Straße, und plötzlich hielten wir vor ›Fred's Café‹.
Wir fanden den Besitzer allein mit seiner Zeitung. Rings um ihn waren die Wände gepflastert mit farbigen Papp-Attrappen: ein Mädchen im gelben Badeanzug, Palmen, männliche Filmstars mit starken, weißen Zähnen – Reklamen für Erdnüsse, Kaugummi, Coca-Cola. Aus dem Radio brabbelte eine eintönige Stimme. Über unser Mißgeschick, keinen Schlafplatz zu haben, schien der Inhaber von Fred's Café erst sehr vergnügt, aber dann zeigte es sich, daß er nur stolz war auf seinen Staat Montana, der im vorigen Sommer hier ganz in der Nähe einen Lagerplatz zur freien Benutzung angelegt hatte. ›Ihr werdet staunen‹, versprach er fröhlich.
Wir fuhren zwei Meilen zurück, wie er gesagt hatte, bogen in einen Seitenpfad ein und stießen auf ein baumbestandenes Gehege, in

65

dessen Schutz Autos und Zelte verborgen sein mochten. Im Mondschein standen Wasserhähne und lange Holztische, und wo sich der Grund zum Fluß hinabsenkte, flackerte ein hohes Feuer. Wir sahen Menschen darum stehen und sitzen, Autos waren im Kreis aufgefahren, wie Schatten von Tanzenden bewegte es sich am Feuer vorbei, und abgerissene Fetzen von Musik klangen zu uns herüber. Neugierig kletterten wir aus dem Wagen, tappten über dunklen, unbekannten Boden, brachen uns einen Weg durch die Büsche und standen plötzlich in einer Reihe mit anderen Zuhörern, Männern, Frauen und Kindern, vor einem großen, offenen Platz. Im Hintergrund flammte und züngelte es aus einem Holzstoß, im Vordergrund lagen Kinder mit aufgestützten Ellenbogen am Boden, und unter einem alten Baum saßen zwei Frauen in breiter Würde nebeneinander auf einem Autopolster und überwachten einen Rundgesang, den sie mit immer wechselnden Strophen einleiteten, bis der Refrain der Männer und Kinder wieder einfiel: ›In the shade of the old appletree …‹

Als den Frauen unter dem Baum die Verse ausgingen, sprangen andere in die Mitte des Platzes und wußten noch weitere, es schien ein Lied ohne Ende zu sein. Schließlich versiegte es doch, und nun beschlossen die Männer, einen Chor aufzustellen: ›Bill, das kannst du auch! John, das ist ein gutes Lied zum Lernen!‹ So wurden die jungen Burschen aufgefordert, sich zu den Älteren, Sangesfreudigen, zu gesellen. Widerstrebend kamen sie, von Schwestern und Bräuten in den Rücken geknufft, und dann schallte es durch das dunkle Lager: ›Home, sweet home!‹

Flüsternd berieten wir auf deutsch, in was für eine Versammlung wir wohl geraten wären. Da mischte sich eine andere leise Stimme ein: ›Seid ihr Deutsche?‹ fragte eine Frau neben uns. ›Wenn ihr Deutsche seid, könnt ihr doch auch etwas für uns singen. Es sind noch viele unter uns, die ein paar Worte Deutsch verstehen.‹ Und als das nächste Lied beendet war, trat sie in die Mitte des Kreises und sagte zu den Umstehenden, daß an diesem Abend fünf deutsche Studenten unter ihnen wären, die nun auch etwas für die Unterhaltung tun wollten. Wir wurden vorwärts in die Scheinwerferbahn eines Autos gedrängt, ringsum klatschte man uns zu, einer summte die Tonlage, und mit ›Wenn alle Brünnlein fließen‹ setzten wir ein. Der weiße Lichtstrahl des Autos blendete uns, und wir sangen sehr laut, als müßten wir dagegen anschreien, und wir sangen auch sehr schnell, und als wir endeten, erhob sich brausender Beifall. ›Das war sehr schön!‹ klang ein deutscher Ruf vernehmlich draus hervor, und nun mußten wir uns auf ein zweites Lied besinnen. ›Kein schöner Land in dieser Zeit‹ begannen wir, und plötzlich schien es uns so seltsam, an deutsche Linden zu denken und an ein Dorf im Weserbergland, daß wir immer leiser und leiser wurden. Von den Menschen um uns herum wußten vielleicht nur ein oder zwei, daß wir ein Lied zur Gutenacht sangen, aber als es zu Ende war, blieben sie eine Weile ganz still und meinten dann, es wäre Zeit, die Autos zu bepacken und nach Hause zu fahren.

Aus dem Durcheinander des Aufbruchs sonderten sich einzelne ab und kamen zu uns herüber: ›Meine Mutter wanderte aus Deutschland ein – und mein Großvater – mein Vater ist Deutscher, mein Bruder ist noch im alten Land geboren worden ...‹ Ein Mädchen mit großen aufgeregten Augen wand die Hände vor Betrübnis: ›Wenn doch mein Vater hier gewesen wäre! Immer erzählt er von Deutschland, und gerade heute ist er bei meiner Schwester drüben in Idaho zu den Erntearbeiten.‹

Ein paar Leute kamen und wollten das Feuer löschen, bevor sie gingen. Wir versprachen, darüber zu wachen, bis es niedergebrannt sei. ›Ein schlimmes Jahr voller Waldbrände. Manchmal steht der Rauch so dick in der Luft, daß man nicht weiß, ob der Himmel blau oder grau ist‹, sagten sie und verabschiedeten sich. Nacheinander hörten wir die Autos davonrollen, dann rief man auch nach unserer Freundin. Wir schlangen die Arme um die Knie und horchten auf das ferne Heulen und Stampfen des ›Northern Pacific‹, der seine Schlafwagengäste von Minneapolis nach Portland brachte.«

Und hier der Bericht über einen Flirt in San Francisco, veröffentlicht im Berliner Tageblatt am 26.01.1939, fünf Tage, bevor diese große Zeitung auf Anweisung des Propagandaministeriums eingestellt wurde. Titel: »Byron zeigt seine Heimatstadt«:
»Ich wußte nichts von dem Maler Byron, als er so neben mir herging. Ich war eine Fremde in seiner Heimatstadt San Francisco, die er selbst nie verlassen hatte. ›Meinen Sie, daß diese wilden Tiere wirklich wild sind? Daß dieser Künstler überhaupt die Kraft hat, etwas Wildes zu formen?‹ fragte mich der hochgewachsene dunkelhaarige Mann, den ich vorher gar nicht bemerkt hatte. Gleich mir besah er jetzt eine Gruppe kämpfender Eber. Später sagte er, er sei Maler, und dann stellte er sich vor, mit der Betonung auf dem Vornamen Byron, weil man in Amerika nur in ganz steifer Gesellschaft von den Nachnamen Gebrauch macht. Ich wußte nichts von dem Maler Byron, und trotzdem nahm ich für den übernächsten Tag die Einladung an, mit ihm zusammen in der Chinesenstadt Abendbrot zu essen und danach seine Bilder anzuschauen. Wie verlockend, San Francisco mit den Augen eines hier Geborenen zu sehen!
Ich wurde um den Tisch nicht gefragt. Byron war sicher, daß er den schönsten ausgesucht hatte. Es wurde mir auch nicht etwa eine Speisekarte vorgelegt. Byron trug dem Chinesen seine Wünsche auf, wie ein vornehmer Gastgeber mit seinem Koch verhandelt, und als die blasse Kräuterbrühe kam, füllte er sie selbst in die Suppenschalen. Bis dahin hatte er ununterbrochen erzählt, gefragt, gesprochen. Aber das Essen stimmte ihn feierlich. Er löffelte schnell und schweigend seine Suppe und begann darauf, den eilfertig vor ihm hingesetzten neuen Teller sorgsam vollzuhäufen. ›Die Bilder!‹ rief Byron plötzlich. ›Es ist bald halb elf, ich muß zur Arbeit, und wir wollten doch noch meine Bilder ansehen!‹ Mit Riesenschritten liefen wir nebeneinander wie alte Freunde zu seiner Wohnung. Im Treppenhaus trafen wir den Wirt, und Byron rief ihm zu, daß er jetzt wieder Arbeit habe und morgen früh seine Miete bezahlen würde. ›Warum nicht gleich?‹ rief der Wirt

zurück. Wir waren bereits zwei Stock höher. Noch weitere vier Stock, und wir gelangten zu einer eisernen Treppe und über sie hinaus aufs flache Dach. Am anderen Ende des Daches befand sich ein einstöckiger Aufbau. ›Dort –‹, begann Byron, aber das Wort erstarb ihm auf den Lippen. ›Ich habe doch –‹, stieß er heraus, ›ich habe doch das Licht ausgedreht!‹ Friedlicher Lampenschein fiel durch die Fenster des kleinen Aufbaus auf das dunkle Dach. ›Einen Augenblick‹, stammelte er und verschwand in seiner Wohnung. Er kam zurück, konnte mich erst in der Dunkelheit nicht finden und brachte mich dann zur Tür. Drinnen, im Atelier, lag ein schlankes blondes Mädchen auf der Couch und sah mir mit großen Augen entgegen. Ich weiß nicht mehr, was für Erklärungen Byron murmelte, aber ich glaube nicht, daß er etwas vom Bilderansehen sagte. Er stellte uns einander vor, Lilian nannte er das blonde Mädchen, und dann tauchte er unter im dunklen Hintergrund des Zimmers.

Eisiges Schweigen breitete sich aus. Lilian hatte sich mir zugewandt, sie starrte mich an, ihr Blick wanderte an mir herauf und herunter, ihre Nase krauste sich: ›Aber‹, platzte sie heraus, ›warum tragen Sie denn einen Regenmantel? In San Francisco regnet es doch nicht während der Sommermonate!‹ ›Nein!‹ rief ich, ›Sie meinen –?‹ Binnen kurzem waren Lilian und ich in eifrigem Gespräch über die absolute Regensicherheit von San Francisco im Sommer, über die Vorzüge von Gabardineregenmänteln oder durchsichtigen Regenhäuten für den Winter, über farbige und dunkle Regenschirme und ob man auch Männern erlauben sollte, Schirme zu tragen. Byron schien völlig vergessen zu sein. Mit einer weiten Handbewegung beschrieb ich die Linie eines Regencapes und wischte dabei eine Vase vom Tisch. Gemeinsam trockneten wir den See auf dem Teppich. ›Byron‹, sagte Lilian streng zwischendurch, ›du wirst deine Arbeit wieder verlieren, wenn du nicht pünktlich bist.‹ – ›Ich komme gleich noch einmal zurück‹, sagte Byron kleinlaut zu Lilian, bevor er mich an die Haustür hinunterbrachte. ›Meine Freundin aus Oakland, der Zwillingsstadt von San Francisco‹, erklärte er mir auf der Treppe. ›Ihre Eltern erlauben nicht, daß ich bei ihr anrufe. So kommt sie immer ganz unerwartet.‹ Ich ging davon, und den Mantel trug ich zusammengerollt unter dem Arm. Kein Mensch konnte sehen, daß es ein Regenmantel war.«

Auch am Ende meiner Rundreise durch die Vereinigten Staaten ging ich nicht nach Deutschland zurück. Ich beschloß, statt nach Osten nach Westen weiterzureisen, einmal um die ganze Welt herum. Ich betrachte es heute als ein großes Glück, daß ich diese Reise verwirklichen und auf diese Weise noch einmal die »alte« Welt sehen konnte, kurz bevor sie im Zweiten Weltkrieg und den darauffolgenden politischen Umstürzen unterging. Die Reise finanzierte ich durch die Übernahme eines Auftrags der Papierfabrik Schoeller & Hoesch in Gernsbach, Baden, die vor allem Bibel- und Zigarettenpapier exportierte. Durch die Devisenbewirtschaftung im Dritten Reich konnte die Firma ihre Kunden nicht mehr besuchen. Das tat nun statt dessen ich, suchte die Exportkunden entlang meiner Route auf, schickte ausführliche Berichte über die, wie man heute sagen würde, »Kundenzufriedenheit« und erhielt mein Honorar an der jeweiligen Station, das von der nächsten Rechnung von Schoeller & Hoesch abgezogen wurde. Am Ende der Weltreise kehrte ich mit mehr Geld zurück, als ich zu Beginn hatte.
So wichtig der Aufenthalt in Amerika für mein späteres Leben auch werden sollte – ich hatte mich in den USA nie wohlgefühlt. In San Diego bestieg ich das Schiff nach Hawaii. Als wir uns langsam von der Küste entfernten und die Häuser von San Diego kleiner und kleiner wurden und schließlich am Horizont verschwanden, dachte ich mir, das sei der glücklichste Moment meines Lebens.

… und um die Welt

Viel gäbe es von der Weltreise zu erzählen, die ich 1938, am Vorabend des Zweiten Weltkriegs unternahm. Sie führte von Hawaii über Japan, die Mandschurei, Korea, Peking, Shanghai, Hongkong, Manila, Sumatra, Ceylon und Ägypten über Griechenland, Italien und die Schweiz zurück nach Deutschland. Unterwegs fotografierte ich viel mit einer Rolleiflex, ließ aber die Filme aus Sparsamkeit nicht an Ort und Stelle entwickeln, sondern erst nach meiner Rückkehr in Deutschland. Dort mußte ich feststellen, daß gleich zu Beginn der Reise der Filmtransport der Kamera kaputtgegangen war und alle Filme durch Mehrfachbelichtungen ruiniert waren. Ich war so sehr enttäuscht, daß ich mir vornahm, nie mehr zu fotografieren.

In Peking traf ich Erwin Wickert wieder, wo wir, für mich unvergeßlich, bei einer Feierlichkeit auf dem Dach der deutschen Botschaft miteinander tanzten. In Peking ließ ich auch meinen alten Handkoffer zurück und kaufte mir einen neuen. Sein Kaufpreis betrug genau den Kostenunterschied zwischen einer Fahrkarte zweiter Klasse oder Zwischendeck Dairen – Shanghai. Also fuhr ich auf dem Zwischendeck. In mein Tagebuch schrieb ich:

»An der Sperre schob mir der Träger mein Gepäck vor die Füße. ›Nehmen Sie Ihre Sachen selbst!‹ wies er mich an. ›Soviel Sie tragen können, dürfen Sie mitbringen als Passagier des Zwischendecks.‹ Hinter mir drängte es von Leuten, die solche Anleitungen nicht mehr brauchten. Sie hatten sich gegenseitig Bettzeug und Bündel, Geschirr und Eßkörbe aufgeladen, bis nur noch ihre Köpfe daraus hervorsahen. Gleichmütig stapften sie den Pier entlang. Am Dampfer wurde der Menschenstrom geteilt. Die Leute mit ›großem Gesicht‹ schritten, gefolgt von ihren Trägern, weiter, um über das Fallreep zum Promenadendeck emporzusteigen. Die anderen ließen sich zu einem Laufbrett weisen, das geradewegs in den Bauch des Schiffes führte. In endlosem, dicht zusammengepreßtem Zug schurrten sie über die Planken, gelassen, wie auf ein unvermeidliches Übel vorbereitet, und, noch bevor sie das Schiff betreten hatten, zueinander gehörig und einander ähnlich wie eine große Familie. Vielleicht hatte ich gemeint, man könne Zwischendeck reisen auf die unverbindlich unpersönliche Art, mit der man dritter Klasse in der Berliner Stadtbahn fährt. Aber als ich nun vorwärts gedrängt wurde im Haufen, als ich sah, wie gut da alle ausgerüstet waren für die kommenden Tage, wie sie sich untereinander zu kennen schienen und wie genau sie wußten, was sie erwartete – da verlor ich meine kühle, Abstand wahrende Miene und wurde überwältigt von der Beklommenheit des Gefühls, ein Neuling zu sein.

Ein kahler Lagerraum war unsere Unterkunft. Anstatt der Teerfässer oder Kisten mit Konservendosen, die wohl zu anderer Zeit darin gestapelt waren, lagen jetzt Kofferberge und Körbe über den blanken Boden verstreut. Dazwischen krabbelten Menschen, emsig beschäftigt, ihr mitgebrachtes Bettzeug auszubreiten. Alles bot ein Bild willkürlichen und wüsten Durcheinanders, in dem man sich am besten an der Stelle, auf der man eben stand, niederließ. Doch als ich lange genug gewartet, gestaunt und hingeschaut hatte, wurde deutlich, daß der gesamte Platz von Familien und Reisegruppen in Käfterchen aufgeteilt worden war und die Inhaber mit ihren Bündeln niedrige Wälle bauten. Am Ende räumten mir zwei Russinnen neben sich noch einen schmalen Bodenstreifen ein. Eine Treppe führte hinauf in den ›Salon‹, eine Tür öffnete sich zum Achterdeck, und dort, zwischen aufgerollten Seilen, konnte man stehen und das trübselige, von Qualm verhängte Dairen verschwinden sehen. Aus der Kombüse drang der Geruch von Fisch und Reis. In der Kajüte setzte der Steward flache Teller mit brauner Sojabohnensoße auf den Tisch, Kübel voll Reis und all die kleinen Beigaben, getrockneten Fisch, grünes Blattzeug, süße Paste und Zwiebeln, jede in einem besonderen Schälchen.

Die letzten Bojen der Hafenausfahrt schaukelten in weitem Abstand vom Schiff träge auf und ab und vorbei. Unruhig huschte die Sonne über das graue Wasser, fiel sekundenlang sengend über das Bootsdeck her und wurde schon gefolgt von bleiernem Wolkenschatten und heftigen Windstößen. In der Kajüte rief scheppernd ein Gong erst zum japanischen und später zum europäischen Essen. Doch nur wenige Passagiere zeigten sich, und ich stieg neugierig in den Schiffsbauch hinab, um zu sehen, was allen anderen den Hunger vertrieben hätte.

In dem weiten Frachtraum lagen die Menschen wie von einem Schlafzauber befallen: Koreanerinnen in weiten, weißen Röcken, weißen Pantöffelchen und kurzen Jäckchen; Japanerinnen mit steifer, kunstvoller Haarfrisur, ein Kopfbänkchen im Nacken, ihre Männer in langen wollenen Unterhosen und wärmenden Bauchbinden; Russinnen unter rosa-seidenen Steppdecken mit rotlackierten Fingernägeln und ausrasierten Augenbrauen, bärtige Russen; Chinesen, in Knoblauchdüfte eingehüllt, Chinesinnen im blauen, engen Kittel mit ihren kleinen Söhnen, die in roten Wämsen steckten, und Babys, deren Köpfe kahlrasiert waren bis auf zwei schwarze Schöpfe, einen im Nacken und den anderen über der Stirn. Luftscheu, seekrank, dösend mit geschlossenen Augen, lagen sie in ihren Ecken und regten sich von nun an selten bis zu ihrer Ankunft in Tsingtau oder Shanghai. Allein die alten Russen schliefen nie und lasen Tag und Nacht im trüben Licht in dickleibigen broschierten Büchern.

Am lebendigsten ging es am Morgen zu, wenn der Duft von grünem Tee die ermatteten Ostasiaten aufmunterte. Der Steward brachte die gefüllten Trinkschälchen hinunter in das Schlafquartier, wo sie ihm dankbar abgenommen und mitsamt den blassen, im Tee schwimmenden Kirschen geleert wurden. Nach dieser Stärkung drängte die ganze, auf ihren Füßen etwas unsichere Gesellschaft, Männer und Frauen, in den gemeinsamen Waschraum und reinigte sich dort, bis das Wasser gesperrt wurde. Die Tatkräftigsten begaben sich anschließend hinauf zum Frühstück, das indessen keinen Unterschied zum Mittag- oder Abendessen aufwies. Unter europäischer Küche verstand der Koch von früh bis spät Kohlsuppe, Makkaroni und Räucherfisch.

73

Die Tageszeiten lösten sich ab mit Helligkeit und Dunkelheit, mit dem scheppernden Gong der Kajüte, mit dem ruhelosen Wandern ums Achterdeck. Die Zeit schritt fort mit der Anzahl überflogener Seiten broschierter Romane, mit der wachsenden Verliebtheit eines jungen Chinesenpaares, mit den seltsamen Geschichten, die der weißrussische Steward, ein schmächtiger, schmaler Bursche mit zu schwerem Kopf, erzählte, wenn er nach Tisch die schmuddelige Schürze abband und in der Kajütentür lehnte, ein Bein im ›Salon‹, das andere auf dem Deck, die hohe Schwelle zwischen den Beinen.

Die Zeit schritt fort mit der Anzahl der Zigaretten, die ich mit ihm zusammen rauchte, indessen der Nebel über dem Meer dicker wurde. Die See ging immer höher. Beim Decken goß der Steward nun grünen Tee in weitem Schwung über das Tischtuch, damit die Schälchen und flachen Teller daran hafteten. Aber die Menschen konnte niemand halten. Ein paar von ihnen klammerten an der Reling, andere versuchten, sich auf den Roßhaarpolstern in der Kajüte auszustrecken, aber unversehens fanden sie sich auf dem Boden und rollten willenlos in eine Ecke. Grünbleiche, schlitzäugige Jammergestalten aus dem Massenquartier tauchten auf der Treppe auf, fielen dreimal hinunter und verschwanden wieder.

Am späten Abend stieg ich selbst hinab. Meine Nachbarinnen fand ich sehr krank und zog darum mit den beim Steward geliehenen Decken neben einen alten Russen. Die Nacht kroch langsam heran, und der Sturm warf sich mit immer wütenderen Stößen gegen das Schiff. Die Koffer rutschten ächzend, Bündel, Körbe und Geschirre hinterher. In entfernten Ecken erhoben sich gespenstisch selbstvergessene Klagegesänge. Die leidlich Gesunden richteten sich auf und schauten mit Blicken des Triumphes um sich. Langsam verebbte die Gewalt der Stöße, neues Schnarchen und Pfeifen setzte ein, und alles wälzte sich in kurzem Schlaf. Mein Nachbar las. Und endlich kam wieder der Morgen, grüner Tee mit blassen Kirschen und neuer Andrang auf den Waschraum. Am vierten Tage fuhren wir durch braunes Meer. Es war braun von dem Schlamm des Jangtse, schon viele Meilen vor der Küste und sechs Stunden vor Ankunft in Shanghai. Fertig zum Aussteigen stand ich an der Reling, den Hut aufgesetzt und einen wunderbaren Koffer neben mir. Einen Koffer, gelb wie Honig, weich wie ein Dudelsack, dehnbar wie eine Ziehharmonika und festumschlungen von zwei breiten Riemen.«

Das Wunder von Edfu

Beinahe eineinhalb Jahre war ich nun von zu Hause weg, es war Herbst 1938, und ich wollte nun allmählich zurück nach Deutschland. Eine der letzten Stationen meiner Reise war Ägypten. Wir fuhren durch den Sueskanal, dann legte das Schiff in Port Said an. Ich hatte keinerlei Absicht, mich länger in Ägypten aufzuhalten. Das Schiff, auf dem ich fuhr, war sehr angenehm, und ich fuhr inzwischen auch nicht mehr auf dem Zwischendeck, sondern hatte eine sehr schöne Kabine, in der ich mich häuslich eingerichtet hatte. Meine Eltern hatten mir die Karte für die Schiffsreise von Deutschland geschickt.
Als das Schiff im Hafen von Port Said lag, kam ein kleiner Mann mittleren Alters an Bord, der mich sprechen wollte. Er verkündete mir, er habe den Auftrag, mich nach Kairo zu bringen. Ich sagte ihm, ich könne nicht mit ihm nach Kairo fahren, weil ich beabsichtige, so schnell wie möglich nach Europa weiterzufahren. Darauf begann der Mann, sich maßlos aufzuregen. Er bedrängte mich, ich müsse ihn auf jeden Fall nach Kairo begleiten. Er könne keinesfalls ohne mich dorthin zurückkehren. Nach meiner Erinnerung flehte er mich buchstäblich auf Knien an. Schließlich gab ich nach. In Hongkong hatte ich eine wunderbare große Holztruhe gekauft, die noch heute im Flur meines Hauses am Bodensee steht. Dort hinein packte ich nun alles, was ich nicht unbedingt

brauchte, und schickte es mit dem Schiff nach Hause. Bei mir behielt ich nur den weichen Lederkoffer, den ich in Peking gekauft hatte, und fuhr mit dem winselnden Mann nach Kairo.

Er brachte mich in die rumänische Botschaft. Wie sich herausstellte, war der Botschafter, Radu Coutzarida, der Ehemann meiner Freundin Rosemarie, die ich in der Schulzeit im Internat Salem kennengelernt hatte. Ich erinnerte mich daran, daß wir 1933 oberhalb von Spetzgart in der Nähe der Tennisplätze auf der Wiese lagen und uns sonnten, und Rosemarie erzählte mir, sie hätte das sichere Gefühl, bald den Mann ihres Lebens zu treffen. Tatsächlich kam es so. Auf einer Reise in die Schweiz lernte sie in Lugano einen jungen rumänischen Diplomaten kennen, heiratete ihn, und nun, fünfeinhalb Jahre später, lebte sie als Botschaftergattin in Kairo. Irgendwie hatte sie erfahren, daß ich mit dem Schiff nach Port Said kommen würde, und hatte sich in den Kopf gesetzt, es müsse doch möglich sein, mich zu überreden, nach Kairo zu kommen.

Es läßt sich kaum beschreiben, welche ungeheure Pracht mich in der rumänischen Botschaft erwartete. Einen derart eleganten Palast hatte ich in meinem Leben noch nicht gesehen. Das ganze Gebäude schien aus Marmor zu sein. Überall standen edelste Möbel, wunderbares Porzellan. Wenn heute oft beklagt wird, es gebe so große Unterschiede zwischen Arm und Reich, dann wirkt das angesichts dessen, was ich damals in Kairo gesehen habe, bis heute auf mich manchmal etwas kurios. Ich befand mich in einem Paradies von Eleganz. Überall wimmelte es von weiß gekleideten Dienern, die auf leisen Sohlen herumhuschten und für alles sorgten. Verständlich, daß es mir in der Botschaft sehr gut gefiel und ich die Einladung, einige Zeit dort zu verbringen, gerne annahm. Meine Freundin Rosemarie war allerdings nicht zu Hause, sondern nach Rumänien gefahren. Sie erwartete ihr erstes Kind, und ihr Mann, der Botschafter, bestand darauf, daß es in Rumänien geboren wurde. So verbrachte ich also einige Zeit als Gast des rumänischen Botschafters in Kairo und besichtigte die Sehenswürdigkeiten, die er mir empfahl, beispielsweise das Mena-Haus, in dem man mit Blick auf die Pyramiden Tee trinken konnte, natürlich auch das Ägyptische Museum, in dem ich den Gipsabguß eines altägyptischen Frauenkopfes kaufte, von dem ich erst Jahrzehnte später erfuhr, daß es sich um eine Darstellung der Nofretete handelt. Dieser Kopf brachte später auf meiner Rückreise den deutschen Zoll in Verlegenheit. Als ich ihn bei der Einreise ordnungsgemäß anmelden wollte, rätselten die Zöllner, als was sie ihn verzollen sollten. Schließlich beschlossen sie resigniert, daß er wohl als Gips einzustufen sei – und es sich für eine so geringe Menge Gips nicht lohne, Einfuhrzoll zu erheben.

Abends unterhielt ich mich oft mit Radu Coutzarida. Wie früher mein Vater lag er dabei auf dem Diwan, ich saß am Fußende des Sofas, genau so, wie in meinem Elternhaus in der Limonenstraße in Berlin, und wir sprachen zwei, drei Stunden lang in bester Freundschaft über die verschiedensten Themen. Ich habe später oft an die entspannten Gespräche gedacht, und ich erinnere mich, daß wir auch am 9. November 1938 so zusammensaßen. Während in Deutschland die Nazis die Schaufensterscheiben jüdischer Geschäfte einwarfen, ihre Besitzer drangsalierten und Synagogen anzündeten, saß ich, ohne etwas davon zu ahnen, in der rumänischen Botschaft in Kairo und plauderte in angenehmster, friedlichster Atmosphäre mit dem Botschafter.

Eines Tages überzeugte mich Radu Coutzarida, daß ich Ägypten nicht verlassen könnte ohne wenigstens einmal nach Oberägypten gereist zu sein. Also kaufte ich eine Fahrkarte und fuhr mit der Bahn den Nil aufwärts Richtung Luxor und Assuan, später weiter mit dem Kamel in den Sudan hinein bis nach Karthum. Warum stieg ich ausgerechnet in der Kleinstadt Edfu, etwa 100 Kilometer südlich von Assuan aus? Ich weiß es nicht, einen vernünftigen Grund gab es nicht, aber diese Entscheidung veränderte mein Leben.

Da stand ich nun also auf dem Bahnhof von Edfu und sah mich um. Im November, außerhalb der Saison, waren dort keine Touristen. In Edfu gibt es einen sehr beeindruckenden, weil besonders gut erhaltenen Tempel aus dem 3. Jahrhundert vor Christus, der sich, vom Bahnhof aus betrachtet, auf der gegenüberliegenden Nilseite befindet. Ich fragte einen Bootsbesitzer, ob er mich an das andere Ufer bringen könne. Er ruderte mich hinüber, und ich sah mir ganz allein und in aller Ruhe den Tempel an, der in meiner Erinnerung ganz weiß in der Sonne leuchtete, mit sehr beeindruckenden Halbreliefs.

Vor einem dieser Reliefs blieb ich stehen – und erlebte etwas, was man wohl nur als eine Vision bezeichnen kann: Plötzlich schien die Tempelwand vor mir in den Boden zu sinken. Man kann sich kaum vorstellen, was für ein einschneidendes Erlebnis das war. Von einer Sekunde zur nächsten veränderte sich mein ganzes Lebensgefühl, mein ganzes Bewußtsein, und zwar für immer. Es war, als sei mit dem Relief *die Zeit* in den Boden gesunken. Die Zeit verschwand einfach. Es gab sie nicht, und sie kehrte auch nicht wieder zurück.

Plötzlich hatte ich das sichere Gefühl, als hätte ich immer gelebt und würde auch immer leben. Ob etwas vor 2000 Jahren geschehen war oder heute, war unerheblich. Mit diesem Erlebnis verschwand auch jegliche Todesfurcht, bis heute. Ich gehörte gleichsam zu einer zeitlosen Atmosphäre. Das ist ein Lebensgefühl, das eine große innere Gelassenheit ermöglicht. Man kann sich ohne Probleme, mit einem Gefühl der Selbstverständlichkeit, Menschen und Ereignissen der verschiedensten Epochen sehr nahe fühlen. Der Tod ist unwichtig. Ich habe lange Zeit niemandem von diesem Erlebnis erzählt. Ich reiste weiter nach Süden, wie geplant, aber nun betrachtete ich das Land und seine wunderbaren Kunstschätze mit anderen Augen. Nun waren es Zeugnisse eines – wenn man so will – ägyptischen Vorlebens. Ich war durch diese Vision zu einem anderen Menschen geworden.

An der Schwelle des Krieges

Am Jahresende 1938 kehrte ich nach Deutschland zurück. Von Port Said ging die Reise zunächst nach Athen, wo wir für einige Stunden anlegten und ich mir immerhin die Zeit nahm, die Akropolis zu besichtigen, dann ging es weiter nach Genua. Diese Fahrt über das Mittelmeer hat sich mir tief ins Gedächtnis eingeprägt. Wir fuhren durch einen ungeheuren Sturm. Das Schiff wurde hin- und hergeschleudert. Sogar die Matrosen wurden seekrank, nur ich nicht. Ich ging in die Bar, schnürte einen Sessel an ein Messingbrett, damit ich nicht im Raum umherrutschte, und begann einen Artikel mit dem Titel »Das Fest war fast vergessen« zu schreiben. Ich berichtete, wie wir, sieben deutsche Austauschstudenten, im Dezember 1937 mit einem Oldtimer von Kansas City über St. Louis bis nach Florida gefahren waren, wie es nach Süden hin allmählich wärmer wurde und wir schließlich in Sommerkleidung über hellerleuchtete Promenaden gingen, über denen bunte Fähnchen flatterten, und schließlich am 24. Dezember am Strand von Miami merkten, daß wir beinahe vergessen hatten, daß Weihnachten war.

Die ganze Reise hindurch, in den USA und auf der Weltreise, hatte ich meine Underwood-Schreibmaschine dabei. Der Schreibmaschinenkoffer war schließlich über und über mit Bildern der Orte beklebt, an denen ich gewesen war. Seit ich als Zehnjährige beschlossen hatte, Journalistin zu werden, hatte ich eigentlich unablässig geschrieben. Nun aber, bei der Überfahrt von Port Said nach Athen und Genua, mitten in dem Sturm, merkte ich plötzlich, daß ich richtig schreiben *konnte*, daß mir das Schreiben leichtfiel, daß es mir Spaß machte, daß der Text, den ich zu Papier brachte, gut war. Es ist sehr merkwürdig, eine solche Fähigkeit an sich zu entdecken: Plötzlich ist sie da. Jahrelang hatte ich zwar viel geschrieben, aber immer mühsam, angestrengt, beinahe verkrampft, und nun flogen meine Finger scheinbar fast von alleine über die Tasten.

Nach meiner Rückkehr schickte ich die Geschichte an die Deutsche Allgemeine Zeitung. Ich erhielt keine Antwort. Um so überraschter war ich, als ich einige Tage später die Weihnachtsausgabe der Zeitung in die Hand nahm und auf der Titelseite den Hinweis las: »… und dann möchten wir Sie besonders hinweisen auf die Geschichte ›Das Fest war fast vergessen‹ von Elisabeth Noelle.« Ich war ungeheuer stolz. Der berühmte Literaturkritiker und Schriftsteller Paul Fechter, der zu diesem Zeitpunkt Chef des Feuilletons der DAZ war, hatte beschlossen, die Geschichte ohne weitere Rücksprache abzudrucken. Außerdem sagte er, wie ich später erfuhr, seinen Redaktionskollegen, sie sollten auf das, was ich schrieb, achten und möglichst dafür sorgen, daß ich nur für die DAZ und nicht für andere Zeitungen arbeitete. Seitdem war ich anscheinend im Blickfeld verschiedener Zeitungsredaktionen, was mir einige Jahre später sehr helfen sollte.

Als ich nach eineinhalb Jahren von der Weltreise in Genua an Land ging, erwartete mich eine Überraschung: Meine Eltern eröffneten mir, daß sie sich in der Zwischenzeit hatten scheiden lassen. Noch immer lebte die Familie in dem Haus an der Limonenstraße 8 mit dem wunderschönen Garten, wo man auf dem Rasen so schön Schlagball spielen konnte, doch diese Zeit ging nun langsam zu Ende.

Kaum daß ich nach Deutschland zurückgekehrt war, überlegte ich, wie ich wieder ins Ausland kommen könnte. Ich beantragte die Zulassung zum Studium an der Universität von Dijon. Bei dem NS-Studentenbund meldete ich mich nicht zurück, aber ich bot an, freiwilligen Dienst zu leisten und im Sommer 1939 eine ausländische Studentengruppe durch Deutschland zu führen. Außerdem wies ich darauf hin, daß ich 1936 freiwilligen studentischen Fabrikdienst in der Zigarettenfabrik Garbaty im Norden Berlins geleistet hatte, um Arbeiterinnen einen zusätzlichen Erholungsurlaub zu ermöglichen, und ebenso in einer Druckerei gearbeitet hatte. Ich erhielt die Genehmigung zum Studium in Dijon für das Wintersemester 1939.

Es war schon ein besonderer Moment in meinem Leben, als ich mich von meinen Eltern Anfang August 1939 verabschiedete, um nach Frankreich zu fahren. Wir saßen im Garten, es war wunderbares Wetter, wir frühstückten. Meine Eltern baten mich händeringend, ich möchte doch erst einmal in Genf haltmachen und abwarten, ob es nicht zu einem Krieg käme. Also reiste ich nach Genf und blieb dort etwa vier Wochen. Dabei wohnte ich übrigens in demselben Hotel, in dem fast 50 Jahre später der schleswig-holsteinische Ministerpräsident Uwe Barschel ums Leben gekommen ist. Tagsüber ging ich in die Völkerbunds-Bibliothek und sammelte Material für meine Dissertation über amerikanische Meinungsumfragen, abends schaute ich mir Bilder des Prado an, die wegen des Bürgerkrieges in Spanien nach Genf ausgelagert worden waren. Die Ausstellung war jeden Tag bis 22 Uhr geöffnet. Bis heute habe ich, wenn ich in Madrid den Prado betrete, das Gefühl, in meine eigene Wohnung zu kommen, denn dort hängen all die Bilder, die mir in Genf so vertraut geworden sind.

Dann kamen die Schlagzeilen vom Hitler-Stalin-Pakt und vom Ausbruch des Krieges. Ich konnte von Glück sagen, daß ich die Warnung meiner Eltern befolgt hatte. Nach der ursprünglichen Reiseplanung hätte ich zu diesem Zeitpunkt in Dijon, also im nun feindlichen Ausland, sein sollen. Genf grenzt an drei Seiten an französisches Gebiet. Von da drängten nun verzweifelte junge Franzosen in die Stadt, die im letzten Moment dem Krieg entfliehen wollten. Einige von ihnen lernte ich noch kennen, bevor ich ungefähr zwei Tage nach Kriegsausbruch nach Berlin zurückfuhr. Ich kehrte in ein Land zurück, das von tiefer Depression gezeichnet war. Man kann heute gelegentlich lesen, die Deutschen seien

Hitler begeistert in den Krieg gefolgt, doch das ist das Gegenteil der Wahrheit. Wahrscheinlich jedem, der die Tage nach Kriegsausbruch in Deutschland erlebt hat, hat sich die Atmosphäre der Niedergeschlagenheit, der Verzweiflung, die das Land beherrschte, tief eingeprägt.

Karl Silex' Rat

Nun stand für mich fest, daß ich nicht mehr weiterstudieren konnte. Ich ging zum Ullstein Verlag in der Kochstraße, den die Verlegerfamilie Ullstein in der Zwischenzeit auf Druck der Nazis hatte verkaufen müssen und der sich nun »Deutscher Verlag« nannte. Dort besuchte ich Karl Silex, den Chefredakteur der DAZ, den ich zwar nicht persönlich kannte, doch immerhin hatte die DAZ zwischen Dezember 1938 und Sommer 1939 sechs meiner Berichte über die Weltreise gedruckt. Ich eröffnete Silex, daß ich bei ihm Volontärin werden wollte, um zur Journalistin ausgebildet zu werden. Jetzt, da wir im Krieg seien, sei es unmöglich für mich, weiter in den Hörsälen zu sitzen und zu studieren.

»Gut«, antwortete Silex. »Ihr Platz als Volontärin bei uns ist Ihnen sicher – aber vorher machen Sie Ihren Doktor. Als Frau haben Sie mit dem Doktortitel ganz andere Chancen für eine journalistische Karriere.« Es war fast eine exakte Wiederholung der Szene bei Heinz Ullstein im selben Haus sieben Jahre vorher. Und wieder war es ein unschätzbar wertvoller Rat, der meinem Leben eine Richtung gab. Was hätte ich später wohl ohne Studienabschluß getan? Doch zunächst einmal war ich zornig. Ich ging zurück in mein Elternhaus am Botanischen Garten und öffnete einen Koffer, den ich von Ägypten aus vorweg nach Hause geschickt hatte und in dem sich alle Unterlagen befanden, die ich in Amerika gesammelt hatte, und fing an, meine Dissertation zu schreiben. In meinem Eltern-

haus hatte ich ein Dachzimmer, in das ich mich nun regelrecht ver-
kroch. Alles, was ich für meine Doktorarbeit brauchte, war in diesem Zimmer. Links vom Eingang stand ein Diwan, auf dem man
sehr schön liegen konnte, darüber hingen Fotos von meiner Weltreise (die wenigen, die ich aufgenommen hatte, bevor der Filmtransport streikte). Rundherum an den Wänden standen Bücherre-
gale. Zu den vielen Vorteilen des Dachzimmers gehörte, daß man
jeden Besucher längere Zeit, bevor er die Zimmertür erreichte, die
Treppe hinaufsteigen hörte, so daß niemand überraschend die Tür
aufreißen konnte. Bis heute besitze ich den Stuhl, auf dem ich dort
am Schreibtisch saß, ein hölzerner, reich verzierter sogenannter
»Lutherstuhl«, auf dem schon mein Großvater Fritz Schaper an seinen Entwürfen für Skulpturen gesessen hatte.
Ich schrieb wie besessen meine Doktorarbeit. Ich sah keine
Freunde, ich ging nicht mehr zum Friseur. Meine Eltern machten
sich Sorgen und schlugen mir gemeinsame Unternehmungen vor,
sie hätten auch gerne ihre Tochter, die um die ganze Welt gereist
war, im Bekanntenkreis vorgestellt, doch ich lehnte alle Vorschläge ab. Innerhalb von drei Monaten nahm ich 14 Pfund ab, aber im
Dezember war meine Arbeit mit dem Titel »Amerikanische Massenbefragungen für Politik und Presse« fertig. Später ist gelegentlich behauptet worden, ich hätte meinen Lebenslauf gefälscht,
was man alleine schon an der Behauptung erkennen könne, ich
hätte meine Doktorarbeit in drei Monaten geschrieben, denn das
sei gänzlich unmöglich. Aber eben dies tat ich, denn ich wollte diese Hürde, die meinem Volontariat bei der DAZ im Weg stand, so
schnell wie irgend möglich hinter mich bringen.
Mein Doktorvater Emil Dovifat nahm die Arbeit entgegen, las sie
und hatte danach nur einen einzigen Korrekturwunsch: Ich hatte
den berühmten amerikanischen Journalisten Walter Lippmann
zitiert, der 1922 ein glänzendes Buch zum Thema öffentliche Meinung geschrieben hatte. Lippmann war Jude. Dovifat erläuterte
mir nun, es gebe an der Universität die strikte Weisung, jüdische
Autoren entweder gar nicht zu zitieren oder, wenn man auf das

Zitat nicht verzichten könne, hinter dem Autorennamen in Klammern den Zusatz »Jude« anzufügen. Da ich für Lippmann wegen seines großartigen Buches eine fast grenzenlose Bewunderung hegte, entschied ich mich dafür, das Zitat mit dem Zusatz »Jude« in der Arbeit zu belassen. Dies ist später als Beleg für meinen angeblichen Antisemitismus herangezogen worden. Tatsächlich belegt es eher das Gegenteil. Die Alternative wäre gewesen, den Hinweis auf Walter Lippmann zu streichen.

Hatte Dovifat auch mit mir über das Ritual gesprochen, daß man auf den ersten und letzten Seiten einer Dissertation mit verfänglichem Thema einige nationalsozialistische Lippenbekenntnisse ablegen müsse, um die Zensoren zu beruhigen, so daß sie den Haupttext weniger aufmerksam lasen? Ich weiß es nicht mehr. Jedenfalls hielt ich mich an die Regel. Jemand nannte diese Seiten »Packpapier«, damit die ganze Arbeit durchkommen konnte. Lew Kopelew beschrieb später einmal die gleiche Praxis aus der Sowjetunion: »Wir nannten diese Seiten am Anfang und am Ende eines Buches Passepartout« – Passierschein, um die Botschaften durchzuschmuggeln.

Noch im Dezember 1939 reichte ich die Arbeit an der Universität ein. Emil Dovifat muß sein Gutachten in wenigen Wochen verfaßt haben, denn bereits im März des darauffolgenden Jahres wurde ich zur Abschlußprüfung zugelassen. Der Verlag Diesterweg druckte meine Dissertation in der Schriftenreihe »Zeitung und Zeit« des Instituts für Zeitungswissenschaft an der Universität Berlin. Innerhalb von drei Monaten waren 2000 Exemplare verkauft. Im Spätsommer 1940 rief mich der Verlag an, sie wollten eine Neuauflage drucken, aber vorher müßte ich auf Forderung des Propagandaministeriums einiges ändern. Ich sagte, ich wolle nichts ändern, und es gab keine zweite Auflage.

George Gallup, der berühmteste der Pioniere der Umfrageforschung (man sprach lange Zeit auch von der »Gallup-Methode«), bestätigte mir später, daß meine Doktorarbeit über amerikanische Massenbefragungen das weltweit erste Buch über die von ihm entwickelte Umfragemethode war. Er selbst sei so sehr mit der täglichen Arbeit an seinem Institut beschäftigt gewesen, daß sein eigenes Buch, »The Pulse of Democracy«, erst ein halbes Jahr später, im Herbst 1940 erscheinen konnte. Gallup lernte ich übrigens persönlich erst Mitte der fünfziger Jahre kennen. Sein Institut in Princeton habe ich zum ersten Mal in den siebziger Jahren besucht.

Emil Dovifat

Nun stand also die Prüfung an und damit das Problem, daß ich eigentlich fast gar nicht studiert hatte. Anfangs, in Berlin, hatte ich zwar die Vorlesungen von Dovifat gehört, mich die meiste Zeit aber einfach amüsiert. In Königsberg hatte ich, wie berichtet, ohnehin praktisch nichts getan, in Amerika nicht viel mehr. Lediglich in München hatte ich ein Semester lang intensiver gearbeitet. Alle Prüfungen fanden, das war damals so üblich, an einem Tag statt. Der Prüfung im ersten Hauptfach Publizistik bei Dovifat sah ich ohne Sorge entgegen, denn ich war ja seine bevorzugte Schülerin, der er alles und jedes nachsah. Schwieriger war die Lage beim zweiten Hauptfach Geschichte mit dem Professor Wilhelm Schüssler als Prüfer. Dann hatte ich noch ein Nebenfach, Amerikanistik, über das ich eigentlich auch nichts wußte, aber wenn ich die Prüfungen in den Hauptfächern gut hinter mich brächte, würde der für die Nebenfachprüfung verantwortliche Professor Friedrich Schönemann keine Möglichkeit haben, mich durchfallen zu lassen.
Also Geschichte. Merkwürdigerweise beschäftigte mich die Frage, ob ich eigentlich gut genug vorbereitet war, lange gar nicht. Ungefähr eine Woche vor der Prüfung begann ich mir dann aber doch Sorgen zu machen. Aus meiner Schulzeit in Göttingen besaß ich ein wunderbares Geschichtsbuch, »Teubners geschichtliches Unter-

richtswerk für höhere Lehranstalten« in vier Bänden, herausgegeben von Franz Schnabel und anderen. Dieses Buch hatte ich als Schülerin schon bewundert, weil es so ausgezeichnet gegliedert war. Die Bände habe ich aufbewahrt und später zusammenbinden lassen, damit nicht ein einzelner Band verlorengeht. Noch heute kann man die Modezeichnungen betrachten, die ich als Schülerin auf den Rand gekritzelt habe. In den letzten vier, fünf Tagen vor der Prüfung las ich nun die gesamten vier Geschichtsbücher durch.

Ich erinnere mich noch an das Aufwachen am Prüfungstag. Ich war bester Laune, ganz zuversichtlich. Von Prüfungsangst keine Spur. Der erste Prüfer war Wilhelm Schüssler, bei dem ich nie eine Vorlesung gehört hatte, aber das konnte mir gar nichts anhaben. Schüssler war spezialisiert auf das 19. Jahrhundert. Er stellte mir eine Frage aus seinem Spezialgebiet, und mir fielen nun, nachdem ich ja gerade meine Schulbücher zur Weltgeschichte frisch gelesen hatte, viele Querbezüge ein. Ich erzählte einfach alles, was mir zu dem Thema gerade in den Sinn kam, und sprang wie selbstverständlich durch die Epochen: Alte Geschichte, Neuzeit, Mittelalter, als sei ich dort ganz zu Hause. Ich glaube, ich habe Schüssler gar keine Zeit gelassen, Fragen zu stellen. Er war begeistert. Es fiel ihm gar nicht auf, daß ich nur über ganz frisch angelesenes, oberflächliches Wissen verfügte. Bis heute bin ich der Ansicht, daß es ein großartiges Geschichtsbuch war, aus dem man Wissen schöpfen konnte, das für eine Doktorprüfung ausreichte.

Noch während der Prüfung sah ich, wie Schüssler unter vorgehaltener Hand »magna cum laude« auf das Formular schrieb, was sehr wichtig für den weiteren Verlauf der Prüfung war. Dovifat sah erfreut, daß Schüssler mir ein »Sehr gut« gegeben hatte und gab mir nun guten Gewissens auch eine Eins. Daraufhin geriet mein dritter Prüfer, Friedrich Schönemann, in große Verlegenheit. Was sollte er mit mir, die offensichtlich keine Ahnung von Amerikanistik hatte, machen? Er gab mir ein »Befriedigend«, was ausreichte, um mir in der Gesamtnote ein »magna cum laude« zu ermöglichen. So verließ ich mit einer skandalös unzureichenden Ausbildung, aber einer sehr guten Note die Universität. Mein Vater, der vorher so sehr versucht hatte, mich abzulenken und damit an der konzentrierten Arbeit zu hindern, irrte nervös an der Universität herum und suchte mich. Er fragte einige Studenten, die ebenfalls gerade ihr Examen gemacht hatten, ob sie zufällig von mir gehört hätten und ob sie wüßten, wo ich sei. Sie antworteten: »Elisabeth Noelle? Die hat gerade das beste Examen des Tages gemacht.« Er fand mich an der Büste, an der wir uns verabredet hatten, zusammen mit meiner Mutter und meiner Schwester, und dann gingen wir alle gemeinsam abendessen.

Bevor die Geschichte meines Lebens weitererzählt wird, soll noch ein wenig über Emil Dovifat berichtet werden, meinen Lehrer, dem ich so viel verdanke und von dem ich mich doch so sehr unterschied. Dovifat und mich trennte die Nahtstelle, die sich schon beim Übergang von den Naturphilosophen zur experimentellen Naturwissenschaft zwischen 1770 und 1820 ergeben hatte. Hans-Georg Gadamer hat das in seinem Festvortrag zum 600. Jubiläum der Gründung der Universität Heidelberg beschrieben. Dieser schmerzliche Übergang kam nun auch für die Sozialwissenschaften und hier speziell für die Kommunikationsforschung.
Dovifat sprach mit Begeisterung in seinen Vorlesungen über Gesinnung und Verantwortung des Publizisten als Grundlage journalistischer Ethik. Das interessierte mich überhaupt nicht. Aber Anfang der sechziger Jahre fing ich von neuem an, den rätselhaften Begriff »öffentliche Meinung« hin- und herzudrehen – einen Begriff, mit dem ich nach Abschluß meiner Doktorarbeit nie mehr etwas zu tun haben wollte. Mit den Mitteln der empirischen Sozialforschung, die ich seit der Gründung des Allensbacher Instituts 1947 immer besser kennengelernt hatte, wollte ich die Frage nach der Wirkung der Massenmedien auf die öffentliche Meinung beantworten. Das Thema »Ethik des Journalismus« lag für mich deshalb weit in der Ferne, weil davor dieses große, unzugängliche Gelände lag, das zuerst bearbeitet werden mußte.

»Müssen Sie denn immer an die Wirkung der Massenmedien denken?« sagte Dovifat zu mir. Ja, nur darauf wollte ich mich konzentrieren. Ich machte mir selbst Mut. »Wir stehen sicher nicht vor einer undurchdringlichen Dornenhecke«, schrieb ich 1971 am Ende der Einleitung zur ersten Auflage des von mir herausgegebenen »Fischer Lexikon Publizistik«. Und ich denke bis heute, daß man von Ethik und Verantwortung des Journalisten erst sprechen kann, wenn man die Wirkungsweisen im eigenen journalistischen Berufsfeld versteht.

Für Emil Dovifats »Handbuch der Publizistik« schrieb ich auf seine Bitte hin in den sechziger Jahren zwei Artikel über »Die Wirkung des Fernsehens« und »Die Wirkung des Hörfunks«, von denen ich schon bald darauf wußte, daß sie überholt waren, daß das alles neu geschrieben werden mußte.

»Return to the concept of powerful mass media« hieß der Vortrag, den ich 1972 beim internationalen Psychologenkongreß in Tokio hielt und der 1973 in der englischsprachigen Schriftenreihe der japanischen Rundfunkanstalt NHK, »Studies in Broadcasting«, erschien. Über drei Jahrzehnte lang hatte das Dogma der »minimal effects hypothesis« geherrscht, der Lehre von der schwachen Wirkung der Massenmedien: »Die Medien verändern Meinungen nicht, sie verstärken sie nur«. Aber es sollte nach den ersten Schritten, mit denen sich für mich in groben Umrissen abzeichnete, was öffentliche Meinung ist, wie sie sich bildet und warum sie Menschen so übermächtig zu Boden drückt, noch zwei Jahrzehnte und die empirische Forschungsarbeit einer ganzen Generation nach mir dauern, bis die Macht der Massenmedien allmählich verstanden wurde.

Selbst vertraute Grundsätze, an die auch ich jahrzehntelang geglaubt hatte, zum Beispiel, daß die Trennung von Nachricht und Meinung das Fundament journalistischer Ethik sei, zerbrachen. Vor allem mit den Arbeiten von Hans Mathias Kepplinger, der an der Universität Mainz mein Schüler war und bis heute dort lehrt, wurde klar, daß das Zentrum der Wirkungsforschung der Massenmedien in der Frage der Selektion liegt. *Welche* Nachrichten werden veröffentlicht? Eine bei mir geschriebene Magisterarbeit zeigte: Von hundert Nachrichten, die von Nachrichtenagenturen an die bei ihnen abonnierten Zeitungsredaktionen geliefert wurden, erschienen schließlich im Blatt drei. Welche drei? Das Reden oder Verschweigen entschied über das Bild der Realität, das sich die Menschen aus den Medien machen. Und diese Nachrichtenselektion ließ sich nicht durch Gesinnung und Verantwortung in die richtige Richtung steuern.

Ich war erschrocken über die Konsequenzen, die Dovifats Grundsätze für die Funktionsfähigkeit der Massenmedien haben mußten. Wenn nach Gesinnung und Verantwortungsbewußtsein entschieden wurde, welche Nachrichten veröffentlicht und welche nicht veröffentlicht wurden, dann konnten die Medien ihre Aufgabe, die Bevölkerung über die Realität zu informieren, gar nicht erfüllen. »Alles Sehen ist perspektivisch«, hatte Nietzsche geschrieben. Empirische Studien von Kepplinger zeigten, daß die Journalisten mit subjektiv bester Absicht, nämlich getragen von ihren Wertvorstellungen, immer eine einseitige Nachrichtenselektion treffen und so ein verzerrtes Bild der Wirklichkeit zeichnen – besonders, wenn sie eine bestimmte politische Position vertreten. Von allein mischen sich die Standpunkte im journalistischen Berufsstand nicht, auch wenn das Bundesverfassungsgericht die »publizistische Vielfalt« als obersten Wert des Mediensystems erklärte.

Um der Demokratie die ihr unentbehrliche ausgewogene Medienlandschaft zu sichern, müßte die Wirkung der Medien auf die öffentliche Meinung bis auf den Grund verstanden werden. Danach muß bedacht werden, wie eine möglichst wirklichkeitsnahe Information erreicht werden kann. Etwas anderes als ihre Medien besitzt die Gesellschaft nicht, um sich zuverlässig zu informieren. »Publizistik ist jede öffentlich bedingte und öffentlich bewirkte geistige Beeinflussung und Leistung, die auf dem Weg der Gesinnung durch freie Überzeugung das Handeln der Menschen zu lenken und zu bestimmen sucht«, so hatte Dovifat es ausgedrückt.

Wahrscheinlich stellte er sich in deutscher Tradition das Ringen um öffentliche Meinung wie eine Diskussion im Parlament vor, in redlicher Absicht mit den besten Argumenten fechtend, daß sich schließlich die überzeugendste und vielleicht dem Gemeinwohl günstigste Meinung durchsetzt.

Wenn schon die Funktionsweise der öffentlichen Meinung in einer Demokratie so gänzlich unerforscht blieb, so galt dies erst recht für die Situation in der Diktatur. »Regierung ist allein auf Meinung gegründet; und dies trifft zu für die despotischsten und militärischsten Regierungen ebenso wie für die freiesten und populärsten«, hatte der englische Philosoph David Hume 1741/42 geschrieben. »Meinung« ist hier mit »öffentlicher Meinung« gleichzusetzen, einem englischen Sprachgebrauch seit Jahrhunderten folgend. Das bedeutet: Diktaturen müssen sich die öffentliche Meinung unterwerfen, um an der Regierung zu bleiben.

Der Raum, in dem sich öffentliche Meinung bildet, eben die Öffentlichkeit, die Dovifat so sehr als Sphäre, als Element interessierte, wird von den Diktatoren in Besitz genommen. Sie kontrollieren jedes Wort, jedes Zeichen von Zustimmung oder Ablehnung mit jener Mischung, die George Orwell in seinem Roman »Animal Farm« so hellsichtig beschrieben hat. Sie erzeugen Begeisterung, Zustimmung und sie täuschen Begeisterung und Zustimmung der großen Mehrheit vor. Sie kennen intuitiv die Mechanismen der sozialen Kontrolle durch die Öffentlichkeit, das »public eye«, wie die Engländer die sozialpsychologische Dimension »Öffentlichkeit« seit Jahrhunderten nennen. Von einem »Tribunal« sprechen die Engländer, das jeden einzelnen mit Isolation bedroht, der vom echten oder vorgetäuschten Konsensus der Mehrheit abweicht. Die Diktatoren steigern diesen Ausschluß noch durch allgegenwärtige physische Bedrohung, Konzentrationslager, Folter und Tod.

Als ich in den fünfziger Jahren allmählich die Ergebnisse der empirischen Sozialpsychologie und der amerikanischen Gruppendynamik kennenlernte, hatte ich das Gefühl, die Nationalsozialisten hätten diese Erkenntnisse schon vorab wie in einem aufgeschlagenen Buch gelesen und mit den darauf beruhenden Techniken die öffentliche Meinung erzeugt.

Noch Jahrzehnte nach dem Zusammenbruch von 1945 wurden die Menschen irregeführt durch die Sportpalast-Inszenierung von Goebbels: »Wollt ihr den totalen Krieg?« Das »Ja! Ja! Ja!« der Massen interpretierte man als Beweis der Zustimmung einer ganzen Bevölkerung. Wie von Goebbels geplant. Als ob es nicht geradezu selbstverständlich für eine Diktatur im Krieg gewesen wäre, ihre Funktionäre in einem Sportpalast zusammenzubringen und eine öffentliche Orgie der Zustimmung zur Schau zu stellen.

Wenn der legitime Raum der Öffentlichkeit von der Regierung, die eigentlich durch öffentliche Meinung kontrolliert werden sollte, statt dessen beherrscht wird, bilden sich neue Regeln aus, eine Zeichensprache der Verständigung über Zustimmung und Ablehnung des Systems.

Kurz vor einem Symposium zu Ehren des 100. Geburtstages von Dovifat erzählte mir Joachim Fest, er komme gerade zurück von einer Reise ins kommunistische Peking. Er habe dort eine Reihe von Vorträgen gehalten. Es sei für ihn ganz erstaunlich gewesen, wie wachsam und schnell die Zuhörer die kleinsten Anspielungen verstanden hätten, die er vorsichtig in seinem Text gemacht hätte. Er sei eine solche Sensibilität und Fähigkeit, bloße Andeutungen wahrzunehmen, von seinem westdeutschen Publikum überhaupt nicht gewohnt. »Wer hören wollte, konnte hören …« hatte Oskar Bezold über die Berliner Vorlesungen von Dovifat in den dreißiger Jahren gesagt. In der Diktatur steigert sich die Fähigkeit, zwischen den Zeilen zu lesen, Gestik und Mimik zu verstehen, Zustimmung und Ablehnung in leisesten Untertönen wahrzunehmen.

Die offiziellen Redensarten der Bekundung von Zustimmung werden ritualisiert – man weiß, was davon zu halten ist –, dafür spitzt man die Ohren für jedes Zeichen der Abweichung von der offiziellen Linie: Zunahme und Abnahme des sichtbar getragenen Parteiabzeichens werden ebenso registriert wie die Häufigkeit des »Deutschen Grußes« »Heil Hitler«. Witze sind die halb geöffneten Türen, durch die man die Realität erhascht. In den Berichten des Sicherheitsdienstes, den SD-Berichten, finden sich ganze Listen von Verhaltensweisen, die von den Nazis als Zeichen des Widerstandes verstanden wurden, zum Beispiel, wenn Fremde, die sich nicht kannten, häufig miteinander sprachen.

Je länger die Diktatur zurücklag, desto mehr verfiel das Wissen um die Bedingungen der Kommunikation in der Diktatur. Jetzt wurden die zwischen 1933 und 1945 geschriebenen Texte abgesucht nach Sätzen und Zitaten, die eine Nazigesinnung der Autoren bewiesen. Auch Dovifat wurde nun mit Zitaten »entlarvt«, es konnte nicht anders kommen.

Eines Tages schrieb mir der Gründungsherausgeber der FAZ und Kollege in der Mainzer rechts- und wirtschaftswissenschaftlichen Fakultät Erich Welter, der Wirtschaftskorrespondent der FAZ in New York, Lutz von Rosenstiel, habe ihm berichtet, er sei mit Leuten vom American Newspaper Publisher Bureau bei einer Party zusammengetroffen und habe von ihnen gehört, daß Aktionen gegen mich vorbereitet würden. Jemand, der 1937/38 ein Austauschstipendium nach Amerika bekommen habe, müsse ja mit Sicherheit ein Erznazi gewesen sein. Wen sonst hätten denn die Nazis damals nach Amerika gelassen? Außerdem sei ich eine überzeugte Antisemitin gewesen, das beweise der Zusatz »Jude« hinter dem Namen Lippmann.

Ich überlegte, was zu tun sei. Es war der Sommer 1969. Ich schrieb an Dovifat und fragte ihn, ob er noch rekonstruieren könne, wie ich des Austauschstipendium nach Amerika bekommen hätte. Innerhalb kurzer Zeit antwortete er, postwendend wie immer seit meiner ersten Sendung an ihn im Sommer 1934.

Er schrieb: »Leider ist es mir nur schwer möglich, auf meinen Briefwechsel in der Zeit vor 33 Jahren zurückzukommen. Jedenfalls habe ich, aufs erste gesehen, keine brieflichen Belege gefunden, aus denen meine Unterstützung Ihrer damaligen Kandidatur noch bemerklich sichtbar würde. Wie ich mich erinnere, war ich damals keine favorable Empfehlung. Im Jahre 1934 war ich nach

meiner Rede gegen den Rassenkampf auf dem Katholikentag in Berlin abgesetzt worden. Ich kam dann unter anderen Umständen und anderen Bedingungen noch einmal zurück, wenn auch im wesentlichen eingeschränkt in allen Möglichkeiten. Ich hielt meine Vorlesungen und Seminare, schied aber sonst aus der Öffentlichkeit aus und war dessen sehr froh. Es kann sein, daß ich damals bewußt davon Abstand nahm, Ihnen aus meiner Rolle heraus Empfehlungen zu geben, andererseits waren die Empfehlungen damals noch keinesfalls so eindeutig nationalsozialistisch, daß ich das ruhig hätte riskieren können. Richtig war, daß ich Ihnen damals riet, die rein fachliche Befähigung für die amerikanische Aufgabe entgegenzunehmen. Glühende Empfehlung auf Grund politischer Leistung wurde damals keineswegs so angesehen, wie es aus den späteren Jahren bei Kriegsausbruch usw. erschien. Ich weiß, daß diese Tatsache damals zwischen uns besprochen wurde und wir in stillschweigendem Einvernehmen handelten. Möglich ist aber auch, daß Ihnen eine reine Geschäftsempfehlung gegeben wurde, die fachlich sehr nützlich, nicht aber politisch ausgesprochen empfohlen war. (Ich galt als berufsangehörig der Gruppe laut § 4 des Beamtengesetzes: »Beamte, die nicht hundertprozentig zum NS-Regime standen.«) Gern habe ich mich damals mit Ihnen über das Thema unterhalten, und es ist sehr wohl möglich, daß mit solchen Voraussetzungen eine Empfehlung ergangen ist.
Bei dem dreifachen Umzug des Instituts ist vieles verkommen und verschwunden. Soweit mir bekannt, liegt nichts mehr vor, was ich bei dem gegenwärtigen Stand meiner Akten kenne oder im einzelnen begründen kann. Ich stelle Ihnen ganz anheim, wie Sie dieses Schreiben begründen wollen. Auf keinen Fall habe ich nach späterer Art und Übung Ihre Leistung politisch anempfohlen. Es ist mir sehr peinlich, heute *mehr* nicht sagen zu können. Selbstverständlich bleibe ich Ihnen verbunden und hoffe, bald wieder wohlauf zu sein. Freundschaftlich stets Ihr Dovifat.«
Datiert war der Brief vom 7. September 1969, einen Monat vor seinem Tod.

Bei seinem Biographen Klaus-Ulrich Benedikt kann man nachlesen, daß Dovifat meine Auffassungen über die weitere Entwicklung des Faches überhaupt nicht teilte. »Meinung und Meinungsführer. Über den Fortschritt der Publizistikwissenschaft durch Anwendung empirischer Forschungsmethoden« hatte ich meine Probevorlesung an der Universität Mainz 1963 genannt. Meinungsführer – das war nach Dovifats Ansicht kein Thema für die Publizistik, das weite sie in bedenklicher Weise aus, und damit verlasse die Wissenschaft ihr eigentliches Thema, das Element der Öffentlichkeit. Die Theorien der großen Sozialforscher Paul F. Lazarsfeld und Elihu Katz über den Zwei-Stufen-Fluß der Kommunikation, wonach Informationen und Meinungen von den Medien zunächst zu den Meinungsführern in der Gesellschaft fließen und von diesen dann an Dritte weitergereicht werden, lehnte Dovifat ab. Ich selbst war gerade umgekehrt von der Notwendigkeit überzeugt, Massenkommunikation und persönliche Kommunikation in ihrer Wechselwirkung zu erforschen. Nur so, meinte ich, sei der Prozeß der öffentlichen Meinung zu verstehen und auch die Wirkung der Massenmedien.

Aber im Gedanken an meine eigenwillige Art, das Fach Publizistik weiterzuentwickeln, hat Dovifat wahrscheinlich das nachsichtige Lächeln, das ich bereits bei unserem ersten Treffen im Doppeldeckerbus beobachtet hatte, immer beibehalten. Man kann auch sagen: seine von Anfang an der Schülerin erwiesene große Toleranz. In seinem Testament vermachte mir Dovifat seine private Fachbibliothek.

Erich Peter Neumann

Am 15. April begann ich mein Volontariat bei der Deutschen Allgemeinen Zeitung. Gleich zu Anfang meines Volontariats, im Juni 1940, rief mich mein »Volontärvater«, Hans Eberhard Friedrich, zu sich und übergab mir eine Postkarte mit einem aufgeklebten kleinen Text aus der DAZ vom 12. November 1925. Es handelte sich um einen Ausschnitt aus einem Leserbrief. »Wenn es nach Nostradamus geht«, stand dort, »müßte Deutschland im Frühjahr 1940 im Krieg mit Frankreich sein und Paris erobern.« Friedrich sagte, ich solle in der Preußischen Staatsbibliothek der Sache einmal nachgehen.

Dort las ich die Texte von Nostradamus, auf die sich der Leserbrief bezog. Etwa siebzig Jahre nach Errichtung der französischen Republik, hieß es dort, also etwa 1940, werde Deutschland dem »großen Kontrakt«, das paßte auf den Vertrag von Versailles, »ein Ende machen«. Dann folgte der Ausruf: »Frankreich, Frankreich, du bist zu weit gegangen, du hättest mit dir reden lassen sollen!« Deutschlands Feldzug werde mit überraschender Schnelligkeit und unvermuteter Kraft geführt werden, die französische Regierung werde nach Bordeaux fliehen. Ich schrieb meinen Artikel, und während ich daran arbeitete, traten die Ereignisse ein, über die ich in den Nostradamus-Büchern gelesen hatte: Am 10. Mai hatte die Wehrmacht begonnen, die eigentlich neutralen Benelux-Staaten zu überrennen. Am 14. Juni 1940, zwei Tage, bevor mein Artikel in der DAZ erschien, wurde Paris eingenommen. Ganz wie bei Nostradamus beschrieben, floh die französische Regierung nach Bordeaux, bereits am 22. Juni wurde die Kapitulation Frankreichs im Wald von Compiègne unterzeichnet.

Wegen des heiklen Themas wurde mein Artikel extra bei der Zensurstelle des Propagandaministeriums eingereicht. Die Zensur entschied, daß er gedruckt werden könne, aber nur die Teile, die Ereignisse betrafen, die zum Zeitpunkt der Veröffentlichung bereits eingetreten waren.

Damals las ich nicht nur über die Ereignisse des Jahres 1940, die Weissagung ging weiter: Der Krieg werde für Deutschland verlorengehen, Hitler ein fürchterliches Ende nehmen, seine Leiche niemals gefunden werden, ungeheures Elend werde über Deutschland hereinbrechen. Den Vätern riet Nostradamus, sie sollten in der schrecklichen Endphase des Krieges sich mit ihren Töchtern im Wald verstecken, um sie auf diese Weise vor Übergriffen zu schützen – genauso machte es der Vater meiner späteren Sekretärin Rose Marie von Milczewski, als sie 1945 aus ihrer pommerschen Heimat flüchten mußten. Der Geschmack an Nostradamus war mir gründlich vergangen. Aber die Weissagungen, die ich gelesen hatte, prägten sich mir fest ein. Da die dort beschriebenen Ereignisse vom Beginn des Krieges, noch während ich sie las, eintraten, gab es keinen Grund, daran zu zweifeln, daß der weitere Fortgang der Ereignisse ebenfalls richtig beschrieben war. Seitdem war ich davon überzeugt, daß Deutschland den Krieg verlieren werde.

Als im Jahr 1996 der ZDF-Historiker Guido Knopp zu meinem 80. Geburtstag ein Fernsehinterview mit mir führte, fragte er mich: »Wann ist Ihnen im Zweiten Weltkrieg klar geworden, daß der Krieg verloren gehen würde?« Etwas ärgerlich antwortete ich: »Ich habe Ihnen doch eben schon erzählt, daß ich das schon 1940 bei Nostradamus in der Preußischen Staatsbibliothek gelesen hatte.« Anscheinend klang das für ihn ganz ungewöhnlich, zumal man heute in aller Regel annimmt, erst nach der Niederlage der deutschen Wehrmacht in Stalingrad habe sich bei der Bevölkerung die Einsicht durchgesetzt, daß der Krieg verloren gehen werde. Aber für mich stand das bereits 1940 ganz selbstverständlich fest.

Nur ein Eintrag in den Nostradamus-Büchern erschien mir gänzlich unglaubwürdig. Der nächste große Krieg nach dem Zweiten Weltkrieg, stand da, werde gegen die Araber geführt werden. Die Araber? Das klang damals so absurd, daß es meiner Ansicht nach kaum stimmen konnte.

Bald darauf lernte ich Erich Peter Neumann kennen. Er sprach mich in der Stadtbahn an, die vom Botanischen Garten und Lichterfelde ins Stadtzentrum führte, der heutigen S-Bahnlinie 1. Wir stellten fest, daß wir das gleiche Ziel hatten, nämlich den in »Deutscher Verlag« umbenannten Ullstein Verlag in der Kochstraße, wo er zur Gründungsredaktion der Wochenzeitung »Das Reich«

gehörte. Wir befreundeten uns. Nun fuhren wir immer zusammen in die Arbeit, und ich besuchte ihn häufiger in seiner Redaktion. Schließlich überredete er mich, von der DAZ in die Redaktion des »Reichs« zu wechseln. Monatelang verschwieg er mir gegenüber, daß er verheiratet war. Irgendwann rief mich seine Frau an und beschwor mich, ich möchte ihn doch veranlassen, sein Scheidungsgesuch zurückzuziehen. Das konnte ich bei allem Verständnis nicht tun, denn ich war ja der Anlaß dafür.

Als ich Erich Peter Neumann kennenlernte, hatte er bereits ein abenteuerliches Leben hinter sich. Er war 1912 in Breslau geboren und hatte schon als Jugendlicher als Journalist gearbeitet. 1930 ging er als Achtzehnjähriger, fasziniert von dem kommunistischen Verleger und Reichstagsabgeordneten Willi Münzenberg, nach Berlin und arbeitete an Münzenbergs Zeitung »Welt am Abend« mit. Er kam bald mit den linken intellektuellen Kreisen der Weimarer Republik in Kontakt, was nach dem Krieg beim Aufbau des Allensbacher Instituts von großem Nutzen sein sollte. 1932, ein Jahr vor Hitlers Machtergreifung, begann er als deren jüngster Autor Beiträge für Carl von Ossietzkys Wochenschrift »Die Weltbühne« zu schreiben.

Als die Nazis an die Macht kamen, wurde Erich Peter bald von der SA drangsaliert, die mehrmals seine Wohnung in der Canovastraße in Friedenau demolierte. Eines Tages wollte er in seine Wohnung gehen, als ihn eine Gemüsehändlerin warnte: »Gehen Sie nicht nach Hause. Dort wartet schon die SA auf Sie.« Stehenden Fußes kehrte er um und fuhr nach Breslau. Dort verwischte er seine Spuren. Nach einiger Zeit kehrte er nach Berlin zurück, nannte sich nun Hubert Neumann (Hubert war sein dritter Taufname) und schrieb für das Berliner Tageblatt. Seine Artikel zeichnete er mit Hubert Neun. Es gelang ihm tatsächlich zu verbergen, daß Hubert Neun und Erich Peter Neumann, der zuvor für kommunistische Zeitschriften geschrieben hatte, dieselbe Person waren. Erst nach dem Krieg nahm er wieder seinen richtigen Namen an.

1939 wurde das Berliner Tageblatt geschlossen. Der Chefredakteur Eugen Mündler wurde beauftragt, das Konzept für eine neue überregionale Wochenzeitung mit besonders hoher journalistischer Qualität zu entwerfen, die sich im Tonfall spürbar von der sonstigen, zunehmend der Gleichschaltung unterworfenen Presse unterscheiden sollte und die auch im Ausland Beachtung fände. Der Titel der neuen Zeitung war »Das Reich«. Mündler bat Erich Peter Neumann, am Aufbau des neuen Blattes mitzuwirken. Vor allem die optische Aufmachung des »Reichs«, die später zum Vorbild der Wochenzeitung »Die Zeit« werden sollte, wurde wesentlich von ihm entwickelt.

Die Nazis wollten Deutschland mit der Zeitung im Ausland als gemäßigt präsentieren und im Land das gebildete Bürgertum ansprechen. Deshalb arbeiteten nach meiner Erinnerung in der Redaktion auch keine überzeugten Nazis oder aktiven Parteimitglieder bis auf einen Aufpasser – einen Herrn Hüttig –, von dem alle wußten, daß er der Aufpasser war. Dafür gab es um so mehr Intellektuelle, die hier etwas größere Freiheiten genossen als die Mitarbeiter anderer Zeitungen. So war diese Zeitung beispielsweise nicht wie andere verpflichtet, den Anweisungen des Reichspresseleiters Max Amann exakt zu folgen. Auch wenn Goebbels sich ärgerlicherweise die Leitartikel vorbehalten hatte, wenn er auch nie in der Redaktion auftauchte, veröffentlichten unter anderem Theodor Heuss, Werner Höfer und Max Planck Artikel im »Reich«.

Die Leser merkten sehr schnell, daß sich »Das Reich« von der üblichen Propagandapresse unterschied. Eigentlich hätte die Zeitung mit einer Auflage von 100 000 Exemplaren erscheinen sollen, doch schon für die erste Ausgabe, die am 26. Mai 1940 erschien, mußte sie verdoppelt werden. Bald stieg die Auflage auf über eine Million an. Anscheinend wurde der Erfolg der Zeitung den Nazis bald unheimlich. Ab 1941 nahm der Druck auch auf uns zu. Viele Gründungsmitglieder der Redaktion wurden entlassen. Erich Peter Neumann wurde im Herbst 1941 eingezogen und als Mitglied der »Propaganda-Kompanie« an die Ostfront versetzt. Im selben Jahr bekam ich zum ersten Mal Ärger mit dem Propagandaministerium.

Goebbels und Roosevelt

Im Frühjahr 1941, ein halbes Jahr, nachdem ich begonnen hatte, beim »Reich« zu arbeiten, hatte ich in der Nähe von Berlin dienstverpflichtete Arbeiterinnen aus Österreich besucht. Über diese Begegnung schrieb ich nun einen Artikel, der am 9. März 1941 unter dem Titel »Im Hotel ›Märkischer Adler‹« erschien. In dem Artikel hieß es:
»Das Hotel wäre jetzt unter normalen Umständen leer. Es liegt an der Berliner Straße der Stadt X, in der Mark, ein zweistöckiges Haus mit verwaschenem grünen Anstrich, die Breitseite dem schmalen Bürgersteig und dem holprigen Fahrdamm zugekehrt, unter dem erleuchteten Kasten mit der schwarzen Aufschrift ›Märkischer Adler‹ ein Schild ›Sportlers Ruh‹. Wenn man vor dem Hotel an der Kraftposthaltestelle wartet, sieht man zur Rechten die Straße bis zu dem hölzernen Gerüst einer Ziehbrücke aufsteigen, unter der Brücke fließt die Havel, die sich hier zu einem Binnenhafen erweitert und die in Friedenszeiten vom Frühjahr bis zum Herbst Paddler heranbrachte. Die acht Fremdenzimmer im ›Märkischen Adler‹ waren dann oft besetzt und ebenso die Tische in der Gaststube. Jetzt kommen nur manchmal die Bauern nach ihren Einkäufen im benachbarten Kaufhaus herein, und abends spielen der Schleusenmeister, ein Ziegeleiarbeiter und ein alter Schiffer als einzige Gäste am runden Tisch vor der Theke Skat. Dennoch sind schon seit längerer Zeit alle Betten im Haus belegt. Eine Bahnstunde entfernt von der Stadt X wurde vor einer Reihe von Jahren am Rand einer kleinen Landgemeinde ein Rüstungs-

betrieb aufgebaut, der bald viel mehr Menschen brauchte, als er aus der Gegend selbst ansaugen konnte. Er benötigte insbesondere Frauen, die endlich drei Viertel der ganzen Belegschaft bilden sollten, und als Anfang 1939 die Arbeitsämter Dienstverpflichtungen vornehmen konnten, schickten sie aus dem Rheinland und der Ostmark, wo sich noch am ehesten freie Kräfte befanden, Züge mit vielen hundert Arbeiterinnen in die Mark (in ganz Deutschland gibt es heute 18 000 Frauen, die entfernt von ihrem Wohnort dienstverpflichtet sind). Der junge Betrieb hatte bis dahin eben Zeit gefunden, sechzig Siedlerhäuser für Familien zu bauen. Für den Strom von Mädchen und Frauen gab es, da Baracken ungeeignet erschienen, in der Nähe keine Unterkünfte. Sie wurden in hundertzwanzig verschiedenen, teils 30, 40 km entfernten Ortschaften einquartiert, in ausgeräumten, lagermäßig eingerichteten Villen, in Sommerpensionen an märkischen Seen, in Hotels und Bürgerwohnungen. Hundert Ostmärkerinnen kamen in die Stadt X, vierzehn zogen im ›Märkischen Adler‹ ein.

Seitdem hat der Wirt seine Gäste einige Male wechseln sehen, die ersten Dienstverpflichtungen liefen ein halbes, die späteren ein ganzes Jahr. Anfangs waren Mädchen dabei, die zwar viel Leben in die Gaststube brachten, aber bei der Arbeit wenig zuverlässig waren; ihnen sind andere gefolgt, die ein nach Wien entsandter Beauftragter des norddeutschen Betriebes dort selbst ausgesucht hat. Allerdings: unbeschäftigte Arbeiterinnen gab es bald auch im Süden des Reiches nicht mehr, und die im Sonderzug nach Norden geschickt wurden, waren noch acht Tage zuvor Kellnerinnen, Verkäuferinnen, Plätterinnen, Schneiderinnen, Arbeiterinnen in Wien gewesen, Mädchen und Frauen von siebzehn Jahren bis Anfang vierzig, aus Villach und Klagenfurt ebenso wie aus dem Vorarlberg oder dem Burgenland stammend, unverheiratet oder geschieden. Eines Abends, als sie nach Hause kamen, fanden sie eine Postkarte vom Arbeitsamt vor mit der Aufforderung, sich bei einem Arzt zur Musterung zu stellen. Mit der Verpflichtung wurde es viel schneller ernst, als irgendeine von ihnen erwartet hatte. An einem Dienstag vielleicht war die Postkarte gekommen, am Freitagabend ging der Zug in die Mark, am Montag erhielten die Dienstverpflichteten im neuen Betrieb Spinde und blaue Schürzen, am Abend kauften sie zum ersten Mal in einer fremden, verdunkelten Stadt Brot und dann begann die neue Arbeit mit einer Nachtschicht …

Ihr Tag beginnt morgens um fünf. Seit Oktober wird nur noch in einer Schicht, von dreiviertel sieben bis nachmittags zwanzig vor fünf gearbeitet. Um sechs Uhr sind sie zurück in ihrem Hotel. Es bleiben an sechs Tagen der Woche elf Stunden für Heizen, Abendbroteinkäufe, Essen, Waschen und Schlafen, und damit sind sie gut dran; denn es gibt andere, die früh um vier aufstehen, nach einem halbstündigen Weg zum Bahnhof ein drei viertel Stunden zum Betrieb fahren und erst abends gegen sieben Uhr wieder zurück sind.«

Gleich zu Beginn meines Volontariats bei der DAZ hatte ich bereits das eigenartige Wechselspiel zwischen den Redaktionen und dem Propagandaministerium kennengelernt. Für mich war es eine ziemlich bittere Ernüchterung zu erfahren, was sich wirklich hinter den Kulissen des Zeitungsbetriebs und auch des Staates zutrug. Die Meldungen des Deutschen Nachrichten Büros (DNB), der staatlichen Nachrichtenagentur, waren mit verschiedenen Farben gekennzeichnet, Rot, Blau, Weiß, Grün, je nach Grad der Geheimhaltung. Wer die Meldungen des DNB verfolgte, die nicht weitergegeben werden durften, war schon nach kurzer Zeit ziemlich abgebrüht, ziemlich desillusioniert, was die Lage im Land, den Kriegsverlauf und – sofern das nicht ohnehin schon der Fall gewesen war – das Regime betraf. Immerhin waren wir auf diese Weise wesentlich besser informiert als der größte Teil der Bevölkerung. Selbst die totalitärste Diktatur kann die Journalisten nicht so sehr von Informationen abschneiden, wie sie es mit der Öffentlichkeit tut.

Im Propagandaministerium selbst, mit dem man nun unvermeidlich immer wieder zu tun hatte, hatte sich eine merkwürdige Mischung von Mitarbeitern zusammengefunden. Zum einen gab es dort eine große Zahl besonders rigoroser Nazis und zum anderen viele, die, wie man in Amerika sagen würde, die »Zunge in der Backe« hatten, die also sehr strikt nach den Regeln ihre Arbeit verrichteten und sich hüteten, durch irgendeine Äußerung oder auffälliges Verhalten die Aufmerksamkeit der Nazis auf sich zu lenken.

Man stellt sich heute oft vor, alle geplanten Zeitungstexte hätten einzeln von der Zensur abgesegnet werden müssen, doch das System funktionierte anders. Die Redaktionen hatten selbst einzuschätzen, welche Meldungen mit der offiziellen Lesart konform waren, welche noch ohne Folgen für die Redaktion durchzubringen waren und bei welchen man sich vor der Veröffentlichung rückversichern mußte. Man wandte sich im Zweifelsfall also selbst an die Zensur – wie dies auch mit meinem Nostradamus-Artikel geschehen war –, um nachträglichen Ärger zu vermeiden. Tat man dies nicht und veröffentlichte etwas, das vom Ministerium mißbilligt wurde, konnte das schwerwiegende Folgen haben.

Mit meinem Artikel über die dienstverpflichteten Arbeiterinnen hatte ich nun eine Grenze überschritten. Ich hatte ganz nüchtern, realistisch, ihr Schicksal beschrieben und damit den Blick der Öffentlichkeit überhaupt erst auf die massenhafte Zwangsverpflichtung und Ausbeutung österreichischer Arbeiterinnen und somit auf eine Tatsache gelenkt, die die Nazis so weit wie möglich im Verborgenen belassen wollten. Hinzu kam wahrscheinlich, daß ich den Ort des Geschehens zwar nicht nannte, ihn aber so detailliert schilderte, daß man ihn mit etwas Mühe wohl hätte ausfindig machen können. Ungefähr dreißig Jahre später traf ich den Leiter der Fabrik wieder, in der die dienstverpflichteten Frauen gearbeitet hatten. Er sagte mir: »Als ich das las, dachte ich: Das kann nicht gutgehen.« Es ging auch nicht gut. Erich Peter Neumann, der beim »Reich« mein Ressortchef war, ich selbst und, soweit ich weiß, auch Eugen Mündler wurden offiziell vom Propagandaministerium gerügt. Wir hätten wissen müssen, daß ein solcher Artikel niemals hätte gedruckt werden dürfen. Eine solche Rüge war eine ernste Drohung, denn im Wiederholungsfall konnte man von der Berufsliste gestrichen werden, was einem Berufsverbot gleichkam.

An diesem Artikel kann man übrigens erkennen, warum es nach meiner Überzeugung so wichtig ist, daß man als Journalist in der Diktatur auch unter den Bedingungen der Zensur weiterarbeitet. Man darf in einer Situation, in der der Staat alles tut, um die Bevölkerung von Informationen abzuschneiden, die Menschen nicht alleine lassen. Wenn man unter dem Druck der Zensur und der Drohungen resigniert und das Schreiben einstellt, nimmt man der Bevölkerung die letzte Chance, wenigstens im Ansatz zu erfahren, was geschieht. In der Diktatur werden die Menschen ungemein wachsam und sensibel, können auch die feinsten Zeichen entschlüsseln und verstehen, was gemeint ist, selbst wenn es nur äußerst vorsichtig angedeutet wird. Sie lernen in einer Art und Weise »zwischen den Zeilen« zu lesen, die in einer Demokratie kaum vorstellbar ist. Meine Beschreibung der Arbeiterinnen im Hotel »Märkischer Adler« liest sich aus heutiger Sicht wenig spektakulär. Doch er berichtete den Lesern damals über Zustände, die die Regierung geheimhalten wollte.

Man kann annehmen, daß ich seit diesem Vorgang unter besonders aufmerksamer Beobachtung durch das Propagandaministerium stand. Darüber hinaus gab es noch etwas anderes, wodurch Goebbels auf mich aufmerksam wurde, nämlich meine Doktorarbeit. Eines Tages, im April 1942, wurde ich ins Propagandaministerium bestellt. Dort eröffnete mir ein Mann namens Schirrmeister, der Minister wolle einen Beitrag zur Kriegsanstrengung leisten und sich von einem seiner drei Adjutanten trennen. Er, Schirrmeister, sei beauftragt, mich zu fragen, ob ich bereit sei, Adjutantin von Goebbels zu werden.
Ich war völlig überrascht. Ich war, wie bereits erwähnt, Goebbels nie persönlich begegnet, und die Anfrage wird nur erklärlich, wenn man annimmt, daß er meine Doktorarbeit über die amerikanischen Massenbefragungen kannte und nun glaubte, ich könne ihm bei der Erforschung der Stimmung im Reich nützlich sein. Heute weiß man, daß die Nazis mit den verschie-

densten Mitteln versucht haben, Meinungsforschung zu betreiben – wenn auch nicht mit der Gallup-Methode. Es gibt darüber auch eine Doktorarbeit, die bei mir an der Universität Mainz geschrieben worden ist. Insofern war Goebbels' Interesse für die amerikanische Methode der Umfrageforschung verständlich.

Die Anfrage von Goebbels brachte mich in größte Verlegenheit. Wie sollte ich reagieren? Ich konnte doch nicht einfach »Nein« sagen, wenn ich nicht in Gefahr geraten wollte, zumal ich ja ohnehin vermutlich schon unter verschärfter Beobachtung stand. Ich sagte, ich müsse mir die Sache erst einmal überlegen.

Bevor ich mir darüber klar werden konnte, wie ich mich aus dieser Lage wieder würde befreien können, rettete mich einer jener abenteuerlichen Zufälle, die mir mehrmals in entscheidenden Momenten meines Lebens widerfahren sind und die man nur als ein Gotteswunder bezeichnen kann: Ich wurde fürchterlich krank. Fast ein halbes Jahr lang lag ich in Berlin im Krankenhaus an der Burgstraße in der Nähe des Zoos und bekam eine schwere Krankheit nach der anderen: Scharlach, Diphtherie, Virus-Gelbsucht. Erst im September konnte ich wieder aufstehen. Ich erinnere mich noch, wie ich zum ersten Mal am Arm meiner Mutter die Straße entlangging, schwankend und abgemagert auf etwa 80 Pfund. Gleich darauf wurde ich nach Dresden geschickt, wo ich mich in einem Sanatorium erholte.

Als ich im Herbst 1942 meine Arbeit in der Redaktion wieder aufnehmen konnte, war von dem Angebot, Goebbels' Adjutantin zu werden, keine Rede mehr. Erst viel später wurde mir klar, daß Goebbels wahrscheinlich nicht geglaubt hat, daß ich tatsächlich krank geworden war. Was ich damals nicht wußte, war, daß die Redakteure der Frankfurter Zeitung die Methode entwickelt hatten, sich mit einer vermeintlichen Krankheit ins Bett zu legen, wenn sie keinen anderen Ausweg sahen, sich einer Verpflichtung zu entziehen, die ihnen das Propagandaministerium oder andere staatliche Stellen aufzwingen wollten.

Nach vielen Monaten der Schreibpause erschien im November 1942 zum ersten Mal wieder im »Reich« ein Artikel von mir, eine Doppelseite über Franklin D. Roosevelt. Ich beschrieb dort den amerikanischen Präsidenten so, wie er mir auf meiner Amerika-reise wenige Jahre zuvor erschienen war, nicht besonders sympa-thisch, aber auch nicht sehr negativ. Es war einfach ein sachlicher, wie mir schien, neutraler Artikel. Abends, als die Redaktionsmit-glieder das Haus schon verlassen hatten, ging ich, wie schon gele-gentlich früher, in die Setzerei und betrachtete mir den Umbruch der Doppelseite. Ich fand, daß die Bilder von Roosevelt, die als Illustration für meinen Artikel ausgesucht worden waren, sehr häßlich aussahen. Da ich nicht wollte, daß mein Artikel mit derart verzerrten Bildern erschien, ging ich ins Bildarchiv, beschaffte mir neue Bilder von Roosevelt, die mir schöner und angemessener erschienen, ließ sie stereotypisieren, also auf Druckplatten über-tragen, und tauschte sie dann aus. Ich erzählte niemandem davon, nicht, weil ich ein Geheimnis daraus hätte machen wollen, son-dern weil es mir nicht der Rede wert schien.

Als die ersten Andruckexemplare der neuen Ausgabe des »Reichs« mit meinem Artikel bei Goebbels eintrafen, rief dieser wutent-brannt bei Chefredakteur Mündler an und befahl, die Druck-maschinen anzuhalten, den Roosevelt-Artikel zu entfernen und durch einen anderen Beitrag zu ersetzen. Für den Fall, daß kurz-fristig noch Platz in der Zeitung gefüllt werden mußte, gab es soge-nannte »Stehsätze«, fertiggestellte Zeitungsseiten mit Artikeln über zeitlose Themen, die jederzeit in die Druckplatte eingefügt werden konnten. Der Artikel, der meinen Beitrag über Roosevelt ersetzte, hatte den Titel »Wälder und Seen in Schleswig-Hol-stein«. Ganz konnte Goebbels die Veröffentlichung des Roosevelt-Artikels nicht mehr verhindern, denn die ersten Exemplare waren bereits ausgeliefert worden. Mehr als 30 000 können es allerdings kaum gewesen sein. Im übrigen ordnete Goebbels an, mir sei frist-los zu kündigen mit sofortigem Hausverbot.

Die letzte Kerze

Die Frankfurter Zeitung

Nun war ich ernsthaft in Gefahr. Die fristlose Kündigung beim »Reich« bedeutete, daß ich, wenn ich nicht sehr schnell bei einer anderen Redaktion unterkam, beliebig irgendwohin hätte dienstverpflichtet werden können. Aber wie immer, wenn ich in Not geriet, kam von völlig unerwarteter Stelle die Rettung. Ich habe oft ganz erstaunliches Glück in meinem Leben gehabt. Immer wieder hatte ich Beschützer, die mich vor großen Gefahren warnten oder, wenn nötig, auffingen, auch auf der Seite der Nazis. So erinnere ich mich beispielsweise daran, daß mich eines Tages Hans Schwarz van Berk, ein enger Vertrauter von Goebbels und Chefredakteur der Berliner NSDAP-Gauzeitung »Der Angriff«, in meiner Redaktionsstube aufsuchte und mich beschwor: »Seien Sie doch vorsichtiger! Der Ley hat schon gesagt, die gehört ins KZ.« Eigenartigerweise blieb ich aber fast immer sorglos, hatte stets das Gefühl, daß mir nichts passieren könnte.

Dieses Mal kam die Rettung aus Frankfurt am Main. Noch bevor mich die Nachricht von der fristlosen Kündigung erreicht hatte, rief Paul Sethe von der Redaktion der Frankfurter Zeitung (FZ) in meinem Elternhaus an, und da er mich nicht erreichte, erklärte er meinen Eltern, sie sollten sich keine Sorgen machen, die Frankfurter Zeitung werde mich schützen.

Sethe bot mir eine Stelle als Redakteurin in der FZ an, obwohl ich zu diesem Zeitpunkt keinen einzigen ihrer Redakteure kannte. Als

106

Eintrittstermin wurde später ausgemacht April 1943. Ich fuhr nach Frankfurt. Das erste Gespräch führte ich mit Erich Welter, der nach dem Krieg die Frankfurter Allgemeine Zeitung begründen sollte. Er fragte mich, wieviel Zeit ich zum Schreiben brauchte. »Zum Beispiel«, sagte er, »wieviel Zeit brauchen Sie, um einen Artikel zu schreiben zum Thema ›Wer lernt heute fremde Sprachen‹?« Ich überlegte und antwortete schließlich zögernd: »Drei Wochen.« – »Dann passen Sie zu uns«, sagte Welter.

Anfang April 1943 bekam ich von Erich Welter meinen Platz in der Redaktionskonferenz der Frankfurter Zeitung angewiesen mit den Worten: »Sie sind die erste Frau, die an diesem Tisch Platz nimmt.« Patzig antwortete ich: »Das interessiert mich nicht.« Später habe ich mich für diese Antwort etwas geschämt, denn Welter hatte mir damit sagen wollen, daß die Frankfurter Zeitung mir eine besondere Ehre erwies. Die große Journalistin Margret Boveri, die vorher Redakteurin des Berliner Tageblatts gewesen war, hat einmal beschrieben, wie sie den Redakteur Benno Reifenberg in Frankfurt besucht hatte und ihn im Konferenzraum bat, sie doch in die Redaktion der Frankfurter Zeitung aufzunehmen. Aber Reifenberg hatte ihr erklärt, da gebe es keine Aussicht. Als sie später doch Redakteurin der FZ wurde, erhielt sie am Rande des Konferenzzimmers einen Stuhl – wie auch zwei andere große Journalistinnen, die nach Frankfurt in den letzten Wochen gerufen worden waren, Irene Seligo aus Portugal und Lily Abegg, die lange für die FZ aus China und Japan berichtet hatte.

Es war absehbar, daß die Frankfurter Zeitung früher oder später verboten werden würde. »Jetzt, mit dem sich unaufhaltsam nähernden Ende der Frankfurter Zeitung, holt sie ihre Kinder zu sich zurück«, erklärte Friedrich Sieburg, der ebenfalls 1942 nach einigen Jahren Unterbrechung an die FZ zurückgekehrt war. Von Margret Boveri hatte ich übrigens das Gefühl, sie könne mich nicht leiden. Damals war mir das rätselhaft, heute kann ich sie verstehen. Ich saß auf dem begehrten Platz am Konferenztisch, während sie, die großartige Journalistin, noch immer mit dem

Stuhl am Rand vorliebnehmen mußte. Sie mußte den Eindruck gewinnen, den viele Menschen von mir hatten, nämlich daß ich machen könne, was ich wolle, mir fiele letztlich doch alles in den Schoß, wonach andere vergeblich strebten.

Die Redaktionskonferenz der Frankfurter Zeitung war für alle, die sie miterlebt haben, eine große Erfahrung. Es waren etwa vierzig Teilnehmer. Was sich dort zutrug, war für mich unfaßbar. Morgens eilte ich immer als erste am Palais von Thurn und Taxis, gegenüber den Verlagshäusern der Frankfurter Zeitung gelegen, vorbei zum Haupteingang, um pünktlich das Konferenzzimmer zu erreichen. Als ich eintrat, war der Raum noch leer. Ich brauchte fast eine halbe Stunde für die Durchsicht der Morgenzeitungen. Die Redaktion hatte mir, dem jüngsten Mitglied, die Aufgabe übertragen, am Beginn der Konferenz einen Überblick über den Inhalt der wichtigsten Zeitungen zu geben. Etwa eine halbe Stunde später, bis halb zehn, füllte sich der Raum. Neben mir saß Walter Dirks, rechts am Kopf des Tisches Friedrich Sieburg, am entgegengesetzten Ende der langen, grün bezogenen Tafel Erich Welter, der stellvertretende Chefredakteur. Der offizielle Chefredakteur im Sinne des von den Nazis erlassenen Schriftleitergesetzes war Rudolf Kircher, der seinen Wohnsitz in Berlin, zeitweise in Rom genommen hatte. An der Redaktionskonferenz nahm er nicht teil. Günther Gillessen hat in seinem hervorragenden Buch »Auf verlorenem Posten. Die Frankfurter Zeitung im Dritten Reich« geschrieben, daß eine solche Redaktion keine hierarchische Ordnung vertrug, der Vorsitzende der Konferenz war der erste unter Gleichen. Hier wurden die lebhaftesten, ausführlichsten Diskussionen geführt, als seien wir in einem freien Land: über Hitler, über den Stand des Krieges, über das, was von der Zukunft zu erwarten war. Offenbar waren alle Redaktionsmitglieder überzeugt, daß es keinen Verräter im Raum gab.

Für mein ganzes späteres Leben war es wichtig, hier zu lernen, daß nach zehn Jahren Terror ein solches Vertrauen zwischen Menschen möglich war. Ich weiß nicht, ob Protokoll geführt wurde, ein vollständiges Protokoll konnte es unmöglich gewesen sein. Aber selbst wenn es unvollständige Protokolle gab, so hilft es heute keinem Historiker mehr; denn im letzten Kriegsjahr brannte der gesamte, vier Häuser umfassende Block der Frankfurter Zeitung nieder (übrigens hatte sich Benno Reifenberg, von dem Margret Boveri einmal gesagt hat, er sei die Seele der Frankfurter Zeitung gewesen, schon lange, bevor die Städte durch Luftangriffe zerstört wurden, vorgestellt, daß es so kommen würde. Viele Monate verwendete er am Anfang des Krieges darauf, das alte Frankfurt so vollständig wie möglich fotografisch festzuhalten). Die Redaktionskonferenz war wie eine Insel der Freiheit inmitten von Gewalt und geistiger Verödung. Peter de Mendelssohn hat später geschrieben, die Bemühung, sich der geistigen Gleichschaltung zu entziehen, habe sich nirgends besser ablesen lassen als an der Geschichte der Frankfurter Zeitung, die bis zum Ende ihr besonderes Gesicht und ihren Geist zu bewahren versucht habe.

Mein erster Beitrag für die Frankfurter Zeitung war ein Porträt von Eleanor Roosevelt, die ich nie besonders sympathisch fand, weswegen ich auch keinen Anlaß sah, einen freundlichen Artikel über sie zu schreiben. Dennoch gab es, kaum daß der Beitrag erschienen war, einen Riesenkrach in der Reichspressekonferenz beim Propagandaministerium in Berlin, auf der die dorthin abgeordneten Zeitungsredakteure regelmäßig detaillierte Anweisungen erhielten, über welche Themen in welcher Form berichtet werden müsse, und wo auch Lob und Tadel ausgesprochen wurden bis hin zu scharfen Rügen, die als Drohung zu interpretieren waren. Jetzt, hieß es, sei das Maß voll, ich erhielte ein sofortiges Schreibverbot und würde von der Schriftleiter-Berufsliste gestrichen.

1970 erhielt ich von dem während des Krieges im Berliner Büro der Frankfurter Zeitung für den Besuch der Pressekonferenz zuständigen Fritz Sänger – nach dem Krieg eine Reihe von Jahren Chefredakteur der Deutschen Presseagentur in Hamburg – einen Brief, der diese Vorgänge dokumentierte. Er lautete:

109

»Liebe Frau Noelle-Neumann, bei der Bearbeitung meiner Sammlung aus jenen Jahren (für das Institut für Zeitgeschichte in München) finde ich einen Brief, den ich am 19.4.1943 an Dr. Welter geschrieben habe. Er wird Sie vielleicht interessieren. Hier folgt die Abschrift. Mit freundlichen Grüßen Ihr Fritz Sänger.

›Lieber Herr Dr. Welter, wie ich heute schon kurz Herrn Dr. Haerdter und hier auch Herrn Dr. Scharp berichtete, hat sich in der Pressekonferenz die Angelegenheit mit Fräulein Noelle so abgespielt, daß Herr Ministerialrat Fischer am Schluß der Konferenz mehr geschäftlich als rügend mitteilte, daß in der ›Frankfurter Zeitung‹ vom Samstag ein Artikel erschienen sei, ›Porträt einer Amerikanerin‹. Er warne nachdrücklichst, dem Artikel nachzueifern und solche Gedankengänge vielleicht auch zu verbreiten. Es sei ein positiver Artikel über Frau Roosevelt über fast eine ganze Seite der Zeitung. Nach der Konferenz sprach mich Ministerialrat Dürr an, mit dem ich einen gleichen Weg hatte. Dürr hat amtlich die Verfolgung von Verstößen und Vergehen zu überwachen. Er sagte mir, daß ein Verfahren gegen Frl. Noelle eingeleitet werde mit dem Ziel, sie aus der Berufsliste zu streichen. Zunächst werde sie bis zur Erledigung des Verfahrens ein Schreibverbot erhalten. Auf meinen Einwand, daß ein solcher Artikel doch eigentlich nicht ausreichender Anlaß für eine solche harte Strafe sei, erwiderte er, daß Frl. Noelle bereits eine Liste aus ihrer Tätigkeit beim ›Reich‹ habe, die zeige, daß sie jegliches politisches Fingerspitzengefühl vermissen lasse. Die Anweisung sei vom Stellvertreter des Reichspressechefs, durch Herrn Sündermann, gegeben worden. Dürr wunderte sich, daß der Artikel auch in der Redaktion nicht angehalten worden sei. Ich möchte Ihnen dies nur zur Klärung des Sachverhaltes mitteilen.‹«

Günther Gillessen, der die Vorgänge, die ich damals im Detail nicht kannte, rekonstruiert hat, schreibt: »Das Propagandaministerium leitete ein Berufsgerichtsverfahren gegen die Autorin ein, und eine Woche lang kämpften Hecht, Scharp und Welter in Berlin – erfolgreich – um die Einstellung des Verfahrens.«

Wenig später wurde ich beauftragt, nach einem der ersten Flächenluftangriffe auf Köln dorthin zu fahren und zu berichten. Die Fahrt auf einem Lastwagen über den Rhein ist mir unvergeßlich. Der Kölner Dom stand, aber Köln war so gut wie dem Boden gleichgemacht, nur Trümmer und Steine. »Wir sind im Gebirge und wissen's nicht mal«, sagte ein Mann neben mir. Der Aufenthalt in Köln steht mir bis heute klar vor Augen, auch deswegen, weil ich die Gelegenheit nutzte, meinen Patenonkel Herrmann in Essen zu besuchen, der eine leitende Position bei der Ruhrkohle bekleidete. Noch heute besitze ich den silbernen Handspiegel, den er mir zur Konfirmation geschenkt hat. Er war ein äußerst angenehmer und stolzer Mann. Bei meinem Besuch 1943 verstanden wir uns sehr gut. Als wenige Jahre später, nach dem Krieg, die Lebensmittelversorgung zusammenbrach, kam er zu dem Schluß, daß es sich nicht mit seiner Würde vertrage, um Suppe zu betteln oder Kartoffeln von den Transportzügen zu stehlen, und beschloß, statt dessen lieber zu verhungern. Er hörte von einem Tag auf den nächsten auf zu essen und starb wenig später.

Von Köln aus begleitete ich Mütter mit Kindern, die in einem Zug nach Schlesien geschickt wurden, und berichtete darüber in der Frankfurter Zeitung. »Fahrt in die ruhigen Nächte« hieß der Artikel, der im folgenden – leicht gekürzt – wiedergegeben werden soll:

»An dem langen Zug stehen nur wenige Menschen, um von denen, die abreisen, Abschied zu nehmen. Es ist fast Mittag, die Bahnsteige liegen in der brennenden Sonne. Von der breiten Ausfallstraße her biegen in scharfer Kurve die Lastwagen ein, die von den Ortsgruppen die Fahrgäste heranbringen, für einige Minuten bildet sich darum ein Knäuel von Helferinnen, Müttern mit Kindern, alten Leuten, aber gleich darauf ist alles von den Abteilen verschluckt, die Lastwagen drehen, hinten im Kasten stehen, hoch aufgerichtet, drei, vier Menschen und winken zurück, bis sich die Schuppen dazwischenschieben. Zwei Soldaten ziehen auf einem Karren eine Kiste mit Wurstbroten am Zug entlang, an den Fenstern lehnen nur Kinder, die Erwachsenen richten sich auf ihren

Plätzen wie für eine Schiffsreise ein. Gegenüber brütet die Hitze auf den Dächern einer langen Reihe von Güterwagen, die zum Teil schon mit Möbeln halbvoll gepackt sind.

Irgendwann setzt sich der Zug wie im plötzlichen Entschluß in Bewegung, die kleinen Trupps der zurückbleibenden BDM-Helferinnen rufen und winken, aber es kommt nur wenig Antwort, zwischen Zug und Bahnsteig zerreißen hier keine Fäden mehr, es ist, als wären die Menschen in den Abteilen schon weit fort, vielleicht seit der Nacht, als sie aus dem Keller stiegen und ihre Wohnung und alle Straßen um sie brannten, vielleicht seit dem ersten Gang bei Tageslicht, als sie die Stadt, die sie kannten, nicht mehr wiederfanden …

Es ist wahr, die Gefahr bleibt nun hinter ihnen. Wenn es Abend wird, wird kein feindliches Flugzeug mehr den Zug erreichen. Aber niemand hat sich die Abreise gewünscht, niemand spricht von der zukünftigen Sicherheit … Es war schwerer für die alten Leute, den Fleck, auf dem sie ihr Leben verbracht haben, zu verlassen, als zu erklären, daß sie da und nirgends sonst sterben wollten; und es forderte Tapferkeit von den Frauen, die für sich allein vielleicht nichts so sehr fürchteten wie die Ferne und die Einquartierung in eine fremde Stube, abzureisen, weil sie ihre Kinder immer müder und schreckhafter werden sahen …

An den fünften Wagen hinter der Lokomotive, einen Wagen mit gepolsterten Sitzen, ist mit Kreide geschrieben ›Mutter und Kind‹, an den nächsten ›Arzt‹ – ›Transportleitung‹ – ›Kranke‹ … Wer durch einen Irrtum hier einstiege und die Gespräche in den Abteilen anhörte, müßte meinen, ihn umfange ein düsterer Traum. Längst liegen nun die gespenstischen Straßenzüge ausgebrannter Stadtteile, die abgedeckten oder zertrümmerten Bauernhäuser zurück, aber was unter den Menschen gesprochen wird, kreist zäh um die Bilder und Szenen der letzten Wochen. Dieser Zug ist mit schweren Erlebnissen beladen, und es ist besonders ergreifend, daß die merkwürdig unbewegten, gleichmütigen Schilderungen des Ungeheuerlichen von den Lippen von Frauen kommen und daß die Kinder, die dabeistehen und zuhören, den Ausdruck von Erwachsenen haben …

Am Nachmittag sind am Zug warme Suppen, Schwarz- und Weißbrote, Milch und Kaffee verteilt worden. Bald danach versickern die Gespräche, in den Abteilen sieht man die Menschen, die zusammen diese Reise unternommen haben, Hand in Hand oder die Arme umeinandergelegt. Wo die Frauen jetzt die Knie hochziehen, zeigt sich, daß sie unter Rock und Jacke noch zwei Sommerkleider tragen, so wie sie auch in den Keller oder Bunker gegangen waren. Dicht an das Fenster gerückt, stopft eine dunkle Gestalt mit dem letzten Tageslicht Kindersocken; ihr gegenüber sitzt ein Junge, die anderen Plätze scheinen leer. Aber oben in den Gepäcknetzen liegen vier kleine Bündel, die Kinder, die endlich schlafen. ›Nachts‹, sagt die Frau, ›saß ich immer in der dunklen Küche, das Licht war bei uns noch nicht wieder in Ordnung, und dann wartete ich auf die Sirene. Gegen zwölf rangierte unten eine Lokomotive, und jedesmal hatte ich Angst, daß ich über dem Zischen und Pfeifen den Alarm nicht hören würde.‹

›Meine Mutter schläft nie mehr‹, sagt der Junge schräg gegenüber aus der Ecke. ›Du sollst nicht dazwischenreden‹, schneidet ihm die Frau das Wort ab. Sie setzt hinzu, daß dies der älteste Sohn sei, neun Jahre alt. ›Bei den Angriffen bin ich immer ganz kalt geblieben, ich habe mir nur Mühe gegeben, lustig zu sein, damit die Kinder beim Schießen und bei den Explosionen nicht wissen sollten, wie ernst das war. Wenn es einen richtigen Krach draußen gab, haben sie gelacht.‹ ›Wenn es dann plötzlich aus gewesen wäre, wären wir lachend in den Tod gegangen‹, sagt der Junge schräg aus der Ecke.

In der Mitte des Zuges, im Wagen der Transportleitung, sitzen im matten Licht der blauen Nachtlampe drei Hitler-Jungen, Melder und Helfer beim Transport, und vier Schwestern des Roten Kreuzes in einem Abteil zusammen. Auf den braunen Uniformhemden der Siebzehnjährigen ist am Tage das Kriegsverdienstkreuz zu sehen, der eine, ein Monteur, hat mit einem kleinen Trupp aus einer brennenden Klinik dreißig Frühgeburten durch Rauch und

Flammen auf Tragbahren fortgebracht, beim nächsten Angriff hat er seine Mutter und drei Geschwister aus dem verschütteten Keller gegraben. Der zweite gehört zu einer Löschmannschaft, der dritte, ein Elektrotechniker und als Feldscher ausgebildet, hat Hunderten von Menschen mit schmerzenden Augen die erste Hilfe gegeben. Das Krankenhaus, in dem die Schwestern arbeiten, ist zerstört, jetzt fahren sie mit den Zügen, immer hin und zurück, übermüdet und fiebrig erregt zugleich. Die Gespräche sind erschöpft, aber mit halber Stimme singen sie, während die Stunden verrinnen, Lied um Lied, miteinander untergehakt.

Kaum jemand in den vielen Wagen scheint richtig zu schlafen. Und doch sind die meisten auch in der Nacht zuvor wach gewesen, sie haben gepackt, mit einer Kerze von Zimmer zu Zimmer, treppauf, treppab laufend in den Wohnungen ohne Türen und Fenster, in den Häusern, von denen ein Drittel weggerissen ist. Auf den Gängen werden noch immer flüsternd die Schilderungen von den Schicksalen dieser oder jener Straße in der zurückgebliebenen Stadt ausgetauscht. Auf einem Bahnhof erwarten zwei ältere Frauen den Transport, um heiße Milch auszuteilen; die Bahnsteige liegen ausgestorben in einem aschfahlen Schein, eine Lautsprecherstimme gibt eintönig und unaufhaltsam lange Reihen von Namen und Abfahrtzeiten.

Am Morgen ist das Land flach und auf weiten Strecken bedeckt von Kiefernwäldern. Der Zug sieht aus wie ein Mietshaus, dessen Stockwerke aufgeschnitten und aneinandergereiht sind. Die Frauen haben Kittelschürzen übergezogen und Pantoffeln, auf kleinen Brennern wird Milch und Grießbrei gekocht, in den Abteilen sind Wäschestücke zum Trocknen aufgehängt, es werden Sachen geflickt, Kochrezepte besprochen, und überall dazwischen stehen die Kinder. Aber die häuslichen Bilder trügen. Der Zug ist noch ebenso Niemandsland wie die Landschaft aus Trümmern, die seinen Fahrgästen in den letzten Wochen Aufenthaltsort war und die für das Empfinden weit jener Stadt entrückt schien, in der sie einmal zu Hause waren. So lange Zeit haben sie da wie im Unwirklichen gelebt – jetzt, da alle das Ziel der Reise schon nahe spüren wie einen festen Küstenstrich, verbreitet sich eine tiefe Erregung, wie sie nicht bei der Abfahrt und nicht in der Nacht da war. In diesen Stunden beginnt die schwere Aufgabe der Rückkehr in einen gleichmäßigen Alltag, aber an fremdem Ort, eine Schutzhaut löst sich, die in der Gefahr aus allen inneren Kräften gebildet wurde, jetzt muß langsam das Maß der Verluste begriffen werden.

Hinter dem Drahtzaun, der das Bahnhofsgelände von der Straße trennt, drängt sich fast die ganze Einwohnerschaft des Dorfes, als gegen Abend der Zug einläuft. Während die Ankommenden zögernd durch das dichte Spalier gehen, stehen vielen Menschen die Tränen in den Augen. Das ist wie ein tröstliches Zeichen, daß es hier nicht nur Zimmer gibt, sondern auch Menschen mit weichen Herzen und der Kraft, ein Geschick, das andere betroffen hat, zu begreifen.«

Ich habe mich später oft gefragt, was wohl am Kriegsende aus diesen Menschen geworden ist, die geglaubt hatten, den größten Schrecken des Krieges in Schlesien entgehen zu können. Keine zwei Jahre später wurde die deutsche Bevölkerung aus diesen Gebieten auf grausamste Weise mißhandelt und mitten im kältesten Winter nach Westen vertrieben.

Als ich zur Frankfurter Zeitung kam, war deren Schicksal beinahe schon besiegelt. Günther Gillessen hat beschrieben, wie man bis 1943 Hitler verheimlicht hatte, daß die Frankfurter Zeitung noch existierte. Bei der Vorlage der täglichen Pressemappe sorgte der im allgemeinen als »Reichspressechef« titulierte Dr. Otto Dietrich dafür, daß die Frankfurter Zeitung in der Auswahl fehlte. Er, aber auch Goebbels, hatten die Wirkung der FZ im Ausland im Auge. Dieser Nutzen überwog aus ihrer Sicht den Schaden, den eine so unabhängige Zeitung anrichtete und der nach der Kalkulation der Zuständigen, also vor allem von Dietrichs Stellvertreter Helmut Sündermann, verantwortlich für die tägliche Pressekonferenz, sowieso als gering veranschlagt wurde. Dietrich war offenbar klar, daß die Sache an einem Faden hing. Aber ein einziger Tag, an dem sich Dietrich einmal zu einer notwendigen Reise entschloß, genügte – die Sache flog auf, Hitler entdeckte die Frankfurter Zeitung, bekam einen Wutanfall und ordnete die sofortige Einstellung an. Das war im April 1943, kurz nachdem ich meinen Dienst in der FZ angetreten hatte.

Das Verdikt von Hitler, die Frankfurter Zeitung zu verbieten, war nun also ausgesprochen, aber die Sache kam nur langsam voran. Die letzten Wochen der Frankfurter Zeitung im Juli und August 1943 waren die schönsten Sommertage, an die ich mich in meinem Leben erinnere. Gleißender Sonnenschein. Wenn man vom Frankfurter Hof kommend, vorbei an der Hauptwache und der Katharinenkirche in die Eschenheimer Gasse einbog, lag der Duft von Nelken über der Straße, eine Blumenhändlerin stand neben der anderen. Mitte August dann wurden alle in der Setzerei versammelt, Metteure, Sekretärinnen, Redakteure. Verlagsdirektor Hecht und Welter eröffneten uns, die Frankfurter Zeitung werde auf Befehl von Hitler eingestellt. Dann trat Friedrich Sieburg vor. Sieburg hatte schon in den letzten Wochen angefangen, Gedichte auf die erste Seite zu rücken. Das letzte begann: »Weißt du, wieviel Sterne stehen«, und es endete: »Kennt auch dich und hat dich lieb.«

Nun überreichte er jedem einzelnen einen Handzettel mit einem Trostgedicht von Paul Fleming. Es lautete:

»An sich

Sei dennoch unverzagt! Gib dennoch unverloren!
Weich keinem Glücke nicht, steh höher als der Neid,
Vergnüge dich an dir und acht es für kein Leid,
Hat sich gleich wider dich Glück, Ort und Zeit verschworen.

Was dich betrübt und labt, halt alles für erkoren,
Nimm dein Verhängnis an, laß alles unbereut.
Tu, was getan sein muß, und eh man dirs gebeut.
Was du noch hoffen kannst, das wird noch stets geboren.

Was klagt, was lobt man doch? Sein Unglück und sein Glücke
Ist sich ein jeder selbst. Schau alle Sachen an:
Dies alles ist in dir. Laß deinen eitlen Wahn,

Und eh du fürder gehst, so geh in dich zurücke.
Wer sein selbst Meister ist und sich beherrschen kann,
Dem ist die weite Welt und alles untertan.

Das Gedicht ist in den finstersten Tagen des Dreißigjährigen Krieges entstanden, der Dichter starb 1640 im Alter von 31 Jahren. Es
gibt wahrscheinlich kein klügeres und tröstenderes Gedicht in
hoffnungslosen Zeiten als dieses. Den Handzettel habe ich aufbewahrt, das Gedicht auswendig gelernt. Vor einigen Jahren habe ich
in meinem Garten in Allensbach am Bodensee einen Granitstein
aufstellen lassen, auf dem das Gedicht zu lesen ist. So kann es nie
mehr verlorengehen.

Wer im Dritten Reich als Journalist in Deutschland gearbeitet hat,
ist oft gefragt worden, warum er nicht lieber ausgewandert sei. Ich
habe meinen Studenten in Mainz oft gesagt, niemand wisse, ob er
nicht noch einmal unter Bedingungen der Unfreiheit arbeiten
müsse. Falls es dazu komme, müsse man als Journalist bleiben.
Benno Reifenberg hat nach dem Krieg einmal zu Willy Bretscher
von der Neuen Zürcher Zeitung gesagt: »Als die Frankfurter Zeitung in Deutschland eingestellt wurde, war es, als würde in einem
dunklen Raum die letzte Kerze ausgeblasen.«

Odyssee

Wieder einmal wußte ich nicht, wie es weitergehen sollte, aber wie
immer, wenn etwas in meinem Leben zusammenbrach, tauchte
jemand auf und machte mir ein Angebot. Dieses Mal war es Wilhelm Hollbach, der Chefredakteur des Illustrierten Blatts, das
ebenfalls im Verlag der Frankfurter Zeitung erschien. Hollbach

117

hatte auch selbst für die FZ geschrieben. Nach dem Krieg wurde er für eine Übergangszeit Bürgermeister der Stadt Frankfurt unter der US-Militärregierung. In seiner dreimonatigen Amtszeit betrieb er die Wiedereröffnung der Universität Frankfurt. Seine folgenreichste Entscheidung war aber wohl, daß er Bernhard Grzimek als Direktor des Frankfurter Zoos berief.

Nun, im August 1943, kam Hollbach in meine Redaktionsstube und fragte mich, ob ich Lust hätte, Mitarbeiterin des Illustrierten Blatts zu werden. Begeistert sagte ich zu. Als Nebeneffekt gab es sogar noch etwas mehr Geld als vorher – 1000 Reichsmark. Das war für damalige Verhältnisse ein sehr stattliches Gehalt. Dort schrieb ich nun anonym unterhaltsame Reportagen wie »Unser Kriegskinderwagen hat sich bewährt«, »Klatsch im Pazifik« oder »Man müßte Sänftenträger sein, sagte Herr Ho«. Als nach einiger Zeit auch das Illustrierte Blatt eingestellt werden mußte, wurde ich vom Frankfurter Anzeiger aufgefangen, der ebenfalls im selben Verlag erschien.

So arbeitete ich nacheinander für verschiedene im Frankfurter Verlag erscheinende Zeitungen und Zeitschriften. Die Stadt Frankfurt verließ ich allerdings wieder. Erich Peter Neumann hatte mir geraten, ich sollte mich besser aus der Stadt, die mehr und mehr von Luftangriffen heimgesucht wurde, entfernen und mir eine Bleibe auf dem Land suchen. Auf seinen Vorschlag hin schrieb ich einen Brief an den Bürgermeister von Bad Schandau in der Sächsischen Schweiz, in dem ich ihn fragte, ob er mir helfen könne, ein Blockhaus zu bekommen. Tatsächlich bot er mir ein Blockhaus an, das außerhalb des Ortes im Wald lag.

Dort richtete ich mich nun, im September 1943, bequem ein und verbrachte dort einen guten Teil der letzten eineinhalb Kriegsjahre – wenn ich mich nicht gerade in Berlin in meinem Elternhaus an der Limonenstraße aufhielt. Meine Artikel schickte ich per Post nach Frankfurt, das Honorar wurde mir per Postanweisung ins Erzgebirge geschickt. Ich erinnere mich daran, wie mich in Bad Schandau mein Freund Heiner Haering besuchte, mit dem ich zusammen an der Universität in Missouri gewesen war. Nachdenklich ging er im Haus herum und betrachtete sich die vielen Bücher, die dort in den Regalen an den Wänden standen. »Am schlimmsten ist es«, sagte er, »zu wissen, daß man all diese Bücher nie mehr wird lesen können.« Er hatte recht. Ein Jahr später fiel er. Seine Mutter schickte mir ein Porzellan-Service, das aus einem Kuchenteller und einer Kaffeetasse bestand. Sie schrieb, das seien die einzigen persönlichen Besitztümer ihres Sohnes gewesen und er habe gewollt, daß ich sie erhalte. Sie stehen heute in meiner Wohnung in Mainz, wo ich sie oft betrachte, aber nie benutze.

Von meinem Blockhaus in Bad Schandau aus unternahm ich mehrmals Reisen nach Krummhübel im Riesengebirge. Dorthin war ein Archiv ausgelagert worden, das ausländische Zeitschriften sammelte, an die man in Deutschland sonst nicht herankam. Ich habe bereits erwähnt, daß die Nazis nicht versuchten, die Journalisten wie die übrige Bevölkerung in Unwissenheit über das tatsächliche Weltgeschehen zu halten. Zu den Privilegien, die man als Journalist genoß, gehörte, daß man Zugang zu solchen Quellen hatte, wenn man begründen konnte, warum man diese Zeitschriften lesen mußte. Ich fand immer einen guten Vorwand. Ich genoß diese sonst verbotene Lektüre und zog daraus viele Anregungen für meine Artikel im Illustrierten Blatt und im Frankfurter Anzeiger. So stieß ich beispielsweise in einer englischen Zeitschrift auf eine Artikelserie mit dem Titel »Ich im Kino«. Die Idee gefiel mir, also schrieb ich nun auch einen Artikel »Ich im Kino«.

Tele

Im Januar 1944 wurde das Haus des Frankfurter Verlags in der Eschenheimer Gasse bei Bombenangriffen schwer beschädigt. Von dem Konferenzzimmer der Frankfurter Zeitung, in das mich Erich Welter ein dreiviertel Jahr vorher so stolz eingeführt hatte, blieb nichts übrig. Nun mußte auch der Frankfurter Anzeiger eingestellt werden. Ich stand erneut vor der Frage, wie es weitergehen sollte. Da erhielt ich einen Brief von Walter Matuschke, der früher beim Ullstein-Verlag die Druckerei geleitet hatte. Er bat mich, ihn einmal in Wien zu besuchen.

Also fuhr ich nach Wien. Die Stadt war vollkommen mit Menschen überfüllt. Es war fast unmöglich, eine Unterkunft zu finden. Mit Mühe und Not ergatterte ich schließlich ein greuliches Quartier in der Mansarde eines Hotels. Matuschke erzählte mir, er sei damit beschäftigt, im Auftrag des Auswärtigen Amtes – nicht des Propagandaministeriums – die Redaktion für eine Monatszeitschrift mit dem Namen »Tele« aufzubauen, die in schwedischer Sprache erscheinen sollte. Man sei beim Auswärtigen Amt der Ansicht, daß etwas getan werden müsse, damit wenigstens einige gute Journalisten das Dritte Reich überlebten, die nach dem Krieg wieder eine freie Presse aufbauen könnten. So sei man auf den Gedanken gekommen, eine als Auslandspropaganda getarnte Zeitschrift zu entwickeln, deren eigentlicher Zweck darin bestehe, Journalisten, die bei Goebbels in Ungnade gefallen seien, eine feste Anstellung und damit einen Schutz zu verschaffen, der es ihnen ermöglichte, bis zum Ende der Naziherrschaft zu überwintern. Matuschke bot mir an, mich in die Redaktion von Tele aufzunehmen.

Ich sagte zu. Nun, im Spätsommer 1944, begann ich, anonym Fortsetzungsberichte für Tele zu schreiben, etwa eine dreiteilige Serie über die Geschichte von »Pan American Airways«. Bald wuchs die Redaktion zu einer echten Gemeinschaft zusammen. Fast alle Redakteure waren frühere Starjournalisten, die bei den Nazis in Ungnade gefallen waren, darunter der ehemalige Chefredakteur der Berliner Illustrierten Harald Lechenperg, der Karikaturist Manfred Schmidt, der in den fünfziger Jahren mit seiner Comic-Serie »Nick Knatterton« berühmt werden sollte, und Rudolf Kircher von der Frankfurter Zeitung. Wir arbeiteten an der Zeitschrift, als gebe es keinen Krieg, keine Bombenangriffe, keine näher rückende Front und auch keine Sprachregelungen der Reichspressekonferenz. Unsere Zeitschrift war nach damaligen Maßstäben ganz ausgezeichnet gestaltet. Der Titel »Tele«, der heute eher alltäglich klingt, wirkte damals sehr modern, elegant. Das Heft erschien im Vierfarbendruck auf Hochglanzpapier. Nach dem Krieg, im Sommer 1945, besuchten mich in Tübingen amerikanische Offiziere und baten mich um das Copyright für meine Artikelserie über »Pan American Airways«.

Um die Vorschriften des Propagandaministeriums umgehen zu können, hatte die Redaktion ein besonderes Verfahren entwickelt. Die Texte für die nächste geplante Ausgabe von Tele wurden in deutscher Sprache der Zensur vorgelegt. Darunter befanden sich auch politische Propagandaartikel, denn die Zeitschrift war ja offiziell ein Organ der Auslandspropaganda und sollte aus Sicht des Propagandaministeriums im Ausland ein »realistisches«, das hieß positiv verzerrendes Bild der Dritten Reiches vermitteln. Nachdem nun die Beiträge von der Zensur genehmigt waren, folgte die Übersetzung ins Schwedische – und bei dieser Gelegenheit wurden alle politischen Artikel gestrichen und durch harmlose, unterhaltende Beiträge ersetzt.

Allmählich rückte der Krieg immer näher. Zweimal mußten wir mit der Tele-Redaktion umziehen, zuerst von Wien nach Berlin, dann, Anfang 1945, nach Langensalza in Thüringen. Wenn ich in Berlin war, lebte ich wie gewohnt in meinem Elternhaus, doch nun war ich die einzige, die sich dort noch aufhielt. Mein Vater hatte sich in eine Kabarettistin verliebt, die eines Tages bei einer Betriebsveranstaltung in der Firma aufgetreten war, in der er Geschäftsführer war. Sie überredete ihn, aus dem Haus in der Limonenstraße auszuziehen. Meine Mutter ging schließlich nach Tübingen, wo die Familie sich nach dem Krieg wieder treffen wollte. Mein Elternhaus verkam. Ein Großteil des Hausrates, vor allem die wertvollen Stücke, wurde herausgeschafft und unter den Bögen des U-Bahn-Viadukts Bülowbogen in Schöneberg eingelagert, weil man meinte, sie seien dort besser vor Luftangriffen geschützt. Nach der Eroberung Berlins durch die Rote Armee

121

wurden die Lager, die viele Haushalte dort angelegt hatten, aufgebrochen und ausgeplündert.

Nun lebte ich also zeitweise in dem halb leergeräumten Haus. Ich erinnere mich daran, daß ich eines Tages Besuch von einigen hohen Beamten des Auswärtigen Amtes bekam (es hatte irgend etwas mit Tele zu tun). Als wir uns verabschiedeten, drehte sich einer der Beamten noch einmal um, sah mein Elternhaus nachdenklich an und sagte dann: »Dieses Haus wird stehenbleiben.« Er hatte recht. Während ringsherum alles in Schutt und Asche sank, blieb mein Elternhaus stehen – bis heute. Bald nach dem Krieg wurde es verkauft und lange Zeit blieb es in einem verwahrlosten Zustand. Das Grundstück mit dem wunderbaren Garten wurde aufgeteilt, und auf dem abgeteilten Streifen, dort, wo ich als Kind mein Zelt aufgebaut hatte, entstanden Reihenhäuser. Heute ist das Haus wieder schön renoviert. Der jetzige Besitzer schrieb mir kürzlich einen sehr freundlichen Brief, in dem er mich einlud, aber ich werde wohl nicht hingehen, denn der Garten, den ich so liebte, ist unwiederbringlich verloren.

Es ist eigenartig, wie sehr man im Krieg abhärtet. Ich habe viele Erinnerungen an die letzten Kriegsmonate in Berlin. Unvergeßlich, wie ich über den Kurfürstendamm ging, während rundherum die Häuser brannten. Die ganze Straße schien in Flammen zu stehen. Einmal besuchte ich Freunde, die in einem etwa sechsstöckigen Mietshaus wohnten. Das Haus war als einziges in der ganzen Umgebung stehengeblieben, rundherum lag alles in Trümmern. Die Wohnung war im obersten Stock. Dort versammelten wir uns, unterhielten uns und tranken Wein, als sei alles ganz normal, als lebten wir im tiefsten Frieden.

Die ganze Zeit hatte ich das sichere Gefühl, mir könne nichts passieren. Mein Elternhaus lag in der Einflugschneise der britischen und amerikanischen Bomberflotten, die Berlin nun fast täglich ansteuerten. Bei Fliegeralarm gingen wir in einen nahegelegenen Luftschutzkeller im Dahlemer Bau, in dem heute die Museen für außereuropäische Kunst der Stiftung Preußischer Kulturbesitz untergebracht sind. In meinem Gepäck hatte ich immer ein Bändchen mit Erzählungen von Balzac, und wenn die Bomben fielen, saß ich ganz ruhig im Luftschutzkeller und las darin versunken. Auf diese Weise habe ich im Verlauf des Krieges praktisch Balzacs sämtliche Werke gelesen. Noch heute besitze ich die Ausgabe. Es sind sehr kleine, handliche blaue Bände mit rotem Rückenschild, die man leicht in der Jackentasche überallhin mitnehmen konnte.

Bei einer anderen Gelegenheit befand ich mich auf dem Weg nach Langensalza, als plötzlich unser Zug von Flugzeugen beschossen wurde. Die Bahn hielt an, und wir wurden aufgefordert, uns in der Umgebung zu verstecken. Ich suchte mir irgendein nahegelegenes Haus aus und ging dort in den Luftschutzkeller. Als ich die Tür öffnete, sah ich, daß der Keller ganz überfüllt war. Die Menschen, die dort dicht an dicht gedrängt saßen, blickten mich feindselig an. Daraufhin zog ich mich zurück, ging in den Vorraum und setzte mich dort auf eine Bank, ohne mich um die Bomben zu kümmern, die rundherum niedergingen. Ich hatte so viele Luftangriffe in Berlin erlebt, daß das für mich nichts Besonderes mehr war. Wie üblich, fing ich an, Balzac zu lesen. Da öffnete jemand aus dem Schutzraum die Tür und setzte sich neben mich. Dann noch jemand und noch jemand. Ungefähr eine halbe Sunde lang öffnete sich unablässig die Tür und nach und nach kamen die Menschen aus dem Keller und setzten sich zu mir in den Vorraum, bis dieser schließlich überfüllt und der Luftschutzkeller leer war. Anscheinend hatten die Menschen gespürt, wie gelassen ich war, und hatten sich wie schutzsuchend um mich herum gesetzt. Eigenartigerweise bin ich nie auf den Gedanken gekommen, ich könnte unter den Trümmern eines zusammenbrechenden Hauses begraben werden.

Dies alles mag so klingen, als habe mir der Krieg, der ständige Alarm, die Zerstörungen und die Lebensgefahr nichts anhaben können, aber ganz so war es dann doch nicht. Wie belastet ich war, fiel mir auf, als wir mit der Tele-Redaktion von Berlin nach Langensalza fuhren. Wir saßen im Restaurant des Bahnhofes Wannsee an einem großen ovalen Tisch und warteten auf die Abfahrt. Es gab

Kartoffeln mit Rüben. Ich fand, daß die Kartoffeln eklig aussahen, sie waren ganz blau verfärbt, also aß ich nur die Rüben. Als ich von meinem Teller aufblickte, stellte ich erstaunt fest, daß meine Kollegen alle das Gegenteil getan hatten: Sie hatten nur die Kartoffeln gegessen und die Rüben stehenlassen. Als ich sie fragte, warum sie das getan hätten, sagten sie mir, die Rüben hätten unerträglich gerochen und seien absolut ungenießbar gewesen. In diesem Augenblick bemerkte ich, daß ich meinen Geruch verloren hatte. Ich roch und schmeckte nahezu nichts mehr, und zwar über Jahrzehnte hinweg. Darunter litt später mein zweiter Mann, Heinz Maier-Leibnitz, der doch ein so hervorragender Koch war und dessen Kochkünste ich lange nicht richtig würdigen konnte, weil ich ja nie wirklich merkte, wie gut ihm ein Gericht gelungen war. Erst viel später kehrte der Geruch zurück. Als ich meinem Arzt davon erzählte, antwortete er, das gebe es nahezu nie. Man erkennt daran, wie sehr die Kriegswirren auch mir zugesetzt haben.

Als die Rote Armee immer weiter in Sachsen vorrückte, kam ich zu dem Schluß, daß es besser sei, wenn ich mein Blockhaus in Bad Schandau ausräumte und meine Habseligkeiten nach Westen brachte. Also packte ich alles, was sich dort befand, in ungefähr 15 Kisten und Koffer und fuhr damit zunächst nach Dresden. Ich weiß nicht mehr, wie ich es überhaupt fertiggebracht habe, all dieses Gepäck zum Bahnhof zu schaffen, aber irgendwie gelang es mir. In Dresden erkundigte ich mich nach dem nächsten Zug in Richtung Westen. Man sagte mir, es sei nicht sicher, wann er abfahre, aber bis zum Abend werde es wohl dauern. Daraufhin brachte ich mein gesamtes Gepäck auf den Bahnsteig, von dem ich annahm, es sei der richtige, ließ alles stehen und schaute mir Dresden an. Auf den Gedanken, daß jemand meine Koffer stehlen könnte, kam ich nicht.

Den ganzen Tag verbrachte ich in Dresden. Stundenlang lief ich durch die wunderschöne barocke Altstadt, die vollkommen mit Flüchtlingen und Vertriebenen vor allem aus Schlesien überfüllt war. Ich nahm mir viel Zeit, mir die Sehenswürdigkeiten der Stadt einzuprägen, wie auf einer Kunstreise. Abends kehrte ich zum

Bahnhof zurück. Da stand noch immer mein Gepäck unangetastet auf dem Bahnsteig. Tatsächlich war inzwischen ein Zug eingefahren. Ich schaffte meine Kisten und Koffer in den Güterwagen, der ganz am Anfang des Zuges direkt hinter der Lokomotive stand, und quetschte mich selbst mit größter Mühe in einen der Personenwagen dahinter, die so vollgestopft mit Menschen waren, daß man sich darin praktisch nicht bewegen konnte. Es war der Abend des 12. Februar 1945.

Nach einer quälend langen, immer wieder durch Luftalarm unterbrochenen Fahrt stieg ich am späten Abend in Langensalza aus dem Zug. Am Abend darauf traf ich mich mit Kollegen von Tele. Plötzlich, es war bereits Nacht geworden, hörten wir ein lautes Dröhnen. Wir gingen hinaus und blickten in den Himmel. Ich werde nie den Anblick vergessen, der sich mir da bot: Von Horizont zu Horizont war der Himmel schwarz vor Flugzeugen. Es kam mir vor, als sei mehr Fläche des Himmels von Flugzeugen verdeckt als frei. Das waren die Bombergeschwader, die in dieser Nacht Dresden vernichteten. Wieder einmal hatte ich unglaubliches Glück gehabt. Ich hatte die Stadt noch am vorletzten Tag ihrer Existenz ganz in Ruhe, ganz sorglos besichtigt. Nun stand ich in sicherer Entfernung und betrachtete die Flugzeuge, die wenig später ein unglaubliches Inferno über diese Stadt bringen würden. Ich konnte mir ausmalen, welche Tragödien sich in Dresden abspielten. Aber ich selbst schien wie von einer Schutzhaut umgeben zu sein. Wieder einmal war ich gerade noch durchgekommen, knapp davongekommen.

Das Ende

Die letzten Tage in Berlin. Meine jammervolle Schwester, mit der vierjährigen Gesine an der Hand, vor dem Tor des Hauses an der Limonenstraße 8. Sie war mit dem letzten Zug aus Breslau herausgekommen. Mein Schwager war dort sehr wohlhabend gewesen, nun hatten sie alles verloren. Zwei kleine Koffer konnte sie mitnehmen und eben das kleine Mädchen, meine Nichte. Einige Wochen blieben wir noch in unserem Elternhaus an der westlichen Einflugschneise der amerikanischen Flugzeuge. Wenn nachts die Sirenen heulten, liefen wir, meine Schwester und ich, zwischen uns das Mädchen an der Hand haltend – es flog mehr als es lief –, bis wir die Schutzräume im Dahlemer Bau erreicht hatten. Vier Wochen später, am 8. März 1945, verließ ich Berlin, meine Schwester war bereits kurz vorher nach Tübingen abgereist. Ganz langsam rollte der Zug aus dem Anhalter Bahnhof hinaus Richtung Südwesten. Die feindlichen Flugzeuge setzten gerade die »Tannenbäume«, wie mit hundert Lichtern geschmückt, über die Einflugschneise. Sie sanken aus dem Nachthimmel herab und erleuchteten das Zielgebiet, die schon so oft bombardierten Straßenzüge.

Als Redakteurin von Tele hatte ich eine Fahrtgenehmigung, Berlin zu verlassen. Noch einmal fuhr ich nach Langensalza. Wir arbeiteten ganz ruhig am Mai-Heft von Tele und so vertieft, als gebe es nichts Wichtigeres, als die nächste Ausgabe fertigzustellen, als bräche nicht rund um uns herum alles zusammen. Eine gespenstische Situation. Eines Tages kamen plötzlich zwei Wehrmachtlastwagen, die von Berlin aus zu uns geschickt worden waren. Man verkündete uns, wir könnten nicht in Langensalza bleiben, die Amerikaner stünden nur noch wenige Kilometer entfernt. Wenn wir blieben, würden wir in Gefangenschaft geraten. Einer der Lastwagen werde nach Norddeutschland, der andere nach Süddeutschland fahren, wir dürften uns aussuchen, mit welchem wir mitfahren wollten. Ich dachte an meine Familie in Tübingen und sagte, ich wolle nach Süddeutschland. Wir mußten bereits riesige Umwege fahren, um nicht an die Front zu geraten. Die Fahrt führte zunächst nach Passau, dann erst wandten wir uns nach Westen. Unser Ziel war Ravensburg, denn dort stand beim Kinderbuchverlag Otto Maier eine Unterkunft für uns zur Verfügung. Diese Fahrt im halboffenen Lastwagen quer durch Süddeutschland ist mir aus verschiedenen Gründen als unheimlich in

Erinnerung geblieben. Einige der Mitfahrenden hatten die absurde Idee, gelegentlich den Passanten auf der Straße zuzurufen: »Wir sind die Werwölfe.« Diese Leute wollten, wenn ich es richtig in Erinnerung habe, nicht nach Ravensburg, sondern nach Berchtesgaden. Ich weiß nicht, was aus ihnen geworden ist. Das scheußlichste Detail erfuhr ich aber erst hinterher. Neben den Passagieren wurden in dem Lastwagen auch einige Güter transportiert, die hinten auf der Ladefläche lagen. Darunter befanden sich Filmdosen. Nachher erfuhr ich, es habe sich um die Dokumentationsaufnahmen von der Hinrichtung der Verschwörer vom 20. Juli 1944 gehandelt, die die Nazis wohl vor den auf Berlin zurückenden Russen in Sicherheit bringen wollten. Ich weiß nicht, was aus diesen Filmdosen geworden ist, aber es schaudert mich noch heute bei dem Gedanken, daß ich so lange direkt neben ihnen gesessen habe.

Ein paar Tage blieb ich in Ravensburg, doch dann dachte ich an meine Familie und machte mich auf den Weg nach Tübingen. Dort, im Schutz meines inzwischen beinamputierten Bruders Dieter, der Referendar bei dem Amtsgerichtsrat Carlo Schmid war, wollte ich das Kriegsende verbringen. An einem der letzten Kriegstage traf ich in Tübingen ein. Am Vormittag meiner Ankunft gab es einen der wenigen und überdies schwachen Luftangriffe auf Tübingen. Die Altstadt hat den Krieg dementsprechend auch fast unbeschadet überstanden.

Als der Alarm begann, erstarrte die Stadt, die an so etwas nicht gewöhnt war, vor Schrecken. Verwundert über die Aufregung und völlig ungerührt nach allem, was ich an Fliegerangriffen in den letzten Jahren erlebt hatte, fuhr ich auf meinem Fahrrad, das ich die ganze Zeit seit meiner Abreise aus Berlin mitgeschleppt hatte, zum Quartieramt, um ein Zimmer für mich zu erbitten. Als ich am Amt ankam, wurde gerade Entwarnung gegeben. Die Damen in der Zimmervermittlung, kreidebleich vor Schreck, sahen mich sprachlos an. Sie konnten sich wohl nicht erklären, wie ich während des Luftangriffs zu ihnen gekommen war und wieso ich eine so unerklärliche Ruhe ausstrahlte. Ich muß ihnen wie ein

Wunder erschienen sein. Ich sagte, daß ich auf der Suche nach einem Zimmer sei. Die Damen gingen zu einem Karteikasten und zogen eine Adresse heraus: Klosterberg 8, bei Dreher, und sagten: »Für Sie das beste Zimmer, das wir haben.«

Es war wunderbar. In einem uralten Handwerkerhaus oberhalb des Neckars und unterhalb des Tübinger Stifts. In die kleinen Fensterscheiben hatten Generationen von Studenten die Namen ihrer Mädchen geritzt. »Emilie« las man und »Amalie«. Carlo Schmid, mit dem ich mich bald befreundete, sagte später zu mir, dieses Zimmer habe es nie auf dem freien Markt gegeben, sondern sei von Studentenmieter zu Studentenmieter weitergereicht worden. Es war tatsächlich die wohl schönste Tübinger Studentenbude, die es gab, gegenüber der Bursa, wo Melanchthon gelehrt hatte, nur wenige hundert Meter vom Hölderlin-Turm entfernt. Von hier aus sollte ich mein Leben nach dem Krieg neu aufbauen.

Einige Nachträge zum Dritten Reich

»Maikäfer flieg. Dein Vater ist im Krieg. Die Mutter ist in Pommerland, Pommerland ist abgebrannt. Maikäfer flieg.« Dieses traurige Lied ist in ganz Deutschland zu Hause, mehr als 350 Jahre nach dem Ende des Dreißigjährigen Krieges. Die Ereignisse dieser grausamen Zeit sind weitgehend vergessen, doch ihr Nachhall ist bis heute zu spüren. Als das Institut für Demoskopie Allensbach vor einigen Jahren die Frage stellte, »Wissen Sie das zufällig: Hat Luther vor dem Dreißigjährigen Krieg gelebt oder nach dem Dreißigjährigen Krieg?«, wußte weniger als die Hälfte der Bevölkerung die richtige Antwort. Doch das Lied »Maikäfer flieg« kennen fast drei Viertel der Deutschen.

Der in Glasgow lehrende Politikwissenschaftler Richard Rose hat einmal gesagt, ein verlorener Krieg präge eine Nation für Jahr-

4 1944: Das Blockhaus in Bad
Schandau in der Sächsischen Schweiz.
Erich Peter Neumann (r.) war als
Mitglied der »Propaganda-Kompanie«
an die Ostfront versetzt worden.

5 »Im September 1943 richtete ich
mich bequem ein und verbrachte dort
einen guten Teil der letzten eineinhalb
Kriegsjahre. Meine Artikel schickte ich
per Post nach Frankfurt, das Honorar
kam per Postanweisung ins Erzgebirge.«

16 Am 6. November 1946 wurde Hochzeit gefeiert. Hinten v.l.n.r.: Gerhard Penzlin (Ehemann von Gisela Noelle und Trauzeuge), Dieter Noelle. Mitte: Elisabeth Noelle-Neumann, Erich Peter Neumann, Eva Noelle, Gisela Penzlin, geb. Noelle. Vorne: Gesine Penzlin.

17 Erich Peter Neumann in den 50er Jahren. »Es ist vor allem seiner Aktivität zu verdanken, daß das Institut auf die Beine kam.«

18 »Seit ich als Zehnjährige beschlossen hatte, Journalistin zu werden, hatte ich eigentlich unablässig geschrieben.« Hier in den 50er Jahren in Allensbach

9 Das Institut für Demo-
kopie Allensbach in den 50er
Jahren

0 O. W. Riegel kam
950 im Auftrag des
S-Außenministeriums
ach Allensbach. V.l.n.r.:
. W. Riegel, Elisabeth
oelle-Neumann, Erich
eter Neumann

21 Herbert Werner (mit de
Rücken zum Betrachter) und
Friedrich Tennstädt (links
neben Elisabeth Noelle-
Neumann) hatten am Aufbau
des Instituts ganz besondere
Anteil.

22 Fragebogenauswertung
in den frühen Jahren des Instituts

23 Der Innenhc
des Instituts

hunderte. Für den Dreißigjährigen Krieg gilt das mit Sicherheit, und auch der Nationalsozialismus mit allen Grausamkeiten, Verbrechen und Zerstörungen und der darauf folgenden jahrzehntelangen Teilung des Landes hat sich tief in die Psychologie der Deutschen eingebrannt. Seine Folgen werden in Deutschland noch lange zu spüren sein.

In besonderer Weise hat der Nationalsozialismus die Generationen ein Leben lang gebrandmarkt, welche die Zeit zwischen 1933 und 1945 als erwachsene Menschen miterlebt haben. Über die Jahrzehnte hinweg, im Laufe der Zeit eher zu- als abnehmend, werden sie mit den berechtigten Fragen konfrontiert, welche Schuld sie daran hatten, daß die Nazis an die Macht kommen konnten, und was sie von den Greueltaten der Nationalsozialisten gewußt haben. Ich selbst gehöre zu den Jüngsten, die im Dritten Reich aktiv im Berufsleben standen. Während mich die erste Frage noch nicht so sehr betrifft, im Jahr 1933 war ich sechzehn Jahre alt, ist mir die zweite, was ich von den Massenmorden an den Juden und anderen Menschen gewußt hätte, mit gutem Grund öfter gestellt worden. Meine Antwort darauf ist: Ziemlich viel, aber ich war wesentlich besser informiert als die meisten anderen Menschen.

Ich habe bereits erwähnt, daß Erich Peter Neumann im Herbst 1941 zur »Propaganda-Kompanie« an die Ostfront versetzt worden war. Dort mußte er nun von den Geschehnissen an der Front berichten und wurde Augenzeuge zahlreicher Greueltaten. Eines Tages, noch relativ am Anfang des Krieges, blickte ihm, während er einen Artikel schrieb, jemand über die Schulter. Der Mann stellte sich als General Dörr vor und sagte, ihm gefielen seine Beiträge, und er biete ihm an, jeden Abend in sein Büro zu kommen und dort ganz in Ruhe seine Artikel zu schreiben. Darüber hinaus erlaubte er, daß Erich Peter mich von seinem Diensttelefon aus anrief. Also telefonierten wir fast jede Nacht miteinander, und Erich Peter berichtete – wie auch bei seinen Besuchen auf Fronturlaub – von dem, was er dort erlebt hatte. Ich erinnere mich gut daran, wie er eines Tages aus dem Osten zurückkam und mir erschüttert erzählte: »Es ist entsetzlich, was sich dort zuträgt: In ungeheuren Zahlen werden die Juden erschossen.« Das war noch in den ersten Kriegsjahren.

Man hat die Menschen, die nach dem Krieg beteuerten, sie hätten nichts von den Massenmorden der Nazis gewußt, der Lüge bezichtigt, doch damit tut man vielen von ihnen Unrecht. Auch hierzu gibt es eine charakteristische Erinnerung, und zwar aus dem Jahr 1943. Ich war mit einem Reportageauftrag nach Stuttgart geschickt worden, um von einem Tag der Auslandsdeutschen zu berichten. Die Veranstaltung war praktisch vorbei, und wir saßen – der Bürgermeister hatte mich eingeladen – beim Mittagessen. Plötzlich wurde die Tür aufgerissen. Ein SS-Offizier kam herein und sagte zu der versammelten Runde: »Es geschehen entsetzliche Dinge!« Und dann berichtete er so detailliert über die Verschleppung und Ermordung der Juden, wie ich es selbst von Erich Peter Neumann noch nicht erfahren hatte. Die ganze Runde erstarrte geradezu durch diesen Bericht, der da von außen, sozusagen ganz frisch, hereingetragen wurde. Vieles an diesem Bericht hörte ich zum ersten Mal, aber das Interessante und Wichtige ist, daß die anderen es offensichtlich zum ersten Mal hörten. Die ganze Gesellschaft war versteinert vor Entsetzen.

Ebenso wahr ist allerdings auch, daß man in einer derart grausamen Diktatur wie der nationalsozialistischen auf eine Art und Weise abstumpft, die in normalen Zeiten kaum verständlich erscheint. Ich erinnere mich an eine gespenstische Szene im Bahnhof Friedrichstraße. Ich wartete auf die S-Bahn, auf einem Gleis am anderen Bahnsteig stand ein Güterzug. Plötzlich merkte ich, daß mich aus den geöffneten Türen der Güterwaggons Männer anschauten. Der ganze Zug war voller Männer. Es ist schwer zu beschreiben, was man in einer solchen Situation fühlt. Am ehesten trifft es noch eine Äußerung meines Freundes Nikolai Mansurov, der in den siebziger Jahren Professor an der Sowjetischen Akademie der Wissenschaften war, wo ich ihn mehrmals besuchte. Eines Tages fuhren wir mit dem Auto in Moskau an einem größeren Gebäudekomplex vorbei. Die Anlage war rechtwinklig und von hohen Mauern umgeben, an den Ecken standen Wachtürme. Ich fragte Mansurov, was sich denn hinter der Mauer befände. Er antwortete: »Wir ziehen es vor, nicht daran zu denken.«

Nach dem Krieg wurden viele, die im Dritten Reich gelebt und gearbeitet haben, beschuldigt, sie seien Anhänger des Nationalsozialismus gewesen, besonders, wenn sie in einer verantwortungsvollen Position gewesen waren, wobei die Anschuldigungen schärfer wurden, je länger die nationalsozialistische Diktatur zurücklag. Neben vielen, die tatsächlich Nazis waren, trafen die Anschuldigungen auch viele, die sich nichts hatten zuschulden kommen lassen. Noch drei Jahrzehnte nach dem Ende des Dritten Reiches wurde ein so anständiger Mann wie der damalige baden-württembergische Ministerpräsident Hans Filbinger Opfer einer Kampagne, die in der Öffentlichkeit erfolgreich den Eindruck zu erwecken versuchte, er sei ein williger Erfüllungsgehilfe der Nazis gewesen.
Ich selbst sah mich mehrmals solchen Kampagnen ausgesetzt, allerdings praktisch ausschließlich in den Vereinigten Staaten. In besonderer Weise verfolgte mich ein Journalismusprofessor namens Leo Bogart, der mich aus Gründen, die ich nie verstand, offensichtlich abgrundtief haßte. Einmal sprach ich mit meinem Freund Norman Bradburn, der an der Universität von Chicago das National Opinion Research Center leitete, darüber. Er sagte mir: »Da können Sie gar nichts machen. Das sind Ihre Feinde und sie werden es bleiben. Es hat keinen Sinn, wenn Sie sich versuchen zu verteidigen, indem Sie etwa darauf verweisen, wie viele jüdische Freunde Sie haben, denn das ist das typische Argumentationsmuster, mit dem sich tatsächliche Nazis versuchen, herauszureden.«
Seit 1978 lehrte ich in regelmäßigen Abständen als Gastprofessorin an der Universität Chicago. Bei meinem letzten Aufenthalt dort, 1991, schrieben mehrere Professoren aus meinem Department – Department of Political Science – einen verleumderischen Brief über mich an die New York Times. Hinzu kamen Anschuldigungen in der Studentenzeitung. Schließlich waren es meine Stu-

denten, unter ihnen Robert Eisinger und Bartholomew Sparrow, heute selbst Professoren, die mich beschützten. Am Ende des Seminars prüften sie, bevor ich den Raum verließ, ob der Gang frei war. Wenn sich dort eine Gruppe versammelt hatte, drängten sie mich in den Seminarraum zurück: »Gehen Sie jetzt nicht raus, da warten Ihre Feinde.« Dann warteten sie gemeinsam mit mir, bis die Bedrohung vorüber war.

Die bisher letzte Kampagne dieser Art fand 1996 statt, als ein Mann namens Simpson versuchte, die von mir entwickelte und auch in Amerika sehr bekannte kommunikationswissenschaftliche Theorie der »Schweigespirale« als Produkt einer angeblichen Nazigesinnung darzustellen. Damals halfen mir viele Freunde, unter ihnen Hans Mathias Kepplinger, der eine Antwort auf den Artikel schrieb, der mich angriff, und der berühmte Politikwissenschaftler Seymour Martin Lipset, dem im selben Jahr der »Helen Dinerman Award«, der angesehenste Preis des Weltverbandes der Umfrageforscher, für seine Lebensleistung verliehen wurde. Bei dieser Gelegenheit hält der Preisträger traditionellerweise eine längere Rede. Statt, wie sonst üblich, eine freundliche Sonntagsrede zu halten, nutzte Lipset nahezu seine gesamte Zeit, um mich vor einem großen und hochrangigen Fachpublikum zu verteidigen.

Auch in Deutschland machte ich mir aus Gründen, über die noch zu berichten sein wird, erbitterte Feinde. Doch es gab bezeichnenderweise keine vergleichbar massiven Versuche, mich als Nazi hinzustellen. Warum, wird vielleicht aus der folgenden Episode deutlich: Im Jahr 1986 hatten Renate Köcher und ich gemeinsam ein Buch mit dem Titel »Die verletzte Nation« geschrieben, in dem ich auf der Grundlage unserer Allensbacher Umfragen beschrieb, wie wichtig Stolz, auch Nationalstolz, für ein Land und für den einzelnen Bürger sei und daß Stolz nicht mit Hochmut, Vaterlandsliebe nicht mit Nationalismus verwechselt werden dürfe. Es ist bereits heute, wenige Jahre später, kaum noch nachvollziehbar, wie provozierend diese These in einer Zeit wirkte, in der jedes noch so zurückhaltende Bekenntnis zum eigenen Land als

Nationalismus gebrandmarkt wurde. Die Versuchung, mich als Nazi zu »entlarven«, muß übermächtig gewesen sein.

In dieser Zeit bedrängte mich Lea Rosh, die damals eine Talkshow im Fernsehen hatte, ich solle doch einmal nach Berlin in ihre Sendung kommen. Lange Zeit ließ ich mich nicht darauf ein, denn ich konnte mir leicht vorstellen, daß die Sendung so geplant werden würde, daß daraus ein Tribunal gegen mich entstünde. Schließlich ließ Lea Rosh meine Sekretärin täglich anrufen, bis ich schließlich aus Rücksicht auf diese doch zusagte. Wir verabredeten einen Sendetermin etwa ein Vierteljahr später. Tatsächlich gestaltete sich die Talkrunde, wie erwartet, äußerst unangenehm. Doch eigenartigerweise eröffnete Lea Rosh das Gespräch mit dem Satz: »Daß Sie kein Nazi waren, wissen wir.« Ich wunderte mich. Woher glaubte sie das wissen zu können?

Auf der Rückreise erfuhr ich, warum. Ich stand in München an der Gepäckausgabe, als mich plötzlich ein fremder Mann ansprach. Er stellte sich als Michael Ließfeld vor und erzählte mir, er sei Mitarbeiter in der Redaktion von Lea Rosh. Als ich die Teilnahme in der Talkshow zugesagt hatte, habe Lea Rosh ihn beauftragt, alles zu lesen, was ich im Dritten Reich geschrieben habe, jedes einzelne Wort, sei es auch noch so abgelegen veröffentlicht. Er habe drei Monate dafür Zeit bekommen, alles aufzuspüren, was es aus dieser Zeit von mir an Veröffentlichungen gibt, und sei dafür von jeder anderen Aufgabe entbunden worden. Es gebe wahrscheinlich keinen Menschen auf der Welt, der meine Artikel aus dieser Zeit besser kenne als er. Nach drei Monaten sei er zu Lea Rosh gegangen und habe ihr gesagt, er habe nichts finden können, was man gegen mich würde verwenden können. Er überreichte mir seine Visitenkarte und sagte, wenn irgend jemand in der Öffentlichkeit die Behauptung aufstelle, ich sei ein Nazi gewesen, dürfe ich diese Person oder die Journalisten, die der Sache nachgingen, an ihn verweisen. Er hat Wort gehalten. Nicht oft, aber bei einigen Gelegenheiten habe ich von dem Angebot Gebrauch gemacht. Ich bin ihm dafür sehr dankbar.

Schließlich gibt es noch eine andere Episode, die man als Nachklang des Dritten Reiches betrachten kann. Es ist verlockend, sie nicht zu erwähnen, denn wahrscheinlich wird sie mir als Skurrilität angeheftet. Aber erzählen will ich sie doch, denn sie hat sich ja genau so zugetragen. Schon zum vierten oder fünften Mal verbrachte ich 1966 meinen Urlaub in einem einsamen kleinen Hotel in den Dünen bei Wassenaarse Slag. Eigentlich ein Pferdestall, war es dann mit dem dazugehörenden Wohnhaus umgewandelt worden in ein Restaurant mit Terrasse und neunzehn ausgebauten Gästezimmern. Fußpfade führten in etwa zehn Minuten zum Strand zu der dort erhöht angelegten Badeanstalt und einer Terrasse mit Blick aufs Meer – ein beliebter Ausflugsort für Kaffee und Kuchen oder einen Aperitif der guten Gesellschaft von Den Haag, um am späten Nachmittag dem Sonnenuntergang zuzusehen.

Ich brauchte diese Ferienwochen zum Schreiben meiner Aufsätze und Bücher. Dazu mußte ich allein sein, so allein wie in dem einsamen, zwischen den Dünen geduckten Hotel Duinoord. An vielen Tagen sprach ich nur mit dem Hoteliersehepaar ein paar Worte und sonst mit niemand. Vielleicht spielte das alles eine Rolle – das einfache Bett an der Schmalseite des Zimmers, die wenigen einfachen Möbel, auf dem Fußboden die Bücher gestapelt, der schmale Arbeitstisch vor der Fensterfront nach Osten, Metallrahmen mit rostfarbenem Anstrich und dann die Hauptsache, der unendlich weite Blick in das Dünenmeer fast bis nach Scheveningen.

Eines Morgens beim Aufwachen erinnerte ich mich erstaunt, daß ich ganz intensiv von Albert Speer geträumt hatte. Ich war ihm persönlich nie begegnet, ich konnte auch keinen Anlaß erkennen, jetzt von ihm zu träumen, und vergaß die Sache schnell wieder. Aber am nächsten Morgen wiederholte sich das Ganze, von neuem tauchte die Erinnerung auf, daß ich nachts so intensiv von Speer geträumt hatte. Was eigentlich der Inhalt des Traumes war, weiß ich nicht mehr. Aber irritiert las ich in der Morgenzeitung, Speer sei jetzt, am 1. Oktober 1966, aus dem Spandauer Gefängnis entlassen worden und in sein Haus nach Heidelberg gefahren. Als sich das

Ganze in der nächsten Nacht zum dritten Mal wiederholte, begann ich – widerwillig – darüber nachzudenken, daß der Traum eine Bedeutung haben mußte. Wenn ich versuche, es zu beschreiben, würde ich sagen, ich ging damit eigentlich genauso um wie mit anderen Nachrichten oder Beobachtungen, die mich im Alltag erreichten und auf die man richtig, vernünftig und zweckmäßig reagiert. Ich beschloß, daß ich Speer besuchen müsse.

Ich beauftragte meine Sekretärin, ihn anzurufen und ihm zu sagen, daß ich ihn gern besuchen würde. Wenige Tage später fuhr mich mein Fahrer nach Heidelberg. Speers Haus lag an den waldigen Höhen am Rande der Stadt. Mein Besuch war für den Vormittag verabredet. Speer öffnete mir, er war an diesem Morgen allein zu Hause, seine Frau verreist. Eine Begründung für meinen Besuch gab ich nicht an, und Speer fragte auch nicht danach. Wir saßen an einem Teetisch am Fenster. Man schaute in den grün zugewachsenen Garten, der wie ein Teil des Waldes war. Wir unterhielten uns, als hätten wir uns schon seit langem gekannt. Er beschrieb mir, wie sehr ihn die Fahrt nach Heidelberg über die Autobahn überrascht habe. Da sei alles so ruhig und glatt gelaufen, in seiner vom Fernsehen geprägten Vorstellung habe alles viel gefährlicher ausgesehen.

Etwa zwei bis drei Stunden dauerte das Gespräch. Und allmählich gewann es ein ganz klares Thema. Speer sagte, er sei hin- und hergerissen, ob er seine Biographie schreiben solle. Er erwähnte kein Wort davon, daß er schon im Gefängnis rund 2000 Seiten Aufzeichnungen dafür notiert hatte. Für mich stand fest, daß er unbedingt dieses Buch schreiben müsse. Ich geriet in Feuereifer, um ihm das zu erklären und um ganz sicher zu sein, daß er diesen Plan nicht wieder aufgäbe. Wieviel könne dadurch an Wirklichkeit gerettet werden. Wirklichkeit, wie sie niemand sonst berichten könne.

Ich verabschiedete mich. Nach einiger Zeit wurde ein Termin für einen Besuch von Speer im Allensbacher Institut ausgemacht. Ein Sommertag, elf Uhr vormittags. Die Mitarbeiter, die ich eingeladen hatte, an dem Besuch teilzunehmen, waren sehr gespannt.

135

Wir versammelten uns eine halbe Stunde vorher im Besuchszimmer. Plötzlich wußte ich, daß ich wegfahren mußte: »Bitte entschuldigen Sie mich …«, sagte ich zum Chef vom Dienst, Herbert Werner. »Sagen Sie, es sei unvermeidlich gewesen, es tue mir ganz außerordentlich leid, ein anderer zwingender Termin …« Warum bereitete ich Speer diese Enttäuschung? Mehr als das: diese grobe Unhöflichkeit? Ich wollte Speer die Sache mit dem dreimaligen Traum nie erzählen – und ich hätte sie ihm erzählen müssen, wenn aus dem langen Gespräch gleich nach seiner Entlassung allmählich eine Freundschaft gewachsen wäre. Und das Wachsen einer Freundschaft wollte ich ohnehin auf jeden Fall verhindern. Habe ich Speer in irgendeiner Weise bei seiner Entscheidung, seine Erinnerungen aufzuzeichnen, geholfen? Das könnte nur er selbst beantworten. Als ich später die Biographie las, war ich berührt vom Ernst und dem Bemühen um Wahrheit, die aus dem Buch sprachen. Plötzlich dachte ich an das Goethe-Wort: »Wer immer strebend sich bemüht, den können wir erlösen.«

Wenn ich an die Zeit im Nationalsozialismus zurückdenke, dann empfinde ich vor allem Mitleid. Mit den zahllosen Opfern der Deutschen, aber auch mit der deutschen Bevölkerung. Schon damals, als die Dinge geschahen, taten mir die Menschen unendlich leid. Es war beinahe so, als ob ich selbst nicht zu ihnen gehörte. Zuerst hatte ich ja schon in den Jahren der Wirtschaftskrise zwischen 1929 und 1932 miterlebt, wie entsetzlich arm das Land geworden war. Das nicht vorhandene soziale Netz, die bittere Not. Dann das Entsetzen und die Schuldgefühle der Menschen nachher: Ich erinnere mich noch, wie nach dem Krieg in Tübingen französische Soldaten alle Menschen, die sie auf der Straße aufgreifen konnten – Männer auf dem Weg zur Arbeit, Hausfrauen in Kittelschürzen, wer immer ihnen über den Weg lief –, auf einen Lastwagen packten und in ein nahe gelegenes Konzentrationslager fuhren. Die meisten dieser Leute hatten trotz der Nähe nichts davon gehört. Ich sah ihre Gesichter, als sie zurückkehrten, gezeichnet von der Hölle, die sich in ihrer unmittelbaren Nähe zugetragen hatte. Das hat mir ein unbeschreibliches Mitleid eingegeben. Es gab und gibt mir ein deutliches Gefühl, an diesem Elend mitschuldig zu sein. Allerdings nicht in einem philosophischen oder gar rechtlichen Sinne, daß man sezierend betrachtet, in welchem Anteil Schuld besteht und wie genau sie geartet ist. Das Gefühl der Mitschuld ergibt sich daraus, daß man in dieser Zeit, unter solchen Umständen mittendrin gelebt hat.

Bis heute sehe ich eine der wichtigsten Aufgaben darin, den Menschen zu verdeutlichen, was es bedeutet, in einer Diktatur zu leben. Man kann nur verstehen, wie eine Diktatur funktioniert, wenn man sich klar macht, daß die Menschen dort gefangen sind. Doch es erscheint fast aussichtslos, dies in einer freien Gesellschaft verständlich zu machen. In den Jahrzehnten nach dem Krieg sind bei der Auseinandersetzung mit dem Nationalsozialismus viele Konflikte in die Familien hineingetragen worden. Oft war es so, daß die nachfolgenden Generationen kaum motiviert waren, in die komplizierte Situation im Dritten Reich einzudringen, denn sie hatten ja schon gehört, keiner wolle es gewesen sein, niemand wolle seine Schuld akzeptieren. Und wenn dann der Vater, die Mutter, der Großvater beschrieben, wie sie es erlebt hatten, dann sagten sich die Kinder: »Aha. Sie wollen es nicht gewesen sein.«

Es hat intensive öffentliche Debatten darüber gegeben, ob man das Kriegsende am 8. Mai 1945 als Tag der Befreiung oder der Niederlage zu werten habe. Für mich war es eindeutig eine Befreiung. Aber die vielen Millionen Deutschen, die in einer Situation entsetzlicher Armut, teilweise irregeleitet, teilweise schuldlos unter die Herrschaft eines Diktators gerieten, den sie nie mehrheitlich gewählt hatten, die erst in die Unterdrückung, dann gegen ihren Willen in Krieg und Niederlage geführt wurden, die oft alles verloren hatten und nun, am Ende des Kriegs hungernd, hilf- und orientierungslos dastanden, haben meiner Ansicht nach mehr Verständnis, mehr Mitleid verdient, als ihnen heute oft entgegengebracht wird.

Das weiße Haus am Bodensee

Carlo Schmid

»Und ich entsprang!« sagte Carlo Schmid zu mir bei einem unserer Gespräche am Klosterberg in Tübingen, nachdem er über die hinter uns liegende Zeit von Krieg und Diktatur gesprochen hatte. Dieser kurze Satz beschreibt die Atmosphäre dieser Tage in Tübingen, vor allem aber die Stimmung, in der sich Carlo Schmid in den ersten Monaten nach dem Krieg befand. Was waren das für Gespräche im Frühjahr, Sommer 1945? Mein Bruder, Referendar am Amtsgericht, brachte eines Tages Carlo Schmid zu einem Besuch bei mir mit. Wir freundeten uns rasch an. In meinem Zimmer also, einmal auf einem mit Plüsch bezogenen Schaukelstuhl sitzend, ein anderes Mal auf einem breiten Sofa, führte Carlo Schmid Gespräche mit mir. Er kam ein- oder zweimal in der Woche, oft unangemeldet.

Oft kam auch sein Freund Konrad Zweigert und auch Friedrich Sieburg mit dem Maler Hans Jürgen Kallmann. Damals entstand eine Skizze, die Kallmann von mir machte und wieder vernichten wollte. Aber ich habe sie aufgehoben, man kann sie noch heute im Allensbacher Institut sehen, ich sah sehr skeptisch aus. Tübingen war voll mit Intellektuellen. Hans Schwab-Felisch, der auch dort war, hat es gut dargestellt. Carlo Schmid erzählte mir, wie sie zu dritt in einem Tübinger Gasthaus gewürfelt hatten – wer sich von ihnen der CDU anschließen sollte, wer der SPD, wer den Liberalen. So kam er zur SPD.

Carlo Schmid fühlte sich bei mir völlig zu Hause. Einmal, als ich bügelte, sagte ich der Vermieterin, Frau Dreher, sie solle keinen Besuch zu mir lassen. Zu Carlo Schmid, der unangemeldet kam, sagte sie, ich sei nicht zu Hause. Er schob sie beiseite, stürmte die Treppe hinauf in mein Zimmer und war empört: »Elisabeth, wie können Sie mir das antun?!« Aber er grollte nicht lange. Gleich darauf – zwischen all den Bügelsachen – waren wir in ein Gespräch vertieft. Irgendwann hatte ich starke Zahnschmerzen und klagte darüber. Das beachtete er gar nicht, und sicher habe ich es auch bald über dem Gespräch vergessen, denn er war ein hinreißender Gesprächspartner. Es war, als tauche man in eine andere Welt ein, als verwandele man sich selbst.

Carlo Schmids Biographin Petra Weber hat geschrieben, wenn Schmid jemals euphorisch war, dann sei es 1945 gewesen. Und genauso, euphorisch, erlebte ich ihn bei den Klosterberg-Gesprächen. In dieser Stimmung fiel auch der Satz »... und ich entsprang.«

Carlo Schmid sprach über die Zukunft: »Man muß die deutsche Jugend zum Ungehorsam erziehen«, sagte er. Ich spitzte die Ohren. Es war wie der Klang aus einer neuen Welt. Hätte ich nicht diesen Satz und meine Überraschung darüber so genau in Erinnerung behalten, hätte ich später die kulturrevolutionäre Bewegung ab Mitte der fünfziger Jahre bis hin zu 1968 einseitig für ein Werk der Frankfurter Schule gehalten, unmittelbar abgeleitet aus der unter der Führung von Adorno in den USA angefertigten Studie über »Die autoritäre Persönlichkeit« und die darauf begründete Schlußfolgerung, es sei notwendig, eine Generationenkluft aufzureißen, die die Tradierung von Werten von den Eltern auf die Kinder unterbrechen sollte. Tatsächlich gelang das später und richtete ungeheuren Schaden in den Familien und der Gesellschaft an. Wir hatten in Westdeutschland in den achtziger und neunziger, wahrscheinlich bereits in den siebziger Jahren eine international einzigartige Generationenkluft. Aber der Satz von Carlo Schmid im Klosterberg-Gespräch von 1945, »Man muß die deutsche Jugend zum Ungehorsam erziehen«, zeigt, daß die Entwicklung mehrere Wurzeln hatte.

Die Freundschaft zu Carlo Schmid blieb ein Leben lang erhalten. Nachdem ich 1946 unter Umständen, über die noch zu berichten sein wird, nach Allensbach am Bodensee gezogen war, setzten wir unsere Gespräche zumindest gelegentlich dort fort. Ich erinnere mich daran, wie er mich kurz vor der ersten Bundestagswahl 1949 besuchte. Den Bodensee mit der Silhouette der Insel Reichenau im Rücken, sprach er am Kaffeetisch im Garten über seine Zukunftspläne: »Wenn ich ein Portefeuille nehme …«, sagte er. Er rechnete fest mit der Bildung der ersten Bundesregierung durch die Sozialdemokraten. Der Gedanke, daß die Regierung ohne die SPD gebildet werden und er nicht die Gelegenheit bekommen könnte, ein Ministeramt anzunehmen, kam ihm gar nicht.

Vom 23. September 1949, sechs Wochen nach der ersten Bundestagswahl, datiert eine handschriftliche Widmung Carlo Schmids: »À Madame Elisabeth Nölle-Neumann ce livre pourpre et noir dont les vers sont peut-être trop violents pour être lus tranquillement sur les bords paisibles d'une mer d'eau douce«. »Für Elisabeth Noelle-Neumann, dieses Buch, purpurn und schwarz, dessen Verse vielleicht zu wild sind, um sie am Ufer eines sanften Meeres in Ruhe zu lesen«. Er hatte sie in den Band »Die Blumen des Bösen« von Charles Baudelaire geschrieben, seine Übertragung der Baudelaire-Gedichte ins Deutsche. Carlo Schmid war nach meiner festen Überzeugung ein Glücksfall, ein Geschenk für die deutsche Nachkriegsgeschichte. Er war Völkerrechtler, aber auch Dichter, ein leidenschaftlicher Mensch, ein Botschafter zwischen Deutschland und Frankreich in den entscheidenden Jahren, in denen die deutsch-französische Feindschaft begraben und in Freundschaft umgewandelt wurde.

Noch einmal, mit dem Datum vom 4. November 1979, erhielt ich eine Widmung von Carlo Schmid. Er schrieb sie in einen Band seiner »Erinnerungen«: »Elisabeth zum Dank, daß sie sich der Gespräche am Klosterberg noch erinnert«. Er starb einen Monat später, am 11. Dezember 1979.

Romeo und Julia

Ende Juni 1945 traf Erich Peter Neumann nach einer abenteuerlichen Odyssee in Tübingen ein. Im März 1945 war er im Oderbruch bei einem Angriff russischer Verbände nur knapp dem Tod entgangen. Er beschloß zu desertieren. Zunächst ging er zu seinem Freund und früheren Kollegen beim »Reich«, Karl Willy Beer, der in sein Tagebuch schrieb: »Hubert (= Erich Peter) kam am späten Abend aus der Gegend Küstrin. Er hat sich fortgelogen und wird nicht mehr zurückgehen. So wenig es ihm je gelegen hat, Soldat zu sein, so unheimlich hat ihn der Tod vor Berlin erschreckt.« Erich Peters Situation war ungeheuer gefährlich. Überall im sich auflösenden Dritten Reich hängten die Nazis Deserteure weithin sichtbar an den Bäumen auf, um die Soldaten vor der Fahnenflucht abzuschrecken. Irgendwie schlug er sich nach Sachsen durch und versteckte sich in Bad Schandau in meinem Blockhaus, das ich kurz vorher verlassen hatte. Nach ungefähr zwei Wochen bat ihn die Vermieterin abzureisen, weil sie fürchtete, selbst in Gefahr zu geraten, wenn sich herumspräche, daß sie einen Deserteur versteckte. Ich sah Erich Peter noch einmal kurz in Berlin, das muß im März 1945 gewesen sein, dann hörte ich monatelang nichts mehr von ihm.

Das Kriegsende erlebte Erich Peter im Kreis Schwarzenberg in Sachsen. Stefan Heym hat später die eigenartige Geschichte dieses Landkreises bei Kriegsende in einem Roman verarbeitet. Aus Gründen, die bis heute nicht ganz geklärt sind, wurde Schwarzenberg nach der Kapitulation der deutschen Wehrmacht am 8. Mai 1945 weder von den Amerikanern noch von den Russen besetzt. Es gibt Spekulationen, daß die Amerikaner nach Absprache mit den Sowjettruppen bis zum Fluß Mulde vorrücken sollten, es aber zu einer Verwechslung kam, weil es drei Flüsse dieses Namens gibt. Andere Vermutungen besagen, daß der Kreis schlicht vergessen wurde, weil er auf den Militärkarten der Alliierten nicht eingetragen war. Jedenfalls blieb nach der Kapitulation die Besetzung zunächst aus. Um die Ordnung aufrechtzuerhalten, bildete sich schließlich am 9. Mai ein Ausschuß, der den Landkreis vorübergehend regierte, mit der amerikanischen und sowjetischen Armee Verhandlungen führte und sogar eigenes Geld druckte. Sechs Wochen lang, bis zum 24. Juni, blieb Schwarzenberg unbesetzt.

Erich Peter Neumann ernannte sich zum provisorischen Bürgermeister eines der 21 unbesetzten Orte. Als schließlich doch die Besetzung des Landkreises durch die Sowjettruppen allmählich näher rückte, stellte er sich als letzte Amtshandlung selbst einen Passierschein aus, den man damals brauchte, um durch die verschiedenen Besatzungszonen zu reisen. Als Reiseziel trug er »Neustadt« ein. Damit konnte er, bestätigt durch ein amtliches Dokument, einigermaßen unbehelligt kreuz und quer durch Deutschland reisen, denn wo auch immer er sich gerade befand, konnte er sicher sein, daß es irgendwo in der Nähe einen Ort namens Neustadt gab, der seinen Reiseweg plausibel erscheinen ließ. Seine Wanderung vom Erzgebirge nach Tübingen dauerte drei Wochen.

Diese Geschichte zeigt ein wenig den Wagemut und die Phantasie Erich Peter Neumanns, auch seine ungeheure Intelligenz und Präsenz. Er hatte eine unglaubliche Fähigkeit, sich psychologisch in sein Gegenüber und damit auch in seine Gegner hineinzuversetzen und sie, wenn nötig, meisterhaft zu täuschen. Dies wird auch deutlich an einer anderen Geschichte: Einige Jahre nach Kriegsende, ungefähr 1949, fuhr er mit der Eisenbahn von Frankfurt am Main nach Berlin. In der sowjetischen Zone wurde der Zug angehalten. Russische Offiziere durchkämmten den Zug und pickten einzelne Passagiere heraus, um sie, wie man annehmen mußte, zu drangsalieren. Schließlich blieben sie vor Erich Peter stehen und forderten ihn auf, mit ihnen zusammen den Zug zu verlassen. Er erhob sich so mühsam aus seiner Ecke, in die er in dem überfüllten Zug hineingequetscht worden war, daß die russischen Soldaten den Eindruck bekommen mußten, er sei schwer kriegsversehrt und könne kaum laufen. Mühsam humpelnd schlich er zum Ausgang des Wagens und kletterte umständlich aus dem Zug. Als sie neben dem Bahndamm standen, setzte sich der Zug wieder in Bewegung – und innerhalb von Sekunden sprang der eben noch scheinbar ganz Gelähmte wie ein Wiesel auf den Zug und war weg. Der danebenstehende Russe hatte keine Chance, ihn wieder einzufangen.

Ende Juni 1945 hatte sich Erich Peter also schließlich nach Tübingen durchgeschlagen. Gegen Abend am Tag seiner Ankunft schlenderten wir über den sonnigen Tübinger Marktplatz. Am Brunnen blieb er stehen und sagte: »Hier müßte man ›Romeo und Julia‹ spielen …« Im gleichen Augenblick wandelte sich für mich alles zur Bühne, der Brunnen, der sanft abfallende kopfsteingepflasterte Platz, dahinter das Rathaus mit seinem Balkon im ersten Stock und den Katakombengewölben darunter – es war, als sähe ich dort schon die aufgebahrte Julia … »Das machen wir«, sagte ich.

Wir holten die Erlaubnis des französischen Stadtkommandanten Etienne Metzger ein (der sich in mich unglücklich verliebte), auch die Erlaubnis des deutschen Bürgermeisters von Tübingen, Viktor Renner. »Ah ja, ich kann es mir genau vorstellen«, sagte Renner, »die erste Reihe der Zuschauer liegt auf dem Bauch, die nächste kniet, die nächste sitzt auf Stühlen, und die vierte steht dahinter …« Aber dann merkte er, daß wir es ernst meinten und sagte Unterstützung zu. Wir bekamen mehrere leerstehende Studenten-Korporationshäuser auf dem Österberg für Regisseur, Schauspieler, das technische Personal. Wir bekamen Lebensmittelkarten und holten die Verpflegung für alle mit einem Auto, das wir mit Benzingutscheinen von den Franzosen bekamen, wir besorgten die Requisiten, Kostüme, Kulissen aus Bad Mergentheim, wo sich der ausgelagerte Fundus des Stuttgarter Schauspielhauses befand. Erstklassige Schauspieler, die wir angeworben hatten, probten jetzt unter Leitung eines erstklassigen Regisseurs vor dem Rathaus, ich erinnere mich an Hannes Messemer als Benvolio, an das Duell vor dem Brunnen mit dem Ausruf: »Wollt Ihr Händel, mein Herr?«

Zehn ausverkaufte Vorstellungen gab es mit je tausend Plätzen auf dem Marktplatz, strahlende Augustabende und -nächte. –

In einer Pause von »Romeo und Julia« sagte mir Carlo Schmid: »Ich habe Ihre Dissertation über Meinungs- und Massenforschung in den USA gelesen. Das müssen Sie machen. Sie müssen unbedingt ein deutsches Meinungsforschungsinstitut gründen!« Daran habe ich oft gedacht, als ich es, weniger als zwei Jahre später, Anfang 1947, in Allensbach tatsächlich gründete.

Das weiße Haus am Bodensee

An einem schönen Abend im Jahr 1940, der Krieg hatte gerade erst begonnen, schlenderten Erich Peter Neumann und ich über die Friedrichstraße in Berlin, die damals eine beliebte Amüsiermeile mit vielen Cafés, Varietés und Musiklokalen war. Wir kauften ein Knallbonbon, zogen es auseinander, und heraus fiel ein kleines, etwa einen Zentimeter großes, weißes Häuschen. Ich sagte: »Das ist unser kleines weißes Haus nach dem Krieg am Bodensee.«

Ich frage mich bis heute, wie ich darauf kam, im Jahr 1940 ganz selbstverständlich von unserem Haus am Bodensee zu sprechen, als könne es daran gar keinen Zweifel geben, daß wir nach dem Krieg dort leben würden. Nüchtern betrachtet erschien diese Aussicht im Jahr 1940 ganz und gar unwahrscheinlich. Doch Erich Peter nahm meine Bemerkung sehr ernst. Er bewahrte das kleine Haus aus dem Knallbonbon auf und ließ ein Ei aus Rosenquarz anfertigen, das man in zwei Teile zerlegen konnte. In die Mitte ließ er eine Höhlung schleifen, in der das kleine Haus Platz hatte. Dieses Ei besitze ich noch heute. Wenn man es öffnet, kommt im Innern das Haus zum Vorschein, befestigt mit einer kleinen Kette, damit es nicht verlorengehen kann.

Seitdem waren fünf Jahre vergangen, und wir verbrachten den Sommer und Herbst 1945 voller Tatendrang in Tübingen. Kaum waren die zehn Vorstellungen von »Romeo und Julia« auf dem Marktplatz vorüber, planten wir bereits die nächste Veranstaltung: eine Weihnachtsausstellung im Tübinger Schloß, das damals praktisch leerstand, sah man von einigen Verwaltungsbüros ab. Wir hatten den Gedanken, das erste Weihnachten im Frieden müsse ganz besonders feierlich begangen werden. Der Titel der Ausstellung lautete: »Der Weihnachtsberg«. Den Begriff hatte Erich Peter Neumann aus dem Erzgebirge übernommen, doch er schien auch zu der Lage des Tübinger Schlosses hoch über der Altstadt zu passen.

Wir ließen uns viele Dinge einfallen: Tübinger Hausfrauen bastelten wunderbaren Weihnachtsschmuck, der dort ausgestellt, aber zum Teil auch auf einem großen Basar zum Verkauf angeboten wurde. Wir schafften historische Krippen aus ganz Südwestdeutschland heran, insgesamt sechzehn Stück. Auf großen Tafeln, die wir extra für die Ausstellung in Auftrag gegeben hatten, wurden Weihnachtsbräuche der verschiedenen deutschen Landschaften gezeigt, Weihnachtsgerichte, wie man Weihnachtsbäume schmückte und Märchen. Tübinger Bürger stellten Spielzeug zur Verfügung. Ich brachte eine Zeitschrift heraus, in der Weihnachtsgeschichten abgedruckt waren, insgesamt drei Ausgaben, die wir auf der Straße verkauften. In der Kapelle Hohentübingen im Schloß wurde Weihnachtsmusik gespielt. Es ist eigenartig, was man alles unternehmen kann in so einem Vakuum, das entsteht, wenn eine Zeit zu Ende ist und die nächste noch nicht richtig angefangen hat. Weil der französische Kommandeur in Tübingen immer tat, worum ich ihn bat, wurden uns alle Wege geebnet: Wir erhielten Benzingutscheine, so daß wir die Krippen aus ganz Südwürttemberg und Südbaden mit dem Auto nach Tübingen bringen konnten, und Essensmarken, mit denen wir diejenigen entlohnen konnten, die wir für die Ausstellung engagierten.

Erich Peter Neumann organisierte am 19. Dezember – meinem Geburtstag – eine Aufführung des Weihnachtsoratoriums von

Johann Sebastian Bach in der Aula der Universität. Eine wunderbare Idee. Ich hatte ihm einmal erzählt, daß meine Eltern mich und meine Geschwister, als ich etwa zehn Jahre alt war, in die Berliner Sing-Akademie mitnahmen, wo wir, auf goldenen Stühlchen sitzend, dem Weihnachtsoratorium zuhörten. Nun schenkte er mir die Aufführung zum Geburtstag. Auch die Tübinger Bürger waren begeistert. Wenn ich mich richtig erinnere, erwies sich die Veranstaltung sogar als kostendeckend.

An alles hatten wir gedacht, nur nicht daran, wir könnten *zu* erfolgreich sein. Die Besucher strömten zu Tausenden nach Tübingen, um die Weihnachtsausstellung im Schloß zu besuchen, wo der große Rittersaal von einem Ende bis zum anderen mit Ausstellungsstücken angefüllt war. Unvergeßlich, wie einmal der ganze Schloßberg von unten, der Neckarhalde, bis zum Schloßeingang mit Menschen überfüllt war. Nichts ging mehr vorwärts noch rückwärts. Darauf waren wir nicht vorbereitet. Es war ein einziges organisatorisches Chaos.

Dann war die Ausstellung vorüber. Noch heute besitze ich einige Spielzeuge aus dem Basar, und bis heute hängen an meinem Weihnachtsbaum Sterne und gefaltete Engel aus Goldpapier und Strohsterne, alles aus dem Basar vor mehr als 60 Jahren.

Aber nun war es Januar 1946, und die geliehenen alten Krippen mußten zurückgebracht werden in die Kirchen, in die sie gehörten. Die französische Besatzungsregierung gab uns wieder Benzingutscheine, und wir inserierten im Tübinger Tagblatt, aus dem Gedächtnis zitiert: »Wer nimmt einen kleinen Transport nach Überlingen am Bodensee gegen Benzingutscheine mit?« Es meldete sich der Kunsthändler Friedhelm Doucet, der gerade in Stuttgart ein Antiquitätengeschäft neu aufbaute. Zugleich arbeitete er als Psychologe bei der französischen Militärregierung in Baden-Baden in der Erziehungsabteilung. Wir beschrieben ihm, daß die jahrhundertealte Krippe in das Überlinger Münster zurückgebracht werden müsse. Er war einverstanden, und wir waren sehr beruhigt, weil Doucet als Kunsthändler mit der kostbaren Krippe

sicherlich gut umgehen würde. Er brachte sie tatsächlich wohlbe-
halten zurück, und wir gaben ihm die Benzingutscheine. Ganz am
Schluß, als wir uns verabschiedeten, seufzte er plötzlich und sagte:
»Es ist eine Plage: Ich habe da ein Haus am Bodensee, das vom Keller bis zum Boden vollgestopft ist mit Flüchtlingen, aber keinen
anständigen Mieter. Und ich habe doch nicht die Zeit, immerzu
dorthin zu fahren und mich darum zu kümmern.«
Erich Peter Neumann sagte: »Machen Sie sich keine Sorgen mehr
– Sie haben Ihre Mieter gefunden. Von nun an kümmern wir uns
um Ihr Haus.« So kam es. Ende März 1946 standen wir zum ersten
Mal im Haus am Seeweg 14 in Allensbach, gingen durch den mit
Müllbergen zugedeckten Garten und blickten über den Bodensee
auf die Insel Reichenau. Wir kauften das Haus nach der
Währungsreform, Ende 1949. Es ist weiß.

Hochheim

Wie vielen anderen Menschen widerfuhr auch mir in den ersten
Jahren nach dem Krieg viel Unglück – allen voran der schon
erwähnte Tod meines Bruders. Doch immerhin mußten wir nicht
hungern. Das verdankten wir einem der vielen merkwürdigen
Zufälle, die sich in dieser Zeit zutrugen. Erich Peter Neumann
hatte in seiner Jugend in Breslau einen guten Freund: Gad M.
Lippmann. Er erzählte mir, daß die gemeinsamen Abende oft
damit endeten, daß der eine dem anderen sagte: »Ich bringe dich
noch nach Hause.« Und als sie dort angekommen waren, sagte der
andere: »Ich bringe dich noch nach Hause.« So seien sie viele Male
zwischen den beiden Wohnungen hin- und hergelaufen und hätten sich dabei prächtig unterhalten. Gad M. Lippmann war Jude
und emigrierte bald, nachdem die Nazis an die Macht kamen,
nach Amerika.

Nach dem Krieg trafen sich Erich Peter und Gad M. Lippmann vollkommen unverhofft eines Tages auf der Straße wieder. Lippmann war inzwischen amerikanischer Staatsbürger geworden und war als Besatzungsoffizier nach Deutschland zurückgekehrt. Er lud uns zu einem Besuch nach Hochheim im Taunus, in der Nähe von Mainz ein. Dort hatten die Amerikaner ein Weingut requiriert und einen Stützpunkt eingerichtet. Der Standortkommandant, ebenfalls ein Deutscher, hieß Siegfried Höxter.

In dieser wunderschönen Umgebung – einem Schlößchen, umgeben von Weinbergen – waren wir nun regelmäßig zu Gast. Siegfried Höxter organisierte dort eine Art intellektuellen Zirkel, und so trafen wir dort unter anderem Carl Zuckmayer und seine Frau, die sehr angenehme Gesprächspartner waren. Was für uns aber besonders wichtig war, war, daß uns jedes Mal, wenn wir nach Allensbach zurückfuhren, Care-Pakete mitgegeben wurden. Das war, als würden dort Milch und Honig fließen. Die Pakete waren ungemein sorgfältig gepackt und enthielten alles, was knapp und wichtig war, um in der Hungerzeit durchzukommen.

Eines Tages hörte ich, daß die Amerikaner in Nauheim, also ganz in der Nähe von Hochheim, eine Gruppe von Forschern gebildet hatten, die Umfragen organisierte. Ich war begeistert und beschloß, die Forschungsstelle zu besuchen und den Wissenschaftlern dort meine Mitarbeit anzubieten. Immerhin wußte ich ja seit meinem Aufenthalt in Amerika ziemlich viel über die Methoden der Umfrageforschung. Siegfried Höxter warnte mich, ich solle nicht nach Nauheim gehen, das sei für mich gefährlich. Ich sah nicht ein, was daran gefährlich sein sollte. Als Höxter merkte, daß ich von meinem Vorhaben nicht abzubringen war, gab er mir einen Zettel mit einer Telefonnummer und sagte: »Wenn Sie in Gefahr geraten, dann zeigen Sie bitte diese Telefonnummer.«

Ich fuhr nach Nauheim. Kaum hatte ich das Gebäude der amerikanischen Forschungsstelle betreten, merkte ich, daß etwas nicht stimmte. Ich war hergekommen, um meine Dienste anzubieten, weil ich Umfragen machen wollte, aber das Gespräch, das dort ein

amerikanischer Offizier mit mir führte, schien sich schon nach kürzester Zeit in ein Verhör zu verwandeln. Dann hörte ich eigenartige Geräusche: Hinter Vorhängen oder Stellwänden gab es ein eigenartiges Flüstern. Links neben mir waren irgendwelche Männer damit beschäftigt, irgend etwas einzuwickeln oder vorzubereiten. Mir wurde mulmig. Ich bekam den Eindruck, mich in einer Falle zu befinden, als würde mir – im übertragenen Sinne – gleich eine Schnur um den Hals gelegt werden. Ich zog den Zettel heraus und übergab ihn. Einer der Amerikaner, die sich so merkwürdig feindselig verhalten hatten, griff zum Telefon und rief – wie ich annehme – die Nummer an, die auf dem Zettel stand. Relativ lange hörte er stumm zu. Schließlich sagte er wütend: »Also gut« und legte den Hörer auf. Dann sagte er zu mir: »Sie können gehen.«
Bis heute weiß ich nicht, was sich dort eigentlich zugetragen hat. Ich bin der Sache auch nie nachgegangen, denn ganz offensichtlich steckten Dinge dahinter, von denen ich nichts wissen sollte und wollte. Klar war, daß die Telefonnummer, die mir Siegfried Höxter überreichte, wenn nicht zu ihm selbst, dann doch zu einer Stelle führte, die in der Befehlskette über den Offizieren in Nauheim stand und die ihnen mitteilte, daß ich unter ihrem Schutz stünde. Die Reaktion des Offiziers, »Sie können gehen«, die ja gegenüber einem freundlichen Besucher doch einigermaßen bemerkenswert ist, zeigt, daß mein Eindruck, in Gefahr zu sein, richtig und daß Höxters Warnung vollkommen berechtigt war. Im nachhinein liegt es nahe anzunehmen, daß es sich bei den Posten in Hochheim und Nauheim um Standorte eines amerikanischen Geheimdienstes gehandelt hat.
Was auch immer die Amerikaner in Hochheim taten, wir machten uns darüber keine Gedanken. Wirklich wichtig waren für uns die Care-Pakete. Während Deutschland hungerte, waren wir durch diesen merkwürdigen Standort vergleichsweise gut versorgt.

Wie schlecht die Lebensmittelversorgung allerdings auch für uns blieb, illustriert vielleicht die folgende kleine Episode, die mir in diesem Zusammenhang der Erwähnung wert scheint: Einmal, es muß 1946 oder 1947 gewesen sein, waren Erich Peter Neumann und ich mit dem Auto unterwegs. Plötzlich rannte ein Dachs von rechts auf die Straße. Wir konnten nicht mehr bremsen und überfuhren das Tier. Wir luden den toten Dachs ins Auto und fuhren damit nach Allensbach. Am nächsten Tag bekamen wir Besuch von Ernst Jünger, mit dem sich Erich Peter befreundet hatte. Wir bereiteten aus dem Dachs Gulasch, das wir Ernst Jünger in einer schönen Porzellanterrine anboten. Er aß mit Appetit. Als wir ihm hinterher eröffneten, daß er gerade zuvor Dachs gegessen hatte, war er gar nicht erschrocken, sondern sagte nur etwas erstaunt: »Das hat aber sehr gut geschmeckt.« Das Dachsfell haben wir sorgfältig abgezogen und präpariert. Es lag seitdem in unserem Haus auf einer Bank neben dem Kamin.

Die Frage des Oberst Lahy

Seitdem ich als Austauschstudentin in Columbia, Missouri, die amerikanischen Massenbefragungen kennengelernt hatte, hatte ich mir vorgenommen, eines Tages selbst solche Umfragen zu verwirklichen. Zu meinem seit langem gehegten Wunsch, Journalistin zu werden, sah ich keinen Widerspruch. Noch viele Jahre nach der Gründung des Allensbacher Instituts fühlte ich mich als Journalistin, bis sich ganz allmählich die Erkenntnis durchsetzte, daß ich eigentlich in erster Linie Wissenschaftlerin war. Während des Dritten Reiches war an die Verwirklichung der Idee, Massenbefragungen nach der Gallup-Methode zu organisieren, nicht zu denken. Die Umfrageforschung kann in Diktaturen, in denen sich die Menschen aus Angst vor der Staatsgewalt nicht trauen, ihre Meinung zu äußern, nicht gedeihen.
Nach dem Krieg aber wurde das Thema wieder aktueller. Ich hör-

te, daß die amerikanischen Besatzungstruppen Sozialwissenschaftler nach Deutschland geschickt hatten, um mit Hilfe der Umfragemethode die psychologischen Auswirkungen der Flächenbombardements auf die deutsche Bevölkerung zu untersuchen. »Strategic Bombing Survey« nannte sich dieses Unternehmen. Schon im Mai 1945, als die ersten amerikanischen Offiziere vom »Strategic Bombing Survey« nach Tübingen kamen, lief ich hin und fragte, was ich tun müßte, um die Erlaubnis zu bekommen, Umfragen zu organisieren. Ich sagte, ich hätte kurz vor dem Krieg an der amerikanischen Journalistenschule in Columbia, Missouri, als Austauschstudentin studiert und alles gelesen, was man damals über Gallup wissen konnte. Sie lachten bloß. An eine solche Erlaubnis sei überhaupt nicht zu denken. Das sei ja noch schöner, sagten sie, auf diese Weise eine Organisation von »Werwölfen« – der Ausdruck für Widerstandskämpfer – aufzubauen.

Im Herbst 1946 entwarf ich für die damals in Hamburg von der britischen Besatzungsregierung herausgegebene Tageszeitung »Die Welt« einen Fragebogen, der in der Zeitung abgedruckt wurde mit der Bitte, die Leser möchten ihn ausfüllen und einschicken. Bei der »Welt« arbeitete damals unser ehemaliger Kollege aus dem »Reich« Jürgen Schüddekopf als erster Feuilletonchef. Das hatte immerhin etwas mit Umfrageforschung zu tun, aber aus meinen Studien in Amerika über die Wahlumfragen des »Literary Digest« wußte ich, daß solche schriftlichen Umfragen keine verläßliche Methode der Ermittlung der Bevölkerungsmeinung waren. Das Besondere an George Gallups Methode war ja gerade, daß er diese Methode überwunden und durch das Verfahren der mündlich-persönlichen Befragung durch Interviewer auf der Grundlage repräsentativer Stichproben ersetzt hatte. Ungefähr zur gleichen Zeit fand auch mein bereits oben beschriebener Besuch in Nauheim statt. Es sah nicht so aus, als würde sich die Gelegenheit ergeben, die Methode der Repräsentativumfrage in Deutschland anzuwenden.

Da kam völlig unerwartet ein unglaublicher Zufall, man kann wohl auch sagen, ein Wunder, zu Hilfe. Bei der französischen

Militärregierung machte man sich Sorgen um die deutsche Jugend. Würde es möglich sein, im in jeder Hinsicht verwüsteten Deutschland eine Demokratie aufzubauen? Welche Hoffnungen und Ideale hatte eine junge Generation, die in Diktatur und Krieg aufgewachsen war? Es fehlten verläßliche sozialwissenschaftliche Informationen. Colonel Bernard Lahy von der Erziehungsabteilung der Militärregierung in Baden-Baden beschloß, nach Freiburg zur Universitätsbibliothek zu fahren, um sich nach Literatur zum Thema »Jugendforschung« umzusehen. Sein Mitarbeiter Friedhelm Doucet begleitete ihn. Aus den riesenhaften Buchbeständen zog Lahy einen schmalen, unscheinbaren Band heraus: »Elisabeth Noelle: Meinungs- und Massenforschung in USA. Umfragen über Politik und Presse.«

Es war meine Dissertation, die ich 1940 im Verlag Diesterweg veröffentlicht hatte. Lahy fand, daß ihm die Autorin des Buches bei der Beantwortung seiner Frage, wie es um die Demokratiefähigkeit der deutschen Jugend bestellt sei, vielleicht würde helfen können. Also bat er seinen Mitarbeiter Doucet, herauszufinden, ob sie noch lebte und, wenn ja, wo sie zu erreichen sei. Verblüfft sah Doucet das Buch an und sagte: »Das ist leicht. Sie wohnt in meinem Haus in Allensbach.«

Wenig später, im späten Herbst 1946, standen unser Vermieter und ein mir unbekannter französischer Offizier unangemeldet vor unserer Haustür in Allensbach. Colonel Lahy fragte mich: »Können Sie für uns Jugendumfragen organisieren?« Das war der Beginn des Instituts für Demoskopie in Allensbach.

Wir begannen sofort mit der Arbeit, mieteten eine Garage in Allensbach, direkt am See, wenige Grundstücke neben unserem Wohnhaus entfernt, stellten die ersten Mitarbeiter ein und entwickelten Fragebogen. Am 8. Mai 1947, genau zwei Jahre nach Kriegsende, fanden die ersten Interviews im Auftrag der französischen Militärregierung in der Volksschule von Ludwigshafen am Bodensee statt. Bis heute feiern wir deswegen am Institut für

Demoskopie Allensbach am 8. Mai unseren »Institutsgeburtstag«. Über die Organisationsform des Instituts machten wir uns zunächst wenig Gedanken – es wurde erst ein Jahr später als Unternehmen ins Handelsregister eingetragen. Ich kam auch gar nicht auf die Idee, daß das Vorhaben scheitern könnte. Sorgen, daß die Gallup-Methode in Deutschland vielleicht nicht funktionieren könnte, daß wir nicht in der Lage seien, das Verfahren richtig anzuwenden oder daß es sich als unmöglich erweisen würde, mit Umfragen ein erfolgreiches Unternehmen aufzubauen, hatte ich nicht, ich dachte über solche Dinge gar nicht nach. Wir begannen einfach mit der Arbeit, alles weitere würde sich schon nach und nach ergeben.

»Institut für psychologische und soziometrische Forschungen« war der etwas sperrige Name, den wir unserer Unternehmung zunächst gaben. Doch schon bald, Anfang 1948, änderten wir ihn. Eines Abends waren Erich Peter Neumann und ich mit dem Auto unterwegs. Im fahlen Licht einer Tankstelle las ich ein Heft der Fachzeitschrift »Public Opinion Quarterly«, die rund zehn Jahre zuvor als Organ des sich neu entwickelnden Feldes des »Public Opinion Research«, wie die Umfrageforschung bis heute in den Vereinigten Staaten genannt wird, zum ersten Mal herausgegeben worden war. In der Winterausgabe des Jahres 1946/47 war ein Artikel des amerikanischen Forschers Stuart Dodd abgedruckt. Unter dem Titel »Toward World Surveying« berichtete er über die Bemühungen um den Aufbau eines Weltverbandes der Umfrageforscher, die auch wenig später zur Gründung der »World Association for Public Opinion Research« (WAPOR) führen sollten. In diesem Artikel beschrieb er, daß die verbreitete Bezeichnung »Public Opinion Research« doch eigentlich irreführend sei, denn in der Umfrageforschung ginge es ja nicht allein um Meinungen, sondern es würden auf der Grundlage repräsentativer Stichproben neben Meinungen auch Verhaltensweisen, Lebensbedingungen und andere objektive Sachverhalte ermittelt, kurz Informationen aller Art, die für die Sozialwissenschaften von Bedeutung seien. Deswegen könne es bei der geplanten Weltorganisation

153

nicht allein um »Public Opinion« gehen, sondern man müsse das Tätigkeitsfeld weiter fassen. Es ginge um »demoscopy«.

Demoskopie. Der Begriff war aus dem Altgriechischen entlehnt und fügte die Begriffe »demos« (das Volk) und »skopein« (betrachten) zusammen. Umfrageforschung als Volksbetrachtung. Das leuchtete mir ein. So beschlossen wir, unser neues Institut »Institut für Demoskopie« zu nennen. Im Laufe der Jahre ging der Begriff in die deutsche Sprache ein und wird heute ganz selbstverständlich als Bezeichnung für Umfrageforschung verwendet. Auch in einigen anderen Ländern folgte man später der Anregung von Dodd, so gibt es beispielsweise in Frankreich das »Institut Français de Demoscopie« und in Italien ein Institut mit dem Namen »Demoskopea«. In den Vereinigten Staaten hingegen, dem Land, aus dem der Vorschlag zur Namensgebung ursprünglich stammte, spricht man bis heute von »Public Opinion Research« oder – besonders irreführend – einfach »Public Opinion«. Stuart Dodds Artikel ist dort vollkommen vergessen.

Zunächst widmeten wir uns ganz den Jugendumfragen. Im November 1947 veröffentlichten wir einige Ergebnisse dieser Untersuchungen in der Zeitschrift »Die Gegenwart«. Wie ungewohnt die Methode der Repräsentativumfrage in Deutschland noch war, wie befremdlich sie von vielen, nicht zuletzt von vielen Intellektuellen, empfunden wurde, erkennt man daran, daß die Redaktion glaubte, dem Bericht über die Umfrageergebnisse eine Einleitung voranstellen zu müssen. Darin hieß es: »Diese Untersuchung ist nach den Grundsätzen der Gallup-Methode veranstaltet, die in den Vereinigten Staaten entwickelt worden ist und dort allgemeine Anerkennung gefunden hat. Diese Methode, ein so fluktuierendes Gebilde wie die ›öffentliche Meinung‹ statistisch zu erfassen, gilt in Amerika als spezifische und legitime Form demokratischer Willenserforschung, der in einem der demokratischen Praxis so unerprobten und unerfahrenen Lande wie Deutschland beträchtliche Schwierigkeiten, besonders auch psychologischer Art entgegenstehen, so daß es zum mindesten als

Wagnis erscheint, den Stand der öffentlichen Meinung auf diesem Wege festzustellen. Auch wenn man diese Methode nicht grundsätzlich in Frage stellen will, bleibt doch zu bedenken, ob ein so ermitteltes Resultat nicht mit Skepsis aufzunehmen ist. Der hier vorgelegte Bericht enthält jedoch dessenungeachtet so interessante Einblicke in das Zeitbild der studentischen Jugend der Gegenwart, daß es gerechtfertigt erscheint, ihn einer größeren Öffentlichkeit zu unterbreiten.«

Durch die Ergebnisse dieser Jugendumfragen zieht sich eine niedergedrückte, resignierte Stimmung. »Glauben Sie, daß man den meisten Menschen vertrauen kann?« lautete eine vom amerikanischen Gallup-Institut übernommene Frage. 69 Prozent der Jugendlichen antworteten mit »Nein«, nur 16 Prozent bejahten. Auf die Frage »Glauben Sie, daß innerhalb der nächsten fünf Jahre ein neuer Krieg ausbrechen wird?« antworteten 62 Prozent mit »Ja«. »Glauben Sie, daß man in fünf Jahren in Deutschland wieder Schuhe oder Kleidungsstücke im Laden frei kaufen kann?« Einer relativen Mehrheit von 47 Prozent erschien diese Vorstellung im Juli 1947 utopisch. Es war nur folgerichtig, daß 20 Prozent die Frage »Möchten Sie gern aus Deutschland jetzt oder später auswandern?« mit »Ja« beantworteten. Zu politischen Themen zeigten die Jugendlichen eine desinteressierte Haltung. Auf die Frage »Interessieren Sie sich für die jetzigen politischen Parteien?« antworteten 72 Prozent mit »Nein«. Von der Politik erwarteten sie nichts und wollten nichts mehr von ihr wissen.

Zwischen all diesen düsteren Antworten wirken die Reaktionen auf eine kleine Serie von Fragen über Europa wie ein Sonnenstrahl. Die erste lautete: »Es wird heute manchmal davon gesprochen, daß sich die europäischen Länder zu Vereinigten Staaten von Europa zusammenschließen sollten. Haben Sie schon von diesem Gedanken gehört?« 60 Prozent erklärten, sie hätten schon davon gehört. »Ist dieser Gedanke«, wurde weitergefragt, »für Sie interessant oder uninteressant?« 29 gaben an, der Gedanke sei für sie uninteressant, eine relative Mehrheit zeigte sich interessiert.

Schließlich wurde gefragt: »Wären Sie, wenn jetzt über die Vereinigten Staaten von Europa abgestimmt würde, dafür oder dagegen oder wäre Ihnen das gleichgültig?« 50 Prozent antworteten: »Dafür.« Von der Apathie, die sich durch die Antworten auf die meisten anderen Fragen zieht, ist hier trotz der ausdrücklich angebotenen Antwortmöglichkeit, »Wäre Ihnen das gleichgültig?«, nicht viel zu spüren. Es scheint so, als hätten Adenauer und Churchill den Deutschen aus dem Herzen gesprochen, als sie kurz hintereinander auffallend ähnliche Konzepte für die »Vereinigten Staaten von Europa« entwickelten.

Uns war klar, daß die Umfragen im Auftrag der französischen Militärregierung bald zu Ende gehen würden. Wenn das Institut dauerhaft überleben sollte, dann mußten wir uns um weitere Aufträge bemühen. Wir begannen Marktforschung zu betreiben, beispielsweise für die Firma Schiesser in Radolfzell, die Unterwäsche herstellte, für das Aluminiumwalzwerk in Singen, wo wir eine Umfrage unter den Mitarbeitern des Betriebs durchführten, und für die Dr. Hillers AG, die die Reaktion der Verbraucher auf eine Blechverpackung des Nervenstärkungsmittels »Coletin« erfahren wollte. Darüber hinaus sahen wir unsere Aufgabe von Anfang an darin, das Zeitgeschehen zu dokumentieren. Der große österreichisch-amerikanische Sozialwissenschaftler Paul F. Lazarsfeld hat diese Chronistenpflicht der Umfrageforschung einmal in einem Festvortrag als Präsident der »American Association for Public Opinion Research« (AAPOR) beschrieben. Sein Vortrag trug den Titel: »Die Verpflichtung des Meinungsforschers von 1950 gegenüber dem Historiker von 1984«.

Mit dem Datum 1984 spielte Lazarsfeld auf den gleichnamigen Roman von George Orwell an, der kurz zuvor erschienen war und große Aufmerksamkeit erregt hatte. Was hatte diese düstere Zukunftsvision mit der Umfrageforschung zu tun? »In dem Roman«, erläuterte Lazarsfeld, »wird die Hauptperson Winston Smith von schweren Zweifeln geplagt, ob die Welt der Diktatur und Gedankenpolizei, in der er lebt, wirklich so vollkommen ist, wie ihm die in jeder zweiten Ecke montierten Fernsehschirme weismachen wollen. Er wird von dem Verlangen verzehrt, herauszufinden, wie das Leben vor vierzig Jahren ausschaute. Aber das ist unmöglich. Ein Wahrheitsministerium beschäftigt in Orwells Alptraum viele Historiker, deren einzige Aufgabe es ist, die Geschichte abzuändern und den jeweiligen Bedürfnissen des Diktators anzupassen. Alte Nummern der Londoner Times werden ständig umgeschrieben, so daß jeder, der die Vergangenheit zu Rate ziehen will, finden wird, daß sie die gegenwärtige Parteilinie unterstützt. Die Verzweiflung, die aus der Unmöglichkeit erwächst, Gegenwart und Vergangenheit miteinander zu vergleichen, ist einer der quälendsten Züge in Orwells Roman.«

»Wir alle hoffen«, fuhr Lazarsfeld fort, »daß dieses Bild der Zukunft nur ein Phantasiebild bleiben und der Historiker von 1984 nicht die Aufgabe haben wird, seinen Mitbürgern das Verständnis der Vergangenheit unmöglich zu machen. Aber wird er im Jahr 1984 seiner Aufgabe gerecht werden können, wenn wir ihm nicht jetzt schon helfen?«

Nur mit Hilfe der Demoskopie können wirklich unabhängige Informationen darüber gewonnen werden, was die Bevölkerung eines Landes zu einem bestimmten Zeitpunkt der Geschichte gefühlt und gedacht hat. Keine interpretierende Zwischeninstanz, keine Auswahl eines Schriftstellers, keine Deutung eines Zeitungsredakteurs schiebt sich zwischen die befragte Bevölkerung und den Betrachter der Umfrageergebnisse. Mit der Repräsentativumfrage stand nun zum ersten Mal in der Geschichte ein Medium zur Verfügung, durch das die Bevölkerung selbst zu den Historikern spricht, die sich Jahrzehnte oder Jahrhunderte später der Aufgabe widmen, die Ereignisse der betreffenden Zeit zu verstehen. Die Voraussetzung ist allerdings, daß der Meinungsforscher von heute auch Fragen in seine Untersuchungen aufnimmt, die den Historiker der Zukunft interessieren könnten.

Dies ist mit dem Stichwort »Chronistenpflicht« gemeint. Neben den Untersuchungen, die wir im Auftrag von Unternehmen und

Institutionen durchführten, stellten wir auch viele Fragen, für die es keine Auftraggeber gab. So entstand bereits 1949 unsere erste Untersuchung über die Nachwirkungen des Dritten Reiches und die nachträgliche Beurteilung des Nationalsozialismus durch die westdeutsche Bevölkerung. Diese Studie ist bis heute wenig bekannt. Als vor wenigen Jahren der israelische Soziologe Shmuel Eisenstadt das Allensbacher Institut besuchte, zeigten wir ihm diese Untersuchung. Er war sprachlos. Daß zu einem so frühen Zeitpunkt nach dem Krieg eine solche Untersuchung durchgeführt wurde, widersprach allen verbreiteten Annahmen, wonach sich damals niemand mit diesem Thema habe auseinandersetzen wollen. Dieser Studie verdanken wir heute Erkenntnisse darüber, wie schwer es ist, das in der Diktatur geprägte Denken zu überwinden. Damals stimmte eine Mehrheit der Befragten der Ansicht zu, der Nationalsozialismus sei eine gute Idee gewesen, die schlecht ausgeführt worden sei.

Die Währungsreform

Unser allererster Auftraggeber – abgesehen von der französischen Militärregierung – war Ludwig Erhard.
Es ist Erich Peter Neumann zu verdanken, daß wir diesen Auftrag bekamen – wie es überhaupt vor allem seiner Aktivität zu verdanken ist, daß das Institut auf die Beine kam. Ich selbst wurde immer mehr krank. Mir wurde ständig übel, ich konnte fast nichts essen. Schließlich ging ich in eine Klinik nach Bremen, die ein Onkel von mir leitete. Man fand nicht heraus, was ich für eine Krankheit hatte, aber es war klar, daß ich sehr schwer krank war. Das ging so bis 1949. Immer wieder mußte ich ins Krankenhaus. Da sagte mir Klaus Jensen, der Bruder meines Jugendfreundes Jörg Jensen, der inzwischen in Freiburg Arzt geworden war, ich solle ihm einmal

eine Blutprobe schicken. Bald darauf rief er mich an: »Komm sofort, du bist schwer krank.« Er hatte mit der Methode der Blutkristallisation entdeckt, daß ich nierenkrank war.

Jahre zuvor hatte mir ein Arzt von der Berliner Charité gesagt, ich sei mit nur einer Niere geboren. Doch nun stellte sich heraus, daß das nicht stimmte, vielmehr hatte sich eine Niere langsam zersetzt und vergiftete den ganzen Körper. Das erklärte, warum mir so oft übel wurde und warum ich so oft krank war. Nun kam ich nach Freiburg. Klaus Jensen sagte mir, er möchte lieber, daß mich seine Frau Ruth behandelte, die ebenfalls Ärztin war, denn die sei mir gegenüber unbefangener. Ich erinnere mich, wie wir eines Tages in die Universitätsklinik zum Röntgen gingen. Ich hörte, wie sich Frau Dr. Jensen mit dem Röntgenarzt unterhielt und ihm beschrieb, was für eine Therapie sie sich vorstellte. Da sagte der Röntgenarzt: »Lassen Sie sie doch in Ruhe. Sie hat nur noch ein Jahr zu leben.«

Das hörte ich im Nebenzimmer, doch es berührte mich nicht, weil ich durch diese Vergiftung ohnehin derartig deprimiert war, daß es mir ganz egal war, ob ich noch ein Jahr zu leben hatte oder vielleicht kürzer. Doch dann fing Ruth Jensen an, mich zu behandeln, ganz langsam und geduldig. Monatelang wohnte ich in Freiburg. Tatsächlich bekam sie Schritt für Schritt die Krankheit in den Griff. Selbst die Migräne, unter der ich seit langer Zeit immer wieder gelitten hatte, verschwand nach einigen Jahren schließlich. Ungefähr zehn Jahre später war ich gesund. Man kann sagen, daß sie mir das Leben gerettet hat. Sie blieb meine Ärztin bis zu ihrem Tod im Jahr 1999.

Nun aber, Anfang 1948, lag ich krank in Bremen. Erich Peter Neumann war in unserem Haus in Allensbach, als er im Radio hörte, Ludwig Erhard plane eine Währungsreform. Kurz entschlossen fuhr er mit dem Auto nach Frankfurt am Main, besuchte Ludwig Erhard in dem Hotel nahe am Hauptbahnhof, in dem er damals wohnte, und schlug ihm vor, die Einführung der neuen Währung mit drei Umfragen zu begleiten, mit deren Hilfe man würde erkennen können, wie die Deutschen mit dem neuen Geld umgingen. Es gelang Erich Peter Neumann, Ludwig Erhard von der Idee zu überzeugen. Erhard verstand einiges von Sozialwissenschaften. 1929 war er zum Doktor der Wirtschaftswissenschaften promoviert, danach arbeitete er zunächst als wissenschaftlicher Assistent, später als stellvertretender Leiter am »Institut für Wirtschaftsbeobachtung der deutschen Fertigware« in Nürnberg. Mitte der dreißiger Jahre war er an der Gründung der »Gesellschaft für Konsumforschung« (GfK) in Nürnberg beteiligt, die heute das größte Marktforschungsinstitut Deutschlands ist.

Die GfK bediente sich zu der Zeit, als Erhard dort aktiv war, nicht der Methode der Repräsentativumfrage, die, wie beschrieben, damals in Deutschland noch unbekannt war. Doch der Gedanke, nach standardisierten Prinzipien Informationen von einer großen Zahl von Menschen – hier vor allem: Verbrauchern – zu gewinnen, war bereits von Anfang an präsent und damit Ludwig Erhard schon vertraut, als Erich Peter mit ihm Kontakt aufnahm. Insofern ist es nicht überraschend, daß Erhard das Prinzip der Repräsentativumfrage nach der Gallup-Methode sofort einleuchtete.

So wurde Ludwig Erhard zu einem der »Geburtshelfer« des Instituts für Demoskopie Allensbach. Doch er war es auch, der unbeabsichtigt beinahe das Ende des Instituts herbeigeführt hätte. Die Währungsreform am 20. Juni 1948 war ein unbeschreiblich schwerer Einschnitt. Jeder Bürger bekam 40 DM zugeteilt, auch für die Unternehmen war das Geld nun knapp. Wir bekamen keine Aufträge. Die drei Umfragen für Ludwig Erhard, dann der bereits erwähnte Auftrag für »Coletin«, das war alles. Inzwischen hatten wir aber Mitarbeiter eingestellt, denen wir Lohn zahlen mußten, außerdem hatten wir bereits einen Stab von ungefähr 200 Interviewern in ganz Westdeutschland aufgebaut. Wir liehen uns von Allensbacher Bürgern Geld, die ihr »Kopfgeld« nicht sofort benötigten. Wenn der Paketbote klingelte, versteckte ich mich hinter dem Vorhang, weil ich wußte, daß er von mir sonst 20 Pfennig Zustellgebühren verlangen würde. Die Deutsche Bank in Konstanz hatte uns zum Aufbau des Instituts ein Darlehen gegeben. Ende 1948 eröffnete sie uns, daß wir keine weiteren Kredite erhalten würden. Damals nahm ich mir vor, daß das Allensbacher Institut, selbst wenn es auf zauberhafte Weise eines Tages wieder zu Geld kommen sollte, niemals mehr Kunde der Deutschen Bank sein werde. Wir haben diesen Vorsatz immerhin mehrere Jahrzehnte lang durchgehalten.

Rettung und Aufbau

Nun stellte sich die Frage, was wir noch tun konnten. Eines Tages, im Januar 1949, fuhr Erich Peter nach Hamburg, wo wir viele Freunde hatten, von denen wir hofften, daß sie uns würden helfen können, beispielsweise Henri de Régnier und Peter von Zahn vom Nordwestdeutschen Rundfunk (NWDR) und allen voran Jürgen Schüddekopf. Und tatsächlich halfen uns die Hamburger Kontakte. Am Abend des ersten Tages in Hamburg rief Erich Peter mich an und sagte: »Ich bin wie besoffen vom Erfolg.« An einem einzigen Tag hatte er vier große Aufträge für das Institut erhalten: einen von der »Hauptlenkungsstelle Fischwirtschaft« über den Fischkonsum in Westdeutschland, einen zweiten von der Zigarettenfabrik Reemtsma, einen weiteren von der Tageszeitung »Die Welt«, die mehr über die Struktur ihrer Leserschaft erfahren wollte, und schließlich einen Auftrag für das Nachtprogramm des NWDR. Bei letzterem handelte es sich um eine Umfrage über Goethe, welche die Grundlage für eine mehrstündige Sendung zum 200. Geburtstag des Dichters bildete. 50 Jahre später konnten wir diese Goethe-Umfrage wiederholen, dieses Mal für das Nachtprogramm des ZDF.
Mit diesen Aufträgen für vier große Umfragen und jeweils 2000 Befragten war das Institut gerettet. In den nächsten Jahren gab es

161

zwar noch immer wieder einmal schwierige Situationen, aber von nun an ging es aufwärts. Es gelang uns glücklicherweise, durch unsere Untersuchungsberichte zu überzeugen. »Ihr Bericht schmeckt nach Tabak«, sagte uns Philipp Reemtsma. Ein größeres Lob aus dem Mund eines Zigarettenfabrikanten erscheint mir kaum vorstellbar. So wurden aus einigen, zunächst einmaligen Aufträgen langfristige Geschäftsbeziehungen. Bereits 1951 konnten wir im Ortskern von Allensbach ein altes Bauernhaus kaufen (es wurde Anfang des 17. Jahrhunderts gebaut und ist heute das älteste Haus in Allensbach) und renovieren. Das Institut zog aus der Garage am See aus und kam an den Ort, wo es sich heute noch befindet.

Zwei Mitarbeiter des Instituts, die fast von Anfang an dabei waren, hatten an seinem Aufbau ganz besonderen Anteil. Der eine war Herbert Werner, der mir von einem Psychologen namens Tesch empfohlen worden war. Er sagte uns, daß er diesen außerordentlich tüchtigen Mann sofort einstellen würde, wenn er selbst ein Institut hätte. Wir nahmen Kontakt zu Herbert Werner auf und verabredeten uns in seiner Wohnung in Tübingen, ganz in der Nähe des Verlags Mohr-Siebeck. Da wir etwas zu früh zu dem Treffen kamen, überraschten wir Herrn Werner, der mit nacktem Oberkörper in seiner Wohnung stand und gerade dabei war, sich zu waschen. Nachdem wir diese etwas peinliche Situation überbrückt hatten, wurden wir uns schnell einig. Anfang 1948 fing Herbert Werner in Allensbach an und begann sofort, die Arbeit zu organisieren: Interviewereinsätze, Auswertungsteams. Mit seinem unerhörten Pflichtbewußtsein und seinem großen Organisationstalent, das er unter anderem als Offizier in Finnland erworben hatte, wurde er für uns bald unentbehrlich.

Fast 40 Jahre lang, bis zu seiner Pensionierung im Jahr 1985, blieb er »Chef vom Dienst« am Allensbacher Institut. »Chef vom Dienst« ist eine Bezeichnung, die wir aus dem Journalismus übernommen hatten. In aktuell arbeitenden Redaktionen ist ein Redakteur für die zentrale Koordination verantwortlich. Während die anderen Redakteure hinausgehen und an ihren Geschichten arbeiten, bleibt er in der Redaktion zurück und kümmert sich um alle organisatorischen Fragen. Eben diese Position richteten wir nun auch in Allensbach ein, nur daß die Aufgabe nicht wochenweise immer einem anderen Mitarbeiter zufiel, wie es im Journalismus üblich ist. Herbert Werner lebt heute in Allensbach, pflegt den Kontakt zum Institut und strahlt auch im Alter von 87 Jahren noch immer Energie und Kraft aus.

Noch etwas eher, bereits im Jahr 1947, kam Friedrich Tennstädt ans Institut. Im März/April des Jahres hatten wir eine Stellenanzeige aufgegeben. Daraufhin erhielten wir eine unvorstellbar große Zahl von Bewerbungen. Ratlos schaute ich auf die riesigen Stapel von Briefen, die sich bei unserer Sekretärin, Frau Möbius, türmten. Es schien mir unmöglich, alle anzusehen. Schließlich griff ich in einen Stapel hinein und zog eine Postkarte heraus. Diese Postkarte war von Friedrich Tennstädt, der mit einer winzig kleinen, aber gut lesbaren Handschrift sein Interesse an der angebotenen Stelle bekundete. Ich sagte zu Frau Möbius: »Dem schreiben wir zuerst und den anderen erst dann, wenn daraus nichts werden sollte.«

Auf diese Weise kam ein Mann zu uns, dem das Institut unendlich viel verdankt. Tennstädt, geboren im Jahr 1926, hatte keine akademische Ausbildung, sondern, wie viele seiner Generation, lediglich ein Notabitur. Obwohl ihm also das entsprechende Fachwissen zunächst fehlte, erwies er sich als brillanter Statistiker, der mit seinen vielen originellen Ideen nicht nur das Allensbacher Institut, sondern die Umfrageforschung insgesamt wesentlich beeinflußt hat.

Tennstädt hat eine Reihe von Verfahren entwickelt, die heute ganz selbstverständlich in vielen Ländern der Welt angewandt werden, ohne daß dort sein Name bekannt wäre. So hatte er wesentlichen Anteil daran, daß das Allensbacher Institut seit 1957 bei dreizehn aufeinanderfolgenden Bundestagswahlen Wahlprognosen veröffentlichen konnte – weithin sichtbar am Tag vor der Wahl in der

Frankfurter Allgemeinen Zeitung –, von denen jede einzelne im Durchschnitt nur um rund einen Prozentpunkt vom tatsächlichen Wahlergebnis abwich. Bis 1994 hat er die Prognosen selbst errechnet. Erst bei der letzten Bundestagswahl 2005 war die Wahlprognose schlechter, doch die Gründe dafür lagen nicht in den von Tennstädt entwickelten Ansätzen. Er war es, der in den sechziger Jahren begann, die Methode der Gewichtung bei Wahlumfragen einzuführen, um die sich bis heute eigenartige Spekulationen ranken, obwohl es sich dabei um ein leicht nachvollziehbares statistisches Verfahren handelt, das ich ausführlich in dem Buch »Alle, nicht jeder« beschrieben habe. Ohne diese von Tennstädt entwickelte Gewichtung hätten wir in den siebziger und achtziger Jahren keine zutreffenden Wahlprognosen erstellen können.

Heute liegen im Allensbacher Archiv die Originaldokumente der ersten nach der damals neuen Methode gewichteten Bundestagswahlprognose aus dem Jahr 1972. Es sind mehrere Aktenordner, gefüllt zur Hälfte mit Computerausdrucken, zur anderen Hälfte mit Zetteln, die überzogen sind mit einer unübersehbaren Zahl von handschriftlichen Tabellen, größtenteils geschrieben mit Druckbleistift in derselben mikroskopisch kleinen Handschrift, die ich zum ersten Mal 1947 auf Tennstädts Bewerbungspostkarte sah. Ich habe die Hoffnung noch nicht aufgegeben, daß eines Tages jemand die vielen Aktenordner mit seinen Aufzeichnungen aus fünf Jahrzehnten durcharbeitet. Mit Sicherheit würde man etliche originelle Ideen und Ansätze finden, die auch heute von großem Wert wären.

Große Verdienste erwarb sich Tennstädt auch auf dem Gebiet der Mediaforschung, die für das Allensbacher Institut besonders wichtig ist. Er war ab den fünfziger Jahren maßgeblich am Aufbau der Leseranalyse (LA), dann an der Allensbacher Markt- und Werbeträger-Analyse (AWA) beteiligt, mit der die Leserzahlen von Hunderten Zeitungen und Zeitschriften gemessen und die Leser mit ihren Interessen, Persönlichkeitseigenschaften und Konsumgewohnheiten sehr detailliert beschrieben werden können, und die in vielerlei Hinsicht zum Vorbild für die Mediaforschung in ganz Europa wurde.

Ein weiteres Beispiel für Tennstädts Leistungen: Anfang der achtziger Jahre entwickelten wir in Allensbach eine »Skala der Persönlichkeitsstärke«, mit deren Hilfe die Meinungsführer in der Gesellschaft identifiziert werden können. Das war ein gewaltiger Fortschritt, weil bis dahin die Meinungsführer immer nur theoretisch beschrieben worden waren, aber keine Methode zur Verfügung stand, sie tatsächlich in der Bevölkerung nachzuweisen. Für die Arbeit an der Skala, die in den darauffolgenden Jahren in verschiedenen Ländern – unter anderem in einem Kibbuz in Israel – erfolgreich getestet wurde, wurde mir 1985 der Preis für die beste methodische Entwicklung des europäischen Verbands der Umfrageforscher verliehen. Es war Friedrich Tennstädt, der hierbei das mathematisch-analytische Vorgehen entwarf.

Es ist mir wichtig, die Leistungen Tennstädts an dieser Stelle hervorzuheben, denn nur wenige Menschen wissen von seinen Verdiensten. Diejenigen, die ihn persönlich kennenlernten, merkten sehr schnell, daß sie es mit einem außergewöhnlichen Menschen zu tun hatten. Einmal hielt sich Tennstädt für einige Monate am National Opinion Research Center an der Universität Chicago auf. Nach seinem Aufenthalt unterhielt ich mich über ihn mit dem berühmten Statistiker William Kruskal, der in Chicago lehrte. Kruskal, der sonst eher zur Herablassung neigte, faßte seinen Eindruck mit dem Satz zusammen: »He is a hit!« Bemerkenswert war auch die Reaktion des Publikums bei einer Präsentation neuer Ergebnisse der Allensbacher Markt- und Werbeträger-Analyse 1995 in München. Tennstädt begann seinen Vortrag mit den Worten: »Also ich hab da mal ein bißchen was gerechnet ...« Darauf brachen die versammelten leitenden Mediaforscher der Verlage in lautes Gelächter aus. Sie nahmen mit Recht an, daß dieser Einleitungssatz nur eine maßlose Untertreibung sein konnte.

Tennstädt starb 1998. Mit großer Dankbarkeit denke ich daran zurück, daß ihm noch kurz vor seinem Tod die höchstrangige Auszeichnung des Weltverbandes der Umfrageforscher, der »Helen Dinerman Award« für sein Lebenswerk verliehen wurde. Das bedeutet auch, daß sein Name in Fachkreisen nicht mehr leicht vergessen werden kann.

Wir hatten das Glück, daß wir von Anfang an mehrere hervorragende Mitarbeiter für das Allensbacher Institut gewinnen konnten. Neben Friedrich Tennstädt und Herbert Werner unter anderem Hans Schneller, der lange Zeit in der Fragebogenkonferenz, die wir nach dem Vorbild der Redaktionskonferenz der Frankfurter Zeitung eingerichtet hatten, arbeitete, und Erp Ring, der in Psychologie promoviert hatte und viele Fragetechniken der psychologischen Diagnostik für die Demoskopie nutzbar machte. 1992, nachdem er in den Ruhestand gegangen war, schrieb er ein Buch mit dem Titel »Signale der Gesellschaft«, in dem er seine Methoden erläuterte. Dieser Band hat, obwohl er im Verlag für angewandte Psychologie in Göttingen, einem sehr angesehenen Fachverlag, erschienen ist, nie die Würdigung erfahren, die er verdient gehabt hätte. Er ist so originell und damit auch so abseits der ausgetretenen Wege der Wissenschaft, daß es den Anschein hat, als könnten viele Forscher nichts damit anfangen.

Ein sehr wichtiger Mitarbeiter der Anfangsphase war auch Klaus Kulkies, der fast von Beginn an das Interviewernetz betreute und dabei hervorragende Rundbriefe schrieb, in denen er ganz lebendig die Arbeit am Institut beschrieb und den über das ganze Land verstreuten Interviewern auf diese Weise das Gefühl gab, wirklich zum Institut dazuzugehören. Später wurde er Chefredakteur der Zeitschrift »Twen«, heute lebt er in Südspanien und arbeitet nach wie vor sehr erfolgreich als Journalist. So schreibt er beispielsweise unter dem Namen »Kasimir Kardan« Geländewagen-Testberichte und gilt unter Autokennern als ausgewiesener Experte.

O. W. Riegel

Im Jahr 1950 hatte sich das Institut endgültig stabilisiert. Wir hatten begonnen, monatliche Mehrthemenumfragen durchzuführen, bei denen wir Fragen verschiedener Auftraggeber zu einem Fragebogen bündelten. Später sollte sich dafür der Begriff »Omnibus-Umfrage« durchsetzen, weil die Befragungen regelmäßig und nach einem vorher festgelegten Terminplan, einem »Fahrplan«, organisiert wurden. 1950 ist auch das Jahr, in dem wir einen Vertrag mit Konrad Adenauer abschlossen, wonach wir die Bundesregierung in regelmäßigen Abständen über die Stimmung im Bundesgebiet informieren sollten. Dieser Vertrag, über dessen Zustandekommen noch berichtet werden wird, hat bis heute Bestand. Er wurde bisher von sämtlichen Bundesregierungen fortgeführt, unabhängig davon, welche Parteien sie stellten.

In diesem Jahr also bekamen wir Besuch von einem Mitarbeiter des Außenministeriums der Vereinigten Staaten mit dem Namen O. W. Riegel. Er reiste mit dem Auftrag durch Westdeutschland, zu erforschen, in welcher Weise in Deutschland »Public Opinion Research« stattfand, wie die Umfrageforscher ausgebildet wurden, welche Institute existierten und wie ihre Erfolgsaussichten zu beurteilen seien. Dazu besuchte er alle Institute, die seit 1948, teilweise mit massiver Unterstützung der amerikanischen und britischen Besatzungsregierungen, nach und nach entstanden waren, sowie alle Forschungsstellen, die von sich behaupteten, die »öffentliche Meinung« zu untersuchen, selbst wenn sie keine Repräsentativumfragen machten. So empfingen auch wir Herrn Riegel, zeigten ihm das Institut und unterhielten uns lange mit ihm.

28 Jahre später, 1978, besuchte ich den Jahreskongreß des Weltverbandes der Umfrageforscher, der in diesem Jahr in den USA, in Roanoke, Virginia, stattfand. Irgend jemand erzählte mir, O. W. Riegel wohne ganz in der Nähe von Roanoke, also beschloß ich,

ihn zusammen mit einem Mitarbeiter, der mit mir nach Amerika gefahren war, zu besuchen. O. W. Riegel begrüßte uns sehr freundlich und sagte: »Sie kommen gerade zum richtigen Zeitpunkt. Eben ist die Geheimhaltung des Berichts, den ich damals, 1950, über die deutsche Umfrageforschung geschrieben habe, aufgehoben worden.« Er gab mir ein Exemplar. Nun konnten wir lesen, was Riegel fast drei Jahrzehnte vorher über das Allensbacher Institut verfaßt hatte. Ich las: »Meiner Ansicht nach ist das Institut für Demoskopie das führende deutsche Umfrageinstitut … (Es) vermittelt den Eindruck, eine wirkliche ›Gesellschaft‹ zu sein, eine Gruppe enthusiastischer junger Leute, die in ihrer Arbeit aufgehen und begierig sind, Erfahrungen zu sammeln und zu lernen. Es könnte sein, daß sich hier die physische Situation, die relative Isolation in einem Dorf, positiv auswirkt.«

Auf insgesamt acht Seiten beschrieb Riegel, was aus seiner Sicht das Besondere am Allensbacher Institut war und was auch wir als besonders wichtig ansahen: die intensive Interviewer-Betreuung, das Bemühen, die Methoden durch ständige Experimente weiterzuentwickeln und damit die methodische Grundlagenforschung voranzubringen, die Dokumentation sämtlicher Umfragen – wir hatten von Anfang an damit begonnen, ein vollständiges, systematisch erschlossenes Archiv aller Fragen und Untersuchungsberichte sowie eine Fachbibliothek anzulegen – und die Zusammenarbeit mit Universitäten.

Riegel erwähnte sogar das »Stäbchenspiel«, ein Verfahren, das wir entwickelt hatten, um überraschende statistische Zusammenhänge zwischen verschiedenen Fragen einer Umfrage zu entdecken: »Die Kante eines langen schmalen Kartons wird in Segmente unterteilt. Jedes Segment steht für eine Frage. Die unterschiedlichen Antworten auf jede Frage werden mit verschiedenfarbigen Kreidestrichen auf der Schmalseite der Karte markiert. Dann werden alle Karten in eine Art Tablett gestapelt …«

Jede Karte stand für einen Befragten. Sortierte man nun die Pappstreifen nach den Antworten einer beliebigen Frage, so daß sich in der Zusammenschau über alle Karten hinweg ein einfarbiger Streifen ergab, weil alle übereinstimmenden Antworten direkt übereinander gesteckt worden waren, dann ließen sich, wie Riegel richtig beschrieb, Zusammenhänge zwischen Fragen beobachten, »die man mit maschinellen Auszählungsmethoden nie entdeckt hätte«. Die Farbmarkierung der Pappstreifen wurde von zwei Frauen aus dem Dorf vorgenommen, die zur Not über Nacht eine Umfrage mit 2000 Befragten auf diese Weise aufbereiten konnten. Das Stäbchenspiel kam bald wieder außer Gebrauch, weil es sich nicht auf das Prinzip der Lochkartenzählmaschinen übertragen ließ, mit denen unsere Umfragen ab Anfang der fünfziger Jahre maschinell ausgewertet wurden.

Später haben wir versucht, das Prinzip auf den Computer übertragen zu lassen, doch ohne überzeugende Ergebnisse. Ich halte das Stäbchenspiel bis heute für eine ungemein nützliche Art der Auswertung einer Umfrage, mit der sich das Entdeckungspotential der Demoskopie steigern läßt, weil es spielerisch und intuitiv zu bedienen ist und Überraschungen zuläßt. Ich hoffe nach wie vor, daß diese Art der einfachen optischen Auswertung sich eines Tages in moderner Form wiederbeleben läßt.

Dies alles beschrieb Riegel sorgfältig in seinem Bericht. Er endete mit der Feststellung: »Es ist eine etwas ironische Situation, daß eine führende deutsche Umfrageforscherin, die gute Chancen hat, das Feld in Zukunft zu dominieren, keinerlei amerikanische Unterstützung erhalten hat und in Amerika praktisch nicht zur Kenntnis genommen wird. Sie ist nahezu vollständig eine Self-Made-Frau, die ihre ganzen Kenntnisse durch eigene Versuche und aus Büchern erworben hat. Das mag auf lange Sicht gut für die deutsche Umfrageforschung sein, aber es ist nicht gerade günstig, wenn es darum geht, den amerikanischen Einfluß auf die deutsche Umfrageforschung auszuweiten.«

Aufbaujahre

Adenauer

Sehr viel gäbe es über die vergangenen fünf Jahrzehnte zu sagen, ein halbes Jahrhundert voller Ereignisse: über den weiteren Aufbau des Allensbacher Instituts, über Weggefährten, Freunde, Gegner in Politik, Wissenschaft, Wirtschaft, über sehr aufschlußreiche Vorgänge im Verlagswesen, das für uns immer von besonderer Bedeutung war, weil unsere Leserschaftsstudie, die Allensbacher Markt- und Werbeträgeranalyse (AWA), mehr und mehr zu einer besonders wichtigen Stütze des Instituts wurde. Ich habe den größten Teil meines Lebens drei Berufe gleichzeitig ausgeübt, nämlich erstens den der Journalistin, den ich nie aufgegeben habe, noch heute schreibe ich regelmäßig halbseitige Artikel über das Meinungsklima in Deutschland für die Frankfurter Allgemeine Zeitung. Zweitens war ich als Leiterin des Allensbacher Instituts seit 1947 Unternehmerin und drittens, spätestens seit meiner Berufung auf den Lehrstuhl für Publizistik an der Universität Mainz im Jahr 1964, Wissenschaftlerin.
Ich will gar nicht erst versuchen, vollständig über dieses dreifache Leben zu berichten. Statt dessen werde ich einige Aspekte herausgreifen, von denen ich glaube, daß sie interessant, aufschlußreich und zumindest zum Teil auch von einem gewissen öffentlichen Interesse sein könnten. Letzteres trifft sicherlich auf den Aufbau der Beziehungen zwischen Demoskopie und Politik und damit auf das Verhältnis von dem Allensbacher Institut zu

Konrad Adenauer zu. Die Art und Weise, wie der erste Bundeskanzler die Umfrageforschung nutzte, sagt viel über den Politiker und den Menschen Adenauer aus.

Bemerkenswerterweise kam unser Kontakt zu Adenauer erst auf dem Umweg über seinen großen politischen Widersacher, Kurt Schumacher, zustande. Schumacher gehört heute zu den zu Unrecht wenig beachteten Politikern der jungen Bundesrepublik, obwohl er in den Gründerjahren eine überragende Rolle spielte. Im März 1949 stellte das Allensbacher Institut für Demoskopie einem repräsentativen Querschnitt der westdeutschen Bevölkerung ab 18 Jahre in rund 2000 Interviews die Frage: »Welche deutsche Persönlichkeit wäre am besten geeignet, Präsident des westdeutschen Staates zu werden?« – 9 Prozent antworteten »Adenauer«, 8 Prozent »Schumacher«. Im übrigen verteilten sich die Antworten auf zahlreiche Namen, die meisten nur einmal genannt. 64 Prozent sagten: »Weiß keinen.« Im März 1995 wurde ein repräsentativer Querschnitt, nun in ganz Deutschland, befragt: »Welche Politiker haben Ihrer Meinung nach die letzten fünf Jahrzehnte für Deutschland ganz entscheidend geprägt?« – 75 Prozent der Deutschen antworteten: »Konrad Adenauer«, 10 Prozent »Kurt Schumacher«.

Der Politologe Werner Bührer schrieb in einer Rezension des Buches von Peter Merseburger über Kurt Schumacher in der Süddeutschen Zeitung: »Während Konrad Adenauers Stern seit der Wiedervereinigung noch heller strahlt, ist sein wichtigster politischer Gegenspieler aus den Gründerjahren der Bundesrepublik fast in Vergessenheit geraten.« Aber die Umfrageergebnisse von 1995 kann man auch anders lesen: In den Altersgruppen ab 30 Jahre nannten 12 Prozent der Deutschen Kurt Schumacher, obgleich ihm nur so wenige Jahre der politischen Wirksamkeit nach 1945 vergönnt gewesen waren. Wenn in den neunziger Jahren unter den Politikern, die Deutschland in den vorangegangenen fünf Jahrzehnten geprägt hatten, Willy Brandt von 69 Prozent der Befragten, also nur wenige Prozent weniger als Adenauer, und

171

Helmut Schmidt von 65 Prozent genannt wurden: Wäre diese Spitzenposition für zwei SPD-Politiker wohl auch errungen worden ohne die Wirksamkeit von Kurt Schumacher?

Nur durch die Kraft der Gegenspieler Konrad Adenauer und Kurt Schumacher wurde den Deutschen nach der mißlungenen Weimarer Republik und dem Zusammenbruch der Hitler-Diktatur das Prinzip der Demokratie – eine Alternative zu haben und die Möglichkeit der gewaltlosen Entscheidung – lebendig verkörpert. Merkwürdigerweise war uns in Allensbach Ende der vierziger und in der ersten Hälfte der fünfziger Jahre die Tragweite dieser für die erfolgreiche Verankerung der Demokratie in Westdeutschland so wichtigen Erfahrung gar nicht bewußt. Das Bild, in dem sich die demokratische Alternative ausdrückte – Adenauer und Schumacher –, wurde so von der damaligen Demoskopie nicht gezeichnet. Beide – Adenauer und Schumacher – hatten sich in ihrer Bekanntheit praktisch bei der ganzen Bevölkerung durchgesetzt. Im Dezember 1951 konnten ganze 80 Prozent die Frage »Wissen Sie, wer Dr. Kurt Schumacher ist?« zutreffend beantworten. Von heute aus scheint das vielleicht selbstverständlich, aber das war es damals nicht. Es gab noch kein Fernsehen. Die Frage »Interessieren Sie sich für Politik« wurde im Juni 1952 von 18 Prozent der Frauen mit »Ja«, 40 Prozent »Nicht besonders« und 42 Prozent mit »Nein« beantwortet. Auf die Frage »Unterhalten Sie sich manchmal über Politik?« sagten 64 Prozent der Frauen im April 1952 »Nein«.

Aber das Prinzip der Demokratie war von der Mehrheit der Bevölkerung verstanden worden. Im April 1951 wurde die Frage gestellt: »Bekanntlich sind sich Adenauer und Schumacher fast nie einig. Halten Sie es für schädlich, daß Adenauer und Schumacher meist verschiedener Meinung sind?« Heute hätten wir die Frage ausformuliert: »... oder halten Sie das nicht für schädlich?« Aber auch ohne ausformulierte Alternative sagten 52 Prozent: »Halte ich nicht für schädlich«. – »Ist schädlich«, sagten 22 Prozent, 26 Prozent blieben unentschieden.

Daß das Prinzip Demokratie durch diese beiden großen Politiker der Bevölkerung verdeutlicht wurde, lag allerdings nur zum Teil an den gegensätzlichen Positionen in Sachfragen. Was die Bevölkerung vor allem wahrnahm, war der Unterschied der Persönlichkeiten, der Temperamente, des Stils. Damals war das Wort noch nicht gängig, aber heute würde man sagen: »Schumacher polarisierte«. In einem Allensbacher Bericht vom Januar 1952 mit dem Titel »Der Oppositionsführer Dr. Kurt Schumacher« heißt es: »Die Antworten im Wortlaut sind überwiegend radikal akzentuiert; sie sind mit Vorliebe kompromißlos ablehnend oder kompromißlos zustimmend.«

Ich selbst traf Kurt Schumacher zum ersten Mal 1947 in einem eher privaten Zusammenhang – ein sehr beeindruckender Mann mit einem bemerkenswerten Kopf. 1949 boten wir vom Allensbacher Institut dem hauptamtlichen SPD-Vorstandsmitglied Fritz Heine Ergebnisse demoskopischer Berichte für die SPD an. Es erschien uns nur natürlich, zuerst Kontakt zur SPD aufzunehmen. Erich Peter Neumann hatte ja bereits in der Weimarer Republik für die »Weltbühne« Artikel geschrieben und hatte viele eher links orientierte Freunde. Hinzu kam meine Freundschaft zu Carlo Schmid. Fritz Heine besprach sich mit Schumacher und gab uns die Nachricht, leider hätten sie dafür kein Geld. Erst danach bemühten wir uns um einen Auftrag für laufende politische Berichterstattung bei Adenauer. Erich Peter überzeugte zunächst Staatssekretär Otto Lenz und dieser Adenauer. Im Herbst 1950 wurde der Vertrag der Bundesregierung mit dem Allensbacher Institut geschlossen, der seitdem von keiner Bundesregierung unterbrochen worden ist.

Er sah vor, daß wir monatlich zwei Berichte über das Meinungsklima im Bundesgebiet schrieben. Die Arbeitsteilung war so, daß Erich Peter Neumann im Gespräch in Bonn die Themen einsammelte, später die Berichte schrieb und auch mündlich vortrug. Ich selbst blieb in Allensbach und betrachtete als meine Hauptaufgabe die Übersetzung der Themen in demoskopische Fragen. Es wird oft gesagt, ich sei Adenauers Beraterin gewesen, doch das stimmt so nicht. Der Berater war Erich Peter Neumann.

Nur selten fuhr ich mit Erich Peter zusammen nach Bonn und nahm an Adenauers Teegesprächen teil, bei denen jeweils ungefähr 15 Personen zusammenkamen. Ich genoß diese interessante Runde sehr. Einmal erzählte mir ein Freund von Erich Peter Neumann, der auch bei den Teegesprächen anwesend war, es sei auffallend gewesen, daß ich Adenauer so unverwandt angeschaut hätte. Das stimmte wohl auch. Ich fand es sehr aufregend, einen großen Staatsmann zu beobachten. Adenauer hätte es wohl gerne gesehen, daß ich öfter nach Bonn käme. Ich merkte, daß er sich gerne mit mir unterhielt. Nach seinem Tod erzählte mir einer seiner Vertrauten, Adenauer habe einmal gesagt, ich sei der Mensch mit den schönsten Augen, den er kenne. Aber ich hielt mich bewußt aus Bonn fern, damit gar kein Zweifel aufkam, daß Erich Peter derjenige von uns war, der die Regierung beriet.

Adenauer hatte ein außerordentlich großes Talent für die Demoskopie. Es ist ja auch bemerkenswert, daß gerade er, der erst als 73jähriger die Regierung übernahm, von Anfang an konsequent das neue Instrument der Demoskopie genutzt hat. Der Adenauer-Biograph Hans-Peter Schwarz hat diesen einmal einen »Neuerer« genannt. Die Schnelligkeit, mit der er – und nicht der wesentlich jüngere Schumacher – die Möglichkeiten der Demoskopie erkannte und die Unbefangenheit, mit der er sie nutzte, illustriert dies. Sein Verständnis ging so weit, daß er sich an der Frageformulierung beteiligte.

Einmal diskutierte er in einem Brief die Antwortvorgaben »Unentschieden« und »Kein Urteil« bei der allmonatlich gestellten Frage »Sind Sie im großen und ganzen mit Adenauer einverstanden oder nicht einverstanden?«. Adenauer meinte, die beiden Antwortmöglichkeiten bedeuteten doch eigentlich das gleiche, und es wäre viel besser, wenn es nur eine Kategorie gäbe, dann bekäme man konkretere Antworten. Er hatte ganz recht. Wo gibt es heute noch Spitzenpolitiker, mit denen man eine solche Frage diskutieren kann? Adenauers Verhältnis zur Demoskopie ist ein fast noch unerschlossenes Forschungsgebiet.

Wie ging Adenauer mit dem Wissen, das ihm die Umfrageforschung vermittelte, um? Wie war sein Verhältnis zur öffentlichen Meinung? Adenauer war es gewohnt, gegen die öffentliche Meinung zu regieren. Mit vollem Bewußtsein ging er in der Frage der Wiederbewaffnung in die Konfrontation mit der öffentlichen Meinung. Von 1950 an überschattete dieses Problem das Verhältnis zwischen dem Bundeskanzler und der Bevölkerung. Adenauer war überzeugt, daß er den Westmächten gegenüber seine Bereitschaft zu einem deutschen Beitrag für eine gemeinsame Verteidigung würde erklären müssen. Das war ein tiefer Konflikt mit der Bevölkerung, den er entschlossen war durchzustehen. Einen großen Teil seiner Regierungszeit hatte Adenauer keinen »Kanzlerbonus«, sondern eher einen »Kanzlermalus«, das heißt, er war bei den Deutschen weniger beliebt als seine Partei.

Man kann das heute leicht nachlesen in einem Buch mit dem Titel »Umfragen über Adenauer. Ein Porträt in Zahlen«, das wir 1961 in unserem eigenen Verlag für Demoskopie herausgaben. Betrachtet man dieses Buch heute, dann fällt auf, welche Rolle die Auslandsreisen von Adenauer in den Umfragen gespielt haben. Man erkennt, wie wichtig es für ihn war, zum einen im Ausland Vertrauen zu Deutschland und zu ihm selbst aufzubauen, und zweitens den Deutschen wieder Selbstbewußtsein und Vertrauen in die Nachbarn und Verbündeten zu geben. Das Bild Adenauers, das in den damaligen Umfragen deutlich wird, war hart: »Klug«, »ausdauernd«, »fromm« – das waren die Züge, die am häufigsten genannt wurden, jeweils etwa von der Hälfte der Bevölkerung. »Sympathisch« fanden Adenauer nur 27 Prozent im Jahr 1956, 22 Prozent 1959. Für aufrichtig hielten ihn 1956 13 Prozent, 1959 noch 10 Prozent.

Adenauer benutzte die Demoskopie, wie man bei der Navigation eine Seekarte benutzt. Er wußte, was Aristoteles einmal so ausgedrückt hat: »Ein König, der die Unterstützung seines Volkes verliert, ist kein König mehr.« Adenauer war nie in Versuchung, die Umfragen als Propagandamittel zu gebrauchen oder sich gar von ihnen sagen zu lassen, was er tun solle. Für ihn waren sie Mittel zur Erkenntnis. Sie psychologisch einzusetzen, um vor allem die Zeitpunkte, zu denen er etwas tat, festzulegen, das war für ihn von Anfang an selbstverständlich. Und er nutzte die Demoskopie, um zu entscheiden, ob eine unpopuläre Maßnahme durch eine populäre begleitet werden mußte, um durchgesetzt werden zu können. Einmal, zu Beginn des Bundestagswahlkampfes 1953, senkte er die Kaffeesteuer. Darüber war die Bevölkerung so begeistert, daß dies sogar die Abscheu gegenüber der von Adenauer befürworteten Wiederbewaffnung der Bundesrepublik Deutschland überlagerte.

Adenauer hatte, wie viele große Politiker, ein außerordentlich gutes Gespür für Stimmungen in der Bevölkerung. Das wird deutlich an seiner Reaktion auf den Bau der Berliner Mauer ab dem 13. August 1961, mitten im Wahlkampf für die Bundestagswahl am 17. September des Jahres. Ich frage mich bis heute, ob diese Bundestagswahl wohl eine Rolle in den Überlegungen der DDR-Führung und der Sowjetunion gespielt hat. Hatten sie ein Gespür dafür, wie sehr der Mauerbau die Atmosphäre in Westdeutschland und damit auch die Bundestagswahl beeinflussen würde?

In unseren Umfragen stürzte die CDU/CSU von 49 auf 35 Prozent und fiel damit weit hinter die SPD zurück. Adenauer entschloß sich, nicht sofort nach Berlin zu fahren, sondern hielt, wie lange geplant, am 14. August eine Wahlkampfrede in Regensburg. Hans-Peter Schwarz schreibt, Adenauer habe mit der Entscheidung, vorerst nicht nach Berlin zu reisen, versucht zu verhindern, daß die Aufregung in der Öffentlichkeit noch zusätzlich angeheizt wurde und sich damit die gefährliche politische Lage zuspitzte.

Bis heute wird geglaubt, diese Weigerung Adenauers, nach Berlin zu fahren, sei der Grund für die Mißstimmung der Bevölkerung gegenüber der Bundesregierung gewesen, durch die die CDU/CSU in kürzester Zeit fast 15 Prozentpunkte einbüßte.

Doch die Allensbacher Umfragen zeigen eindeutig, daß das nicht der Fall war. Die Deutschen waren zutiefst verstört. Hans Peter Schwarz schreibt, mit der Hinnahme des Mauerbaus durch die Westmächte sei die »letzte noch verbliebene Klammer der deutschen Einheit« zerfallen. Gleichzeitig habe der Vorgang dem Vertrauen in die westlichen Verbündeten einen schweren Schlag versetzt.

Dies zeigt sich auch in unseren Umfragen. Das Vertrauen der Deutschen in Adenauer dagegen blieb unverändert hoch. Die Deutschen zweifelten also nicht an seiner Person, sondern an der Treue der Verbündeten. Der Wahlkampfauftritt in Regensburg spielte in diesem Zusammenhang keine wesentliche Rolle. Daß Adenauer ein besseres Gespür für die Gefühle der Bevölkerung hatte als viele politische Kommentatoren, zeigte sich dann darin, daß er den gesamten Wahlkampf neu ausrichtete und in kürzester Zeit einen Stimmungswandel erreichte, der die CDU/CSU erneut zur stärksten Kraft im Bundestag machte.

Im März 1963, ein halbes Jahr vor Adenauers Rücktritt, besuchte ihn Erich Peter Neumann an seinem Ferienort Cadenabbia am Comer See. Erich Peter war damals für eine Legislaturperiode, von 1961 bis 1965, Bundestagsabgeordneter der CDU. Am 29. März fertigte er eine Aufzeichnung über diesen Besuch an, in der er die Atmosphäre der Zeit so lebendig zeichnet, Adenauers Verhalten, seine Art zu denken und sich auszudrücken, so charakteristisch beschreibt, daß es mir sinnvoll erscheint, sie an dieser Stelle in Auszügen wiederzugeben:

»Ich kam, von Ewert gefahren, über Lugano. Nach der telefonischen Information, die mir Ministerialrat Selbach in Bonn gegeben hatte, sollte ich um 11 Uhr beim Kanzler sein. Zunächst sah es nach Verspätung aus, aber dann kamen wir wieder schnell voran. Kurz nach 10.30 stotterten wir am Ufer des Comer Sees entlang, um die richtige Auffahrt zu suchen. Ich kannte sie nicht; denn seit meinem letzten Besuch bei Adenauer in Cadenabbia waren mehr als fünf Jahre vergangen, und damals wohnte er noch nicht in der Villa La Collina, sondern in einem kleineren Haus. Während wir langsam Richtung Como fuhren, sah ich plötzlich den Mercedes 300 mit den blauen Lampen – den Polizeibegleitwagen des Kanzlers. Und fast im gleichen Augenblick trat von links her ein jüngerer Mann in die Straße und winkte mit ruhiger Hand. Wir hielten. Ich war avisiert. Der Mann stellte sich als Kriminalbeamter von der Sicherungsgruppe vor. Er stieg auf den Rücksitz. Dann kurvten wir hoch. Ziemlich lange. Ein Stück müßten wir laufen, sagte der Kriminalbeamte. Wir blieben an einem kleinen Haus mit einer Garage stehen. Darin stand der Mercedes 0-02.

Wir liefen die Kehren zur Höhe. Es ging steil hinauf. Der Kriminalbeamte erzählte mir, daß der Kanzler zum 13. Mal in Cadenabbia sei und daß er genauso oft an den Vorbereitungen mitgewirkt habe. Es sei vor allem immer schwierig mit den Telefonleitungen und dem Fernschreiber – deshalb sei er schon immer 14 Tage vor dem Eintreffen des Kanzlers da. Die italienische Post könne das nicht machen, Siemens mache das immer. Wir gingen langsam und hielten ein paarmal an. Nein, bisher sei kaum jemand beim Kanzler gewesen – die beiden Journalisten säßen unten, Henkels und Schulze-Vorberg. Nächste Woche, da werde mehr los sein.

Auf der Höhe. Palmen, rechts weiter hinten das Haus. Vor dem Eingang standen Adenauer mit dem Pepita-Hut in der Hand und Selbach. Der Kanzler etwas erregt, Selbach ergeben, hinnehmend. Die Sonne schien ganz hell. Selbach machte den Kanzler auf mich aufmerksam; denn ich war, in der Meinung, er habe ein dringliches Gespräch mit dem Referenten, mit dreißig Meter Abstand stehengeblieben; der Kriminalbeamte retirierte. Der Kanzler winkte mir zu, ich sah, daß er gewartet hatte.

Der Diener hatte einen Tisch vor das Haus gestellt. ›Wollen wir uns hierhin setzen? Sie haben schönes Wetter mitgebracht. Hoffentlich bleibt es auch, wenn Sie wieder gehen. Wir haben es nötig. Bisher war es nicht so doll. Wird Ihnen auch nicht zu kalt? Wo haben Sie Ihren Mantel? Ach, dann gebe ich Ihnen einen von meinen Mänteln. Holen Sie mal zwei Mäntel und nehmen Sie die gestreifte Decke weg, die ist zu unruhig, nehmen Sie einfach eine weiße.‹

Wir setzten uns an den Klubtisch, den der Diener aufgestellt hatte. Aber Adenauer wurde durch die Waschmaschine, deren Geräusch aus dem Keller hinter uns kam, irritiert. ›Das hat keinen Zweck‹, sagte er, ›da kann man sich nicht unterhalten, und außerdem können die da unten zuhören, was wir reden.‹ Er winkte mit dem Zeigefinger den Diener heran. ›Stellen Sie den Tisch da unten hin.‹ Er wies auf einen von Bäumen abgeschirmten Winkel der Terrasse, etwa 50 Schritt entfernt, und wir gingen langsam hinüber, während der Diener den Tisch und die Korbstühle brachte.

Unvermittelt, noch während wir über den Kies gingen, fragte er: ›Sagen Sie mal, wie wählen Sie eigentlich die Leute aus, die Sie befragen?‹ Ich begann eine Erklärung, aber er unterbrach mich: ›Sind das immer dieselben?‹ – ›Nein‹, sagte ich, und ehe ich fortfahren konnte, fiel er mir wieder ins Wort: ›Wie erklären Sie sich aber, daß ich niemanden kenne, der schon mal befragt worden ist?‹ Ich erwiderte mit dem Bestreben nach Trockenheit, der Verkehr des Kanzlers beschränke sich im wesentlichen auf eine so illustre Schicht von Menschen, daß sie statistisch kaum faßbar sei. Ich schätzte sie quantitativ auf ein Hundertstel pro Mille der Bevölkerung. Aber ich sei sicher, wenn er, der Bundeskanzler selbst, 100 Jahre alt werde, würden auch eine oder zwei derjenigen Personen im statistischen Querschnitt gegriffen sein, mit denen er umgehe. Er nickte zufrieden. Wir hatten den Tisch mit den Stühlen erreicht. Der Diener kam mit den Mänteln. Adenauer zog den einen an. Die Sonne schien warm. Ich machte dem Diener ein Fingerzeichen, den anderen Mantel wieder mitzunehmen. ›Nein, nein, dat wird kühl, zieh'n Sie ruhig mal einen Mantel von mir an.‹ Ich ließ mir in einen schwarzen Paletot helfen, der mir sehr bequem paßte. Dann setzten wir uns.

›Ich wollte mich gern mal ausführlich mit Ihnen unterhalten‹, so fing er an, ›wir kennen uns jetzt schon so lange, und es interessiert mich, was Sie so denken.‹ Er hatte den kleinen Pepita-Hut auf dem Kopf, der in der Nähe etwas abgegriffen und nicht ganz sauber wirkte, und sah mit etwas zusammengekniffenen Augen auf den Comer See hinunter. Er wirkte ein wenig müde, aber nur so wie ein Mensch, der einmal schlecht geschlafen hat. Ich habe ihn im Laufe der letzten zehn Jahre oft so aus der Nähe gesehen. Er ist älter geworden, die Haut faltet sich mehr als früher, aber der Unterschied ist nicht sehr auffällig. Wenn er vier Wochen hier bliebe und besseres Wetter als jetzt – die Tage zuvor waren schlecht gewesen – die Haut braun macht, so, dachte ich, erschrickt die Fraktion, wenn er wieder nach Bonn kommt.

›Denken, Herr Bundeskanzler‹, fragte ich, ›worüber?‹ Ich wollte absichtlich ein Stichwort von ihm haben. Es wäre leicht, auf das Thema schlechthin loszugehen, aber ich war neugierig darauf, welche Karten er ausspielen würde. ›Nun‹, sagte er, ›wenn man alles so bedenkt, was so passiert ist, so haben die Leute das doch eigentlich sehr gelassen hingenommen.‹ Er spielte auf die verhältnismäßig günstigen Umfragezahlen an, die (›... mit Adenauer einverstanden oder nicht einverstanden?‹) zur Zeit der Berlin-Wahlen ermittelt worden waren. Das habe sich, so sagte ich, inzwischen leider beträchtlich geändert. Ich zeigte ihm die Tabelle mit den letzten Werten für die Partei: 46 Prozent für die CDU/CSU, 44 Prozent für die SPD. ›Donnerwetter‹, sagte er, ›da hat sich die SPD ja wieder mächtig nach vorn geschoben. Ich will Ihnen mal was sagen, das liegt nur daran, daß bei uns zuviel geredet und zuwenig getan wird.‹ ...«

Die Stimmung im Land, die Adenauers Rücktritt als Bundeskanzler forderte, war bis zum Dezember 1962 übermächtig geworden. Allerdings: Er war in dieser Hinsicht viel gewohnt. 1956, vor dem großen Wahlsieg des Jahres 1957, wurde die Frage gestellt: »Im Herbst 1957 wird der Bundestag neu gewählt. Würden Sie es für gut halten, wenn Adenauer noch einmal für vier Jahre Bundeskanzler bleiben würde, oder hielten Sie es für besser, wenn ein anderer Mann an die Spitze der Regierung käme?« 44 Prozent antworteten »besser ein anderer Bundeskanzler«. 34 Prozent meinten, Adenauer sollte bleiben. Als er nach der Bundestagswahl 1961 abermals Bundeskanzler geworden war, steigerte sich die Ungeduld der Politiker, der Journalisten, der Bevölkerung unerträglich. »Was meinen Sie – sollte Adenauer sein Amt als Bundeskanzler bald abgeben, oder sollte er noch möglichst lange Bundeskanzler bleiben?« lautete eine Allensbacher Frage, die im Februar/März 1962 zum ersten Mal und im Dezember 1962 zum zweiten Mal gestellt wurde. Beim ersten Mal erklärten 59 Prozent, beim zweiten Mal 67 Prozent, Adenauer sollte sein Amt bald abgeben. Nur 17 Prozent hielten im Frühjahr und 13 Prozent am Jahresende dagegen, er solle noch möglichst lange Bundeskanzler bleiben. Bei den CDU/CSU-Wählern war die Einstellung kaum anders: 52 Prozent forderten im Dezember 1962, er solle sein Amt bald abgeben, 29 Prozent wollten, daß er noch bleibe.

Und dennoch hätte Adenauer nicht nachgegeben, wenn Ludwig Erhard nicht im Dezember 1962 eine feste Terminangabe verlangt und andernfalls seinen Austritt aus dem Kabinett angedroht hätte. In diesem Zusammenhang ist eine weitere Passage aus Erich Peter Neumanns Aufzeichnung interessant. Er zitiert Adenauer mit der Aussage: »Neulich mußte ich mal in Bonn zum Ohrenarzt, zum ... – das ist eine Autorität auf dem Gebiet. Als er mich untersuchen wollte, hat er mir nur in die Augen gesehen. Ich sagte zu ihm, ›warum sehen Sie mir in die Augen, Sie sollten mir lieber in die Ohren sehen‹. Da antwortete er: ›Herr Bundeskanzler, ich muß immer in Ihre Augen sehen, weil ich es noch nicht erlebt habe, daß ein Mann von 60 oder 70 noch so schnell mit den Augen reagiert hat wie Sie.‹ – ›Die Verkalkung‹, hat er dann erklärt, ›fängt nämlich bei den Augen an‹, und da sei bei mir noch nichts.«

Es gab eigentümliche Erfolge Adenauers in der öffentlichen Meinung, so, wenn ihm die Eingliederung des Saarlandes in die Bun-

181

desrepublik Deutschland als eigentliches Werk zugeschrieben wurde. Und es gab ernste Niederlagen, zum Beispiel den Streit um das Zweite Fernsehen 1960 oder als Adenauer 1959 erst Bundespräsident werden und dann lieber Bundeskanzler bleiben wollte. Der Mißmut, der sich viele Male in der Bevölkerung gegen »den Alten« sammelte, hat den Gegnern nichts genutzt. Jedes Mal, wenn eine Bundestagswahl anstand, kam eine Adenauer- oder CDU/CSU-Konjunktur in Gang.

So war es 1953, 1957, 1961. 1952 hörte Adenauer aufmerksam zu, als ihm aufgrund von Allensbacher Zahlen ein bestimmter Zusammenhang erläutert wurde: »Glauben Sie, daß die Preise im nächsten Vierteljahr im großen und ganzen gleich bleiben, oder daß sie steigen oder fallen werden?« lautete die Schlüsselfrage. Mit ansteigender Furcht vor Preissteigerungen gab es immer mehr Stimmen für die SPD, weniger Stimmen für Adenauer. Folgerichtig versuchte er 1953 und wahrscheinlich auch in den darauffolgenden Wahljahren, die Wirtschaft zum Stillhalten der Preise zu bewegen. Spätestens 1961, als Adenauer nach dem Mauerbau die Stimmung der Bevölkerung wöchentlich durch Allensbacher Blitzumfragen analysierte und das gesamte Wahlkampfkonzept umbaute mit der Folge, daß sich die CDU/CSU erstaunlich rasch wieder erholte, bildete sich die Legende, die CDU/CSU sei unschlagbar, der hohe Stimmenanteil, den die SPD regelmäßig zwischen den Wahljahren erreichte, sei praktisch wertlos.

Ab 1956 setzte sich bei der Bevölkerung die Erkenntnis von der Größe Adenauers durch. In Erich Peter Neumanns Aufzeichnung vom 29. März 1963 heißt es:

»›Ich will Ihnen, Herr Bundeskanzler, eine Geschichte erzählen. Anfang 1950 bekam das Institut für Demoskopie einen Auftrag von einer Illustrierten in München – der ›Revue‹. Sie kennen Herrn Kindler. Er hat ja auch eine Biographie über Sie herausgebracht. Herr Kindler wollte damals ein Preisausschreiben über die populärsten historischen Persönlichkeiten der ›nahen Geschichte‹ machen. Wir sollten für die Zeitschrift herausfinden, wer denn nun wirklich von der öffentlichen Meinung ›anerkannt‹ würde. Wir machten es. Wir stellten damals die Frage: ›Welcher große Deutsche hat Ihrer Meinung nach am meisten für Deutschland geleistet?‹ Damals, das muß man sich vorstellen, konnte niemand wissen, was dabei herauskommen würde – Hitler oder Goethe. Was herauskam, ist inzwischen immer wiederholt worden: An der Spitze lag Bismarck.‹

Der Alte hörte sehr genau zu.

›Und dann das Wichtigste: Der Name Adenauer kam so gut wie überhaupt nicht vor. Es gab ein paar Einzelangaben. Wie hätte es auch anders sein können?‹

Adenauer nickte.

›Im Laufe der Jahre, und Sie kennen das, Herr Bundeskanzler, hat sich das Bild entscheidend verändert. Immer steiler stieg in der Kurve der Name Adenauers empor, Hitler verschwamm und Bismarck verlor. Wenn ich mich recht erinnere, war es schon 1957, daß mehr Menschen in der Bundesrepublik Sie, Herr Dr. Adenauer, als ›großen Deutschen‹ bezeichneten ...‹

Er hörte weiter zu, nickte, sah auf den Comer See ...«

1956 nannten 24 Prozent Adenauer, 27 Prozent Bismarck und 1958 26 Prozent Adenauer, 23 Prozent Bismarck – Adenauer hatte die Spitze erreicht, die er seitdem gehalten hat. Im Jahr vor seinem Tod, 1966, bezeichneten ihn 44 Prozent als »großen Deutschen, der am meisten für Deutschland geleistet hat«, 13 Prozent nannten Bismarck.

Noch die Umfrage wenige Wochen nach seinem Tod im Mai 1967 – 70 Prozent sahen die Trauerfeierlichkeiten im Fernsehen – verrät, was für die Bevölkerung das entscheidende Adenauer-Erlebnis gewesen war: Die Moskau-Reise 1955 und die damals erreichte Heimführung der Kriegsgefangenen aus Rußland. Die Frage, die im Mai 1967 Bilanz zog, lautete: »Adenauer war ja von 1949 bis 1963 Bundeskanzler. Was sind Ihrer Ansicht nach Adenauers größte Verdienste?« An der Spitze, von 75 Prozent genannt, stand: »Die Heimführung der deutschen Kriegsgefangenen aus Rußland.« An zweiter Stelle: »Die Aussöhnung und Freundschaft mit Frankreich« (70 Prozent), an dritter Stelle: »Daß er Deutschland wieder zu Ansehen und Geltung in der Welt verholfen hat« (65 Prozent).

»Eine der Sekretärinnen, die in der Villa la Collina arbeiten«, schrieb Erich Peter Neumann, »kam vom Wohnhaus herüber und schwenkte ein Blatt Papier in der Hand. Sie gab es dem Kanzler. ›In einer halben Stunde‹, sagte er. ›Und hat Herr Globke geantwortet?‹ ›Ja‹, sagte sie.
›Nun mal ganz ehrlich, Herr Neumann‹, nahm er das Gespräch wieder auf, ›wie sehen Sie denn die Nachfolge-Frage?‹«
Die Schlüsselfrage hierzu lautete: »Angenommen, es müßte neu entschieden werden, wer Bundeskanzler werden soll, und es gäbe nur zwei Möglichkeiten: Adenauer oder Erhard, wer wäre Ihnen da lieber als Bundeskanzler?« Diese Frage wurde schon 1960 mit einer Mehrheit für Erhard (31 Prozent gegenüber 25 Prozent für Adenauer) beantwortet. Bis Februar 1962 wuchs der Vorsprung von Erhard auf 50 Prozent gegenüber 19 Prozent für Adenauer. Bei der Frage: Adenauer oder Willy Brandt, lag Brandt schon im Februar 1960 mit 40 Prozent vor Adenauer mit 30 Prozent.
»›Und nun‹, fuhr er fort, ›möchte ich Ihnen einmal erklären, weshalb ich den Herrn Erhard nicht als meinen Nachfolger sehen möchte. Viele Gründe sind ja bekannt. Aber ich möchte noch eines hinzufügen: Die CDU ist eine Volkspartei. Und eine Volkspartei darf nicht von einem Mann aus der Wirtschaft geführt werden. Das schadet. Passen Sie auf, das ist so. Die Leute sind gegenüber der Wirtschaft mißtrauisch und sagen, wenn der Bundeskanzler aus der Wirtschaft kommt, da kommen die Interessensgruppen gleich mit. Die Leute und auch die Presse vor allem – die denken immer, ich ließe mich da von Antipathien leiten. Das ist gar nicht so.‹
Wieder erschien die Sekretärin. Sie brachte ein Fernschreiben. Er las es. ›Gut‹, sagte er, ›wir kommen schon. Sie kommen doch mit.

Ich spiele mittags immer Boccia. Da kann man sich etwas Bewegung machen – sonst komme ich zuwenig dazu.‹ Er war aufgestanden. Wir gingen zum Haus zurück. ›Na, wo sind die Damen?‹ Zwei Sekretärinnen kamen heraus. ›Den Mantel müssen Sie aber hier lassen‹, sagte er zu mir. Wir lachten. Ich zog den Paletot aus. Wir liefen bergab, den langen Weg zum Hügel hinunter … wir kamen am Fuße des Hügels an. Die Carabinieri bewachten auch den hinteren Ausgang der Villa. Wir gingen durch ein größeres Tor, gegenüber lag der Boccia-Platz. Die Sonne verschwand jetzt manchmal hinter den Wolken. ›Also, wie spielen wir?‹ fragte der Alte. Die beiden Sekretärinnen kicherten. Der Kanzler nahm eine rote Kugel. ›Also ich nehme rot. Ich werde zusammen mit dem Herrn Neumann gegen Sie spielen.‹«

Die Aufzeichnung von Erich Peter Neumann zeigt, was für ein einfühlsamer Mensch Adenauer sein konnte und über welche ausgeprägte Menschenkenntnis er verfügte. Das letzte Mal sah ich Adenauer auf der Feier zu seinem 90. Geburtstag im Januar 1966. Eine riesige Schlange von Gratulanten wartete darauf, ihn beglückwünschen zu können. Ich kann nicht gut lange stehen, also reihte ich mich nicht in die Schlange ein, sondern ging, wie ich es bei solchen Anlässen oft tue, in einen anderen Teil des Saals und betrachtete die Szene. Anscheinend bemerkte Adenauer das. Jedenfalls kam plötzlich ein Adjutant auf mich zu und sagte: »Der Bundeskanzler bittet Sie, zu ihm zu kommen.« Also ging ich hin, an der ganzen Schlange vorbei. Mir war das etwas unangenehm, aber Adenauer ließ sich davon nicht stören, sondern unterhielt sich lange und ganz in Ruhe mit mir, als säßen wir im kleinen Kreis bei einem seiner früheren Teegespräche. »Ich höre, daß Sie jetzt an der Universität Professorin geworden sind«, sagte er zu mir – ich hatte kurz vorher den Lehrstuhl für Publizistik in Mainz übernommen –, »das ist das richtige«, fuhr er fort, »dahin gehören Sie.«

Adorno, Horkheimer und die Frankfurter Schule

Die fünfziger Jahre waren für mich wie für viele andere Menschen in Westdeutschland eine wunderbare Zeit, geprägt von Aufbruchstimmung und dem scheinbar unaufhaltsam steigenden Wohlstand, der als Folge von Ludwig Erhards Sozialer Marktwirtschaft das ganze Land erfaßt hatte. Mit unseren Umfragen begleiteten und dokumentierten wir diese Entwicklung, regelmäßig veröffentlichten wir die interessantesten Ergebnisse unserer Umfragen in den von Erich Peter Neumann konzipierten Allensbacher »Jahrbüchern der öffentlichen Meinung«, die bis heute unter dem Titel »Allensbacher Jahrbuch der Demoskopie« fortgeführt werden.

Die fünfziger Jahre sind in späteren Jahrzehnten oft als »spießig«, »reaktionär« und »miefig« diffamiert worden, doch diese Begriffe treffen nicht den Charakter dieser optimistischen und auch politisch aufregenden Zeit. Allerdings war es eine Zeit, in der sich gesellschaftliche Erschütterungen ankündigten, die die westdeutsche Gesellschaft noch Jahrzehnte später prägen sollten. Um zu erläutern, was damit gemeint ist, muß an dieser Stelle ein zeitlicher Sprung in die späten sechziger und frühen siebziger Jahre unternommen werden. Damals fand in vielen westlichen Ländern, ganz besonders aber in Westdeutschland, ein tiefgreifender Wertewandel statt, der dann die folgenden Jahrzehnte bestimmen sollte. Erst heute, zu Beginn des neuen Jahrhunderts, mehren sich die Anzeichen, daß die fast vier Jahrzehnte während Entwicklung ihren Höhepunkt überschritten haben könnte und ein neuer Zeitgeist entsteht, der keine Rückkehr zu den fünfziger Jahren bedeutet, der jedoch einige der alten Werte wieder höher schätzt.

Die Konfrontation mit dem Wertewandel Anfang der siebziger Jahre war für viele ein Schock. Als ich über diese Vorgänge zum ersten Mal auf dem Jahreskongreß der Arbeitgeberverbände im Sommer 1975 berichtete, stieß ich dabei auf Entrüstung,

Empörung, schieren Unglauben. Ich erinnere mich daran, wie Hanns-Martin Schleyer fassungslos, mit offenem Mund, meinen Ausführungen zuhörte. Es war das erste Mal, daß man mit der Hilfe der Demoskopie einen solchen Vorgang, den Wandel der Werte in der Gesellschaft, wie unter einer Lupe betrachten konnte. Die Demoskopie gab es ja erst seit 25 Jahren in Deutschland.

Von Anfang an, seit 1947, hatten wir die Bevölkerung auch nach Wertvorstellungen, Zielen und Wünschen gefragt. In den ersten 20 Jahren zwischen 1947 und 1967 wurden wichtige, interessante Trends beobachtet, etwa die zunehmende Verankerung der Demokratie. Aber es wurde auch klar, daß sich Veränderungen in aller Regel nur Schritt für Schritt vollzogen. Die Umfrageergebnisse zeigten, daß man sich vom Stereotyp der schwankenden Masse verabschieden mußte, das vielleicht in der französischen Revolution geboren war, vielleicht aber auch schon früher, in der römischen Republik.

Es war blanker Zufall – und auch keine Auftragsforschung –, daß im Jahr 1967 eine neue Frageform ausprobiert wurde, in der nicht direkt danach gefragt wurde, welche Werte die Bevölkerung für besonders wichtig hielt, sondern in der dieser Sachverhalt in eine indirekte Fragestellung übersetzt wurde, die abstrakte oder gar akademische Formulierungen vermied und die so der Lebenswirklichkeit der Befragten näherkam. Die Frage lautete: »Jetzt eine Frage zur Erziehung. Wir haben eine Liste zusammengestellt mit den verschiedenen Forderungen, was man Kindern für ihr späteres Leben mit auf den Weg geben soll, was Kinder im Elternhaus lernen sollen. Was davon halten Sie für besonders wichtig?« Auf der Liste standen 15 Erziehungsziele wie Höflichkeit und gutes Benehmen, Sauberkeit, Sparsamkeit, die Arbeit ordentlich und gewissenhaft tun. Fünf Jahre später, 1972, wurde die Frage unverändert wiederholt. Die Ergebnisse unterschieden sich deutlich von denen des Jahres 1967. Es zeigte sich das, was der Soziologe Helmut Klages später den »Wertwandlungs-Schub« nennen sollte: Binnen weniger Jahre war die Zustimmung zu dem, was

250 Jahre lang als bürgerliche Tugenden gepflegt worden war, deutlich abgesunken.

Der Abbau hatte sich in allen sozialen Schichten vollzogen und immer am radikalsten bei den Jungen, den unter Dreißigjährigen. Daß Kinder im Elternhaus Höflichkeit und gutes Benehmen lernen sollten, meinten von den unter Dreißigjährigen 1967 81 Prozent, 1972 50 Prozent. Man solle die Kinder dazu erziehen, ihre Arbeit ordentlich und gewissenhaft zu tun, meinten die Jungen 1967 zu 71 Prozent, fünf Jahre später zu 52 Prozent. Auch andere Trendfragen des Instituts für Demoskopie Allensbach zeigten nun eine bemerkenswerte Einstellungsänderung der Bevölkerung zu einer Vielzahl von Themen: In der Politik, im Verhältnis zur Kirche, in den Normen und ganz besonders den Sexualnormen. Noch 1967 fanden es nur 24 Prozent der jungen Frauen in Ordnung, mit einem Mann zusammenzuleben, ohne verheiratet zu sein. Nur wenige Jahre später waren es nicht mehr 24 Prozent, sondern 76 Prozent, die sagten, das sei ganz in Ordnung.

Dieser Vorgang ist von verschiedenen Autoren mit gutem Grund als »stille Revolution« bezeichnet worden, denn eine gesellschaftliche Revolution war es. Es war weit mehr als die Ablösung einiger Erziehungsziele durch neue. Es änderten sich nicht nur einige Werte, sondern der gesamte Zeitgeist: Zum ersten Mal wurde eine bestimmte Art von Bewußtsein und Regeln der Lebensführung in Frage gestellt, die seit den ersten Jahrzehnten des 18. Jahrhunderts unangefochten schienen. Damals, ab 1720, erschienen in Deutschland die »Moralischen Wochenschriften«, Zeitschriften, die das Ziel verfolgten, eine neue, gute Gesinnung zu verbreiten. »Es reicht nicht, ein guter Christ zu sein«, heißt es in der ersten Ausgabe des Hamburger »Patrioten« von 1724, »man muß auch ein nützliches Glied der Gesellschaft sein.« Jedes Heft des Patrioten war einer Tugend oder der Anprangerung einer Untugend gewidmet: dem Neid, der Verschwendungssucht, dem Müßiggang, der Putzsucht. Hunderte ähnlicher Zeitschriften griffen diese Stichworte auf und trugen dazu bei, einen Kanon zu schaffen, der danach alle Revolutionen und Moden überlebte und erst nun, 250 Jahre später, plötzlich an Bedeutung verlor.

Dieser Wertewandel war in einer Vielzahl westlicher Länder zu beobachten, doch in Westdeutschland war er stärker als in jedem anderen Land. Es entstand eine Generationskluft, wie sie in dieser Stärke nirgendwo sonst beobachtet werden konnte. Eltern und Kinder entfernten sich voneinander. Es gibt oft Konflikte zwischen der jüngeren und der älteren Generation, etwa in Fragen der Ästhetik oder im Musikgeschmack. Aber in den zentralen Werten, auf die sie ihr Leben bauen, stimmen Kinder und Eltern in den meisten Fällen überein. Wie von Anthropologen immer wieder dargelegt wird, ist es gerade das Charakteristische des Menschen, daß er »unfertig« geboren wird, mit keiner Instinktausrüstung, die ihm sagt, was er tun muß, um lebensfähig zu sein. Deswegen ist es wichtig für die Stabilität einer Gemeinschaft, daß die Werte von den Eltern an die Kinder weitergegeben werden.

Dieser Prozeß war in Westdeutschland offensichtlich gestört. Das zeigten deutlich die Ergebnisse einer Allensbacher Testfrage, die seit Anfang der achtziger Jahre in internationalen Umfragen, unter anderem in ganz Europa und den USA, angewandt wurde. Sie lautete: »In welchen dieser fünf Werte stimmen Sie mit Ihren Eltern überein?« Dazu wurde eine Liste überreicht, auf der aufgezählt waren: Einstellungen zur Religion, Einstellungen zur Politik, Moral, Umgang mit anderen Menschen, Einstellung zur Sexualität. Als diese Frage erstmals 1981 in Deutschland gestellt wurde, sagten 23 Prozent der unter Dreißigjährigen, sie stimmten in keinem der genannten Bereiche mit ihren Eltern überein. In den darauffolgenden Jahren stieg der Anteil derer, die diese Antwort gaben, auf bis zu 35 Prozent. In den USA gaben dagegen weniger als 10 Prozent diese Antwort.

Der Wertewandel hatte wahrscheinlich verschiedene Ursachen, man denke nur an den oben bereits erwähnten Ausspruch von Carlo Schmid: »Man muß die Jugend zum Ungehorsam erziehen.« Dennoch läßt sich das, was sich in den sechziger und siebziger Jahren in Deutschland zutrug, kaum verstehen, ohne dabei die Rolle Theodor W. Adornos und der von ihm und Max Horkheimer geprägten »Frankfurter Schule« in der Soziologie zu berücksichtigen. Es war die feste Überzeugung Adornos, die er in der Frankfurter Schule philosophisch verankerte und mit deren Geist die achtundsechziger Studentengeneration inspiriert wurde, daß die Weitergabe von Wertvorstellungen von den Eltern an die Kinder in Deutschland unterbrochen werden müßte. Nur so, meinte er, ließe sich eine Wiederholung der Greuel der nationalsozialistischen Zeit verhindern. Denn was sich im Dritten Reich zugetragen habe, sah er begründet und verwurzelt im »autoritären Erziehungsstil«, der Kindern das Rückgrat breche und sie zu willenlosem Gehorsam zwinge. Aus dieser Grundüberzeugung heraus glaubte Adorno, daß sich die Kinder-Generation von der Eltern-Generation absetzen, daß sie von ihr – auch durch Schule und Medien angehalten – abgetrennt werden müßte, weil dadurch, und *nur* dadurch die Übertragung der Werte von Eltern auf ihre Kinder gelockert werden könnte. Auch die groben Provokationen, die sich vom Ende der sechziger Jahre an einbürgerten, waren darauf ausgerichtet.

All dies diente dem Ziel der Schaffung einer neuen, besseren Gesellschaft, und viel verband sich dabei mit den Überzeugungen und der Strategie der Marxisten, die ja auch aufgebrochen waren, einen neuen Menschen und eine neue Gesellschaft zu schaffen. Die Faszination von Utopie, Gerechtigkeitsversprechen und Gleichheit ergriff Menschen und besonders Intellektuelle in der ganzen Welt. Sicher war das Bündnis der Frankfurter Schule mit dem Marxismus eine entscheidende Verstärkung dieser Ideen, aber die Wurzel bildeten die Überzeugungen von Horkheimer und Adorno über die Ursachen des Sieges der Nationalsozialisten in Deutschland.

Nur wenn man weiß, wie schwer es ist, Menschen und Gesellschaften zu verändern, kann man die außerordentliche Leistung Adornos und der Frankfurter Schule erkennen. Es bildete sich nicht nur eine ganz ungewöhnlich starke Generationskluft in Westdeutschland, es gelang sogar, die Eltern davon zu überzeugen, daß sie in den wichtigen Fragen der Lebensorientierung ihre Kinder nicht beeinflussen dürften. Das zeigen die Ergebnisse einer Allensbacher Umfrage aus dem Jahr 1986, in der Eltern die Frage gestellt wurde: »Es gibt ja einige Dinge, die versucht man seinen Kindern mit auf den Weg zu geben. Da versucht man sie zu beeinflussen, und bei anderen Dingen läßt man den Kindern ihren Willen. Wenn Sie diese Karten einmal ansehen (14 Karten mit verschiedenen Angaben wurden übergeben). In was davon wollen Sie Ihre Kinder beeinflussen?«

64 Prozent der Eltern sagten, sie wollten ihren Kindern beibringen, wie sie ihre Sachen in Ordnung halten, 75 Prozent wollten sie in ihrem Verhalten und Benehmen beeinflussen. Ganz oben auf der Prioritätenliste standen auch der Umgang mit anderen Menschen, Tischmanieren und der Umgang mit Geld. Die Dinge, bei denen die Eltern ihre Kinder am wenigsten beeinflussen wollten, waren die, die grundsätzliche Werteorientierungen betrafen: die Einstellung zum Glauben, zur Religion (33 Prozent), die Wahl der Freunde (31 Prozent), die Wahl der Lektüre (23 Prozent), welche Vorbilder man sich sucht (23 Prozent), Freizeitbeschäftigungen (20 Prozent) und politische Ansichten (19 Prozent).

Der Wertewandel, der die westdeutsche Gesellschaft in den letzten drei Jahrzehnten des 20. Jahrhunderts geprägt hat, wird heute meistens mit Blick auf die Studentenrevolten im Jahr 1968 mit dem Begriff der »Achtundsechziger« verbunden. Es ist wenig bekannt, daß die Anfänge dieser Entwicklung, die im Jahr 1968 deutlich sichtbar wurde – auch wenn die Reichweite der Ereignisse noch bei dem Arbeitgeber-Kongreß im Jahr 1975 nicht erkannt worden war – weit früher liegen, nämlich in den fünfziger Jahren. Die ersten Anzeichen der neuen Zeit waren Veränderungen in scheinbar harmlosen Details des Alltagslebens. Die Wohnungen der Menschen wandelten sich. Die Möbel, die trotz aller Änderungen der Mode in einer Tradition standen, die mindestens bis in das frühe 19. Jahrhundert zurückreichte, machten im Laufe der fünfziger Jahre rasch neuen, vom Bauhaus inspirierten Formen Platz, die einen Bruch mit dieser Tradition darstellten.

Am auffälligsten war vielleicht der Wandel in der Musik. Das Symbol dafür waren der Rock'n'Roll und später die Beatles, die bei den Jugendlichen so große Begeisterung und bei den Älteren nicht zuletzt wegen ihrer langen Haare so großes Entsetzen auslösten. Heute läßt sich kaum noch nachempfinden, was an den vier englischen Musikern und ihrer Frisur so schlimm gewesen sein soll. Es hat den Anschein, als habe die Bevölkerung gespürt, daß sich hier nicht nur ein Wechsel der Mode, sondern ein Erdbeben ankündigte, das die gewohnten gesellschaftlichen Normen auf den Kopf stellen konnte. »Nirgends wird an den Weisen der Musik gerüttelt«, schrieb Platon, »ohne daß die wichtigsten Gesetze des Staates mit erschüttert werden.«

Und auch die Aktivitäten der Frankfurter Schule, die für die sogenannte Achtundsechziger-Generation so wichtig werden sollte, begannen selbstverständlich lange vor den sechziger Jahren, nämlich bereits in den späten dreißiger Jahren in den USA, wo Adorno Mitglied in Horkheimers »Institute for Social Research« wurde, das sich als eine Art Arche Noah der deutschen Geisteskultur im Exil verstand. Unmittelbar nach der Rückkehr 1949 und der Wiederbegründung ihres Frankfurter Instituts für Sozialforschung 1950 begannen Horkheimer und Adorno dann mit großer Energie und sehr systematisch die intellektuelle Welt in Westdeutschland zu beeinflussen.

Adorno hatte an der Columbia University in New York den ebenfalls emigrierten großen österreichischen Sozialforscher Paul Lazarsfeld kennengelernt, der dort das »Office of Radio Research« eingerichtet hatte, aus dem später eine der berühmtesten Forschungsstellen in der Geschichte der Sozialwissenschaften, das »Bureau of Applied Social Research« hervorgehen sollte. Lazarsfeld, über den noch ausführlicher berichtet werden wird, prägte mit seinen originellen Ideen und seinen brillant angelegten For-

24 Mit George Gallup, dem Begründer der Methode der Repräsentativumfrage, auf der WAPOR-Jahrestagung in Konstanz 1955

25 Carlo Schmid: »Er war ein hinreißender Gesprächspartner. Es war, als tauche man in eine andere Welt ein, als verwandele man sich selbst.«

26 Friedrich Tennstä
(r.) »erwies sich als bri
lanter Statistiker, der
mit seinen vielen origi
nellen Ideen nicht nur
das Allensbacher
Institut, sondern die
Umfrageforschung ins
gesamt wesentlich
beeinflußt hat.«

27 Mit Erich Peter
Neumann um 1960

28 Im Arbeitszimmer
am Allensbacher
Institut, Mitte der 60e
Jahre. V.l.n.r.: Friedric
Tennstädt, Herbert
Werner, Elisabeth
Noelle-Neumann

Paul Lazarsfeld –
...len ich für einen der
...ößten Pioniere in der
...eschichte der Sozial-
...issenschaften halte
...nd der im Laufe
...er Jahre ein echter
...reund wurde«

30   Die Sowjetische Akademie der
Wissenschaften lud Elisabeth Noelle-
Neumann zu Vorträgen ein. Hier in
Tiflis, 70er Jahre, mit Hans Mathias
Kepplinger, heute Professor am
Institut für Publizistik in Mainz

Lange vor der
...inführung von
...omputerdatenbanken
...ente der »Tannen-
...um« als Suchsystem
...r die Fragebogen.

32 Elisabeth Noelle-Neumann in ihrem Arbeitszimmer am Allensbacher Institut (Mitte der 60er Jahre)

33 1950 schloß das Institut mit Bundeskanzler Konrad Adenauer den Vertrag, die Bundesregierung regelmäßig zu beraten.

schungsprojekten die Sozialwissenschaft wie kaum ein anderer Wissenschaftler. Eine Zeitlang arbeitete Adorno in Lazarsfelds Institut, kam dort aber nicht zurecht, weil er in seinen Texten polemisierte, ohne seine Behauptungen belegen zu können. Der Sinn empirischer Forschung, wie sie Lazarsfeld betrieb, bestand aber ja gerade darin, daß man nicht einfach Thesen aufstellt, von denen man behauptet, sie seien wahr, sondern daß man diese gründlich und möglichst unvoreingenommen durch systematische Beobachtungen oder Befragungen auf ihren Wahrheitsgehalt überprüft.

Schließlich endete die Zusammenarbeit 1939, nach nur einem Jahr. Lazarsfeld schrieb an Adorno: »Sie gefallen sich darin, andere zu kritisieren, weil sie Neurotiker oder Fetischisten sind, aber es fällt Ihnen nicht auf, wieviel Vorschub Sie Ihrerseits solchen Angriffen leisten … Sehen Sie denn nicht, daß die Art, in der Sie lateinische Wörter über den gesamten Text verstreuen, der perfekte Fetischismus ist? … Ich habe Sie immer wieder gebeten, eine solidere Sprache zu benutzen, aber Sie waren psychisch offenbar nicht in der Lage, meinem Rat zu folgen … Ihre Mißachtung aller Möglichkeiten, die nicht Ihren eigenen Vorstellungen entsprechen, wird dann um so beunruhigender, wenn Ihr Text den Verdacht aufkommen läßt, daß Sie nicht einmal wissen, wie die empirische Überprüfung einer Hypothese vorzunehmen ist.«

Der Konflikt zwischen Lazarsfeld und Adorno ist bezeichnend, weil er nicht nur die Charaktere beider so deutlich zutage treten läßt, sondern weil Lazarsfeld und Adorno sich auf theoretischer Ebene eigentlich durchaus einig waren. Lazarsfeld sagte mehr als 30 Jahre später, er könne sich nicht an Momente erinnern, in denen er nicht intellektuell mit Adorno übereingestimmt habe. Aber auch heute, Anfang der siebziger Jahre, würde er die gleichen Schwierigkeiten mit ihm haben, er sei »unmöglich« gewesen. Und in der Tat: »Unmöglich« war Adorno in vielerlei Hinsicht. Immerhin aber hatte der Aufenthalt bei Lazarsfeld dazu geführt, daß er die Methoden der empirischen Sozialwissenschaft kennengelernt hatte und – vorübergehend – auch ernst nahm. Nachdem

Horkheimer und Adorno nach Frankfurt zurückgekehrt waren, interessierten sie sich folgerichtig auch dafür, wie das Allensbacher Institut arbeitete, und besuchten uns in Allensbach. Ich erinnere mich daran, daß Horkheimer seine etwas puppenhaft wirkende Frau mitgebracht hatte, die sich für nichts anderes interessierte als das Tageshoroskop. Schließlich schickten wir einen Mitarbeiter ins nahegelegene Konstanz mit der Bitte, er möchte doch versuchen, irgendwo ein Zeitungshoroskop aufzutreiben.

Seitdem stand ich mit Horkheimer und Adorno in Kontakt und erlebte auf diese Weise aus der Nähe mit, wie die Frankfurter Schule begann, das intellektuelle Klima in Deutschland zu bearbeiten. Etwa jedes Vierteljahr lud Adorno – an Horkheimer kann ich mich in diesem Zusammenhang nicht erinnern – Journalisten zu zweitägigen Konferenzen in ein Feinschmecker-Lokal nach Ettlingen bei Karlsruhe ein. Dort wurde ungeheuer gut gegessen und getrunken. Finanziert wurde das Ganze von dem Weinheimer Industriellen Hans Freudenberg, den anscheinend der intellektuelle Glanz beeindruckte, den Adorno um sich herum verbreitete. Die Gesellschaft bei diesen Tagungen in Ettlingen setzte sich stets aus zwei Gruppen zusammen, nämlich einmal aus einem engeren Kreis von Journalisten, die mit Adorno befreundet waren, und einer Gruppe von Journalisten, die als Gäste geladen waren und die nun mit einer ungeheuren Intensität von der ersten Gruppe im Sinne des Marxismus bearbeitet wurden.

Horkheimer und Adorno versuchten mich zu überzeugen, ich solle an ihr Institut für Sozialforschung kommen. 1951 bis 1953 war Horkheimer Rektor der Frankfurter Universität, was ihm die Möglichkeit gab, mir zu versprechen, ich würde einen Lehrstuhl erhalten, wenn ich mich für den Wechsel nach Frankfurt entschied, doch ich wollte nicht. Erstens war ich nicht begierig, Professor zu werden, zweitens hatte ich das Gefühl, daß das Allensbacher Institut, das gerade aus den größten Schwierigkeiten heraus war, mich brauchte. Also schlug ich das Angebot aus. Den Brief, den ich damals an Adorno schickte, besitze ich noch heute.

Statt dessen schlug ich ihm vor, einen jungen Allensbacher Mitarbeiter in Frankfurt aufzunehmen, der seit 1951 am Institut gearbeitet und unter anderem eine Studie zum Sexualleben der Deutschen veröffentlicht hatte. Sein Name ist Ludwig von Friedeburg. Adorno akzeptierte meinen Vorschlag. 1954 ging Friedeburg nach Frankfurt, habilitierte sich bei Adorno und wurde – nachdem er zwischenzeitlich hessischer Kultusminister gewesen war – 1975 geschäftsführender Direktor des Instituts für Sozialforschung in Frankfurt.

Neben der Sorge um das Allensbacher Institut gab es noch einen Grund, warum ich das Angebot Adornos, nach Frankfurt zu gehen, nicht annahm, und dieser Grund war Adorno selbst. Es gibt wenige Menschen, die ich so verabscheue, wie ich Adorno verabscheut habe. Er hatte eiskalte Augen, wie ich sie selten gesehen habe, und er hatte die Eigenschaft, sich bei Empfängen an mich heranzudrängen. Wenn man im Gedränge nicht leicht ausweichen konnte, drückte er sich an mich heran, umarmte mich sozusagen, ohne daß das in der Menge auffallen konnte und daß ich mich dagegen hätte wehren können. Es war widerwärtig. Darüber hinaus wußte ich von einem Jugendfreund von mir, Dietrich Osmer, Dinge über Adorno, die mich zusätzlich abstießen.

Mit Dietrich Osmer hatte ich schon als Jugendliche in Berlin Tennis gespielt und getanzt. Nach dem Krieg hatte er keine richtige Arbeitsstelle. Ich nahm ihn am Allensbacher Institut auf und vermittelte ihn schließlich, wie auch Ludwig von Friedeburg, nach Frankfurt. Dort wurde er der Geliebte von Adornos Frau Gretel – Adorno hatte ihn angeblich selbst dazu gedrängt. Osmer sagte mir, er habe sich darauf eingelassen, weil er das Gefühl gehabt hätte, daß er als Deutscher gegenüber einer Jüdin eine Schuld abzutragen hätte. Jedenfalls erzählte nun Gretel Adorno meinem Jugendfreund Dietrich Osmer einige abstoßende, intime Details aus ihrer Ehe, und Dietrich Osmer erzählte sie mir weiter. So sehr ich mich auch bemühte, es gelang mir nicht, diese Geschichten zu vergessen, wenn ich mit Adorno zusammentraf.

195

Mit Horkheimer war ich dagegen befreundet. Er war ein ganz anderer Mensch als Adorno, viel warmherziger, ein angenehmer und geistreicher Gesprächspartner. Nach seiner Emeritierung im Jahr 1959 zog er sich ins Tessin zurück, wo er zusammen mit Friedrich Pollock ein Haus in Montagnola in der Nähe von Lugano kaufte. Erich Peter Neumann und ich hatten uns kurze Zeit vorher ganz in der Nähe, in dem kleinen Ort Piazzogna oberhalb des Lago Maggiore, ein Haus gekauft, in dem ich seitdem regelmäßig im Sommer einige Wochen verbringe. Von dort aus besuchte ich Horkheimer oft. Wir trafen uns in seinem Arbeitszimmer im Souterrain oder gingen zusammen essen. Er trug immer eine merkwürdige kleine Tasche mit sich, die mit Medikamenten vollgestopft war. In seinen letzten Jahren bis zu seinem Tod im Jahr 1973 beschäftigte er sich intensiv mit Schopenhauer, dessen Werke er sehr liebte. Ich sehe ihn noch vor mir mit einem der kleinen schwarzen und völlig zerlesenen Schopenhauer-Bändchen in der Hand. Mehrmals habe ich ihn gefragt, wie er es nur mit Adorno habe aushalten können. Er gab mir nie eine Antwort.

Journalistische Freunde

Die fünfziger Jahre waren für mich auch deswegen eine angenehme Zeit, weil sie nicht nur Jahre des politischen, wirtschaftlichen und intellektuellen Aufbaus waren, sondern auch der relativen Harmonie. Die Studentenrevolte und die häßlichen Anfeindungen, die ich mir zuzog, als ich begann, die Wirkung der Massenmedien auf die Bevölkerungsmeinung zu untersuchen, lagen noch vor mir. Zweimal kurz nacheinander, 1953 und 1957, erschien ein Porträtfoto von mir auf der Titelseite des Nachrichtenmagazins »Der Spiegel«. Das zweite Mal war ich nicht zu erreichen, als Rudolf Augstein versuchte, einen Termin für die Fotoaufnahmen zu vereinbaren. Kurzerhand beschloß er, ein Bild aus derselben Fotoserie zu verwenden, die schon für das erste Titelbild zwei Jahre vorher verwendet worden war. Niemandem fiel auf, daß ich auf beiden Bildern denselben weißen Pullover trug.

Wenige Jahre später wären solche Sympathiebekundungen des Spiegel undenkbar gewesen. Ein derart entspanntes Verhältnis zur meinungsbildenden Presse konnte es ab der zweiten Hälfte der sechziger Jahre nicht mehr geben wegen der Bedrohung, die die Umfrageforschung für das Monopol der Medien darstellte, die Welt zu beschreiben und zu interpretieren. Auf diesen Punkt wird noch ausführlich eingegangen werden müssen. Rudolf Augstein mochte mich, ich selbst blieb ihm gegenüber stets vorsichtig, denn mir war schon damals, Anfang der fünfziger Jahre klar, daß die Macht des Spiegel für unser Institut eine ernste Gefahr bedeuten konnte. Tatsächlich schlug die Atmosphäre in den siebziger Jahren um, und ich mußte feststellen, das sich der Spiegel zunehmend feindlich mir und dem Allensbacher Institut gegenüber verhielt.

Ein wirklich guter Freund, der mir viele Ratschläge gegeben hat, war dagegen Gerd Bucerius, der Herausgeber der »Zeit«. Er besaß ein Haus am Lago Maggiore, ganz in der Nähe unseres Hauses, und so fuhr ich gelegentlich dorthin. Einmal traf ich dort nicht Bucerius an, sondern Theo Sommer, der sich von einem Bandscheibenvorfall erholte. Er zeigte mir das ganze Haus. Am meisten beeindruckte mich dabei ein Wandschrank, der, wie ich schätzte, ungefähr hundert Pullover enthielt, die alle der Frau von Bucerius gehörten.

Ein ganz besonders freundschaftliches Verhältnis hatte ich aber vor allem zu Henri Nannen, was manchen Leser angesichts der politischen Ausrichtung des »Stern« vielleicht überraschen mag. Ich habe in der Tat an die Kontakte zum Stern nicht nur gute Erinnerungen. Besonders ungern denke ich an ein Gespräch zurück, das ich mit Stern-Redakteuren im Jahr 1982 führte, unmittelbar nachdem Helmut Kohl Bundeskanzler geworden war. »In zwei Jahren haben wir den Kohl erledigt«, sagten mir die Redakteure,

»sonst sind wir keine guten Journalisten.« Ich habe es selten erlebt, daß Kampagnenjournalisten mit einer derartigen Klarheit ihr berufliches Selbstverständnis offenbarten. Bis heute finde ich diese Einstellung ekelhaft. Nach meiner festen Überzeugung ist es die Aufgabe von Journalisten, so wahrhaftig wie möglich über die Ereignisse zu berichten, mit dem größtmöglichen Bemühen um Sachlichkeit und Unparteilichkeit.

Es lag also nicht am journalistischen Stil des Stern, sondern an der gewinnenden Persönlichkeit von Henri Nannen, daß sich schon in den fünfziger Jahren ein Vertrauensverhältnis zwischen uns beiden entwickelte, das bis zum Tod Nannens anhielt. Dieses Vertrauensverhältnis führte dazu, daß das Allensbacher Institut an manchen wichtigen strategischen Entscheidungen für den Stern beteiligt war. Im Jahr 1958 wurden zwei verschiedene Varianten des Stern hergestellt, eine in der bis dahin üblichen braunen Druckfarbe und eine mit schwarzer Druckfarbe. Mit diesen Vorlagen konnten wir im Experiment die Wirkung der Druckfarbe auf die Leser messen: Die Hälfte der Befragten bekam das braune, die andere Hälfte das schwarz gedruckte Stern-Heft vorgelegt. Die Studie zeigte, daß der Mehrheit der Leser gar nicht auffiel, daß das schwarz gedruckte Heft nicht der bis dahin üblichen Form des »Stern« entsprach, dieses aber von den Befragten als sachlicher, aktueller, dokumentarischer empfunden wurde als das braune Heft. Heute sind solche Untersuchungsanlagen nichts Ungewöhnliches, aber damals gab es dafür in der Medienforschung kaum Vorbilder. In unserem Untersuchungsbericht empfahlen wir die Umstellung auf die schwarze Druckfarbe, was wenig später auch geschah.

Einige Jahre später, als ich gerade in Hamburg war, rief mich Henri Nannen im Hotel an und bat mich, ich möchte doch zu ihm in den Verlag kommen, er bräuchte meinen Ratschlag. Als ich bei Gruner & Jahr ankam, wurde ich schon erwartet und direkt in einen großen Raum geführt, dessen Wände rundherum übersät waren mit Titelentwürfen für die zukünftige Gestaltung des Stern.

Ich blieb kurz stehen und ging dann auf ein Bild zu, einen einzigen Entwurf, und sagte: »Das wird Ihr künftiges Titelblatt sein.« Es war das Titelblatt, das der Stern noch heute hat. Mir steht diese Szene noch so lebendig vor Augen, weil sie für mich ganz außergewöhnlich war. Man könnte sie fast als irrational bezeichnen. Ich habe nicht etwa die verschiedenen Entwürfe sorgfältig angesehen und miteinander verglichen, ganz im Gegenteil. Dieser eine Entwurf strahlte eine Kraft aus, die dazu führte, daß ich die anderen Bilder gar nicht erst beachtete. Es war, als ob die Zukunft riefe: »Hier bin ich!«

Bei einer anderen Gelegenheit saß ich in Henri Nannens Arbeitszimmer, in dem man sich wie in einer Schiffskajüte fühlte. Ich erzählte ihm, daß wir im Laufe der Jahre über 100 000 Fragen gestellt und in unserem Archiv ein System entwickelt hätten, mit dem wir jede beliebige Frage, die jemals seit 1947 in einem Allensbacher Fragebogen enthalten war, innerhalb von fünf Minuten wiederfinden und das dazugehörige Ergebnis beschaffen könnten. Aus heutiger Sicht mag das nicht besonders sensationell klingen, doch das Gespräch fand lange vor der Einführung leistungsfähiger Computer-Datenbanken statt.

Wir schrieben die Fragen zusammen mit der Information, in welchem Fragebogen sie enthalten waren, auf schmale Papierstreifen. Diese wurden nach Sachthemen sortiert und auf große Metalltafeln gesteckt, die mit einer Seite nebeneinander beweglich an der Wand befestigt waren, so daß man in den Tafeln blättern konnte wie in einem aufgeschlagenen Buch. Jede Metalltafel erhielt eine Nummer. In einem »Findbuch« waren alle Stichworte verzeichnet, nach denen die Fragen sortiert waren, samt der Information, auf welcher Tafel sie zu finden waren. Mit dieser Information konnte man rasch im Archiv den Originalfragebogen finden, in den die Umfrageergebnisse in Prozent mit der Hand eingetragen waren. »Tannenbaum« nannten wir dieses Suchsystem, weil die an der Wand aufgehängten Tafeln eine eigenartige Fächerstruktur bildeten, die entfernt an die Anordnung der

Nadeln auf einem Tannenzweig erinnert. Nur am Rande sei erwähnt, daß wir diese »analoge Datenbank« bis heute fortführen, obwohl längst sämtliche Fragen – es sind inzwischen rund 300 000 – auch in einer Computer-Datenbank gespeichert sind. Im alten »Tannenbaum« kann man anders als in der digitalen Datenbank mit Intuition suchen, auch ohne ein bestimmtes konkretes Stichwort im Hinterkopf zu haben. Er ist wie eine große Bibliothek, in der inhaltlich zusammengehörige Bücher nebeneinander stehen und in der man nützliche Titel entdeckt, von denen man vorher noch nie etwas gehört hatte.

Ich sagte Henri Nannen also, wir könnten mit unserem »Tannenbaum« die Ergebnisse zu jeder beliebigen Frage in fünf Minuten finden. Er antwortete: »Das kann ich mir nicht vorstellen, das glaube ich Ihnen nicht.« Ich rief in Allensbach an und sagte zu einem Mitarbeiter, Werner Süßlin, der gerade Herbert Werner als »Chef vom Dienst« vertrat, ich hätte ein ernstes Anliegen, es ginge um die Ehre: »Wir sitzen hier zusammen bei Henri Nannen, und der glaubt nicht, daß wir jede Frage in fünf Minuten finden können.« Dann dachte ich mir irgendeine Frage aus und bat, mir das Ergebnis in fünf Minuten durchzugeben. Henri Nannen stellte eine Schachuhr auf, damit man sehen konnte, wie die Zeit verging. Nach exakt fünf Minuten klingelte das Telefon und Werner Süßlin las die Ergebnisse der gesuchten Frage vor.

Wie herzlich das Verhältnis zu Henri Nannen über alle politischen Gräben hinweg war, zeigt die folgende Episode: Am Ende seines Lebens war Nannen sehr krank. Er fühlte, daß er nicht mehr zu einer Veranstaltung nach Frankfurt würde reisen können, bei der er über die von ihm gestiftete Kunsthalle in Emden sprechen sollte. Er rief mich an und bat mich, an seiner Stelle einen Vortrag zu halten. Also fuhr ich nach Frankfurt und sprach über Henri Nannen und sein Museum. Er hatte volles Vertrauen, daß ich ihn angemessen vertreten würde.

Noch einmal: Ägypten

Alle diese freundschaftlichen Kontakte, auch zu den Medien, die mich in späterer Zeit erbittert bekämpften, entwickelten sich hauptsächlich in den fünfziger Jahren. Es schien in dieser Zeit nur aufwärts zu gehen, wir fühlten uns, als könne uns nichts passieren. Wie relativ sorglos, ja leichtsinnig wir in vielerlei Hinsicht waren, wird vielleicht durch eine Geschichte illustriert, die sich 1957 in Ägypten zutrug. In diesem Jahr besuchte ich zum zweiten Mal seit 1938 das Land, das mich zwei Jahrzehnte zuvor so tief beeindruckt hatte. Dieses Mal reiste Erich Peter Neumann mit mir. Wir nahmen uns vor, mit unserem Volkswagen-Kabrio von Kairo nach Assuan zu fahren.

Auf dem Weg dorthin, kurz hinter Kairo, kamen wir an einer Staustufe des Nils vorbei. Wir hielten an und betrachteten uns die Anlage. Nach einiger Zeit kam der Direktor der Staustufe auf uns zu und fragte, was wir denn vorhätten. Wir erzählten ihm, daß wir auf dem Weg nach Assuan seien. »Um Gottes willen«, sagte er, »das geht nicht. Sie können nicht einfach allein durch die Wüste fahren. Niemand tut das, es ist lebensgefährlich.« Wir glaubten ihm nicht. Warum sollten wir nicht allein nach Assuan fahren dürfen? Das leuchtete uns nicht ein. Als er merkte, daß wir nicht von unserem unvernünftigen Vorhaben abzubringen waren, bestand er schließlich darauf, daß uns sein Chefingenieur begleitete.

So fuhren wir zu dritt durch Ägypten, Erich Peter und ich auf den Vordersitzen, der Chefingenieur auf der Rückbank. Zwei, drei Tage blieben wir in Assuan, dann wollten wir zurück nach Kairo. Wir brachen viel zu spät auf. Der Techniker sagte uns, er fürchte sich, in die Nacht hineinzufahren. Die Strecke führe mitten durch die Wüste und in den Bergen ringsherum lebten Hyänen. Wir verstanden ihn nicht. Was sollten uns die Hyänen schon tun? Nachdem wir einige Stunden gefahren waren, blieb unser Auto plötzlich stehen. Wir waren völlig allein, mitten in der Wüste, weit und breit kein anderes Fahrzeug, kein Mensch, kein Kamel, nichts und niemand, der uns in dieser Einöde hätte helfen können. Man konnte nicht einmal erwarten, daß irgendwann ein anderes Auto vorbeikäme, denn eine Straße gab es nicht, nur eine grobe Wegbeschreibung. Es ging mit unserem Auto nicht vor und nicht zurück, und wir wußten, daß in spätestens einer Stunde pechschwarze Nacht sein würde. Und nun hörte man auch die Hyänen heulen. Fieberhaft begannen Erich Peter und der Techniker nach dem Grund für die Panne zu suchen. Tatsächlich entdeckte der Ingenieur schließlich, daß ein kleines Teil defekt war. Er suchte den Werkzeugkasten durch und entdeckte nach längerer Suche tatsächlich ein passendes Ersatzteil und baute es ein. Dann versuchte Erich Peter den Anlasser, und tatsächlich, der Wagen sprang wieder an. Aber nun hatten wir endlich verstanden, warum uns der Direktor des Staudamms so dringend vor der Fahrt in die Wüste gewarnt und uns schließlich sogar seinen Techniker mitgegeben hatte, damit wir nicht in unserer Naivität ins Verderben fuhren. Inzwischen war es finster geworden. Der Techniker krümmte sich vor Angst bei dem Gedanken, was passieren könnte, wenn der Wagen wieder liegenbleiben würde. Und auch Erich Peter war so erschrocken, daß er nun viel zu schnell in einer wüsten Hetzjagd weiter Richtung Kairo fuhr. Der Wagen polterte und sprang über die unbefestigte Piste, so daß es allein schon deswegen fast ein Wunder ist, daß wir schließlich heil wieder in Kairo ankamen. Es kann gut sein, daß uns der Leiter des Staudamms das Leben gerettet hat. Ich vermag mir nicht auszudenken, was wir wohl getan hätten, wenn wir den Ingenieur nicht dabeigehabt hätten. Man erkennt, wieviel Glück ich im Leben immer wieder hatte. Mehrmals haben wir dem Direktor des Staudammes Dankesbriefe geschrieben.

Es gibt noch ein zweites, etwas eigenartiges Erlebnis von dieser Ägypten-Reise zu erzählen. Ich besichtigte allein den Tempel von Luxor – Erich Peter, obwohl er sonst sehr viel Sinn für Kunst hatte, interessierte sich nicht so sehr für die ägyptischen Tempel und schrieb lieber an einem Artikel. Ich ging also allein im Tempel umher, in dem sich auch sonst keine Touristen befanden. Plötzlich fing ein Mann, ganz von weitem, an, mich zu sich zu winken. Als ich nicht gleich reagierte, winkte er noch hartnäckiger. Schließlich ging ich hin.

Er stellte sich als Archäologe von der Sorbonne vor und fragte mich, ob er mich zu einer Portion Vanilleeis einladen dürfe. Ich fand das sehr nett, also gingen wir in seinen Arbeitsraum, wo zwei große Kühlschränke standen, voll mit Vanilleeis. Er begann zu erzählen: Die alten Ägypter seien der Ansicht gewesen, Schönheit, die einmal auf der Welt gewesen sei, könne nicht mehr vergehen. So hätten sie ganz sorglos sehr schöne Skulpturen in hundert Splitter zerschlagen. Er und seine Kollegen von der Sorbonne seien nun damit beschäftigt, sie wieder zusammenzusetzen. Sie seien damit lange Zeit nicht recht vorangekommen, doch dann hätten sie entdeckt, daß sich alle Skulpturen, die sie untersuchten, in 19 Felder einteilen ließen. Seit sie entdeckt hätten, daß die 19 die Schlüsselzahl zum Verständnis der Kunstwerke sei, hätten sie große Fortschritte gemacht.

Das gefiel mir nun außerordentlich gut: die 19 als Schlüsselzahl. Schon seit Jahrzehnten hatte ich die 19 als meine Glückszahl erkoren, seit ich gemerkt hatte, daß mir diese Zahl immer wieder in meinem Leben begegnete. Ich bin am 19. Dezember geboren, mein Namenstag ist der 19. November, im Kinderheim an der Nordsee wurde meine Wäsche mit einer eingenähten 91 gekennzeichnet und so weiter. Und nun begegnete ich meiner Glückszahl sogar im Tempel von Luxor in den Kunstwerken des alten Ägypten, wo ich mich seit meinem Erlebnis in Edfu im Jahr 1938 ohnehin wie zu Hause fühlte.

Ist das eine wichtige Geschichte? Wahrscheinlich nicht. Doch sie zeigt erneut das Grundgefühl, das mich seit meiner Kindheit fast ununterbrochen begleitet hat und das mich sorglos die größten Risiken eingehen ließ – das sichere Gefühl, beschützt zu sein.

Wissenschaft und Politik

Paul Lazarsfeld

Wie berichtet, war ich in den Jahren seit 1947 vollauf mit dem Aufbau und dem Erhalt des Allensbacher Instituts beschäftigt. Von Anfang an hatten wir das Institut auch mit dem Gedanken gegründet, eine private Unternehmung aufzubauen, die notwendige Grundlagenforschung leistete, solange die Umfrageforschung noch nicht fest in Forschung und Lehre an den Universitäten verankert war. Als Vorbild stand uns das Laboratorium von Justus von Liebig vor Augen, der angesichts der katastrophal schlechten Ausstattung des Labors an der Universität Gießen ein privates Institut für Pharmazie gegründet und betrieben hatte, bis ihm der bayerische König Maximilian I. 1852 persönlich den Bau eines neuen chemischen Instituts an der Universität München anbot.

So hatten wir mit unserer Institutsgründung durchaus ein wissenschaftliches Ziel vor Augen, aber an ein stärkeres wissenschaftliches Engagement war zunächst nicht zu denken. Ungefähr zu der Zeit, als ich Adornos Angebot ausschlug, an die Universität Frankfurt zu gehen, sagte ich dem Rowohlt Verlag zu, ein Buch über die Methoden der Demoskopie für die damals sehr erfolgreiche Sachbuchreihe »Rowohlts deutsche Enzyklopädie« zu schreiben. Der Verlag verzweifelte regelrecht, weil ich dafür so lange brauchte. Erst ein Jahrzehnt später, 1963, erschien der Band unter dem Titel »Umfragen in der Massengesellschaft«.

Daß ich dennoch mehr und mehr Kontakt mit den international

führenden Sozialwissenschaftlern auch an den Universitäten aufnehmen konnte, lag wesentlich an der unermüdlichen Energie
und der Organisationskunst Erich Peter Neumanns. 1955 gelang
es ihm durchzusetzen, daß zum ersten Mal auf deutschem Boden
die gemeinsame Tagung des Weltverbandes und des europäischen
Verbandes der Umfrageforscher stattfand. An historischer Stätte,
dem 600 Jahre alten Konzilsgebäude in Konstanz, empfingen wir
viele der führenden Sozialwissenschaftler aus der ganzen Welt.
Unter anderem lernte ich bei dieser Gelegenheit George Gallup
persönlich kennen. Die Veranstaltung stieß damals auf große
öffentliche Aufmerksamkeit. Einer der Besucher war, wie man
heute auf den Fotos sehen kann, Franz Josef Strauß, der mir
damals aber gar nicht auffiel. Lebhafte Erinnerungen habe ich an
das Ende der Veranstaltung. Wir luden die Teilnehmer zu einem
abschließenden Empfang in den Festsaal der Meersburg, die wun-
derschön direkt am Bodensee gelegen ist. Alle waren nach der langen Tagung unvorstellbar hungrig und verschlangen die viel zu
knapp kalkulierten Essensportionen binnen einer halben Stunde.
Getränke standen dagegen sehr reichlich zur Verfügung, also hielten sich die Tagungsteilnehmer an den Meersburger Wein, den sie
in ungeheuren Mengen auf den halbleeren Magen tranken. Und
so endete der Weltkongreß in einem gewaltigen Besäufnis.

Es war auch Erich Peter Neumann, der die Begegnung mit einem
Wissenschaftler herbeiführte, den ich für einen der größten Pio-
niere in der Geschichte der Sozialwissenschaften halte und der im
Laufe der Jahre ein echter Freund wurde: Paul Lazarsfeld. Erich
Peter stöberte leidenschaftlich gerne in Antiquariaten und entdeckte eines Tages im Jahr 1959 ein Buch, das im März 1933 im
S. Hirzel Verlag als fünfter Band einer von Karl Bühler herausgegebenen Reihe mit »psychologischen Monographien« erschienen
war. Der Titel lautete: »Die Arbeitslosen von Marienthal«. Der
Band enthielt den Bericht über eine zwischen 1930 und 1932
durchgeführte Studie in einem südlich von Wien gelegenen Ort,

der wirtschaftlich von einem einzigen Unternehmen, einer Weberei, abhängig gewesen war.

Nachdem die Handweberei zunehmend von maschinellen Webstühlen ersetzt worden war, wurde die Weberei in Marienthal innerhalb kurzer Zeit geschlossen. 80 Prozent der Berufstätigen im Ort wurden arbeitslos. Daraufhin beschloß eine Gruppe von jungen Wissenschaftlern, die an der Universität Wien bei den Psychologie-Professoren Karl und Charlotte Bühler arbeiteten, eine »Sozialenquête« durchzuführen, um die Auswirkungen der Arbeitslosigkeit zu studieren. Sie stützten sich auf Interviews und erfanden neue Beobachtungstechniken. Zum Beispiel versteckten sie sich hinter den Fenstervorhängen von Häusern an der Hauptstraße und zählten die Schrittgeschwindigkeit der Arbeitslosen auf der Straße. Ihre Schritte wurden von Woche zu Woche langsamer. Es wurden über den Ort Marienthal Statistiken aller Art gesammelt, zum Beispiel die Zahl der in der öffentlichen Bibliothek pro Woche entliehenen Bücher, die immer weiter abnahm.

Erich Peter Neumann war begeistert über seinen Fund. Er hatte gerade in Allensbach in dem von ihm begründeten »Verlag für Demoskopie« eine Schriftenreihe eröffnet mit dem Titel »Klassiker der Umfrageforschung«. Nach dem ersten Band, einem Nachdruck des noch in der Weimarer Republik erschienenen Buchs von Siegfried Kracauer »Die Angestellten«, fehlte ihm ein zweiter Band. Die Studie »Marienthal« schien genau zu sein, wonach er suchte. Er fand heraus, daß einer der Verfasser, Paul F. Lazarsfeld, in New York als Professor an der Columbia University lehrte, machte sich auf die Reise in die USA, traf in der Columbia University Lazarsfeld und überredete ihn, ein Vorwort zu einer Neuausgabe des Buches zu schreiben.

Kaum jemand in Europa oder den USA kannte damals die erste Ausgabe von »Marienthal«. Als sie im März 1933 in Leipzig erschien, war Hitler an die Macht gekommen und als ein Buch jüdischer Autoren fiel sie zum größten Teil den Bücherverbrennungen zum Opfer. 1960 erschien nun die Studie in der Reihe »Klassiker der Umfrageforschung« und wurde damit zum ersten Mal der Öffentlichkeit wirklich zugänglich. Als Autoren zeichneten Marie Jahoda, Paul F. Lazarsfeld, Hans Zeisel. Zeisel verfaßte für die Neuausgabe einen Anhang zur Geschichte der Soziographie, also der in Marienthal angewandten Methode der Beobachtung und strukturierten Befragung. Sie beruhte zwar noch nicht auf repräsentativen Stichproben, ist aber dennoch ein direkter Vorläufer der modernen Umfrageforschung.

Man kann sagen, daß der Ruhm, der heute alle drei Autoren, Lazarsfeld, Jahoda und Zeisel, in Deutschland umgibt, zu einem guten Teil auf diese verspätete Veröffentlichung der Marienthal-Studie zurückzuführen ist. Erst dadurch wurde man bei uns auch auf die vielen anderen Pionierarbeiten Lazarsfelds aufmerksam, allen voran seine bis heute unübertroffene Untersuchung des amerikanischen Präsidentschaftswahlkampfes 1940. Später erwarb der Suhrkamp Verlag die Rechte an der Marienthal-Studie. Dort ist sie seitdem in vielen Auflagen erschienen und hat sich tatsächlich zu dem Klassiker entwickelt, als den wir sie schon im Jahr 1960 bezeichneten.

Etwa zwei Jahre nach der Wiederentdeckung des Buches lernte ich Paul Lazarsfeld persönlich kennen. Er war in die Schweiz eingeladen worden, um auf dem Rigi ein Seminar abzuhalten. Von dort aus rief er mich im Allensbacher Institut an – ich arbeitete gerade in der Fragebogenkonferenz – und überredete mich, zum Seminar zu kommen. Als Treffpunkt verabredeten wir den Bahnhof Luzern. Kaum standen wir uns gegenüber, begannen wir ein Gespräch, als hätten wir uns schon immer gekannt. Wir vergaßen vollkommen die Zeit – und entdeckten plötzlich, daß wir über dem Gespräch die Abfahrt der Rigi-Bahn verpaßt hatten, die nur einmal in der Stunde fuhr. Wir beschlossen, den Berg zu Fuß zu ersteigen. Das ging aber langsamer, als wir gedacht hatten – auf halber Höhe nahmen wir die nächste Rigi-Bahn. Oben empfing uns böse seine Frau, Patricia Kendall, und kanzelte ihn ab, warum er so lange weggeblieben sei.

Das war der Beginn einer Freundschaft, die mich wohl mehr als irgendeine andere als Wissenschaftlerin und Wissenschaftsmanagerin beeinflußt hat. Wer heute die Broschüre über das Allensbacher Institut aufschlägt, sieht ein ganzseitiges Porträt von Lazarsfeld und daneben ein Zitat von ihm: »Es gibt keine edlen und unedlen Gegenstände der Forschung.« In einem autobiographischen Text mit dem Titel »An Episode in the History of Social Research: a Memoir« beschreibt Lazarsfeld, wie er und andere junge Forscher Anfang der dreißiger Jahre in Wien zwei Arbeitsschwerpunkte in der empirischen Sozialforschung gehabt hätten: erstens Wahlforschung – sie waren begeisterte Marxisten und wollten herausfinden, wie man Wahlen gewinnt, wie Wahlentscheidungen zustande kommen – und dann zweitens Marktforschung. Sie arbeiteten an der Wiener Universität mit einer Kommilitonin zusammen, die für einen amerikanischen Marktforscher Interviews gemacht hatte, um zu untersuchen, nach welchen Kriterien eine bestimmte Seife gekauft wurde. Ob Wahlentscheidungen oder Entscheidungen für eine bestimmte Seife, für die jungen Forscher handelte es sich darum, Methoden zu entwickeln, um herauszufinden, wie solche Entscheidungen entstanden und welche Motive eine Rolle spielten. Das war gemeint mit dem Satz »Es gibt keine edlen und unedlen Gegenstände der Forschung«. Beides, die Wahl und die Seife, verdienen die gleiche Aufmerksamkeit des Wissenschaftlers. Wir haben uns in Allensbach stets diesen Satz zum Vorbild genommen.

Professor Karl Bühler hatte seinen Schülern, darunter Paul Lazarsfeld, Marie Jahoda und Hans Zeisel, erlaubt, eine »wirtschaftspsychologische Forschungsstelle« zu begründen und dort auch kommerzielle Aufträge anzunehmen, denn von der Universität erhielten sie kein Geld. Alles drehte sich von Anfang an darum, woher man Geld für die empirische Sozialforschung bekommen könnte. In den Universitäten gab es Geld für die medizinische Forschung und Universitätskliniken, es gab Geld für experimentelle Physik und für chemische Laboratorien. Aber für die empirische Sozialforschung gab es kein Geld.

Doch empirische Sozialforschung braucht Geld. Wie die Naturwissenschaften eigene Labore brauchen, braucht sie eigene Institute, um Studien in ausreichender wissenschaftlicher Qualität durchführen zu können. Alle Phasen der Umfragen müssen, sagte Lazarsfeld schon am Anfang der dreißiger Jahre in Wien, unter einem Dach ablaufen. Das sind noch heute, am Anfang des nächsten Jahrhunderts, in weiten Teilen der akademisch verfaßten Umfrageforschung weitgehend unbekannte Grundsätze, aber er hatte recht. Alle Phasen einer Umfrage sind abhängig von den anderen Phasen und müssen darum aufeinander abgestimmt werden. Das geschieht natürlich am besten, wenn alles in *einem* Institut zwar in Arbeitsteilung, aber gleichzeitig so abläuft, daß alle Beteiligten der Untersuchung, vom wissenschaftlichen Leiter bis zu den technischen Administratoren, ständigen direkten Kontakt zueinander haben.

Lazarsfeld träumte davon, ein solches Institut aufzubauen und mit einem gesicherten Budget auszurüsten. Einmal schien es kurze Zeit, als ob die Mittel dafür von der Ford Foundation bewilligt würden, in Palo Alto, ganz nahe bei der Stanford Universität in Kalifornien. Lazarsfeld versuchte, den Gremien, welche die Entscheidung zu treffen hatten, klarzumachen, man brauche ein solches Institut für Forschung und Lehre, ganz besonders auch für die Lehre. Nur jemand, der an mindestens fünfzig Studien in verschiedenen Phasen mitgewirkt habe, beherrsche die Methoden der empirischen Sozialforschung – ganz so, wie es Vorschriften gibt, wie viele Operationen verschiedener Art jemand durchgeführt haben muß, bis er sich »Facharzt für Chirurgie« nennen darf. Aber schließlich fiel die Entscheidung gegen seinen Traum von einem Trainingsinstitut. Beschlossen wurde, ein »Center for Advanced Studies« in Palo Alto zu begründen, in dem exzellenten Wissenschaftlern verschiedener Disziplinen ein einjähriges Studienjahr finanziert wurde. Sie konnten sich frei für ein bestimmtes

Forschungsthema entscheiden und gleichzeitig das Jahr nutzen, um mit Wissenschaftlern anderer Disziplinen zu diskutieren und Freundschaften zu schließen. Soweit ich weiß, betrachtete Lazarsfeld diese Entscheidung gegen das Trainingsinstitut für empirische Sozialforschung als die größte Enttäuschung seines Lebens.

In seinem »Bureau of Applied Social Research« fehlte es immer an Mitteln. Deshalb war es für Lazarsfeld naheliegend, Forschungsaufträge einzuwerben und mit dem Honorar das Bureau zu finanzieren, um so die schmalen Zuwendungen der Columbia University aufzustocken. Aber den graduierten Studenten, den Doktoranden und Post-Docs mißfiel es, an der Auftragsforschung mitarbeiten zu müssen. Dem Satz »Es gibt keine edlen und unedlen Gegenstände der Forschung« konnten sie nichts abgewinnen.

Die Mitglieder des Bureau of Applied Social Research standen in einer gewissen Spannung zu dem Michigan Survey Center an der Universität von Michigan. Dort herrschten die Statistik-Päpste George Katona, Rensis Likert und Angus Campbell, denen es gelungen war, große Etats zur Ausarbeitung von Konjunkturprognosen von den Regierungsbehörden in Washington, D.C. zu gewinnen.

Für das Michigan Survey Center hingegen war Lazarsfelds Bureau of Applied Social Research kein Konkurrent. Die Mischung von qualitativen und quantitativen Methoden – also neben Umfragen auch Tiefeninterviews, Gruppendiskussionen und Beobachtungen, die Lazarsfeld von Anfang an nutzte – schon in der Marienthal-Studie –, die Fülle seiner Ideen, Tiefeninterviews und externe statistische Beobachtungsreihen mit konventionellen Umfragen zu kombinieren, war dem Michigan Survey Center fremd – aber auch seinem Rivalen, dem National Opinion Research Center (NORC) an der Universität von Chicago. An der Universität von Chicago lehrte ich seit 1978 in Abständen von zwei, drei Jahren als Gastprofessorin im Department of Political

Science. Einmal, etwa 1988, fragte ich meine Studenten, wer von ihnen schon von Lazarsfeld gehört hätte. Es meldete sich ein einziger, mein amerikanischer Assistent. Das war etwa ein Jahrzehnt nach dem Tod von Lazarsfeld im Jahr 1976.

Mir schien Lazarsfeld trotz all der Schwierigkeiten und Widerstände, gegen die er in seinem Leben ankämpfen mußte, ein heiterer Mensch zu sein, aber andere sahen ihn nicht so. Robert K. Merton, der große Soziologe, Kollege und Freund, der mit Lazarsfeld zusammen an der Columbia University die empirische Sozialforschung aufgebaut hatte, schrieb mir, das Foto unserer Broschüre sei das schönste Foto von Lazarsfeld, das er kenne.

1968, während der Studentenunruhen, besuchte ich Lazarsfeld in Paris. Er war dort – wie schon öfter – Gastprofessor an der Sorbonne. Ich erinnere mich an die aufgerissenen Pflaster der Pariser Boulevards, die Pflastersteine waren in fünf, sechs Reihen aufgetürmt. Am Place de l'Odéon wogten Massen von Studenten, man hatte das Gefühl, man würde erdrückt. Es war kein Polizist zu sehen. Ich fürchtete mich, man befand sich in einem rechtsfreien Raum, nirgends eine Ordnungsmacht. Wenn eine Panik ausbräche, würde niemand die Menschen halten können. Ich sollte mich nicht fürchten, sagte Lazarsfeld, er werde mich führen. Er zog mich hinein in die Sorbonne und wurde von den Studenten in den Fluren mit Hallo begrüßt. Er erklärte mir, welche Studentengruppen welchen Lagern angehörten. Wir gingen durch die Hörsäle, Lazarsfeld war in seinem Element.

Nach zwei Stunden gingen wir zurück in das Amerika-Haus, wo er wohnte. Ich selbst hatte ein Zimmer in einem kleinen Hotel am Pantheon. Er erzählte mir von den Problemen mit seiner Frau Patricia Kendall, die in Paris stets von einem regelrechten Kaufrausch überfallen werde, so daß er alle Hände voll zu tun habe, um ihre vielen Käufe wieder rückgängig zu machen. Im übrigen arbeitete er an seinem »Memoir«. Ich saß in seinem großen Arbeitszimmer in einem tiefen Sessel und hörte zu, wie er seinen Text diktierte. Er sagte mir, er habe sich zweierlei vorge-

211

nommen. Erstens wollte er beschreiben, wie Sozialforschungs-
institute sich in amerikanischen Universitäten ausbreiteten, und
zweitens, wie sich ein neuer Forschungsstil entwickelte, den man
zunehmend in amerikanischen Universitäten antreffe.

Das meinte er nicht nur positiv. Er sah sich als Außenseiter, als
Europäer, der Englisch mit schwerem Akzent sprach. Seine Phantasie, seine Kreativität, seine Aktivität übertraf seine Umwelt bei
weitem – für mich bestand kein Zweifel, daß er in Europa glücklicher war als in Amerika. Viele Jahre später sagte mir Robert K.
Merton, er könne das nicht glauben, und betonte die Dankbarkeit,
die Lazarsfeld empfunden habe, daß Amerika ihn, den Sozialisten
und Juden, aufgenommen habe. Man wird das so viele Jahre später nicht mehr klären können, aber ich meine noch immer, daß
Dankbarkeit und das Gefühl, kulturell und intellektuell zu Hause
zu sein, zwei verschiedene Dinge sind.

Sicher ist, daß Lazarsfeld mit seiner Unkonventionalität und Ori-
ginalität nicht in den Mainstream der amerikanischen Sozialforschung paßte, der sich in den sechziger Jahren mehr und mehr
durchsetzte. Mitten in das Diktat zu dem »Memoir« platzte ein
Anruf aus New York. In der Columbia University sei ebenfalls eine
Studentenrevolte ausgebrochen, seine Mitarbeiter könnten mit
den Studenten nicht fertigwerden und verlangten seine Rückkehr.
So reiste Lazarsfeld unmittelbar nach meinem Besuch aus Paris
ab.

Wenige Tage zuvor hatten wir noch an einem schönen Abend, weit
von der Sorbonne entfernt, in einem Straßencafé gesessen. Ich
fragte Lazarsfeld, ob er mir mit einem Bild beschreiben könne,
wie er sein Leben sehe. »Ich versuche es«, sagte er und beschrieb:
»Ich drücke mich in eine Sandkuhle, um mich zu verbergen, und
über mich hinweg fliegen die Geschosse.«

Zum letzten Mal habe ich Lazarsfeld 1974 gesehen, bei einem vom
Österreichischen Rundfunk in Salzburg veranstalteten »Humanis-
mus-Gespräch« zum Thema »Die elektronische Revolution. Wie
gefährlich sind die Massenmedien?«. Teilnehmer an diesem

Gespräch waren unter anderen Arnold Gehlen, Niklas Luhmann, Hermann Lübbe, Karl Steinbuch und eben Lazarsfeld.

Lazarsfeld und ich verwickelten uns in eine Diskussion, ob die Massenmedien nur Einstellungen verstärken könnten, also die damals modische »Verstärker-Hypothese«, oder ob sie auch, wovon ich überzeugt war, Einstellungen verändern könnten. Paul Lazarsfeld hatte sich schon 1949 der »Verstärker-Hypothese« angeschlossen und begründete das mit der These der selektiven Wahrnehmung, wonach die Menschen nur das wahrnehmen, was ohnehin ihren bestehenden Einstellungen entspräche: Menschen wollten ihre Einstellungen festhalten und verteidigen, weil sie andernfalls ihre Freunde verlieren würden. Ich widersprach: Menschen leben nicht isoliert, sie leben in Cliquen. Wenn der Meinungsführer der Cliquen seine Einstellung – vielleicht unter dem Eindruck des Tenors der Massenmedien – ändert, reißt er die übrigen Mitglieder seiner Clique zu der neuen Einstellung mit. Niemand brauche zu fürchten, daß er bei einer Meinungs- änderung das Kostbarste verliert, was er hat, seine sozialen Bezie- hungen, wenn er mit der Clique zusammen seine Einstellung ändert. »Bisher habe ich das so nicht gesehen«, sagte Lazarsfeld zu mir, »aber vielleicht hast du recht.« – Es klang merkwürdig trau- rig, so, als ob er am Ende seines Lebens als Wissenschaftler ange- kommen sei und spürte, daß es von nun an ohne ihn weitergehen würde.

Erst Jahrzehnte später habe ich verstanden, wie sehr ich in all den Jahren immerzu an das Ziel dachte, zu dem Lazarsfeld in Wien am Anfang der dreißiger Jahre aufgebrochen war: die Verankerung der empirischen Sozialforschung an den Universitäten. Empiri- sche Sozialforschung als wissenschaftliche Disziplin hat keine Chance, wenn sie zwar als Gewerbe betrieben wird, aber nicht im Geiste der Universität als Forschung und Lehre.

Von Berlin nach Mainz

Mein eigener Weg an die Universität begann, wie vieles in meinem Leben, eher zufällig und auf Umwegen. Die ersten Schritte dazu unternahm der vormalige Intendant des Süddeutschen Rundfunks Fritz Eberhard. Eberhard, 1896 geboren, hieß eigentlich Helmut von Rauschenplat. Er war bereits in den zwanziger Jahren der SPD beigetreten, ging nach der Machtübernahme der Nazis 1933 in den Untergrund und nahm hierbei seinen späteren Namen an. 1937 floh er nach London, kehrte 1945 zurück und wurde ein Jahr später in den Landtag von Württemberg-Baden in Stuttgart gewählt. 1948/49 gehörte er dem parlamentarischen Rat an und wurde schließlich 1949 Intendant des Süddeutschen Rundfunks (SDR). In dieser Eigenschaft lernte ich ihn Anfang der fünfziger Jahre kennen. Seit 1949 machte das Allensbacher Institut Hörerforschung für den Nordwestdeutschen Rundfunk (NWDR) in Hamburg, doch bereits nach wenigen Jahren jagte uns das Ehepaar Ernst, das in München eine Forschungsstelle gegründet hatte, aus der später das Institut Infratest hervorging, diesen Auftrag ab.

Kaum hatten wir den Auftrag des NWDR verloren, beauftragte uns Fritz Eberhard mit Hörerforschung für den SDR. Im Laufe der folgenden Jahre entstanden 33 Untersuchungen, darunter zahlreiche Stichtagsbefragungen, die Vorläufer der heutigen Einschaltquoten-Messungen. Dazu legten die Interviewer den Befragten eine vollständige Liste des am Vortag gesendeten Radioprogramms vor und fragten zu jeder aufgeführten Sendung, ob der Befragte sie gehört habe oder nicht. Auf diese Weise erhielt man Informationen über die Radionutzung im Tagesverlauf und den Erfolg oder Mißerfolg bestimmter Sendeformen.

Zumindest in einem Fall wirkten sich unsere Forschungsergebnisse direkt im Programm des SDR aus: 1953 beklagten sich auffallend viele Hörer darüber, daß der Süddeutsche Rundfunk leichte Unterhaltungsmusik vor allem zu Zeiten sende, an denen die meisten Nutzer keine Zeit zum Zuhören hatten. Der Sender hatte die bereits Ende der zwanziger Jahre von Lazarsfeld bei der ersten Radiohörer-Studie für die Wiener »Radioverkehrs-AG« entdeckte Regel verletzt, daß die von der Arbeit heimkehrenden Radiohörer den Abend nicht mit schwerer Kost wie Bildungsprogrammen oder klassischer Musik beginnen, sondern sich zuerst bei leichter Musik entspannen wollten. Aufgrund unserer Umfrageergebnisse beschloß der SDR, das Programm seines Hauptsenders umzustellen. Die Bildungsprogramme um 20 Uhr wurden um eine Stunde nach hinten verschoben, zwischen 20 und 21 Uhr wurde statt dessen leichte Unterhaltungsmusik gesendet. Erstaunt stellte der Sender fest, daß nicht nur die Zufriedenheit der Hörer mit dem Programm deutlich zunahm, sondern daß auch die in den späteren Abend verschobenen Bildungsprogramme mehr Zuhörer bekamen als vor der Programmreform. Nach Ende der beliebten Unterhaltungssendung ließ ein nicht unwesentlicher Teil der Hörer das Gerät eingeschaltet, wenn die anspruchsvolleren Programme begannen. Die Unterhaltung hatte die Bildung also nicht an den Rand gedrängt, sondern im Gegenteil die Aufmerksamkeit auf sie gelenkt.

Unsere Zusammenarbeit endete im Jahr 1958, als es Hans Bausch gelang, Fritz Eberhard in einem Überraschungscoup als Intendant des SDR zu stürzen. Eberhard war deprimiert und wußte nicht recht, was er nun mit seiner Zeit anfangen sollte. Ich schlug ihm vor, er könne doch ein Buch über die wichtigsten Ergebnisse unserer gemeinsamen Hörerforschung in den vorangegangenen Jahren schreiben. Tatsächlich folgte er dieser Anregung, und 1962 erschien »Der Rundfunkhörer und sein Programm«. Dieses Buch wiederum führte dazu, daß Eberhard als Honorarprofessor für Publizistik an die Freie Universität in Berlin berufen wurde, wo er die Position des Institutsdirektors und damit die Nachfolge meines Lehrers Emil Dovifat übernahm. Gleich am Anfang seiner Tätigkeit an der Freien Universität überredete er mich, dort regelmäßig Lehrveranstaltungen über die Methoden der Demoskopie zu halten.

Nun fuhr ich also alle zwei Wochen nach Berlin und brachte dort die Wochenenden zu, um mich auf meine Vorlesung vorzubereiten, die jeweils am Montag stattfand. Eines Tages sah ich, daß in der letzten Reihe des Hörsaals ein sehr schlanker, hochgewachsener Mann stand. Nach dem Ende der Vorlesung stellte er sich mir als Hadley Cantril vor. Cantril war Sozialpsychologe und einer der großen Gründer der modernen Umfrageforschung. Bereits in den dreißiger Jahren hatte er an der Princeton University mit Gallup zusammengearbeitet. Berühmt wurde er im Jahr 1940 mit einer Untersuchung über die Folgen des Hörspiels »The Invasion from Mars« von Orson Welles. Cantril war der erste Umfrageforscher, der in der Politikberatung aktiv war – viele Jahre hindurch beriet er den amerikanischen Präsidenten Franklin D. Roosevelt. Vor allem aber bewunderte ich ihn für sein 1944 erschienenes Buch »Gauging Public Opinion«, in dem er viele Anwendungsmöglichkeiten der Methode der »gegabelten Befragung« beschrieb, mit der man in Repräsentativumfragen sozialpsychologische und methodische Experimente einbauen kann. Dieser unter Sozialforschern berühmte Mann besuchte nun meine Vorlesung über die Methoden der Demoskopie und sagte mir hinterher: »Ich wünschte, ich hätte als Student solche Vorlesungen hören können.« Darauf bin ich bis heute ein wenig stolz.

1963 nahm Fritz Eberhard einen Anlauf, mich als Honorarprofessorin durch die philosophische Fakultät der Freien Universität Berlin ernennen zu lassen. Er scheiterte mit diesem Versuch wohl unter anderem deswegen, weil Ludwig von Friedeburg, der inzwischen in Berlin Professor geworden war, sich leidenschaftlich gegen meine Ernennung aussprach. Dabei soll er, wie mir später von Teilnehmern der entscheidenden Sitzung berichtet wurde, behauptet haben, ich hätte schon an fünf verschiedenen Universitäten vergeblich versucht, Honorarprofessor zu werden. Wenn er das wirklich gesagt hat, kann es nur wider besseres Wissen gewesen sein, denn ich war ja, wie er auch aus eigener Anschauung wußte, vollauf mit dem Allensbacher Institut beschäftigt und hatte anderes zu tun, als mich in die Universität hineinzudrängen. Zerknirscht teilte mir Eberhard mit, daß die Ernennung zur Honorarprofessorin mißlungen sei und er sei sich leider ganz sicher, daß ich nun meine Lehrtätigkeit an der FU Berlin einstellen würde, ja aus Gründen der Selbstachtung einstellen müßte. Ich konnte seine Niedergeschlagenheit überhaupt nicht verstehen, denn ich hatte ja ohnehin nicht das Ziel, Professorin zu werden.

Aber inzwischen hatten sich längst die Ereignisse überschlagen. Kurz vorher, im Februar 1963, wurde ich von der Universität Mainz aus angerufen mit der Bitte, ich möchte doch einmal auf dem Rückweg von Berlin nach Allensbach in Frankfurt haltmachen. Erich Welter, mein früherer Redaktionsleiter bei der Frankfurter Zeitung, inzwischen Gründungsherausgeber der Frankfurter Allgemeinen Zeitung und Professor für Volkswirtschaftslehre in Mainz, wolle mich sprechen, und bald darauf trafen wir uns am Frankfurter Flughafen. Welter lud mich ein, vor der Fakultät für Recht und Wirtschaft der Universität Mainz einen Vortrag zu halten, der im Rahmen einer Vortragsreihe stattfinden sollte. Ich sagte zu, nahm die Sache aber nicht sehr ernst.

Monate später, an dem Wochenende vor dem Vortrag, wurde ich krank. Deswegen fuhr ich nicht, wie ursprünglich geplant, nach Berlin, sondern blieb zu Hause und nutzte die Zeit, um an meinem Mainzer Vortrag zu schreiben, den ich auf diese Weise wesentlich gründlicher vorbereitete, als ich es mir eigentlich vorgenommen hatte. Am darauffolgenden Dienstag hielt ich den Vortrag. Sein Titel lautete: »Über den Fortschritt der Publizistikwissenschaft durch Anwendung empirischer Forschungsmethoden«. Er behandelte ein Thema, das mich bereits seit längerer Zeit beschäftigt hatte. Die Publizistikwissenschaft – oder, wie sie noch oft genannt wurde, »Zeitungswissenschaft« – war bis zu diesem Zeitpunkt eine fast ausschließlich beschreibende Wissenschaft in

Deutschland geblieben. Wie in meiner Studienzeit in den dreißiger Jahren wurde systematisch der Inhalt von Zeitungen definiert, die verschiedenen journalistischen Stilformen besprochen, die Geschichte der Zeitung und des Rundfunks behandelt und Fragen journalistischer Ethik erörtert.

Der Frage, welche Wirkung Zeitungen und Rundfunk auf die Meinungsbildung der Bevölkerung hätten, wurde allenfalls theoretisch, philosophisch nachgegangen. Mir aber war seit langem bewußt, daß wir mit der Demoskopie eine Methode hatten, mit der sich die Wirkung der Massenmedien ganz anders untersuchen ließ. Mit den Umfragen konnten wir zum ersten Mal wirklich messen, wie die Bevölkerung auf den Medieninhalt reagierte. Lazarsfeld hatte in Amerika in seiner berühmten Wahlstudie »The People's Choice« schon mehr als 20 Jahre zuvor, im Jahr 1940, damit begonnen, die Medienwirkung empirisch – das heißt durch beobachtende Methoden und durch Befragungen – zu untersuchen. Seine Forschungsergebnisse waren noch unbefriedigend, teilweise sogar irreführend, doch es war klar, daß nur durch die Umfrageforschung die Rolle der Medien in der Gesellschaft wirklich würde verstanden werden können.

Als ich den Vortrag beendet hatte, erhielt ich lebhaften Applaus. Erich Welter dankte mir mit einem enthusiastischen »fabelhaft« und fragte: »Können Sie in einer Stunde wiederkommen?« Ich verstand gar nicht, was das Ganze eigentlich sollte, aber ich folgte seiner Bitte und verließ den Saal. Als ich nach einer Stunde zurückkehrte, eröffnete mir der Dekan Karl Partsch, es habe sich bei meinem Vortrag in Wirklichkeit um ein »Vorsingen« gehandelt. Die Fakultät habe einen geeigneten Kandidaten für einen neu errichteten Lehrstuhl für Publizistik gesucht und eben beschlossen, eine Berufungsliste zu erstellen, auf der nur ein einziger, nämlich mein Name stünde. »Unico loco« ist der lateinische Begriff dafür, ein ganz außergewöhnlicher Vorgang.

Normalerweise stehen auf Berufungslisten drei Namen, unter denen der für die Berufung zuständige Minister auswählen kann, wobei meistens der an erster Stelle stehende Kandidat den Ruf erhält. Habilitierte in Publizistikwissenschaft gab es damals praktisch nicht, so daß die Regel, Professorenstellen nur durch Personen zu besetzen, die über diese formale Qualifikation verfügen, keine Rolle spielte. Mein Buch »Umfragen in der Massengesellschaft. Einführung in die Methoden der Demoskopie«, das gerade erschienen war, wurde als habilitationsgleiche Leistung gewertet.

Ich wußte, daß ich das Allensbacher Institut gefährden würde, wenn ich die Leitung aufgäbe, um die Professur in Mainz anzunehmen, also stellte ich die Bedingung, daß ich nur dann den Lehrstuhl übernehmen könnte, wenn ich dafür nicht die Institutsleitung aufgeben müßte. Ich stellte mir vor, die Vorlesungen in Mainz ähnlich wie meine bisherige Lehrtätigkeit in Berlin organisieren zu können, also mit vergleichsweise geringem Zeitaufwand. Daß ich mich dabei über die vielfältigen Verpflichtungen und Belastungen eines Professors sehr täuschte, fand ich erst viel später heraus.

Helmut Kohl

Allerdings war mit dem für mich überraschenden Beschluß der rechts- und wirtschaftswissenschaftlichen Fakultät, mir den Lehrstuhl für Publizistik anzubieten, mein Weg an die Universität Mainz noch lange nicht geebnet. Es stellte sich nämlich heraus, daß der Lehrstuhl, für den ich vorgesehen war, eine besondere Vorgeschichte hatte, die dazu führte, daß ich trotz der »unico loco«-Berufungsliste vorerst nicht berufen wurde. Der Grund dafür lag in der Freundschaft zwischen dem damaligen Kultusminister von Rheinland-Pfalz, Eduard Orth, der auch für Berufungen auf Universitäts-Lehrstühle zuständig war, und dem Chefredakteur der Allgemeinen Zeitung in Mainz, Heinrich Tötter. Orth war während des Zweiten Weltkriegs in Brüssel gewesen und hatte sich dort mit Tötter, der in dieser Zeit Chefredakteur der deutschsprachigen Brüsseler Zeitung war, angefreundet.

Nachdem er 1956 Kultusminister in Rheinland-Pfalz geworden war, eröffnete Orth seinem Freund Tötter die Perspektive, ihn als Professor für Publizistik an die Universität Mainz zu berufen. Ab 1960 lehrte Tötter dort auch als Dozent, aber nicht mit dem Rang eines Professors. Um der Universität den Plan, Tötter auf einen Lehrstuhl zu berufen, schmackhaft zu machen, bot Orth der philosophischen Fakultät die Einrichtung von fünf neuen Lehrstühlen an, wenn sie dann auch einen sechsten für den im Zeitungswesen so erfahrenen Tötter einrichten würde. Die philosophische Fakultät ging scheinbar auf den Plan ein und besetzte die fünf Lehrstühle. Danach aber teilte der Dekan dem Minister mit, für den geplanten sechsten Lehrstuhl gebe es keinen Bedarf.

In dieser Situation erkannte Erich Welter die Chance, den geplanten Lehrstuhl für Publizistik statt an der philosophischen an seiner eigenen, der rechts- und wirtschaftswissenschaftlichen Fakultät einzurichten. Orth stimmte dem Plan zu und bat um eine entsprechende Berufungsliste, die natürlich den Namen Tötter enthalten sollte. Doch auch Welter hatte kein Interesse an einer Berufung Tötters. Statt dessen überrumpelte er mich mit der Einladung zu einem Vortrag, der sich, wie beschrieben, als Probevortrag für die Besetzung eben dieses Lehrstuhls herausstellte, den Orth eigens für seinen Freund Tötter hatte einrichten wollen. Man kann sich leicht vorstellen, wie der Kultusminister reagierte, als er den »unico loco«-Berufungsvorschlag mit nur meinem Namen erhielt: Er berief nicht.

Ein Jahr hindurch geschah nichts. Dann setzten sich die Spitzen der rechts- und wirtschaftswissenschaftlichen Fakultät zusammen und berieten, wie man aus dieser Situation wieder herauskommen könnte. Sie kamen zu dem Schluß, daß nur ein junger Politiker namens Helmut Kohl dieses Problem lösen könne. Kohl war damals 33 Jahre alt und hauptberuflich Referent des Industrieverbands Chemie in Ludwigshafen. Darüber hinaus war er kurz vorher, 1963, zum Vorsitzenden der CDU-Fraktion im Mainzer Landtag gewählt worden. Welter bat mich, mich doch zu einem Gespräch mit Kohl zu verabreden. Ich hatte von Kohl noch nie etwas gehört, hatte aber nichts dagegen, den Wunsch Welters und des Dekans Partsch zu erfüllen. Irgendwie ließ ich all diese merkwürdigen Ereignisse weitgehend willenlos über mich ergehen.

So traf ich mich also mit Kohl in seinem Büro in Ludwigshafen, ganz in der Nähe der BASF. Wir unterhielten uns sofort blendend über die verschiedensten politischen Themen. Es wird oft behauptet, Kohl sei kein guter Zuhörer. Meinen Erfahrungen entspricht das nicht. Es entwickelte sich eine intensive Diskussion, die schließlich sechs Stunden dauerte. Kohl hatte seinen großen Hund mitgebracht, der die meiste Zeit neben uns lag. Ab und zu rief er ihm zu: »Igo, faß den Soz!« Ich fragte nicht nach, nehme aber an, daß damit die Sozialdemokraten gemeint waren. Igo blieb unbeeindruckt. Erst ganz am Ende unseres Gespräches erörterten wir die Situation an der Universität Mainz. Schließlich sagte Kohl, das Problem werde sich schon lösen lassen. Er werde einen Termin ausmachen, an dem er, Kohl, und ich gemeinsam den Kultusminister Orth besuchen würden. Der Termin werde voraussichtlich vormittags sein. In diesem Fall müsse ich ihm einen Gefallen tun: Wenn der Minister uns Weißwein anbiete, dürfe ich mich nicht zieren, sondern müsse das Angebot annehmen und mitten am Vormittag Weißwein trinken.

So kam es. Ich sehe uns noch über den Hof vor dem Kultusministerium gehen, wo es ein sehr nettes Glockenspiel gab. Dann wurden wir empfangen. Orth bat uns, an einem Holztisch Platz zu nehmen, einem der typischen Bürotische, die nur in Behörden zu existieren scheinen. Und tatsächlich wurde sofort Weißwein aufgefahren. Also tranken Kohl, Orth und ich tüchtig Weißwein und unterhielten uns über alle möglichen Themen. Von dem Lehrstuhl sprachen wir nicht. Nach etwa einer Stunde sagte Orth zu Kohl: »Also, ich berufe.«

Im Dezember 1965 hielt ich meine Antrittsvorlesung über das Thema »Öffentliche Meinung und soziale Kontrolle«. Über den Hintergrund dieser Themenwahl wird unten noch berichtet werden. Diese Antrittsvorlesung bildete das Fundament meiner bis in die Gegenwart fortgesetzten Forschungs- und Lehrtätigkeit zum Thema Theorie der öffentlichen Meinung. Die Lehrtätigkeit nahm ich bereits ein Jahr vor der offiziellen Antrittsvorlesung auf. In meinem ersten Seminar im Wintersemester 1964/65 saßen unter den rund 25 Teilnehmern zwei Anfangssemester – laut noch erhaltener Anwesenheitsliste – nebeneinander: Hans Mathias Kepplinger und Jürgen Wilke. An meinem ersten Vorlesungstag in Mainz traf ich also bereits mit diesen beiden Freunden zusammen, die später meine Arbeit an der Universität außerordentlich erfolgreich fortsetzen sollten. Beide sind heute Professoren am von mir ab 1968 aufgebauten Institut für Publizistik der Universität Mainz und leiten abwechselnd das Institut, das heute zu den angesehensten und erfolgreichsten kommunikationswissenschaftlichen Einrichtungen weltweit zählt.

Mir scheint es aus zwei Gründen lohnend zu sein, meine Berufung an die Universität Mainz so ausführlich zu schildern. Zum einen bietet sie Einblick in Vorgänge, die den meisten Menschen normalerweise verborgen bleiben. Ich nehme an, daß man sich die Berufung eines Universitätsprofessors gemeinhin erheblich anders vorstellt als hier geschildert. Daß ich meine Professur an der Universität Mainz – unter anderem – der Hilfe von Helmut Kohl und meiner Bereitschaft, vormittags Weißwein zu trinken, verdanke, konnten sich selbst meine erbittertsten Gegner nicht vorstellen. Als kürzlich Manfred Knoche, der in den siebziger Jahren einer der Anführer der Studentenrevolte gegen mich gewesen war, von der Geschichte erfuhr, rief er aus: »Also, wenn wir *das* gewußt hätten ...« Anscheinend trauerte er noch immer ein wenig der damals verpaßten Gelegenheit nach, mein Ansehen und das der Universität in der Öffentlichkeit zu beschädigen.

Zweitens halte ich diese Geschichte für aufschlußreich, weil sie den Beginn meiner Freundschaft mit Helmut Kohl beschreibt. Es ist oft gemutmaßt worden, meine Nähe zu Kohl sei Ausdruck eines Machtkalküls oder einer Neigung von mir, die Nähe der Mächtigen zu suchen. Oder es wurde behauptet, sie sei ein Kennzeichen für eine parteipolitische Bindung und damit einer Parteilichkeit des Allensbacher Instituts. Letzteres hätte ich allein schon aus Verantwortung gegenüber dem Institut niemals zugelassen: Die Glaubwürdigkeit eines Umfrageinstituts steht und fällt mit seiner parteipolitischen Unabhängigkeit. Auch die Qualität der Umfragen ist besser, je mehr Distanz zwischen dem mit politischer Forschung befaßten Umfrageinstitut und den Parteien existiert.

Unter anderem deswegen haben wir auch im Laufe der Jahrzehnte – anders als oft behauptet wird – nur wenige Umfragen im Auftrag der CDU durchgeführt. Der Löwenanteil der von den Unionsparteien in Auftrag gegebenen Umfrageforschung entfällt auf andere Institute. Daß ich Kohl über Jahrzehnte hinweg seit Mitte der sechziger Jahre beraten habe, hat wenig mit seiner Partei und dem Umstand zu tun, daß er bald nach unserer ersten Begegnung zu einem der wichtigsten Politiker der Bundesrepublik Deutschland aufstieg und schließlich Bundeskanzler wurde.

Kohl hatte, wie Adenauer, ein unglaublich gutes Gespür für die Stimmung in der Bevölkerung. Mehrere Jahre spielte er bei unserem Instituts-Toto mit. Dabei wählen wir aus unseren monatlichen Umfragen eine Frage aus, die noch nie zuvor gestellt worden ist. Alle Mitarbeiter des Instituts sowie Freunde und Gäste tippen, wie die Bevölkerung auf diese Frage antworten wird. Wer mit seiner Schätzung am besten liegt, erhält einen kleinen Geldgewinn. In den Jahren, in denen sich Kohl an diesem internen Spiel beteiligte, lag er immer an der Spitze. Selbstverständlich gewann er nicht bei jeder einzelnen dieser Toto-Runden, doch wenn wir am Ende eines Jahres ausrechneten, wer durchschnittlich, über das ganze Jahr verteilt, die besten Voraussagen gemacht hatte, stellte sich immer heraus, daß Kohls Schätzungen den tatsächlichen Ergebnissen am nächsten gekommen waren.

Eines Tages, es war relativ kurz nach der Bundestagswahl des Jahres 1972, bei der die SPD unter Bundeskanzler Willy Brandt deutlich gewonnen hatte und zum ersten Mal in der Geschichte der Bundesrepublik Deutschland stärkste Kraft im Bundestag geworden war, traf ich Kohl bei einer Einladung in Mainz. Ich fragte ihn, wie denn seiner Meinung nach die nächste Bundestagswahl im Jahr 1976 ausgehen werde. Er schrieb mir seinen Wahltip auf einen kleinen Zettel. Es war fast exakt das Ergebnis, das zweieinhalb Jahre später tatsächlich eintrat. Viele Jahre habe ich diesen Zettel als Dokument der außerordentlichen Begabung Kohls, die Stimmung in der Bevölkerung einzuschätzen und zukünftige Situationen vorauszusehen, aufbewahrt, bis er mir vor wenigen Jahren mitsamt meiner Handtasche in einem Hotel in Berlin gestohlen wurde.

Seit jener Zeit in den siebziger Jahren habe ich oft den Eindruck gehabt, daß die Fähigkeit, das künftige Meinungsklima in der Bevölkerung zu prognostizieren, eine wichtige Eigenschaft erfolgreicher Politiker sein muß. Wer die zukünftige gesellschaftliche Entwicklung voraussehen kann, ist seiner Umgebung insofern um einen wichtigen Schritt voraus, als daß er sein Handeln längerfristig anlegen kann als diejenigen, die stets auf das Meinungsklima der Gegenwart reagieren. Vielleicht lag es auch hieran, daß Kohl auf seine Zeitgenossen – vor allem auf seine Gegner – oft unzeitgemäß wirkte und dennoch letztlich oft recht behielt. Das deutlichste Beispiel hierfür ist die deutsche Einheit, die Kohl bereits zu einem Zeitpunkt entschlossen vorantrieb, als es in der veröffentlichten Meinung noch zum guten Ton gehörte zu betonen, die Wiedervereinigung Deutschlands stünde »nicht auf der Tagesordnung« der Politik.

Ich glaube, Kohl hatte immer den Eindruck, er könne sich auf meinen Rat verlassen, vielleicht gerade weil es der Rat einer Freundin war, die stets unabhängig von seiner Partei war. Im Sommer 1982 erzählte ich ihm bei irgendeiner Gelegenheit, daß ich im Herbst desselben Jahres für ein sogenanntes Trimester, rund drei Monate, als Gastprofessorin an die Universität Chicago gehen würde, wie ich es auch schon einige Jahre zuvor getan hatte. Wie elektrisiert fuhr er mich an: »Wann genau ist das?« Ich sagte: »Im Oktober.« »Das geht nicht«, sagte er, als könne er über meine Planung bestimmen. »Im Oktober brauche ich Sie hier in Deutschland.« Etwas eingeschüchtert erklärte ich ihm, daß die Universität Chicago eine hochrangige und stolze Organisation sei, die man nicht einfach versetzen könnte. Allenfalls ließe sich mein Aufenthalt um ein Trimester verschieben. »Wann müßten Sie dann fahren?«, fragte er. Ich antwortete: »Im März 1983.« »Dann können Sie fahren«, sagte Kohl. Es war, als hätte er den gesamten weiteren Verlauf des Jahres 1982 schon im Kopf gehabt: den Bruch der sozialliberalen Koalition im September, seine Wahl zum Bundeskanzler am 1. Oktober und der darauffolgende schwere Wahlkampf zur vorgezogenen Bundestagswahl am 6. März, für den er meinen Rat benötigte.

Eine weitere bemerkenswerte Eigenschaft Kohls ist sein Mut. Auch dies hat er mit Adenauer gemeinsam. Ich habe nie erlebt, daß er in irgendeiner Situation ängstlich oder zaudernd gewirkt hätte. Und er ist ungeduldig mit Menschen, die ihn langweilen. Mehrmals gehörte ich seiner Wahlberatungskommission an. Ob, wie oft behauptet wird, der berühmte Wahlslogan »Freiheit statt Sozialismus« aus dem Jahr 1976 ursprünglich von mir vorgeschlagen worden ist, weiß ich nicht mehr. Auf jeden Fall haben wir ihn in Allensbach getestet.

Lebhaft erinnere ich mich dagegen an die Diskussionen im Vorfeld des Wahlkampfes 1987. Neben mir saß der noch unverletzte Wolfgang Schäuble. Er war eindeutig der beste Kopf in diesem Kreis. Wann immer er den Raum verließ, wurde die Atmosphäre spannungslos und viel Unsinn geredet. Es gab da einen Mann, der in der Hierarchie der CDU eine wichtige Rolle spielte und dazu neigte, sich lange über Vorschläge zu verbreiten, von denen auf den ersten Blick erkennbar war, daß sie nicht gut, daß sie langweilig waren. Kohl machte es sichtlich Mühe, in dieser Runde dabei zu sein. Wann immer möglich, versuchte er, unter einem Vorwand wegzugehen.

Zumindest einmal habe ich Kohl in dieser Wahlkampfberatungskommission einen schlechten Rat gegeben. Im Jahr 1986 war die Stimmung für die Bundesregierung unter Kohl in der Bevölkerung sehr günstig. Daher riet ich, für die Bundestagswahl, die im Januar 1987 stattfinden sollte, den Wahlkampfslogan »Weiter so« zu verwenden. Dabei unterschätzte ich, wie leicht dieses Werbemotto gleichsam umgedreht und als höhnische Etikettierung gegen die Regierung verwendet werden konnte. Die Unionsparteien folgten meinem Rat und gerieten im Wahlkampf in unerwartete Probleme, nicht nur, aber wohl auch wegen des Wahlkampfslogans.

Eine Eigenschaft, die mir an Kohl bereits von Anfang an auffiel, ist sein eigenartig direkter, manchmal polternder, aber durchaus humorvoller Umgang mit anderen Menschen. Mitte der siebziger Jahre, als sich abzeichnete, daß er als Oppositionsführer nach Bonn gehen würde, rief er Bernhard Vogel in meiner Gegenwart zu: »Hast du schon den schwarzen Anzug gebürstet?« Das war seine Art der Vorwarnung. Tatsächlich folgte Vogel Kohl im Amt des Ministerpräsidenten von Rheinland-Pfalz nach. Vogel war bereits 1967 als Nachfolger Eduard Orths Kultusminister in Rheinland-Pfalz geworden. Zu ihm hatte ich bald ein ähnlich vertrauensvolles und freundschaftliches Verhältnis wie zu Kohl.

Obwohl ich seit meiner Bekanntschaft mit Carlo Schmid immer führenden Politikern der Bundesrepublik Deutschland nahestand, bin ich nie in die Versuchung geraten, einer Partei beizutreten und in die Politik zu wechseln. Immer deutlicher begriff ich in den sechziger Jahren den Unterschied in der Anlage, in den Wesenszügen des Politikers und des Wissenschaftlers. Der Politiker will überzeugen und seine Überzeugungen in politisches Handeln umsetzen. Der Wissenschaftler ist dagegen erfüllt von der

Leidenschaft zur Erkenntnis. Nichts kann ihn bewegen, eine Erkenntnis zu unterdrücken oder umzufunktionieren, um damit eine politische Position zu stärken. Diese beiden Lebensaufgaben sind unverträglich miteinander, und sie waren es wohl in den siebziger und achtziger Jahren noch stärker als heute. Man mußte erkennen, was den eigenen Anlagen nach das Wichtigere ist. Für mich war die Sache inzwischen klar. Ich war Wissenschaftlerin.

Der Aufbau des Instituts für Publizistik

Der Vollständigkeit halber soll an dieser Stelle noch über den Fortgang der Ereignisse an der Universität Mainz nach meiner Berufung zur Professorin für Publizistik berichtet werden, denn sie geben auch Auskunft über die Entwicklung des Faches, das heute, inzwischen meistens unter dem Namen Kommunikationswissenschaft, ein fester Bestandteil des Lehrangebots vieler Universitäten ist, damals aber noch, wie bereits angedeutet, ein Schattendasein führte. An einem meiner ersten Tage als Professorin wurde ich vom Dekan Partsch in die Fachbibliothek der rechts- und wirtschaftswissenschaftlichen Fakultät geführt. Man zeigte mir drei Bücher, die dort in einem Regal standen, und sagte mir: »Das ist alles, was wir über Ihr Fach haben.« Mir wurde klar, daß es kaum Lehrbücher zur Publizistik gab, und die wenigen, die existierten, waren aus meiner Sicht veraltet, wie etwa Dovifats Zeitungslehre, die schon ich als Studentin benutzt hatte und in der natürlich nichts über die neuen Erkenntnisse der Medienwirkungsforschung stand, die nun mit Hilfe empirischer Forschungsmethoden gewonnen wurden.
Ich stellte fest, daß – wenn ich in der Lehre auf geeignete Literatur zurückgreifen wollte – ich diese Literatur selbst schreiben mußte. So entstand bald der Plan für ein Publizistik-Lexikon, das

1971 im Fischer Taschenbuch Verlag erschien und das neben den für ein solches Buch selbstverständlichen Artikeln über Zeitungen, Film, Fernsehen, journalistische Stilformen, Propaganda und Presserecht auch Stichwörter enthielt wie »Inhaltsanalyse« oder »Methoden der Publizistikwissenschaft«.

Die Beiträge schrieben unter anderem Winfried Schulz, der damals mein Assistent in Mainz war und zuletzt an der Universität in Nürnberg-Erlangen lehrte, Fritz Eberhard, Kurt Reumann, der später bei der FAZ für die Berichterstattung über die Bildungspolitik zuständig war, und Otto B. Roegele, über viele Jahre Herausgeber des Rheinischen Merkur und Professor für Zeitungswissenschaft an der Universität München. Sie alle waren und blieben langjährige Freunde. Dieses Handbuch hat zahlreiche Neuauflagen erlebt, wurde mehrmals gründlich überarbeitet und aktualisiert, aber das Grundkonzept blieb unverändert. Es ist bis heute eines der verbreitetsten Nachschlagewerke der deutschen Kommunikationswissenschaft.

So führte meine Tätigkeit an der Mainzer Universität von Anfang an zu einer ungeheuren Arbeitsbelastung. Die Wochentage verbrachte ich meistens in Mainz, um zum Wochenende nach Allensbach zurückzukehren, wo ich mit der Unterstützung von Fräulein von Milczewski, die glücklicherweise bereit war, nahezu jedes Wochenende zu arbeiten, mich der Leitung des Allensbacher Instituts widmete.

Hinzu kam, daß das Fach Publizistik, nachdem es so lange Zeit nur eine sehr untergeordnete Rolle in den deutschen Universitäten gespielt hatte, begann, sich stürmisch zu entwickeln. Die Ausgangssituation war denkbar dürftig. Im Wintersemester 1973/74 gab es an Universitäten der Bundesrepublik Deutschland 486 publizistikwissenschaftliche Lehrveranstaltungen. Aber weniger als ein Drittel davon – 136 oder 28 Prozent – veranstaltete die Publizistik, die es nur an sieben Universitäten gab. Der Rest – 350 dieser Lehrveranstaltungen – wurde verstreut von verschiedenen Fachbereichen und Fakultäten angeboten.

Einen deutlichen Schwerpunkt bildeten publizistikorientierte Vorlesungen und Seminare im Fachbereich Theologie. Einige Beispiele für die thematische Fächerung seien genannt: »Wirklichkeit und Illusion in der Predigtarbeit« (Bochum), »Verkündigung in den Massenmedien« (Erlangen/Nürnberg), »Große Gestalten der christlichen Predigt« (Freiburg), »Die Kinderpredigt« (Regensburg) oder »Die gewöhnliche Sonntagspredigt« (Hamburg). Außerdem gab es publizistische Lehrveranstaltungen im Fach Geschichte: »Die frühen Phasen der englischen Industrialisierung im Spiegel der zeitgenössischen deutschen Publizistik um 1800« (Hamburg), »Politische Propaganda im englischen Mittelalter« (Düsseldorf) oder »Flugschriften des Bauernkrieges« (Hamburg). Mit kommunikations- und medienwissenschaftlichen Fragen beschäftigte man sich ferner in der Sprachwissenschaft und Linguistik, in der Literaturwissenschaft, in der Romanistik und Anglistik, in der Psychologie, in der Soziologie, in Pädagogik, Mediendidaktik, in der Philosophie, in den Wirtschaftswissenschaften, in der Jurisprudenz und in Kommunikationstechnik. Die Aufzählung ließe sich noch leicht erweitern.

Was war das nur für ein seltsames Universitätsfach, dessen Lehrangebot so aufgesplittert war? Man stelle sich nur vor, fast dreiviertel aller wirtschaftswissenschaftlichen, chemischen, psychologischen oder theologischen Vorlesungen und Seminare würden von Vertretern anderer Fächer abgehalten! Jahrzehntelang wurde an den deutschen Universitäten schon ein hinhaltender Kampf geführt, ob denn Publizistik überhaupt eine, wie es hieß, »eigenständige Wissenschaft« sei, ob denn – so wurde bis zur Erschöpfung diskutiert – Publizistik einen eigenen, klar abgrenzbaren Gegenstand habe und eine eigene Methode.

Zuständig für das, was von der Publizistikwissenschaft bearbeitet wurde, fühlten sich viele Disziplinen. Ralf Dahrendorf hat noch 1965 bei der Planung der Universität Konstanz einen Lehrstuhl für Publizistik verhindert, mit dem Argument, diese Fragen würden ausreichend von der Soziologie abgedeckt. Unter diesen

Umständen konnte das Fach nicht wachsen. Es gab im Bundesgebiet 1975 nicht mehr Universitätsinstitute für Publizistik als rund 40 Jahre zuvor, nämlich sechs bis acht, je nachdem, wie man abgrenzt. Meist hatte jedes Institut auch nur einen Lehrstuhl. Man nehme einmal zum Vergleich die Tatsache, daß allein an der Freien Universität Berlin nach dem Krieg elf Lehrstühle für Politikwissenschaft eingerichtet wurden – oder es an den beiden Münchner Universitäten etwa 30 Lehrstühle für Physik gab.

Die Publizistik- und Kommunikationswissenschaft stand also nach der Zahl der ordentlichen Professoren und ihrer Ausstattung ganz unten in der akademischen Rangordnung. Und doch sprach einiges dafür, daß sich diese Situation fast über Nacht ändern würde, daß sie sich wahrscheinlich, wenn man genauer hinsieht, schon 1975 völlig geändert hatte. Daß für dieses Fach – wenn auch lange hartnäckig ignoriert – ein Bedürfnis vorlag, ein Bedürfnis nach Lehre und Erkenntnis, machte sich auf eigentümliche Weise bemerkbar durch den ständig ansteigenden Zustrom von Studenten. 500 bis 600 Studenten kamen auf einen ordentlichen Professor. Man kann, ohne viel zu riskieren, die Vermutung aussprechen, daß die Relation Professoren – Studenten danach die ungünstigste in der gesamten Universität war.

Was suchten alle diese Studenten? Sie wollten sich vorbereiten auf ihr Berufsziel, auf den Beruf des Journalisten oder, noch allgemeiner gesagt, auf einen Beruf des Umgangs mit der Öffentlichkeit. Umgang mit der Öffentlichkeit: Man konnte auch sagen »Kommunikation« mit der Öffentlichkeit oder »öffentliche Kommunikation«.

Das Fach tat sich schwer mit einer einheitlichen Bezeichnung. So hieß es noch bis 1974 offiziell in München »Zeitungswissenschaft«, dann »Institut für Kommunikationswissenschaft (Zeitungswissenschaft)«. »Journalistik« hieß es in Leipzig. »Massenmedienforschung« war ein weiterer, gängiger Name. Als bei der Deutschen Forschungsgemeinschaft 1971, nach einem über zehn Jahre währenden Kampf, ein eigenes Fach innerhalb des Fachausschusses Wirtschafts- und Sozialwissenschaften eingerichtet wurde, wählte man als offizielle Bezeichnung »Publizistik und Kommunikationswissenschaft«. Ich erinnere mich genau daran, da ich damals die Vorsitzende der Deutschen Gesellschaft für Publizistik- und Kommunikationswissenschaft war.

Doch während sich die Gremien noch stritten, ob es dieses Fach überhaupt geben könne und wenn ja, wie es zu bezeichnen sei, nahm nicht nur die Zahl der Studenten, sondern auch die der kommunikationswissenschaftlichen empirischen Forschungsprojekte rasch zu. Der Band »Kommunikationspolitische und kommunikationswissenschaftliche Forschungsprojekte der Bundesregierung (1971 bis 1974)«, bearbeitet von Walter J. Schütz, führt über 23 Kommunikationsforschungsprojekte auf, welche die Bundesregierung in den vorangegangenen vier Jahren bei Publizistikwissenschaftlern in Auftrag gegeben hatte. Und diese Entwicklung gab es nicht nur in der Bundesrepublik Deutschland. Das zeigt der Beschluß der 16. Generalversammlung der UNESCO, die 1970 Kommunikationsforschung zu einem Schwerpunkt internationaler wissenschaftlicher Zusammenarbeit erklärte.

Liest man die Zusammenfassung der 23 Studien in dem Band, so erübrigt sich praktisch die so lange geführte unfruchtbare Diskussion, ob denn eine Integration vieler Wissenschaftszweige, eine Zusammenschau unter dem Aspekt der öffentlichen Kommunikation nützlich sei. Aber dieser Band macht auch etwas anderes klar. Wenn man die Herkunft der 23 Studien ansieht, stellt man ein Süd-Nord-Gefälle in der Publizistik fest – 17 der Studien waren südlich der Mainlinie entstanden.

Das Fach hatte ein doppeltes Gesicht. An der Freien Universität Berlin zum Beispiel waren zwar 92 publizistische Lehrveranstaltungen angekündigt, darunter 61 am Institut für Publizistik. Aber hier lasen sich die Titel nach dem Weggang von Dovifat ganz anders: »Politische Ökonomie« – im Wintersemester 1973/74 fünfmal angeboten. »Zum Verhältnis von Staat und Gesellschaft bei Marx und Engels«, »Einführung in die Theorie des staatsmonopolistischen Kapitalismus«, »Literatur und Klassenkampf. Das Feuilleton der ›Roten Fahne‹«, »Moderner Kapitalismus und Manipulation«, »Ansätze materialistischer Kommunikationstheorie« sowie mehrere Lehrveranstaltungen über Mediengewerkschaften. Es ist heute kaum noch vorstellbar, wie tief die marxistische Ideologie in viele Universitäten eingedrungen war und ein Klima schaffte, das eine fruchtbare empirische Forschung nahezu unmöglich machte.

An der Universität Mainz stieg und stieg die Zahl der Publizistikstudenten. 1974 wurde eine Zulassungsbeschränkung eingeführt. Dieser Numerus clausus brachte zwar zunächst eine leichte Erholung, die Entlastung war jedoch nur von kurzer Dauer: Wegen eines Fehlers im Zulassungsverfahren schnellte die Zahl 1977 erneut um 240 nach oben. 924 Studierende waren damals eingeschrieben – mehr als ein dutzendmal soviel wie zehn Jahre zuvor. Und noch immer war ich die einzige Professorin mit zwei wissenschaftlichen Assistenten.

Inzwischen war ich zu meinem Kummer mit meinem Lehrstuhl aus der rechts- und wirtschaftswissenschaftlichen Fakultät ausgegliedert und dem Fachbereich Sozialwissenschaften zugeordnet worden. Die erste Prüfungsordnung für Publizistik hatte zahlreiche wichtige Sonderbestimmungen enthalten über erleichterte Fächerkombinationen für Volkswirte und auch Juristen. Mit der Umorganisation nach den Studentenunruhen 1972 bröckelten all diese so wichtigen Verbindungen zwischen Publizistik und Rechts- und Wirtschaftswissenschaft ab.

Im Kultusministerium begriff man, daß die unbeschränkte Zulassung zur Publizistik in der Mainzer Universität bei nur einem Lehrstuhl auf eine Katastrophe zusteuerte. Im Sommersemester 1976 und im Sommersemester 1978 wurde ein absoluter Immatrikulationsstop für Publizistik verhängt, dann ein scharfer Numerus clausus festgesetzt und endlich ab 1978 neue Professorenstellen geschaffen. Bernhard Vogel, seit 1976 Ministerpräsident in Rheinland-Pfalz, forderte mich auf, über einen neuen journalistischen Studiengang nachzudenken und ihm Vorschläge zu unterbreiten.

Mit großem Eifer ging ich an die Sache. Mir war nach meinen so eindrucksvollen Erfahrungen während des Studienjahres an der Universität von Missouri das Fach Publizistik in Mainz ohne wirklichen Praxisbezug ohnehin immer armselig vorgekommen. Ich habe bereits beschrieben, daß wir an der School of Journalism als Studenten eine Tageszeitung, den »Columbia Missourian« mit einer täglichen Auflage von 3000 Exemplaren redigierten. Und nun diese karge Zeitungswissenschaft in Mainz! Zuerst versuchte ich mir zu helfen durch Lehraufträge, das einzige, was man relativ großzügig gewährt bekam, weil es billig war. Fast von Anfang an wurde in Mainz eine Arbeitsgemeinschaft »Schreiben und Redigieren« angeboten, abgehalten durch erfahrene und bewährte Journalisten, meist von der Frankfurter Allgemeinen Zeitung, nachher auch von Hörfunk und Fernsehen.

In einem »Memorandum zur Einrichtung einer Journalistenausbildung an der Universität Mainz« beschrieb ich dann, wie ein neues sechssemestriges Aufbaustudium für Journalistik aussehen könne. Als Ziele nannte ich:

1. Kenntnisse der eigenen Berufssphäre zu vermitteln, zu verhindern, daß der Beruf gleichsam wie blind ausgeübt wird, also ohne Kenntnis von Presserecht, Organisation und Arbeitsweise der Medien, wirtschaftlichem Fundament, psychologischen und soziologischen Funktionen der Wirkung der Massenmedien, geschichtlichem Hintergrund.

2. Eine möglichst umfassende, vertiefte Allgemeinbildung zu geben, um zu verhindern, daß Journalisten gewohnheitsmäßig über Dinge schreiben, von denen sie nichts wissen, und dabei – aus Unbildung – nicht einmal den Unterschied empfinden, ob sie über eine Materie etwas wissen oder sie im Grunde nicht verstehen.

3. Ausbildung in der Technik wissenschaftlicher Arbeit: Quellenkunde, Quellenkritik, Genauigkeit, Vollständigkeit, Überprüf-

barkeit der Recherche. Denn die gleichen Techniken braucht man für journalistische Berichterstattung.

4. Publizistische Techniken kennenzulernen und einzuüben: Produktionstechnik für Fernsehen und Hörfunk, Schreiben, Redigieren. Ihre Beherrschung ist Voraussetzung, um nicht aus handwerklicher Hilflosigkeit einseitig, unvollständig, geistig schmalspurig zu arbeiten.

5. Journalistische Berufsgrundsätze mit Überzeugung anzunehmen; ohne ethische Normen wird ein Journalist der Verführung zum Mißbrauch seiner Macht nicht widerstehen.

Der Kampf um die Einrichtung eines Studienganges zur Ausbildung von Journalisten zog sich jahrelang hin. Die Professoren der Universität Mainz fürchteten, das geplante Journalistikstudium werde die Universität degradieren und den wissenschaftlichen Charakter beeinträchtigen. In der Vorbereitungskommission, im Fachbereich, im gemeinsamen Ausschuß der sozial- und geisteswissenschaftlichen Fachbereiche, im Senatsausschuß und im Senat kam eine Niederlage nach der anderen. Aber immer wieder fiel mir etwas ein, eine Revision, eine Neuverhandlung zu erreichen.

Die 18. Abstimmung zum Thema Studiengang Journalistik im Senat brachte schließlich die Genehmigung, wenn auch nicht, wie gehofft, als Parallelstudiengang zur Publizistik, sondern als Aufbaustudiengang Journalistik für Graduierte. Ich hatte damals in Bonn zu tun. Dort rief mich am Tag nach der Senatsabstimmung der Universitätspräsident Peter Schneider an: »Warum erkundigen Sie sich gar nicht, wie die Abstimmung im Senat gelaufen ist?« fragte er. »Die Sache ist glattgegangen.« Ich sagte ihm, ich sei sehr überrascht. Ich hätte erst bei der 19. Abstimmung mit einer Mehrheit gerechnet. 19 sei meine Glückszahl.

An einem Sommerabend an einem Außen-Kaminfeuer im Tessin überredete ich Günther Gillessen von der Frankfurter Allgemeinen Zeitung, sich um die Professur zum Aufbau des Journalistikstudiums zu bewerben.

Ludwig Erhard

Während ich allmählich in die Universität hineingezogen wurde, drängte es Erich Peter Neumann mehr und mehr in die Politik. Seit 1950 schrieb er regelmäßig unsere Berichte an die Bundesregierung. Darüber hinaus gründete er in den darauffolgenden Jahren gemeinsam mit Staatssekretär Otto Lenz verschiedene Unternehmen, die – in der Regel im Auftrag des Bundespresseamts – Öffentlichkeitsarbeit für bestimmte politische Ziele betrieben, etwa für die Westbindung der Bundesrepublik Deutschland, die soziale Marktwirtschaft und die europäische Einigung. Zu seinen Gründungen gehörten die »Deutsche Korrespondenz«, ein Auslands-Pressedienst, die »Gesellschaft Freies Europa«, die unter anderem eine Broschüre herausgab mit dem Titel »Was bringt Dir der Schumann Plan?« und die »Deutsche Reportagefilm« (DRF), die politische Werbefilme produzierte. Außerdem gründete Erich Peter 1956, ebenfalls gemeinsam mit Otto Lenz, die Zeitschrift »Die politische Meinung«, die, inzwischen herausgegeben von der Konrad-Adenauer-Stiftung, bis heute existiert. 1961 schließlich kandidierte er im Landkreis Groß Gerau für die CDU für ein Bundestagsmandat. An eine Direktwahl war dabei nicht zu denken, denn in seinem Wahlkreis gab es stets Mehrheiten für die Kandidaten der SPD, doch gleichzeitig erhielt Erich Peter einen recht aussichtsreichen Platz auf der hessischen Landesliste der CDU.

Dann aber kam der Bau der Berliner Mauer und der bereits beschriebene Absturz der CDU in den Umfragen. Mit einer ungeheuren Kraftanstrengung gelang es Adenauer zwar, das politische Klima zu wenden und die CDU/CSU wieder zur stärksten Partei zu machen, doch gänzlich ließ sich der Einbruch nicht wieder ausgleichen. So gewann die CDU/CSU zwar die Wahl, schnitt aber schlechter ab, als vor dem Mauerbau erwartet worden war. Damit stand Erich Peters Listenplatz auf der Kippe. Am Wahlabend sah es so aus, als würde er den Einzug in den Bundestag knapp verpassen. Er war unvorstellbar niedergeschlagen. Daß er nun doch nicht Bundestagsabgeordneter werden sollte, war die größte Enttäuschung seines Lebens. Ich brachte ihn zum Bahnhof, von wo aus er in unser Haus in Piazzogna im Tessin fahren wollte. Er hatte das Gefühl, ich sei an seinem Unglück mit schuld und er habe immer in meinem Schatten gestanden. Wenn er noch einmal ein Leben zu leben hätte, sagte er, bevor er in den Zug stieg, dann würde er mit mir nichts gemeinsam machen wollen – nicht einmal einen Kohlenhandel. Kohlenhandel war offenbar in seiner Jugend in Breslau einer der elendsten Berufe gewesen.

Am nächsten Morgen erhielt ich einen Anruf von einem Freund, Ernst Thiel, der mir mitteilte, die Stimmenauszählung habe ergeben, daß Erich Peter doch noch einen Sitz im Bundestag bekommen werde. Er erhalte den letzten Platz, der noch über die Landeslisten zu erreichen war. Nun war er an seinem Ziel angelangt.

So wie ich im Laufe der Jahre gelernt hatte, daß ich in erster Linie Wissenschaftlerin war, war Erich Peter klar geworden, daß er in die Politik gehörte. Und tatsächlich war er ein ausgezeichneter Politiker. Er hatte einen ungeheuer scharfen politischen Verstand und war gleichzeitig sehr breit gebildet, zwei Eigenschaften, die nicht allzu oft gemeinsam vorkommen. Und er konnte außerordentlich schnell und gleichzeitig gründlich Situationen erfassen. Er war ein sehr aufmerksamer Beobachter, wie vielleicht durch die folgende kleine Anekdote deutlich wird: Wir besuchten gemeinsam in London eine Goya-Ausstellung. Erich Peter ging mit atemberaubendem Tempo durch die ganze Ausstellung und wollte dann wieder hinausgehen. Ich sagte ihm, ich bräuchte noch mindestens vier Stunden, um mir die Bilder in Ruhe anzuschauen. Also verabredeten wir, daß er mich vier Stunden später wieder abholen sollte. Als wir uns am Abend über die Ausstellung unterhielten, stellte sich heraus, daß er die Bilder besser kannte als ich. Er hatte in einer halben Stunde mehr gesehen als ich in vier Stunden.

Die erste Zeit im Bundestag war für Erich Peter wahrscheinlich die glücklichste in seinem Leben. Er hielt eine gute Jungfernrede über Fragen des Presserechts, er schloß Freundschaften zu anderen Abgeordneten, etwa mit dem späteren baden-württembergischen Kultusminister Wilhelm Hahn und mit Alphons Horten, dem Mitbegründer des Wirtschaftsrats der CDU. Horten war seitdem einer unserer besten und treuesten Freunde. Er starb erst vor kurzem im Alter von 94 Jahren.

Dann aber wurde Adenauer von Erhard abgelöst, die nächste Bundestagswahl rückte näher. Damit begannen auch Machtkämpfe innerhalb der CDU und der Regierungsstellen, bei denen Erich Peter von Vertretern seiner eigenen Partei in einer Art und Weise drangsaliert wurde, daß er seine ganze Energie verlor, daß sein ganzes Leben zerbrach. Am Schicksal von Erich Peter Neumann kann man sehen, wie Mißgunst und Intrigen einen Menschen zerstören können.

Ludwig Erhard selbst war, um dies deutlich zu sagen, nicht schuld an dieser Entwicklung. Im Gegenteil. Er hatte ja 1948 wesentlichen Anteil am Aufbau des Allensbacher Instituts und ist seitdem stets ein Freund geblieben. Er mochte vor allem mich gerne und war, ähnlich wie Adenauer, unzufrieden, daß Erich Peter meistens allein bei ihm erschien. Erhard war ein in vielerlei Hinsicht eigenartiger und widersprüchlicher Mensch. Ich erinnere mich daran, wie wir im Wahlkampf 1961 einen ganzen Tag mit ihm durch Erich Peters Wahlkreis Groß Gerau fuhren. Alle Marktplätze in den Orten, durch die wir kamen, waren überfüllt wie bei einem Volksfest. Erhard bestieg das Rednerpodium aus rohem Holz, girlandengeschmückt, kurze Reden, von brausender Begeisterung unterbrochen. Dann wieder ins Auto. Auf den Fahrten von Ort zu Ort versuchte ich vergeblich, ein Gespräch in Gang zu bringen. Wortkarg sei er gewesen, hat auch Theodor Eschenburg in einer Erinnerung an Begegnungen mit Erhard in Berlin während des Zweiten Weltkrieges geschrieben. In der Tat war er wortkarg –

und gleichzeitig ein äußerst überzeugender Redner. »Wahlloko-
motive« lautete das geflügelte Wort über ihn während der Bundestagswahlen der fünfziger und sechziger Jahre. Dies ist einer
von vielen Widersprüchen, auf die man bei Erhard immer wieder
stieß.

Der Bevölkerung sind die Widersprüche Erhards, seine kompli-
zierten Charakterzüge nie bewußt geworden. Das Bild von Ludwig Erhard, wie es die demoskopischen Erhebungen etwa von
1965 zeigen, wirkt verblüffend schlicht: Er war nach Ansicht der
Deutschen freundlich und liebenswürdig, optimistisch, klar und
sachlich, ehrlich und aufrichtig. Wahrscheinlich hätte er sich auch
selbst so charakterisiert. Er wolle kein Genie, kein Ausnahme-
mensch sein, ist über ihn gesagt worden. Doch mit der Annahme,
seine wesentlichen Eigenschaften seien eine Mischung aus Intelligenz, Freundlichkeit und Ehrlichkeit gewesen, wird man der
Persönlichkeit Erhards nicht gerecht. Sie erklärt in keiner Weise,
woher seine Standhaftigkeit kam im Angesicht mancher Widerstände: der Besatzungsmächte gegenüber seinen Plänen, 1948
zusammen mit der Währungsreform die Zwangsbewirtschaftung
aufzuheben, oder der Öffentlichkeit in der Zeit des Koreakrieges
1950/51. Neben 13 Prozent, die Erhard damals lobten, standen
49 Prozent Widersacher, die sagten, sie hätten »eine schlechte
Meinung« von ihm. Oder seine Standhaftigkeit 1961, als er die
Aufwertung der D-Mark gegen Adenauer und die Industrie
durchsetzte.

Und noch weniger läßt sich erklären, was man zu Recht das
»Unzeitgemäße« an Erhard genannt hat, die Kraft, gegen den
Strom der Zeit zu schwimmen, gegen die planwirtschaftlichen
Tendenzen. »Der Gedanke der Freiheit, für den Erhard gestanden hat, wurde schon zur Zeit seiner politischen Anfänge von keiner gesellschaftlichen Machtgruppe mehr gestützt und hatte keine natürlichen ideologischen Verbündeten mehr«, sagen Rüdiger
Altmann und Johannes Gross in einem Dialog über Erhard und
nannten ihn ein »Fabeltier unserer Zeit«.

Sicherlich gehörten die Standfestigkeit und die Rednergabe zu Erhards Kerneigenschaften. Es wird berichtet, er habe schon in der Schule alljährlich bei der Abschlußfeier als Schülervertreter gesprochen. Vollkommen vergessen ist heute dagegen, daß Erhard ein sehr phantasievoller Mensch war. Dabei ist diese Eigenschaft unentbehrlich für jemanden, der stets gegen den Strom der Zeit schwimmt, von Anfang an als »Anachronismus im politischen Feld« wahrgenommen wird und sich dennoch durchsetzt.

Parteipolitik war Erhard immer fremd. Er verstand sich als »Volkskanzler«. Sein Selbstbewußtsein verband sich mit einer für andere Menschen unbegreiflichen Zuversicht. Das ist – ganz oberflächlich – enthalten in dem Stereotyp vom Optimismus, doch Erhards Zuversicht war nicht einfach Optimismus, sondern offensichtlich das Resultat einer fast schlafwandlerischen inneren Sicherheit. Eschenburg berichtet, wie er Erhard während des Zweiten Weltkrieges in Berlin habe warnen wollen, nicht in seiner Aktentasche Schriftstücke herumzutragen, die ihm und seinen Freunden sofort einen Prozeß wegen Hoch- und Landesverrat hätten einbringen können. Erhard war völlig taub dafür, ohne jedes Gefühl für Gefahr. Im Gespräch zwischen Rüdiger Altmann und Johannes Gross heißt es: »Ein Mann, der kämpfen konnte, ein Mann, der wenig Angst hatte, mit Gleichmut Gefahren entgegensah, keine Neigung, sich in nervöse Reaktionen drängen zu lassen.«

Die überwältigend gegen ihn gerichtete öffentliche Meinung 1950/51 hat er, glaube ich, überhaupt nicht bemerkt, und wahrscheinlich auch später nicht, wie stark schon 1964 die Stimmung gegen ihn anstieg und wie ihm zwischen Frühjahr und Herbst 1966 das ganze Vertrauen der Bevölkerung verlorenging. Wenn man dieses nachtwandlerische Sicherheitsgefühl interpretiert als »Berufung«, als missionarischen Zug, dann paßt dazu manches andere: sowohl seine Unlust zum Alltag von Partei und Behörde, wie auch die unerschöpfliche Bereitschaft, für seine Ideen zu sprechen. Und auch sprechen zu können mit jener Überzeugungskraft, die selbst Sprachbarrieren überwindet. Eine Übersetzerin, die Erhard einmal auf eine Reise nach Kanada begleitete, berichtete später, ein kanadischer Journalist habe ihr gesagt, er habe, obwohl er kein Deutsch verstand, schon vor der Übersetzung begriffen, was Erhard habe sagen wollen.

Diese Selbstsicherheit war es wohl auch, die Erhard verkennen ließen, daß er für das Amt des Bundeskanzlers nicht geeignet war. Sein Scheitern als Bundeskanzler hatte sicherlich viele Gründe, aber es läßt sich wohl nicht von der Hand weisen, daß Adenauer recht hatte, als er versuchte zu verhindern, daß Erhard sein Nachfolger wird. Erhard hat das sein Leben lang nicht eingesehen. Noch zehn Jahre später fragte ich ihn bei einer Gelegenheit, wie er denn angesprochen werden möchte. Er antwortete: »Natürlich als ›Herr Bundeskanzler‹.«

Es gibt wenige Dinge in meinem Leben, die ich wirklich bereue und von denen ich mir wünsche, ich könnte sie rückgängig machen. Mit Erhard verbindet sich eines dieser anhaltenden Reuegefühle. Auf der Feier zu seinem 80. Geburtstag am 4. Februar 1977 saß ich direkt neben ihm. Offensichtlich hatte er es extra so arrangiert. Nun hatte ich aber eben an diesem Tag ein Treffen mit Klaus Liepelt, dem Gründer und Leiter des Bonner Infas-Instituts verabredet, mit dem wir gemeinsam in diesen Jahren die Einschaltquoten der Fernsehsender ermittelten. Ich beschloß, das Fest bereits nach kurzer Zeit wieder zu verlassen, bat einen der Gäste, sich an meiner Stelle neben Erhard zu setzen und verabschiedete mich. Es war das letzte Mal, daß ich Ludwig Erhard sah. Wenige Monate später starb er. Bis heute habe ich das Gefühl, ich hätte ihn nicht sitzen lassen dürfen und statt dessen das Gespräch mit Liepelt verschieben müssen. Erhard muß den Eindruck gewonnen haben, daß mir an seiner Gesellschaft nichts lag – ein Eindruck, den ich wegen seines Todes nicht mehr habe korrigieren können.

»Nur Papier«

Es lag also nicht an Erhard selbst, daß Erich Peter in der CDU unter Druck gesetzt wurde, aber es war das Umfeld von Erhard, das ihm Schwierigkeiten machte. Erich Peter genoß das besondere Vertrauen Adenauers, hatte stets Zugang zu ihm auch an den Parteihierarchien vorbei, und er war Adenauer gegenüber absolut loyal. Das allein machte ihn für die engeren Mitarbeiter Erhards verdächtig. Nun vertraute aber auch Erhard Erich Peter Neumann, was mehreren entscheidenden Personen in Erhards Umgebung ein Dorn im Auge war, unter ihnen Karl Hohmann, der bereits in den fünfziger Jahren Erhards persönlicher Assistent und später Pressereferent im Wirtschaftsministerium gewesen war. Er gehörte zur sogenannten »Brigade Erhard«, einer Gruppe von Leuten, die mit allen Mitteln seine Wahl zum Bundeskanzler und später seinen Verbleib im Bundeskanzleramt durchsetzen wollten, weil sie sich selbst davon gute Karrierechancen versprachen.

Ein anderer Gegner Erich Peters war der Ministerialdirektor Werner Krüger, der mit einer kurzen Unterbrechung seit 1952 stellvertretender Chef des Bundespresseamtes war und nun gemeinsam mit Hohmann versuchte, uns aus dem 1950 mit Adenauer geschlossenen Vertrag zur regelmäßigen Beratung der Bundesregierung herauszudrängen, was ihm nicht gelang. Doch das Volumen der Aufträge wurde unter Erhard und später in der Zeit der Großen Koalition deutlich geringer.

Besonders übel wurde Erich Peter aber von dem damaligen Bundesfamilienminister Bruno Heck mitgespielt. Heck war über den guten Kontakt Erich Peter Neumanns zu Adenauer und Erhard anscheinend so erbost, daß er einen Brief an das Komitee schrieb, das für die Zusammenstellung der Wahllisten für 1965 zuständig war, in dem er Erich Peter als angeblichen Nazi diffamierte. Hinzu kam, daß Erich Peter sich nie von den Parteigremien vereinnahmen ließ und in der Fraktion auch immer wieder deutlich Minderheitenpositionen vertrat. Das alles führte dazu, daß er für die Bundestagswahl 1965 auf einen aussichtslosen Listenplatz gesetzt wurde und nach nur vier Jahren wieder aus dem Bundestag ausscheiden mußte.

Ich habe aus verschiedenen Gründen eine sehr lebendige Erinnerung an den Wahlabend des Jahres 1965, der für meine spätere wissenschaftliche Tätigkeit eine unerwartet große Bedeutung erhalten sollte. An dieser Stelle ist vor allem festzuhalten, daß in den Wahlstudios der Fernsehsender eine aufgeregte Stimmung herrschte, weil das Ergebnis – ein deutlicher Wahlsieg für Ludwig Erhard – ganz anders ausgefallen war, als die meisten Experten vor der Wahl erwartet hatten. Erich Peter, deprimiert von der Aussicht, trotz des guten Ergebnisses für seine Partei aus dem Bundestag auszuscheiden, ließ sich von der überreizten Stimmung anstecken. Er trank viel zuviel, stürzte schließlich aus der ZDF-Wahlparty heraus und ging hinüber zum Studio der ARD. Dort begannen die Journalisten ihn zu interviewen. Er schimpfte ganz entsetzlich und verhielt sich so eigenartig, daß sie verwirrt auf ihn einredeten, »Was haben Sie denn?«, »Was ist denn los mit Ihnen?«, und dann erst merkten, daß er vollkommen betrunken war. Entsetzt beobachtete ich die Szene vom ZDF-Studio aus, denn das Ganze wurde zu allem Überfluß live im Fernsehen übertragen. Ich lief hinüber, um Erich Peter vom Mikrophon wegzuzerren, aber als ich im ARD-Studio ankam, hatten ihn die Journalisten schon aus dem Bild gedrängt.

Diese Szene zeigt bereits, wie sehr Erich Peter am Boden zerstört war. Auch nach der Wahl ließen ihm seine Gegner keine Ruhe, schnitten ihn von den Aufträgen des Bundespresseamts ab und ruinierten damit seine mit Otto Lenz gegründeten Unternehmungen zur Öffentlichkeitsarbeit. Lenz selbst war bereits 1957 nach einer Afrikareise an einer Tropenkrankheit gestorben. Ich sehe ihn noch vor mir, wie er uns in Piazzogna besuchte in einem sehr eleganten weißen Anzug. Fröhlich berichtete er von seinen Erlebnissen in Afrika. Dann reiste er nach Neapel weiter, wo er wenige Tage später starb. Dieser wichtige Freund fehlte Erich Peter in dieser schwierigen Lage nun ganz besonders. Er zog sich nach Piazzogna zurück und pendelte von da an zwischen Tessin und Bonner Büro hin und her. Nach Allensbach wollte er nicht zurückkehren. Seine ganze Energie war dahin. Er schrieb noch die Allensbacher Berichte ans Bundespresseamt und redigierte die von ihm konzipierten Allensbacher Jahrbücher, doch darüber hinaus arbeitete er praktisch nicht mehr. Er wurde Alkoholiker. Ich erinnere mich an ein Telefongespräch mit ihm. Ich fragte: »Was machst du gerade?« Er antwortete: »Ich mache nichts.« Die ganze tragische Entwicklung lag in diesem Satz. Endstation, hoffnungslos und aussichtslos.

Seine Gegner überzogen Erich Peter mit Klagen. Er öffnete die Post nicht mehr. Als sein Bonner Rechtsanwalt Hans Flick ihm mitteilen wollte, daß schließlich alle Verfahren gegen ihn eingestellt worden waren, schrieb er außen auf den Briefumschlag: »Gute Nachrichten«. Sonst hätte Erich Peter den Brief nicht gelesen. Nun machte ihm auch die Gesundheit zu schaffen. Er litt zunehmend unter Rheuma. Gegen die Schmerzen nahm er das damals verbreitete Mittel Butazolidin, von dem man heute weiß, daß es ungeheuer schwere Nebenwirkungen hat, und ruinierte damit seine Gesundheit noch mehr.

1972 konnten wir noch gemeinsam das 25jährige Jubiläum des Allensbacher Instituts feiern, im Jahr darauf handelte Erich Peter einen Vertrag mit dem Bundesarchiv in Koblenz aus, das seitdem sämtliche Allensbacher Untersuchungsberichte sammelt. Nach meiner Kenntnis sind wir bis heute das einzige Umfrageinstitut, dessen Schriften und Umfrageergebnisse vollständig in Koblenz archiviert werden. Dieser Vertrag war das letzte Projekt, das Erich Peter vollenden konnte. Um Ostern 1973 herum fühlte er sich so elend, daß er sich vornahm, auf einer Fahrt von Piazzogna nach Bonn bei seinem Arzt in Bretten bei Pforzheim haltzumachen und sich gründlich untersuchen zu lassen. Aber als sie an die Abzweigung nach Bretten kamen, entschied er sich anders und sagte zu seinem Fahrer: »Herr Ewert, fahren Sie geradeaus.« Am 12. Juni 1973 starb Erich Peter Neumann. Obwohl es ihm so schlecht gegangen war, kam die Nachricht für uns alle sehr überraschend. Ich saß mit meiner Assistentin Helmtrud Seaton und meiner damaligen Haushälterin Elfriede Kull, die beide an diesem Tag Geburtstag hatten, sowie einigen Mitarbeitern des Instituts in einem Gasthaus, als plötzlich Herbert Werner ans Telefon gerufen wurde und uns kurz darauf die Nachricht überbrachte. Bei aller Trauer war ich in gewisser Hinsicht beinahe ein wenig erleichtert. Noch kurz vor seinem plötzlichen Tod hatte mir Erich Peter gesagt, sein ganzes Leben sei verpfuscht, nutzlos gewesen. Es sei »alles nur Papier« gewesen. Wahrscheinlich hätte nicht mehr viel gefehlt, und er hätte in eine psychiatrische Klinik eingeliefert werden müssen. Wenigstens diese Erniedrigung ist ihm, der doch so ein stolzer Mann war, erspart geblieben.

Der Kampf um die öffentliche Meinung

Öffentliche Meinung und soziale Kontrolle

Als ich im Dezember 1939 meine Dissertation abgeschlossen hatte, nahm ich mir vor, ich wollte in meinem ganzen Leben mit dem Begriff »öffentliche Meinung« nichts mehr zu tun haben. Ich hatte mir beim Schreiben der Arbeit die Zähne daran ausgebissen und sagte mir, daß ich am Ende noch immer nicht verstand, was »öffentliche Meinung« war. 20 Jahre, bis 1960, gebrauchte ich den Begriff, wie ihn andere auch gebrauchen, nämlich ganz sorglos, zum Beispiel im Namen des Allensbacher Instituts: »Gesellschaft zum Studium der öffentlichen Meinung mbH« oder auch in der ersten Buchpublikation zusammen mit Erich Peter Neumann im Jahr 1954: »Antworten. Politik im Kraftfeld der öffentlichen Meinung«. 1961 dann bat mich der Presserechtler Martin Löffler, bei einer Arbeitstagung der Deutschen Studiengesellschaft für Publizistik ein Referat über das Thema »Die Träger der öffentlichen Meinung« zu übernehmen. Nach dem Referat, als alle zur Tür zum Mittagessen drängten, hörte ich jemanden hinter mir sagen: »Nun weiß ich noch immer nicht, was öffentliche Meinung ist.«
Daß mich dieser rätselhafte Begriff dann doch einholte und zu einem meiner wichtigsten Forschungsgegenstände wurde, verdanke ich einem seltsamen Erlebnis an einem Sonntagmorgen in einem Berliner Hotel im Frühsommer 1964. Ich war über das Wochenende nach Berlin gefahren, um mich auf meine Montagsvorlesung an der Freien Universität vorzubereiten. Etwas

Abschiedsstimmung war schon dabei, denn es stand bereits fest, daß ich im Herbst als Professorin für Publizistik an die Universität Mainz überwechseln würde. An diesem Sonntagmorgen also, ich hatte noch nicht gefrühstückt, stand plötzlich vor mir an der Wand so etwas wie ein Buchtitel, und zwar ohne jeden Zusammenhang mit meiner aktuellen Arbeit, ohne Zusammenhang mit dem Pensum, das ich mir für den Tag vorgenommen hatte, überhaupt ohne erkennbaren Bezug. Ich lief zum Tisch und schrieb auf einen Zettel: »Öffentliche Meinung und soziale Kontrolle«. Gleich darauf wußte ich, was das für ein Titel war: Anderthalb Jahre später hieß so meine offizielle Antrittsvorlesung in Mainz.

Oft wird angenommen, daß der Fortschritt in der Wissenschaft in einem rationalen, einem strengen logischen Prinzip folgenden Prozeß entstehe: Der Forscher entwickelt eine Theorie, eine Hypothese. Diese Hypothese wird dann mit den Methoden der empirischen Forschung, also zum Beispiel mit der Umfragemethode, überprüft. Man spricht von »verifizieren« und »falsifizieren« der Theorie mit Hilfe empirischer Verfahren, man kann auch einfacher sagen: bestätigen und widerlegen.

Dieses Muster ist sicherlich oft richtig. Aber jeder, der einmal selbst in der Forschung tätig war, und jeder, der einmal das Glück hatte, etwas Neues zu entdecken, weiß, daß der Fortschritt in der Wissenschaft oft auf ganz anderen Wegen zustande kommt. Der amerikanische Physiker Freeman Dyson berichtete dem Chicagoer Psychologen Mihaly Csikszentmihalyi, wie er zu der wichtigsten Erkenntnis seines Lebens kam, der Verknüpfung zweier Theorien: »Sechs Monate arbeitete ich sehr hart, um beide Theorien wirklich zu begreifen … Nach diesen sechs Monaten machte ich Urlaub. Ich setzte mich in einen Greyhound-Bus nach Kalifornien und lebte zwei Wochen in den Tag hinein … Nach vierzehn Tagen in Kalifornien, in denen ich nur faulenzte und Sightseeing-Touren machte, stieg ich in den Bus zurück nach Princeton, und plötzlich, mitten in der Nacht, als wir durch Kansas fuhren, stand mir die Sache auf einmal klar vor Augen.«

Berühmt ist die Geschichte des Chemikers August Kekulé, der die Struktur der Benzolringe entdeckte. Er schrieb später:»Da saß ich und schrieb an meinem Lehrbuch; aber es ging nicht recht; mein Geist war bei anderen Dingen. Ich drehte den Stuhl nach dem Kamin und versank im Halbschlaf. Wieder gaukelten die Atome vor meinen Augen … Mein geistiges Auge … unterschied jetzt größere Gebilde von mannigfacher Gestaltung. Lange Reihen, vielfach dichter zusammengefügt; alles in Bewegung, schlangenartig sich windend und drehend. Und siehe, was war das? Eine der Schlangen erfaßte den eigenen Schwanz und höhnisch wirbelte das Gebilde vor meinen Augen.«

Der amerikanische Ingenieur und Erfinder Frank Offner meint, oft führe nicht angestrengtes bewußtes Nachdenken zur Lösung eines Problems, sondern die Einsicht komme »mitten in der Nacht, beim Autofahren oder beim Duschen oder bei irgendeiner anderen banalen Beschäftigung«. »Lernen wir träumen, meine Herren, dann finden wir vielleicht die Wahrheit«, rief Kekulé seinen Zuhörern 1890 auf einer Veranstaltung zu seinen Ehren zu, wobei träumen allein natürlich nicht reicht.

Denn diese Berichte haben neben dem Erstaunen über die plötzliche Erkenntnis noch etwas anderes gemeinsam: Die Forscher hatten sich lange und intensiv mit ihrem Thema, mit ihrer Aufgabe beschäftigt: Freeman Dyson hatte sechs Monate lang die Theorien, die er zusammenbringen wollte, verinnerlicht. Kekulé war mit seinem Lehrbuch nicht vorangekommen. Aber dann geschah etwas, was in keiner rationalen Wissenschaftstheorie vorkommt: Ohne daß sich die betroffenen Personen dessen bewußt waren, beschäftigte sich ihr Gehirn weiter mit dem Problem, das durch vernünftiges, logisches Denken nicht gelöst worden war. Die Phantasie war durch die Aufgabe angeregt worden. Mihaly Csikszentmihalyi spricht von einer »Inkubationsphase« bei der Entstehung kreativer Leistungen, in der das Gehirn mit den Elementen des Problems arbeitet, sie neu und immer wieder unterschiedlich zusammenfügt, auch vollkommen unsinnige, unvernünftige, abwegige Verknüpfungen herstellt, aber manchmal auch eine brauchbare neue. »Die Erkenntnis«, schreibt Csikszentmihalyi, »taucht wahrscheinlich dann auf, wenn eine unbewußte Gedankenverknüpfung so gut paßt, daß sie ins Bewußtsein vordringt, wie ein Korken, den man unter Wasser drückt und der sofort an die Oberfläche schnellt, wenn man ihn losläßt.«

Es hat den Anschein, als sei mir an diesem Morgen in Berlin das gleiche passiert. Wie in Heinrich Heines berühmtem Gedicht »Belsazar« leuchteten die Worte vor mir an der Wand auf. Ich las sie förmlich von der Tapete ab. »Öffentliche Meinung und soziale Kontrolle«. Mein Problem war nur, daß ich keine Ahnung hatte, was das bedeuten sollte. Mit dem Begriff »soziale Kontrolle« hatte ich noch nie etwas zu tun gehabt. Ich wandte mich an Kurt Reumann, der in Berlin Dovifats Assistent gewesen war und der nun für mich in Allensbach arbeitete, und bat ihn, doch einmal nachzuforschen, was »Öffentliche Meinung und soziale Kontrolle« denn bedeuten könnte. Reumann machte sich mit der ihm eigenen Gründlichkeit an die Arbeit und begann, die historische und philosophische Literatur zu durchsuchen. Ab und zu traf ich ihn im Treppenhaus des Instituts, wo er mir ganz aufgeregt, mit hochroten Wangen erzählte: »Das ist ganz spannend! Das ist so unglaublich interessant!« Ich wußte zunächst gar nicht, was er meinte.

In der Zwischenzeit wurde man an der Universität Mainz unruhig, weil ich noch immer keinen Termin für meine Antrittsvorlesung verabredet hatte. Rudolf Meimberg, der inzwischen Dekan der rechts- und wirtschaftswissenschaftlichen Fakultät geworden war, bedrängte mich: »Wann halten Sie Ihre Antrittsvorlesung?« Ich sagte ihm: »Nicht in diesem Semester. Im nächsten.« Er antwortete: »Aber das ist gegen die Regeln. Gerade hat die Fakultät beschlossen, daß jeder neu berufene Professor in dem Semester, in dem er die Lehrtätigkeit aufnimmt, seine Antrittsvorlesung halten soll.« Ich sagte nur: »Es geht nicht.« Da sah er mich an und sagte: »Ein weiblicher Abs.«

Dieser Satz ist bei mir merkwürdig haften geblieben. Hermann Josef Abs war damals Vorstandssprecher der Deutschen Bank und der einflußreichste und berühmteste Bankier in Deutschland. In den fünfziger Jahren hatte er die Kreditanstalt für Wiederaufbau geleitet und 1952 im Auftrag der Regierung Adenauer in London erreicht, daß Deutschland die Hälfte der Auslandsschulden erlassen wurde, wodurch die Bundesrepublik international wieder kreditwürdig wurde. Und nicht zuletzt war Abs wegen seiner oft treffenden, aber vor allem sehr bestimmten Äußerungen bekannt. Wenn er einmal etwas gesagt hatte, dann galt das, war unverrückbar. Ich habe mich damals nicht getraut, Professor Meimberg den Grund für mein Verhalten zu nennen. Ich konnte ihm doch nicht sagen, daß ich die Vorlesung noch nicht halten konnte, weil ich zwar den Titel kannte, aber selbst noch nicht wußte, was er bedeutete. Erst viele Jahre später gestand ich ihm den Grund für die Verzögerung. »Hätten Sie mir das doch damals gesagt!« rief er aus. »Das hätte ich sofort verstanden.«

Schließlich, im Sommer 1964, packte Kurt Reumann einen Koffer mit Büchern voll und gab ihn mir mit, als ich im Sommer für einige Wochen ins Tessin fuhr. Dort öffnete ich den Koffer und begann zu lesen. Nun verstand ich, warum Reumann so aufgeregt gewesen war. Ich fand Werke der Philosophen John Locke und David Hume, von Jean-Jacques Rousseau und Alexis de Tocqueville und vielen anderen. Ich begann zu verstehen, daß der Begriff öffentliche Meinung deswegen so verwirrend war, weil sich im Laufe der Jahrhunderte verschiedene Bedeutungen übereinandergeschoben hatten. Nach einer im 18. Jahrhundert geprägten Denktradition hatte öffentliche Meinung etwas mit dem rationalen Urteil verantwortungsbewußter Bürger zu tun, mit dem Raisonnement einer gebildeten Elite. Hier aber, bei John Locke, David Hume und anderen fand ich ein ganz anderes Verständnis von öffentlicher Meinung vor. Hier war öffentliche Meinung etwas, an dem jeder Bürger teilnahm, nicht nur eine gebildete Elite, und sie war etwas, was sich in allen Bereichen des öffentlichen

Lebens äußerte, nicht nur in intellektuellen politischen Diskussionen.

Am meisten faszinierte mich ein Text von John Locke mit dem Titel »An Essay Concerning Human Understanding«. Dort las ich: »Niemand, der die Sitten und Auffassungen seiner Umwelt verletzt, entrinnt der Strafe ihrer Kritik und ihrer Feindseligkeit. Nicht einer unter zehntausend Menschen ist so unbeugsam und so stumpf, so unempfindlich, daß er sich aufrecht halten könnte, wenn er in seinem Kreis nur auf Ablehnung und Unbeliebtheit stößt. Das muß ein unnatürlicher und abwegiger Charakter sein, der sich damit abfinden kann, in seiner engeren Umgebung überall Mißachtung zu spüren. Viele Menschen haben die Einsamkeit gesucht und sich mit ihr befreundet: Aber wer überhaupt ein menschenähnliches Wesen hat, bringt es nicht fertig, in einer Welt zu leben, in der ihm seine Mitmenschen – seine Bekannten und die Leute, mit denen er spricht – ständig abweisend und verächtlich begegnen. Diese Last ist zu schwer, als daß ein Mensch es ertragen könnte.«

Das war die vollendete Beschreibung, wie Menschen durch Isolationsfurcht von der Öffentlichkeit als Urteilsinstanz zu Konformität gezwungen werden. Locke beschrieb seine Beobachtungen als Gesetz, das für ihn gleichgewichtig neben dem göttlichen Gesetz und dem Gesetz des Staates stand. Er nannte es »Gesetz der Meinung, der Reputation und der Mode« und sagte: »Ich spreche nicht leichtfertig von Gesetz. Ein Gesetz ist für mich dadurch gekennzeichnet, daß bei der Übertretung eine Strafe folgt, die nicht einfach nur eine Folge der Handlung selbst ist.«

Die Mißbilligung der Umwelt, das war die Strafe, die bei Verletzung des Gesetzes der Meinung, Reputation und Mode folgte. Und diese Mißbilligung, sagte John Locke, fürchteten die Menschen mehr als die Strafe Gottes und die Strafe der Justiz. Dies, nicht das rationale Urteil, schien demnach eine treibende Kraft der öffentlichen Meinung zu sein. Öffentliche Meinung war demnach das Produkt eines sozialpsychologischen Prozesses, bei dem der Einzelne stets darauf achtet, mit welchen Meinungen und Verhaltensweisen er sich isoliert, sich dem Spott und der Ablehnung seines Umfeldes aussetzt und mit welchen Ansichten er auf Zustimmung stößt. Öffentliche Meinung, das sind, wie ich es später formulierte, Meinungen und Verhaltensweisen, die man in der Öffentlichkeit zeigen kann, ohne Gefahr zu laufen, sich damit zu isolieren, unter bestimmten Bedingungen sogar zeigen *muß*, wenn man sich nicht isolieren will. Hier war plötzlich auch der Zusammenhang zwischen öffentlicher Meinung und sozialer Kontrolle erkennbar, nach dem ich gesucht hatte. Öffentliche Meinung war das Ergebnis ständiger gegenseitiger Beobachtung der Menschen in der Gesellschaft und ihrer Reaktion darauf. Öffentliche Meinung entstand überhaupt erst durch die Mechanismen sozialer Kontrolle.

Ich vergrub mich vollkommen in die Literatur, die mir eine ganz neue Welt eröffnete, tauchte regelrecht ein in die Welt John Lockes im England des 17. Jahrhunderts. Irgendwann sagte Erich Peter Neumann zu mir: »Ich bin eifersüchtig auf John Locke.« Als ich etwa 15 Jahre später das Buch »Die Schweigespirale. Öffentliche Meinung – unsere soziale Haut« schrieb, in dem ich die Ergebnisse meiner Forschungen zum Thema öffentliche Meinung vorstellte, begann ich das Kapitel über John Locke mit dem Satz: »London um 1670, das muß eine wunderbare Stadt gewesen sein.«

Es soll hier nicht die ganze Theorie der öffentlichen Meinung ausgebreitet werden, die im Laufe der darauffolgenden Jahrzehnte entstanden ist. Dies alles steht ausführlich in dem Buch »Die Schweigespirale«. Doch es erscheint mir wichtig zu beschreiben, wie eine solche sozialwissenschaftliche Theorie entstehen kann, nämlich nicht durch den von Karl Popper in seinem berühmten Buch »Logik der Forschung« beschriebenen Prozeß der ständigen systematischen Prüfung von im Vorfeld formulierten Hypothesen, sondern durch eine Kette von eher zufällig erscheinenden Ereignissen und überraschenden Entdeckungen.

Daß es notwendig war, sich Klarheit über das Phänomen öffentliche Meinung zu verschaffen, wenn man das Funktionieren einer Gesellschaft, politischer Entscheidungen und die Rolle der Massenmedien in der Gesellschaft verstehen wollte, war mir inzwischen ganz deutlich geworden. Es war ja kein Zufall, daß der Begriff »öffentliche Meinung« trotz seiner Unklarheit seit mindestens drei Jahrhunderten aus dem Sprachgebrauch nicht mehr wegzudenken war. Öffentliche Meinung wurde, auch wenn dies oft nicht deutlich ausgesprochen wurde, als ein wesentlicher Machtfaktor in der Gesellschaft verstanden, der Fürsten zittern ließ und Regierungen stürzte.

Eine so wichtige gesellschaftliche Kraft konnte man in der Forschung nicht einfach übergehen, nur weil man sich über die Begriffsdefinition nicht im klaren war und den Charakter des Phänomens nicht verstand. Und alle Versuche, den Begriff »öffentliche Meinung« als »unwissenschaftlich« abzuqualifizieren, scheiterten, weil er offensichtlich nicht zu ersetzen war. Das Wort sei einfach nicht totzuschlagen, sagte Emil Dovifat einmal. 1968 eröffnete der Direktor der School of Journalism der Columbia University in New York, W. Phillips Davison, seinen Artikel über öffentliche Meinung in der »International Encyclopedia of the Social Sciences« mit dem Satz: »Es gibt keine allgemein anerkannte Definition für öffentliche Meinung. Dennoch nimmt der Gebrauch des Begriffs immer mehr zu.«

Als ich in Piazzogna die von Kurt Reumann zusammengestellten Bücher las, war ich noch immer weit davon entfernt, wirklich zu verstehen, was öffentliche Meinung ist. Auch die oben kurz skizzierten Zusammenhänge zwischen öffentlicher Meinung und sozialer Kontrolle standen mir zunächst nur vage vor Augen. Aber es war klar, daß ich dieses Thema nun nicht mehr, wie im Jahr 1939, aus den Augen lassen durfte. In meiner Antrittsvorlesung, die ich schließlich mit einem Jahr Verspätung im Dezember 1965 hielt, sagte ich: »Wie können wir untersuchen, welchen Einfluß die Massenmedien auf die Bildung der öffentlichen Meinung haben und wie sich umgekehrt die öffentliche Meinung in der Publizistik ausdrückt, wenn wir uns über öffentliche Meinung so ganz im unklaren sind?«

Die Schweigespirale

Ein Jahrzehnt nach meiner Antrittsvorlesung, Mitte der siebziger Jahre, glaubte ich, die Antwort auf die Frage: »Was ist öffentliche Meinung?« gefunden zu haben. Zwei Umstände kamen mir dabei zu Hilfe, nämlich erstens ein Rätsel, das vor der Bundestagswahl 1965 auf meinem Schreibtisch lag, und zweitens die Studentenunruhen der Jahre 1969 bis 1973.

Das Rätsel aus dem Jahr 1965 ergab sich, weil wir seit 1957 begonnen hatten, regelmäßig vor Bundestagswahlen Wahlprognosen zu veröffentlichen, in der Regel in der Frankfurter Allgemeinen Zeitung, in einigen Wahljahren auch im Fernsehen. Wir taten das und setzten uns damit auch bewußt der Gefahr aus, in der Öffentlichkeit angegriffen zu werden, weil Wahlprognosen nahezu die einzige Gelegenheit sind, zu prüfen, ob die Methoden der Repräsentativumfrage wirklich funktionieren, ob die in den Umfragen ermittelten Prozentwerte das tatsächliche Verhalten der Bevölkerung richtig abbilden. Gelegenheiten, die Ergebnisse von Umfragen mit verläßlichen Daten aus anderer Quelle zu vergleichen und damit die Qualität der Umfragen zu überprüfen, gibt es sonst kaum.

Von Anfang an stießen wir mit unseren Wahlprognosen bei vielen Medien und Politikern auf große Skepsis, und stets stand dabei auch die Verdächtigung im Raum, wir wollten den politischen Prozeß manipulieren. Im Jahr 1957 veröffentlichte die Frankfurter Allgemeine Zeitung unsere Wahlprognose unter der verächtlichen Überschrift »Noch eine Prognose«. Viele politische Experten schüttelten den Kopf, als sie damals lasen, daß nach unseren Umfragen die CDU/CSU rund 50 Prozent der Stimmen erhalten werde. Das habe es in Deutschland noch nie gegeben, wurde ich belehrt, daß eine Partei 50 Prozent der Stimmen erhalten habe. Doch mich interessierte nicht, ob so etwas schon einmal vorgekommen war oder nicht. Unsere Ergebnisse waren eindeutig, und tatsächlich eroberte die CDU/CSU mit 50,3 Prozent der Stimmen die absolute Mehrheit im Bundestag.

In den darauffolgenden Jahren bekam ich mehrmals den Eindruck, daß es Leute im politischen Umfeld gab, die unsere Umfrageergebnisse, sobald wir sie veröffentlicht hatten, abschrieben, sie minimal veränderten und bald darauf mit größtmöglichem publizistischem Aufwand als angebliche eigene Forschungsergebnisse präsentierten. Gleichzeitig wurde in der öffentlichen Diskussion zunehmend energischer gefordert, die Veröffentlichung von Umfrageergebnissen in den letzten Wochen vor der Wahl zu verbieten, weil dadurch das Wählerverhalten massiv und in einer Weise beeinflußt werde, die sich nicht mit demokratischen Prinzipien vertrage. Dieser Vorwurf wird auch heute noch gelegentlich erhoben, er war aber von vornherein absurd.

Daß in vielen Studien immer wieder nachgewiesen worden ist, daß Umfragen in aller Regel nur einen sehr geringen Einfluß auf das Wahlverhalten der Bürger ausüben, spielt dabei nur eine untergeordnete Rolle. Wirklich grotesk war es, daß man einer bestimmten Art der politischen Information, die nur einen Bruchteil der Medienberichterstattung ausmacht, eine überwältigende Wirkung zuschrieb, während man gleichzeitig geradezu dogmatisch an der, wie man heute weiß, falschen These festhielt, wonach Massenmedien generell nahezu keinen Einfluß auf die Meinungsbildung der Bevölkerung hätten.

Hinzu kam, daß in der Politikwissenschaft wie auch in der öffentlichen Diskussion landauf, landab das – irreführende – Ideal des rationalen Wählers gezeichnet wurde, der seine Entscheidung auf der Grundlage sachlicher Informationen über die Parteien, ihre

Programme und ihre Gestaltungsmöglichkeiten kühl wie bei einer ökonomischen Kosten-Nutzen-Rechnung abwägte. Wenn das wirklich das Ideal des Wählers in der Demokratie war, waren dann nicht auch Informationen über die voraussichtliche Stärke der Parteien ein legitimer Entscheidungsfaktor etwa für jemanden, dem es bei seiner Stimmabgabe weniger darum geht, eine einzelne Partei als eine bestimmte Koalition zu unterstützen?

So ärgerlich und verquer die Diskussion um den angeblich schädlichen Einfluß von Wahlumfragen auf das Wählerverhalten auch war, im Wahljahr 1965 kam sie mir insofern zupaß, weil sie mir die Gelegenheit bot, den Trittbrettfahrern, von denen ich annehmen mußte, daß sie unsere Umfragen als ihre eigenen ausgaben, den Boden zu entziehen. Damals veröffentlichten wir unsere Parteizahlen laufend in der Zeitschrift »Stern«. Ich verabredete mit der Redaktion, daß wir die Berichterstattung einen Monat vor dem Wahltermin am 19. September abbrechen würden, weil wir mit unseren Zahlen nicht die Wahl beeinflussen wollten. Das Argument war vorgeschoben, leuchtete den Redakteuren aber ein. Mit dem ZDF arrangierten wir eine besondere Regelung: Kurz vor dem Wahltermin würden Karl-Georg von Stackelberg, der Gründer und Leiter des EMNID-Instituts, und ich beim Bonner Notar Karl Daniels unsere endgültigen Wahlprognosen hinterlegen, die erst am Wahlabend selbst, bei der Wahlparty des ZDF in der Bonner Beethovenhalle veröffentlicht werden sollten. So kam es. Unsere letzte veröffentlichte Umfrage vom August sah die CDU/CSU und die SPD fast gleichauf bei jeweils rund 45 Prozent der Wählerstimmen, ganz so, wie sich die Parteistärken auch in den vorangegangenen Monaten dargestellt hatten. Seit dem Dezember des Vorjahres hatte es keine nennenswerten Veränderungen in den Wahlabsichten der Bevölkerung gegeben, und so rechneten wir alle mit einer Fortsetzung des Kopf-an-Kopf-Rennens bis zum Wahltermin.

Aber in den allerletzten Tagen vor der Wahl änderte sich das Bild. Es zeigte sich das, was wir später den »Last Minute Swing« nannten. Nach monatelangem Stillstand stieg plötzlich der Anteil derer, die sagten, sie wollten bei der kommenden Wahl CDU/CSU wählen, auf beinahe 50 Prozent, während die SPD auf unter 40 Prozent zurückfiel. Damit geriet ich in eine schwierige Lage. Sollte ich der Öffentlichkeit mitteilen, daß sich die politische Lage deutlich veränderte? Ich überlegte hin und her, doch ich entschied mich schließlich dagegen, weil man mich sonst mit Vorwürfen überzogen hätte, ich hätte die Wahl zugunsten der CDU/CSU beeinflussen wollen. Lieber nahm ich in Kauf, daß man uns vorhielt, vor der Wahl falsche Zahlen veröffentlicht zu haben, denn zumindest konnte man dann nicht behaupten, wir hätten mit unseren Veröffentlichungen das Wahlergebnis manipulieren wollen.

Dann kam der Wahlabend mit der ZDF-Party in der Beethovenhalle. Ein Revueprogramm auf der Bühne, mehrere Tanzorchester, die Gäste saßen an langen Tischen in gespannter Erwartung des vermeintlichen Kopf-an-Kopf-Rennens. Der Saal war brechend voll. Vorne rechts, etwas unterhalb der Bühne, war ein kleines Podium mit einer Schiefertafel aufgebaut. Dort sollte der Notar Daniels die bei ihm zwei Tage vorher hinterlegten Briefe mit den Wahlprognosen von Allensbach und EMNID öffnen. Auf der Schiefertafel war der Tabellenrahmen vorgegeben, in den die Institutsleiter ihre Prognosen weithin sichtbar eintragen würden. Ich schrieb, das unruhige Publikum, die Geräusche von Essen, Trinken, Stühleschieben im Rücken: »Erststimmen CDU/CSU 49,5 Prozent, SPD 38,5 Prozent ...« In dieser Sekunde brach hinter mir ein Aufschrei von Hunderten von Menschen zugleich los und dann ein tobender Lärm. Wie betäubt endete ich: »... FDP 8 Prozent, andere 4 Prozent.« Der Saal kochte vor Empörung. Gerd Bucerius rief mir zu: »Elisabeth, wie soll ich Sie jetzt noch verteidigen?!«

Bucerius fühlte sich – zwar zu Unrecht, aber doch etwas verständlich – in besonderer Weise von mir getäuscht, denn erst zwei Tage vorher hatte die »Zeit« ein Interview mit mir veröffentlicht mit der Überschrift »Ich würde mich gar nicht wundern, wenn die SPD

34 Bei der 25-Jahr-Feier der Institutsgründung: Elisabeth Noelle-Neumann und *Spiegel*-Herausgeber Rudolf Augstein

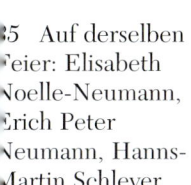

35 Auf derselben Feier: Elisabeth Noelle-Neumann, Erich Peter Neumann, Hanns-Martin Schleyer

36 Auftritt Ende der 60er Jahre in einer Talkrunde des ZDF mit Moderator Rudolf Radke: links Helmut Kohl, rechts Roman Herzog

37 Bei der gemeinsamen Tagung des Weltverbandes und des europäischen Verbandes der Umfrageforscher 1955 war auch Franz Josef Strauß anwesend.

38 Heinz Maier-Leibnitz: »Er war ein wunderbarer Mann, ein großartiger, kluger Gesprächspartner und, nebenbei bemerkt, ein großartiger Koch.«

39 Das »weiße Haus am Bodensee«

40 Bei der Feier anläßlich des 80. Geburtstags am 19. Dezember 1996. Vorne: Helmut Kohl, Elisabeth Noelle-Neumann, Helmut O. Maucher. Ganz links hinter H. Kohl: Bernd Rütlers sowie Mitarbeiter des Allensbacher Instituts. V.l.n.r.: Markus Küppers, Edgar Piel, Wolfgang Schlosser, Werner Süßlin (verdeckt), Marion Lühe

41 »In Salem-Spetzgart war ich nur eine kurze Zeit, aber sie hat für mein Leben eine große Bedeutung gehabt.« Hier zusammen mit Bundespräsident Horst Köhler am 5. Juli 2006 beim Besuch der Salemer Schule. V.l.n.r.: Prinz Bernhard von Baden, Bundespräsident Köhler, Ministerpräsident Günter Oettinger, Elisabeth Noelle, die designierte Schulleiterin Ingrid Sund

gewänne«. Das Zitat war echt, genauso hatte ich es gesagt, aber das Interview hatte in der Redaktion über zwei Wochen in der Schublade gelegen. Anfang September hatte es tatsächlich noch nach einem offenen Rennen ausgesehen. Ich glaube, es ist nie richtig gelungen, der Öffentlichkeit zu verdeutlichen, was in diesem Wahlkampf geschehen war. Obwohl sich im Verlauf des Abends zeigte, daß ich mit meiner Prognose ganz offenbar recht gehabt hatte, führten sich die Leute an der Nase herumgeführt. Es diente auch nicht gerade der Klärung, daß später am Abend, als die Hochrechnungen näher und näher an die Allensbacher Prognose heranrückten, ein CDU-Politiker verschmitzt lachend im Fernsehen zu verstehen gab, er hätte die wirkliche Lage natürlich gekannt, aber klug für sich behalten – »eine kleine Kriegslist«.

Bei der Analyse, wie denn eine solche Änderung der Wahlabsichten in letzter Minute zustande kommen könnte, zeigte sich nun das Rätsel, das mir schließlich half zu verstehen, wie öffentliche Meinung funktionierte. Was wir nämlich drei Tage vor der Wahl in Allensbach am Schreibtisch bestaunten, war ein Phänomen öffentlicher Meinung. Es zeigten sich die Konturen eines gesellschaftlichen Prozesses, den ich später als »Schweigespirale« bezeichnet habe.

Während nämlich die Wahlabsichten, gemessen mit der Frage: »Welche Partei würden Sie wählen, wenn schon am nächsten Sonntag Bundestagswahl wäre?«, über Monate hinweg unverändert blieben, änderten sich gleichzeitig die Ergebnisse einer anderen Trendfrage dramatisch. Die Frage lautete: »Wissen kann das natürlich niemand, aber was glauben Sie, wer die Wahl gewinnt?« Im Dezember 1964 waren es ungefähr gleich viele, die einen Sieg von CDU/CSU und SPD erwarteten, die Sozialdemokraten hatten sogar einen leichten Vorsprung. Aber dann begannen sich die Resultate zu bewegen. Unaufhaltsam stieg die Siegeserwartung für die CDU/CSU und fiel für die SPD. Schon im Juli hatten die Unionsparteien einen klaren Vorsprung, im August erreichten sie fast 50 Prozent. Es war, als ob die beiden Messungen, die Messung der Wahlabsicht und die Messung der Siegeserwartung, auf verschiedenen Planeten vorgenommen worden wären. Erst am Ende kam der Mitläufereffekt und wie von einer Strömung wurden drei, vier Prozent der Wähler in der Richtung der allgemeinen Siegeserwartung mitgezogen.

Wie war es möglich, daß die Parteistärken so lange unverändert blieben und sich gleichzeitig die Erwartung, wer die Wahl gewinnen werde, so dramatisch veränderte? Es kam der Verdacht auf, daß ein Besuch der englischen Königin in Deutschland im Sommer 1965 Anteil daran gehabt haben könnte. Bei strahlendem Wetter reiste sie kreuz und quer durchs Land, immer begleitet vom Jubel der Bevölkerung und immer wieder begleitet von Bundeskanzler Ludwig Erhard. Konnte es sein, daß die Bilder dieses Staatsbesuchs, die fröhliche Atmosphäre, die Anhänger der CDU/CSU in eine optimistische Stimmung versetzten, in der sie sich freudig zu ihrer Überzeugung bekannten? Und konnte es sein, daß deswegen die Anhänger der Sozialdemokraten sich plötzlich überall von politischen Gegnern umgeben wähnten, sich von deren überschäumender Stimmung einschüchtern ließen und in Schweigen verfielen, so daß ihr politisches Lager öffentlich kaum noch zu sehen war, obwohl es eigentlich nicht kleiner war als das der Gegenseite? Hatte die Furcht davor, isoliert dazustehen, die Furcht, verlacht, geschnitten, gemieden zu werden, die SPD-Anhänger verstummen lassen?

In den folgenden Jahren, vor allem im emotional aufgeheizten Bundestagswahlkampf 1972, wurden nun in den Allensbacher Umfragen nach und nach Indizien für eine mögliche Isolationsfurcht der Menschen, für Reden und Verstummen in kontroversen, moralisch geladenen Diskussionen zusammengetragen. Das Muster, das im Wahlkampf 1965 beobachtet worden war, wiederholte sich bei anderen Gelegenheiten, und langsam nahm die Theorie der Schweigespirale Gestalt an. Insgesamt läßt sie sich in den folgenden Aussagen zusammenfassen:

1. Menschen empfinden Isolationsfurcht. Sie haben eine – wahrscheinlich im Laufe der Evolution erworbene – Angst davor, von ihrer Umgebung zurückgewiesen zu werden.
2. Deswegen beobachten die Menschen laufend das Verhalten der Menschen in ihrer Umwelt und registrieren aufmerksam, welche Meinungen und Verhaltensweisen in der Öffentlichkeit gebilligt werden und welche nicht.
3. Menschen beobachten nicht nur ihre Umwelt, sondern stoßen ihrerseits mit ihren Aussagen und Verhaltensweisen – teilweise unbewußt – Isolationsdrohungen aus: sich abwenden, die Stirn runzeln, jemanden auslachen usw. Diese Signale sind es, die vom einzelnen wahrgenommen werden und an denen er erkennt, welche Meinungen gebilligt werden und welche nicht.
4. Da die meisten Menschen die Isolation fürchten, neigen sie dazu, sich mit öffentlichen Äußerungen zurückzuhalten, wenn sie merken, daß sie mit ihrer Meinung in der Öffentlichkeit empörten Widerspruch, Lachen, Verachtung oder ähnliche Isolationsdrohungen auf sich ziehen.
5. Umgekehrt werden diejenigen, die merken, daß sie mit ihrer Meinung Beifall finden, diese ohne Furcht frei, fröhlich und gegebenenfalls laut vertreten.
6. Diejenigen, die laut und fröhlich reden, verstärken dadurch die Isolationsdrohung gegenüber den Anhängern der Gegenposition. Deren Gefühl, mit ihrer Meinung allein gegen alle anderen zu stehen, verstärkt sich, ihre Tendenz, sich deswegen lieber nicht mehr öffentlich zu äußern, ebenfalls. Ein Spiralprozeß setzt ein, der dazu führt, daß das eine Meinungslager immer lauter und selbstbewußter wird und das andere mehr und mehr verstummt.
7. Dieser Prozeß ist nicht immer und überall anzutreffen, sondern nur bei Themen, die eine starke moralische Aufladung besitzen, also bei denen Ideologie, Aufregung und Emotionen im Spiel sind. Ohne moralische Begründung kommt

der Prozeß der öffentlichen Meinung nicht in Gang. Wer anders denkt, ist nicht dumm, sondern schlecht. Aus dem moralischen Element zieht die öffentliche Meinung ihre Kraft, ihre Isolationsdrohung, welche die Schweigespirale in Gang setzt.

8. Der Gegenstand, an dem sich die Schweigespirale entzündet, muß kontrovers sein. Themen, bei denen nicht nur scheinbar, sondern auch in der Sache Konsens in der Gesellschaft herrscht, so daß kein Streit entsteht, bieten keinen Raum für eine Schweigespirale. Deswegen kann bei der Frage, ob man für den Schutz der Natur ist, keine Schweigespirale entstehen. Da sind alle dafür. Dagegen kann sich an der Frage, welchen Stellenwert der Naturschutz im Vergleich zu anderen Zielen wie dem Wirtschaftswachstum haben sollte, durchaus eine Schweigespirale entzünden.

9. Welche Ansicht die öffentliche Meinung beherrscht, ist nicht zwangsläufig von der tatsächlichen Stärke der Meinungslager abhängig. Eine Meinung kann in der Öffentlichkeit beherrschend sein und Isolationsdruck auslösen, obwohl die Mehrheit der Bevölkerung der unter Druck stehenden Meinung anhängt – sich aber eben nicht öffentlich zu ihr bekennt.

10. Auf den Prozeß der Schweigespirale können die Massenmedien einen erheblichen Einfluß haben. Wenn die Mehrzahl der Medien in einem moralisch geladenen Meinungsstreit die gleiche Partei ergreifen, bestimmen sie die Richtung der Schweigespirale wesentlich, vermutlich sogar ausschlaggebend mit. Es sind bisher keine Beispiele dafür bekannt, daß sich in einer Bevölkerung eine Schweigespirale entwickelte, die dem Medientenor entgegenlief.

11. Isolationsfurcht und Isolationsdrohung sind den beteiligten Personen in aller Regel unbewußt. Sie beobachten in ihrer Umgebung Verhalten, das auf Selbstsicherheit und Stärke schließen läßt und reagieren auf Isolationsdrohungen der Umwelt nahezu reflexhaft mit Furcht und Verstummen.

12. Öffentliche Meinung findet ihre Grenzen in Zeit und Raum. Schweigespiralen sind innerhalb einer Gesellschaft in aller Regel nur über einen begrenzten Zeitraum wirksam. Dabei gibt es kurzfristige Elemente wie die Aufregung um die Versenkung der Öl-Plattform Brent Spar in den neunziger Jahren des 20. Jahrhunderts und sehr langfristige wie die in vielen westlichen Gesellschaften über Jahrhunderte zunehmende Tendenz, den Wert der Gleichheit höher und höher zu schätzen. Auch der Raum, in dem ein bestimmtes Meinungsklima beherrschend ist, kann unterschiedlich groß sein. So lassen sich in der jüngeren Geschichte einige Beispiele für eine weltweit spürbare öffentliche Meinung finden, etwa die öffentliche Meinung, die jahrzehntelang Südafrika weltweit isolierte und schließlich das Apartheid-Regime zum Rücktritt zwang. Doch in aller Regel findet ein Prozeß öffentlicher Meinung und damit eine Schweigespirale ihre Grenzen in den nationalen Grenzen oder den Grenzen ihres Kulturkreises. Nachträglich oder aus der Position des Außenstehenden sind die Aufregung und der Grad der Emotionalisierung, der mit einer Schweigespirale einhergeht, kaum zu verstehen.

13. Öffentliche Meinung wirkt als soziale Kontrolle. Sie dient indirekt dazu, die Gesellschaft zusammenzuhalten. Besonders starker gesellschaftlicher Integrationsdruck, wie er in einer Schweigespirale wirksam ist, ist in aller Regel ein Kennzeichen dafür, daß das Thema, der Streitpunkt, der zur Entwicklung einer Schweigespirale führt, eine besondere Gefahr für den Zusammenhalt der Gesellschaft darstellt. Im Extremfall führt dann die Schweigespirale dazu, daß man über ein bestimmtes Thema nur mit einer ganz bestimmten Wortwahl (Political Correctness) oder überhaupt nicht (Tabu) sprechen kann, wenn man nicht mit äußerst scharfen Signalen der gesellschaftlichen Ausgrenzung konfrontiert werden will.

Dies alles stand mir damals, nach der überraschenden Entwicklung im Wahlkampf 1965, noch lange nicht klar vor Augen. Erst nach und nach gelang es mir, die Theorie der Schweigespirale so auszuarbeiten, daß ich mich mit dem Ergebnis meiner Forschung an die Öffentlichkeit wagen konnte. Das erste Mal präsentierte ich die Theorie auf einem internationalen Psychologenkongreß in Tokio. Am Vormittag hielt ich den Vortrag, für den Nachmittag war eine Diskussion dazu geplant. Während ich den Vortrag hielt, wurde der ursprünglich halbleere Saal immer voller und voller. Als ich dann am Nachmittag zur Diskussion ging, kam ich kaum noch in den Vortragssaal hinein. Auf dem Flur standen die Menschen dichtgedrängt und wollten noch in den Raum hinein, der bereits vollkommen überfüllt war.

Es hat den Anschein, als hätte ich mit meiner Theorie der Schweigespirale etwas beschrieben, was vielen Menschen die Augen geöffnet hatte. Nach der Diskussion sprachen mich etliche Teilnehmer an und sagten: »Das ist ja genau das, was ich mir auch immer gedacht hatte!« 1974 wurde mein Vortrag im »Journal of Communication«, der weltweit führenden kommunikationswissenschaftlichen Fachzeitschrift abgedruckt, allerdings vom Chefredakteur George Gerbner auf etwa die Hälfte zusammengestutzt – eine Veröffentlichung, die bis heute zu vielen Mißverständnissen beiträgt. Eine Fußnote zum Abdruck von 1974, daß eine vollständige Fassung auf Anforderung in Allensbach zugeschickt werde, führte zu keiner einzigen Reaktion. Dafür kam eine Flut von Fachveröffentlichungen, in denen die Autoren die Theorie der Schweigespirale zu testen versuchten, die meisten davon auf falschen Annahmen beruhend. Vor allem aber führte die Veröffentlichung dazu, daß meine Theorie von der öffentlichen Meinung zu einer der bekanntesten und am meisten beachteten kommunikationswissenschaftlichen Theorien überhaupt wurde.

1980 erschien die erste deutsche Buchveröffentlichung, 1984 die erste englische Übersetzung in der University of Chicago Press, an deren Entstehen mein Chicagoer Freund, der Psychologe Mihaly

Csikszentmihalyi einen großen Anteil hat. Heute lehrt er an der Claremont Graduate University in Kalifornien. Ich erinnere mich daran, wie er mich am Ende eines meiner Aufenthalte an der Universität von Chicago zum Flughafen brachte. Während der Fahrt im Taxi übersetzten wir gemeinsam die letzten Seiten des Buches. Dieser englischen Ausgabe ist es zu verdanken, daß das Buch »Die Schweigespirale« inzwischen in 13 verschiedenen Sprachen erschienen ist, darunter auf chinesisch, japanisch, bulgarisch, polnisch, italienisch und spanisch. Als die »American Association of Public Opinion Research« (AAPOR) anläßlich ihres 50. Jubiläums 1996 eine Liste der 50 wichtigsten Bücher aus einem halben Jahrhundert empirischer Sozialforschung veröffentlichte, befand sich darauf auch die »Schweigespirale« als einziges nicht-amerikanisches Buch. Das ist vor allem auch deswegen bemerkenswert, weil es sich in Deutschland selbst fast sofort nach dem Erscheinen der Erstausgabe wütenden innenpolitisch motivierten Angriffen ausgesetzt sah. Die Gründe dafür sind vielfältig und wurzeln auch darin, daß ich im Verlauf der siebziger Jahre vor allem bei Journalisten der öffentlich-rechtlichen Rundfunksender zur Persona non grata geworden war, doch der wesentliche Auslöser für die Angriffe war ein einziges – und nicht zentrales – Kapitel im Buch mit dem Titel »Das doppelte Meinungsklima«. Die entscheidende Passage lautete:

»Im Juli (1976), in der Zeit der großen Ferien, kamen die Fragebogen der zweiten Befragung des ›Panels‹ (ein Panel ist eine Umfrage, bei der dieselben Personen in gewissen Zeitabständen mehrmals befragt werden) von rund 1000 repräsentativ ausgewählten Wählern in das Allensbacher Institut zurück. Ich war damals im Tessin, wolkenlose Sommertage, ich erinnere mich sehr genau an den Kontrast zwischen dem breiten grünen Weinlaub, dem Granittisch und den darauf ausgebreiteten Computertabellen, es war wenige Monate vor der Wahl, nicht die richtige Zeit, die Arbeit zu unterbrechen. Eines war klar: Die wichtigste Meßfrage, die Frage nach der Umweltbeobachtung: ›Wissen kann das natürlich niemand, aber was glauben Sie, wer die kommende Bundestagswahl gewinnt, wer die meisten Stimmen bekommt: die CDU/CSU oder die SPD/FDP?‹ zeigte eine dramatische Verschlechterung des Meinungsklimas für die CDU/CSU.

Meine erste Vermutung war, die CDU/CSU-Anhänger verhielten sich wie 1972, verstummten in der Öffentlichkeit, zeigten schon vor Beginn des eigentlichen Wahlkampfes nicht mehr ihre Überzeugung. Ich erbat telefonisch aus Allensbach die Ergebnisse zur öffentlichen Bekenntnisbereitschaft. Der Befund war rätselhaft, er paßte nicht zur Theorie. Gegenüber dem März waren im Juli eher die SPD-Anhänger faul geworden. Eine schwindende Bekenntnisbereitschaft der CDU/CSU-Anhänger konnte das veränderte Meinungsklima nicht erklären.

Ich dachte an die zwei Quellen der Umweltbeobachtung, die Originalbeobachtung der Wirklichkeit, die der einzelne anstellt, und die Beobachtung der Wirklichkeit durch die Augen der Medien und bestellte in Allensbach die Auszählung nach viel und wenig Zeitungslesen, viel und wenig Fernsehen. Als das Ergebnis auf dem Granittisch lag, sah es so einfach aus wie in einem Schulbuch. Nur diejenigen, die die Umwelt mit den Augen des Fernsehens häufiger beobachtet hatten, hatten einen Klimawechsel von der CDU/CSU zur SPD wahrgenommen, diejenigen, die ohne die Fernsehaugen ihre Umwelt beobachtet hatten, hatten nichts von dem Klimawandel bemerkt.«

Da ich wußte, daß sich die Wahlabsichten von Zeitungslesern in den letzten Tagen vor einer Wahl praktisch nicht mehr veränderten – im Unterschied zu Nicht-Zeitungslesern, die meistens auch kein politisches Interesse haben und ihre Wahlentscheidung oft bis zum Wahltag hinausschieben –, veröffentlichte ich die Ergebnisse zum doppelten Meinungsklima kurz vor der Wahl in zwei Artikeln in der »Welt« unter den Schlagzeilen »Der Einfluß des Fernsehens auf die Wahlentscheidung der Wähler« und »Ein Fernseh-Duell kann über die Wahl entscheiden«. Gerechtfertigt waren diese Schlagzeilen durch die voraussehbar knappe Wahlentscheidung – die CDU/CSU verpaßte die absolute Mehrheit nur um 350 000 Stimmen. Bei einem so knappen Wahlausgang ist jeder Einfluß in eine bestimmte Richtung wahlentscheidend. Aber diese Veröffentlichung trug mir den Zorn der Journalisten ein. Viele denken bis heute, die Theorie der Schweigespirale sei von mir nur als Entlastungskonzept erfunden worden, um zu erklären, warum die CDU/CSU die Wahl 1976, wie knapp auch immer, verloren habe. Als 1980 der Buch »Die Schweigespirale« mit der eben zitierten Passage über das doppelte Meinungsklima erschien, ärgerte sich der Fernsehjournalist Franz Alt darüber so sehr, daß er es im »Spiegel« unter dem Titel »Mehr Demagogie als Demoskopie« verriß als »Quatsch mit wissenschaftlicher Soße«. Der Piper Verlag teilte mir mit, daß das Buch, das Anfang Mai noch in der Bestsellerliste der Süddeutschen Zeitung auf Platz zwei gestanden hatte, unverkäuflich geworden sei. Er wollte es nicht mehr verlegen. Ich wechselte zu Ullstein. Heute liegt »Die Schweigespirale« in Deutschland in der sechsten Auflage vor – inzwischen erscheint sie im Verlag Langen Müller –, doch in Deutschland alleine, ohne die Veröffentlichung der englischen Übersetzung, hätte sich die Theorie nicht durchsetzen können. Sie wäre kaputtgeschrieben worden.

Das Gesicht des Totalitären

Der zweite Grund für die Entdeckung der Schweigespirale lag, wie bereits kurz erwähnt, in den Studentenunruhen der Jahre 1969–1973. Wahrscheinlich fiel mir die Erklärung dafür, wie denn die Wahlabsichten im Jahr 1965 unverändert bleiben konnten, während die Erwartungen, wer die Wahl gewinnt, sich unaufhaltsam in eine Richtung veränderten, nur ein, weil ich die Mechanismen, die dabei eine Rolle spielten, das Wechselspiel zwischen selbstbewußtem Reden auf der einen Seite und ängstlichem Verstummen auf der anderen Seite, regelmäßig an der Universität mit eigenen Augen verfolgen konnte.

Im Winter 1970/71 mußte ich jede zweite Vorlesung abbrechen. Rein zahlenmäßig war die Fraktion von Studenten, die die Vorlesungen ungestört hören wollten, stärker als die Gegenfraktion, die die Vorlesung störte. Daß die Mehrheit die Vorlesungen hören wollte, war leicht zu erkennen, und die Studenten, die mich in meiner Sprechstunde besuchten, sagten es mir auch unter vier Augen. Aber während die eine Seite, die protestierenden Studenten, laut in der Öffentlichkeit zu hören und zu sehen waren, mit Flugblättern, Slogans und Aufklebern, die an die Wände, Türen, Fenster, Autos mit Parolen gegen mich geklebt waren, und mit ständigen Unterbrechungen der Vorlesung, verfiel die Gegengruppe zunehmend in ängstliches Schweigen.

Diejenigen, die mich eigentlich unterstützen wollten, schienen zu fürchten, daß sie sich damit unter ihren Kommilitonen isolieren und unbeliebt machen würden. Immer wieder entstand das Bild einer einzigen protestierenden Studentenschaft, die schließlich das Institut für Publizistik für mehrere Tage besetzt hielt. Mitten in dieser aufgeheizten Situation kam mir der Gedanke, daß eben dies: eine optimistische, überall sichtbare, redebereite CDU-Anhängerschaft, die mit ihrer scheinbaren Übermacht die SPD-Anhänger zaghaft werden und verstummen ließ, die Lösung des Rätsels von 1965 sein könnte.

Man könnte das Thema der Studentenunruhen damit beschließen, wenn es nicht noch einen anderen Aspekt gäbe, unter dem die Ereignisse der damaligen Zeit eine genauere Betrachtung lohnen. Die Art und Weise, wie die Studentenrevolte gegen mich organisiert war und wie die Menschen, die von den Ereignissen betroffen waren, darauf reagierten, lehrt nach meiner Überzeugung viel über die Gefährdungen, denen die Demokratie in der Bundesrepublik Deutschland in dieser Zeit ausgesetzt war und die bis heute noch nicht ausreichend aufgearbeitet worden sind.

Bis zu einem gewissen Grade war der Konflikt zwischen den Professoren und Studenten in den sechziger und siebziger Jahren eine Frage der Erziehung und der Prägung der Eltern- und Kindergeneration in verschiedenen Phasen des 20. Jahrhunderts. Auch in anderen Ländern, neuerdings auch in den ostdeutschen Bundesländern, hat sich gezeigt, daß die erste Generation, die nach dem Ende eines politischen Systemwechsels erwachsen wird, Kommunikationsprobleme mit der Elterngeneration bekommt.

Zum Teil waren die Konflikte auch einfach eine Folge des sich in vielerlei Hinsicht ändernden Zeitgeistes. In meinem allerersten Seminar in Mainz im Wintersemester 1964/65 sagte ich den Studenten, wir hätten ein gemeinsames Ziel, wir wollten in Mainz eine Elite der Journalisten ausbilden. Mir schien das ein ganz selbstverständlicher Anspruch einer Universität zu sein. Doch zu meiner großen Überraschung wurde ich daraufhin von den Studenten empört ausgezischt und ausgebuht. Das waren die ersten Anzeichen der aufziehenden Studentenrevolte. Ohne daß ich es bemerkt hatte, war das Wort »Elite« zu einem Schimpfwort geworden. Erfüllt von sozialistischen Idealen wollten die Studenten alle möglichen Ziele verfolgen, aber Elitebildung war in einer Welt, in der die Gleichheit der oberste Wert war, dem alles andere unterzuordnen sei, verpönt. Mir erscheint diese Situation bis heute grotesk, wenn man bedenkt, daß diese Szene immerhin in einer Hochschule und nicht auf einer Gewerkschaftsversammlung stattfand.

Doch mit dem Generationenkonflikt allein sind die Schärfe und die Bösartigkeit der Angriffe gegen mich in der Studentenrevolte nicht zu erklären. Selbstverständlich nehme ich an, daß die meisten der revoltierenden Studenten sich mit aus ihrer Sicht ehrlicher Empörung gegen mich wandten. Einer der damaligen Wortführer, Wolfgang Donsbach, wurde in späteren Jahren zu einem meiner besten Schüler und zu einem guten Freund. Heute leitet er als Professor das von ihm selbst aufgebaute Institut für Kommunikationswissenschaft der Technischen Universität Dresden und war vor wenigen Jahren als erster Deutscher überhaupt Präsident des Weltverbandes der Kommunikationsforscher. Doch wenn auch viele Studenten in gutem Glauben handelten, so war es doch erkennbar, daß es Leute gab, die sie systematisch gegen mich aufhetzten mit dem Ziel, mich zum Verlassen der Universität zu zwingen.

Woher diese Impulse kamen, ließ sich an manchen kleinen Details erkennen. Es war offensichtlich, daß eine wesentliche Gruppe von Studenten regelmäßig in die DDR fuhr, um, wie ich annehmen muß, sich Instruktionen zu holen. Man konnte das kurioserweise immer an ihrem Haarschnitt erkennen. Damals war es unter jungen Männern üblich, lange Haare zu tragen, und zwar tendenziell um so länger, je weiter links jemand politisch stand. Anders als heute, wo die Frisur einfach eine Frage des persönlichen Geschmacks und der Mode ist, war sie damals ein politisches Bekenntnis. Natürlich nicht in jedem einzelnen, aber in vielen Fällen symbolisierten die Studenten mit ihrer Haartracht ihre Verachtung gegenüber dem politischen System der Bundesrepublik Deutschland. Wenn sie aber von ihren Besuchen in der DDR zurückkamen, trugen die Studenten stets kurze Haare, man könnte beinahe sagen, im preußischen Militärstil.

Eines Tages nahm ich mir vor, meinen Verdacht, die andauernden Angriffe gegen mich könnten von der DDR aus mitgesteuert sein, zu überprüfen. In einer vergleichsweise ruhigen Vorlesungsstunde unterbrach ich mich in meinem Vortrag, als wäre mir gerade etwas in den Sinn gekommen, und fragte unschuldig in die Runde: »Der Professor Michaelis – war der damals eigentlich schon in Leipzig?« Da rief das halbe Auditorium: »Nein, der kam erst später.« Sie wußten also bestens über die Verhältnisse am Institut für Journalistik an der Leipziger Karl-Marx-Universität Bescheid.

Ich hoffe, der Leser legt es mir nicht als Verfolgungswahn aus, wenn ich mit dieser Deutlichkeit darauf hinweise, daß ich glaube, daß die Kampagnen gegen mich in den sechziger, siebziger und achtziger Jahren zum Teil von der DDR aus gesteuert worden sind. Vor der deutschen Einheit wäre man für die Äußerung dieses Verdachts verlacht worden. Seit 1990 sind aber doch so viele Details über die Tätigkeit der DDR-Geheimdienste in Westdeutschland bekannt geworden, daß man entsprechende Indizien inzwischen wohl etwas unvoreingenommener betrachten kann.

Noch etwas anderes läßt mich heute zu dem Schluß kommen, daß die Angriffe gegen mich aus der DDR kamen: Seit den siebziger Jahren erhielt ich regelmäßig Drohanrufe. Unablässig klingelte das Telefon. Wenn ich abhob, sagte dann jemand: »Ach, beinahe hätte ich es vergessen: Ich wollte Sie ja noch ermorden«, oder ähnliche Dinge. Dieser Psychoterror fand so oft statt, daß ich beschloß, zumindest nachts nicht mehr ans Telefon zu gehen. Eines Nachts klingelte es besonders hartnäckig. Am nächsten Morgen erfuhr ich, daß es sich ausnahmsweise nicht um einen Drohanruf gehandelt hatte, sondern um die Polizei, die mir mitteilen wollte, daß ein Mitarbeiter des Allensbacher Instituts sich bei einem Verkehrsunfall schwer verletzt hatte. Bemerkenswert ist nun, daß diese Drohanrufe mit der politischen Wende in Ostdeutschland 1989/90 und dem Ende der DDR schlagartig aufhörten. Für mich war das eine ungeheure Befreiung. Endlich konnte man wieder frei atmen und es begann wieder ein normales Leben. Warum, so kann man sich fragen, wurde ausgerechnet ich so massiv bekämpft? Ich nehme an, daß es etwas damit zu tun hatte, daß ich nicht für sozialistisches Gedankengut empfänglich war. Das von mir aufgebaute Mainzer Institut für Publizistik hatte sich in kurzer Zeit einen guten Ruf erarbeitet als Ort, an dem erstklassige Journalisten ausgebildet wurden. Solange ich dieses Institut leitete, war klar, daß es nicht zu einer Kaderschmiede marxistischer Propagandisten werden konnte. Da die kommunistischen Machthaber in der DDR und ihre Statthalter in Westdeutschland immer sehr auf publizistische Wirksamkeit achtgaben, muß es ihnen als lohnendes Ziel erschienen sein, mich aus dem Institut zu entfernen, um auf diese Weise noch einen besseren Zugang zur Öffentlichkeit zu erhalten.

In der Tat war ich für marxistische Utopien nie zu gewinnen. Wären mir nicht schon in meiner Zeit im Dritten Reich die charakteristischen Merkmale totalitärer Systeme deutlich vor Augen geführt worden, wäre dies spätestens Anfang der siebziger Jahre geschehen, als ich mehrmals im Auftrag der UNESCO zu Tagungen in den damaligen Ostblock fuhr. Ich war seit ungefähr 1969 Mitglied eines Komitees für Kommunikationsforschung der UNESCO, das von dem britischen Forscher James Halloran geleitet wurde. Sehr oft hielt unsere Kommission aus Kostengründen ihre Sitzungen im Osten ab, in Polen und mehrfach in der DDR, denn in den westlichen Ländern gab es immer Schwierigkeiten mit der Finanzierung. Als Mitte der siebziger Jahre unser Ausschuß in Rostock tagte, benutzte ich die Gelegenheit, um an einem freien Nachmittag nach Warnemünde zu fahren. Dort gab es ein als Hochhaus gebautes Hotel »Neptun«. Es war, meine ich mich zu erinnern, mindestens zwanzig Stockwerke hoch und direkt am Meer gelegen. Ich wollte einige Stunden darauf verwenden, das Leben und Treiben dort zu betrachten und in mich aufzunehmen. Darum schickte ich meinen Fahrer weg. Als ich müde wurde, setzte ich mich in die Hotelhalle, dicht an die großen Panoramascheiben, um die anfahrenden und abfahrenden Autos beobachten zu können. Zur Halle hin war ich verborgen durch eine breite Säule; unmittelbar hinter dieser Säule stand mein Sessel.

Draußen vor dem Hotel sah ich ein großes Auto mit Stander ankommen, ein Offizier in voller Uniform stieg aus und betrat das Hotel. Wenig später sah ich, wie er mit einem kleinen, farblosen, kümmerlichen Mann mittleren Alters zusammentraf. Ich verlor die beiden aus den Augen. Aber plötzlich begann in meiner nächsten Nähe, unmittelbar auf der anderen Seite der Säule, hinter der verborgen ich saß, ein Gespräch. Ich hörte es ganz klar, Wort für Wort. Es drehte sich um Touristen aus der Sowjetunion, die, wie ich erfuhr, in etwa einer halben Stunde im Hotel eintreffen würden. Der kleine farblose Mann bekam Instruktionen. Zuerst seine Zimmernummer im zehnten Stock. Dann Angaben, wie er sich zu verhalten habe. Sofort nach dem Eintreffen der Touristengruppe habe er sich unter sie zu mischen und mit ihnen auf das Einchecken zu warten. In seinem Zimmer sollte er sich nur kurz aufhalten, dann gleich wieder herunterfahren und sich an die Bar stellen, die sich seitlich am Rand der Lobby befand. Wenn dann die ersten Touristen herunterkämen, sollte er an der Bar das Gespräch mit ihnen beginnen.

Ob er noch weitere Anweisungen bekam, wie und was er zu berichten hatte, weiß ich nicht. Plötzlich war der Offizier wieder weg, ich sah ihn draußen abfahren. Es vergingen höchstens zehn Minuten. Dann trafen die Touristen ein. Alles lief ab wie angewiesen. Der kleine kümmerliche Mann mischte sich unter sie. Schon fünfzehn Minuten später sah ich ihn in angeregtem Gespräch mit einigen Touristen an der Bar. Es lief mir eiskalt den Rücken herunter bei dem Gedanken, was den fröhlichen, übermütigen Menschen, die dort an der Bar in Ferienstimmung ihre Gedanken ausplauderten, später zu Hause geschehen werde. Ich hatte in das Gesicht der Diktatur geblickt.

Das zweite Erlebnis, das mir unmißverständlich den Charakter der kommunistischen Diktaturen vor Augen führte, hatte ich in Leipzig, wo die UNESCO-Kommission im Jahr 1973 tagte. Etwa am dritten Tag meines Aufenthaltes dort fragte ich mich plötzlich: »Woran erkenne ich, daß die Menschen hier so unglücklich sind?« Ich versuchte, in den Gesichtern und in der Haltung der Menschen die Zeichen zu finden, die mir sagten: Diese Menschen sind unglücklich. Als ich zehn Zeichen zusammenhatte, lief ich in mein Hotel, um sie rasch niederzuschreiben:

> Die Augen sind so zugekniffen.
> Die Lippen so schmal gepreßt.
> Die Mundwinkel sind abwärts gezogen.
> Die Ellbogen sind so eng an den Körper gepreßt.
> Die Bewegungen sind klein und steif …
> und so fort.

Mit meiner Liste kehrte ich nach Allensbach zurück und führte die Merkmale in unsere Standardfragebogen ein. Seitdem, seit dem Jahr 1973, enthalten nahezu alle Allensbacher Fragebogen diesen sogenannten »Ausdruckstest«. Er besteht aus zehn Fragen an die Interviewer über die Befragten. Nach dem Ende des Interviews werden die Interviewer gebeten anzugeben, ob der Befragte ganz fröhlich aussieht oder nicht, ob sein Blick frei ist, die Ellbogen an den Körper gepreßt sind, die Bewegungen locker sind usw.

Die Ergebnisse dieses Ausdruckstests haben wir später in detaillierten Analysen verglichen mit den Resultaten aufwendiger psychologischer Tests, mit denen festgestellt wird, ob ein Mensch glücklich ist oder nicht. Die Menschen, die bei uns viele »Glücksmerkmale« aufwiesen, rangierten auch bei den psychologischen Tests weit oben auf der Skala, diejenigen, die jene Merkmale aufwiesen, die ich an den Passanten in Leipzig beobachtet hatte, landeten auch bei den international erprobten Skalen zur Messung der Lebenszufriedenheit ganz unten.

Das bedeutete, daß mich mein Eindruck nicht getrogen hatte. Natürlich gibt es in allen Diktaturen immer auch persönliches Glück, Glück im Alltag und zufriedene Menschen. Doch alles in allem, im Durchschnitt, war an der Körpersprache der Menschen in der DDR erkennbar, daß sie unter psychologischem Druck standen. Die Kultur des ständigen Mißtrauens, die in Diktaturen entsteht, wie wir auch aus anderen Forschungsergebnissen wissen, war den Menschen am Gesicht abzulesen. Dieses Erlebnis habe ich immer vor Augen, wenn heute manchmal behauptet wird, in der DDR habe es eine so einzigartige Atmosphäre der menschlichen Wärme gegeben. Die Mimik und Gestik der Menschen sprachen eine andere Sprache.

Bezeichnende Erlebnisse hatte ich auch in der Sowjetunion. Mehrmals wurde ich von Professor Nikolai Mansurov von der Sowjetischen Akademie der Wissenschaften, mit dem ich bis heute befreundet bin, zu Vorträgen nach Moskau eingeladen. Als zusätzlichen Anreiz durfte ich mir bei jeder Reise noch einen zweiten Ort in der Sowjetunion aussuchen, den ich besuchen wollte. So kam ich unter anderem nach Leningrad, Tiflis und Novosibirsk. Sobald ich auf diesen Reisen in Moskau gelandet war und Mansurov mich begrüßte, erschien auch ein staatlicher Aufpasser, der dann die ganze Reise nicht mehr von unserer Seite wich. Mansurov und ich entwickelten die Taktik, uns abends, etwa gegen 22 Uhr, in die Hotelzimmer zurückzuziehen. Wir verabschiedeten uns freundlich von unserem Aufpasser, der damit meinte, sein Tagwerk vollbracht zu haben, und wegging. Etwa eine Stunde später trafen Mansurov und ich uns in der Hotellobby wieder, um uns nun ohne Aufpasser ungezwungen unterhalten zu können.

An der Universität Mainz war für alle, die mich kannten, völlig klar, daß ich jedem Versuch, der marxistischen Ideologie in der Journalistenausbildung Geltung zu verschaffen, im Weg stand. Die Mittel, mit denen versucht wurde, mir das Leben als Professorin zu verleiden, waren bemerkenswert vielfältig und grenzten teilweise an Körperverletzung. Mit einer Auflage von jeweils 6000 Exemplaren wurden Flugblätter gegen mich verteilt. Es gab Aufkleber mit einer häßlichen, bösartig verzerrenden Karikatur von mir, die auf dem ganzen Campus zu finden waren – auf Autos, an Mauern, überall, wo es nur ging. Selbst im Nachrichtenmagazin »Der Spiegel« wurden die Aufkleber abgedruckt. Ich habe alle Pamphlete, die ich bekommen konnte, aufbewahren lassen, um später einmal die ganze Kampagne dokumentieren zu können.

Einmal, als ich das Institutsgebäude verließ, trat jemand aus dem Nebenhaus heraus und rief mir zu: »Wann werden Sie endlich aufhören zu arbeiten?« Ich antwortete: »Haben Sie je einen Maler gesehen, der aufhörte zu malen?« Da war er vollkommen sprachlos. Ein anderes Mal sollte ein Studentenfest gefeiert werden. Als ich zu dem Saal kam, in dem das Fest stattfinden sollte, sah ich, daß im Vorraum mehrere Schokoladentorten bereitstanden. Auf jeder war mein Gesicht abgebildet, so daß man beim Anschneiden der Torten feierlich mein Gesicht zerschneiden konnte.

Ich war, wie bereits berichtet, oft in meinem Leben krank. In diesen Jahren hatte ich zeitweise Herzprobleme und konnte, was die Studenten auch wußten, Zigarettenrauch nicht gut vertragen. Mehrmals fand ich, als ich zur Vorlesung erschien, den Hörsaal so sehr vollgequalmt vor, daß man vor lauter blauem Nebel kaum etwas sehen konnte. Einmal wurde ich ernsthafter krank und verbrachte längere Zeit in Freiburg im Colombi Hotel, weil meine Ärztin Ruth Jensen keine eigenen Krankenräume mehr hatte. Ich konnte nichts essen und schlief die meiste Zeit. Meine Kollegen aus der Fakultät besuchten mich eifrig, weil sie sich Sorgen machten. Währenddessen erschien in der Süddeutschen Zeitung ein Artikel über die Studentenunruhen und darüber, daß die Studenten gefordert hätten, ich sollte zu einer bestimmten Gelegenheit nach Mainz kommen. Ich aber sei nicht erschienen und hätte gesagt, ich sei krank. »Natürlich war sie nicht krank«, schloß die Süddeutsche Zeitung, von der ich mich seitdem fernhalte. Man könnte die Liste der Bösartigkeiten noch leicht fortsetzen.

In einer solchen Situation erkennt man seine Freunde. Geradezu heldenhaft verhielt sich meine damalige Mainzer Sekretärin Hannelore Dudel. Im Jahr 1971 wurde das Institut für Publizistik von protestierenden Studenten besetzt. Einige versuchten bei dieser Gelegenheit, Hannelore Dudel den Schlüssel zu ihrem Aktenschrank zu entreißen. Sie warf sich regelrecht vor den Schrank und verteidigte wie eine Löwin ihren Schlüssel. Merkwürdig war dagegen das Verhalten des damaligen Rektors der Universität Peter Schneider, der extra das besetzte Institut besuchte und den rebellierenden Studenten Mut zusprach, sie sollten ausharren und sich nicht einschüchtern lassen.

Eigenartig ist, wie sich unter solchen Bedingungen das Verhältnis zwischen dem angegriffenen Professor und seinen Studenten entwickelt. So sehr mich der ganze Psychoterror auch belastete, auf einer bestimmten Ebene nahm ich das Ganze nicht richtig ernst. Später haben wir in Allensbach das mit einer umfangreichen Hochschullehrer-Umfrage untersucht und festgestellt, daß ich in dieser Hinsicht kein Einzelfall war. Das Verhältnis zwischen Professoren und Studenten kann man ein wenig wie das Verhältnis zwischen Eltern und ihren Kindern beschreiben. Ganz gleich, wie wüst sich die Kinder auch aufführen, sie bleiben doch die eigenen Kinder. Es war ja auch so, daß die meisten rebellierenden Studenten einen ganz anderen Charakter hatten als die wenigen Rädelsführer, die sie gegen mich aufhetzten.

Mit der Zeit entwickelte ich einige Taktiken, um mit dem ungeheuren Lärm, der regelmäßig im Hörsaal veranstaltet wurde, fertigzuwerden. So gewöhnte ich mir beispielsweise an, immer drei Zettel mit Witzen in die Jackentasche zu stecken. Wenn das Lärmen wieder einmal überhand nahm, zog ich einen dieser Zettel heraus und sagte:»Schade, daß Sie einen solchen Lärm machen, ich wollte Ihnen eigentlich gerade einen Witz erzählen.« Sofort wurde es still, und die Studenten, die eben noch mit wichtigem Gesichtsausdruck wirre Parolen gebrüllt hatten, warteten lammfromm darauf, daß ich ihnen den Witz erzählte.

Ganz besonders wurden die Vorlesungen von einem Studenten namens Büscher gestört, der, wenn ich mich recht erinnere, auch eine führende Position in einer kommunistischen Partei hatte. Als er einmal wieder Parolen in den Raum rief, sagte ich:»Bevor Sie Fragen stellen, sollten Sie erst einmal richtig überlegen, was Sie eigentlich wissen wollen.« Tatsächlich verließ er den Saal. Etwas später kam er zurück und hatte etwas Weißes in der Hand. Ich sagte:»Ach, wie schön: Sie haben also meinen Ratschlag befolgt und sich Ihre Frage aufgeschrieben.« Er war vollkommen verwirrt und erklärte brav:»Das ist nur ein Taschentuch.«

Doch trotz solcher Momente war die gesamte Situation natürlich kaum auszuhalten. Als die Studentenrevolte im Jahr 1974 schließlich zu Ende ging, erfuhr ich, daß die Rädelsführer resigniert hatten und meinten, sie hätten nicht erwartet, daß ich den ganzen Terror so lange durchhalten würde. Auch daran erkennt man, daß es sich um einen ernsten Machtkampf gehandelt hat. Doch das grundsätzliche Verhältnis zu den Studenten blieb dadurch unverändert. Wie unsere Hochschullehrerumfrage später zeigte, verloren die Professoren die Freude an ihrem Beruf, aber nicht ihre Zuneigung zu den Studenten. So war es auch bei mir.

Das gefräßige Brüderchen

Während ich mich an der Universität mit der Studentenrevolte herumschlagen mußte, veränderte sich auch mein Verhältnis zu vielen der führenden deutschen Massenmedien zum Negativen. Beides hat bis zu einem gewissen Grade miteinander zu tun, doch letztlich handelt es sich um zwei verschiedene Geschichten, die auch getrennt voneinander erzählt werden müssen. Das Verhältnis zwischen der Demoskopie und den Massenmedien war von Anfang an problematisch. Man kann das beispielhaft an den Beziehungen des Allensbacher Instituts zum »Spiegel« illustrieren.

Einen »im Pulverdampf ergrauten Polithasen« nannte mich Rudolf Augstein als Festredner beim 25-Jahre-Jubiläum des Allensbacher Instituts im Jahr 1972 in Bonn. Die grauen Haare fielen ihm wahrscheinlich besonders auf, weil ihm 20 Jahre früher die dunkelbraunen Haare aufgefallen waren – ich hätte einige Reihen vor ihm in Hamburg im Theater gesessen, hatte er mir damals erzählt. Das waren die Jahre, als ich zweimal, kurz vor den Bundestagswahlen von 1953 und 1957, auf dem Spiegel-Titel erschien.

An diese schönen Zeiten habe ich später noch oft gedacht. Aber eine Rückkehr konnte es nicht geben. Denn die Duldung der Demoskopie, die noch aus den Unterzeilen zu den Titelbildern sprach: »Was halten Sie von Adenauer? Guckloch des alten Herrn: Meinungsforscherin Elisabeth Noelle-Neumann« (1953) und »Herrin der öffentlichen Meinung« (1957) wich zunehmend der Ansicht, es handle sich dabei in Wirklichkeit um einen Drachen.

Spätestens 1978, als in der fünften Fortsetzung der Serie »Demo-skopen in Deutschland« dem Allensbacher Institut verheimlichte Umfragen, falsche und unzureichende statistische Basis und falsche Fragen vorgeworfen wurden und der Abdruck eines Leser-briefes, in dem ich auf die Vorwürfe antwortete, verweigert wur-de, war das Gespräch zwischen dem Spiegel und Allensbach so gut wie abgerissen.

Warum waren diese Beziehungen so schwierig? Als Festredner beim Allensbacher 25-Jahre-Jubiläum hatte Rudolf Augstein gesagt: »Wir Meinungsjournalisten sind der Demoskopie ur-sprünglich mit heimlicher Abneigung begegnet, jedenfalls kann ich das von mir sagen. Wir hatten uns angewöhnt, für ganze Grup-pen und Bevölkerungsteile zu sprechen, ja für unsere Leserschaf-ten insgesamt, und waren, wenn oppositionell, wohl darauf präpa-riert, alle vier Jahre in Bundestagswahlen, nicht aber darauf, monatlich oder wöchentlich widerlegt zu werden. Nun, wie bekannt, wir haben uns mit dem gefräßigen Brüderchen einge-richtet, haben uns den Kuchen mit ihm geteilt.«

Ich traute dem Frieden nicht. Tatsächlich lagen stürmische Zeiten vor uns. Allerdings auch Sonnenschein. Der Höhepunkt war 1986 mit einem Rechtsstreit des Allensbacher Instituts gegen den Spie-gel erreicht, den Allensbach mit seinem Antrag auf eine Einstwei-lige Verfügung wegen eines Spiegel-Berichts über eine Allens-bach-Prognose vor der saarländischen Landtagswahl 1985 vor der 24. Zivilkammer des Landgerichts Hamburg verlor. Den schön-sten Sonnenschein gab es nach der ersten freien Volkskammer-wahl in der DDR am 18. März 1990. Der Spiegel: »Am Morgen des Wahltages hatte Allensbach als einziges Institut einen Sieg der von der West-CDU/CSU gesponserten ›Allianz für Deutschland‹ angekündigt … Mit dem Nachweis eines Umschwungs, wie er sich bislang vor keiner Bundestagswahl ereignet hat, rettete die Allens-bach-Chefin Noelle-Neumann den Ruf ihrer Branche …«

Demoskopie-Schelte und Sonnenschein hatten die gleiche Ursa-che. In beiden Fällen, bei der Landtagswahl im Saarland 1985 und der Volkskammerwahl 1990, gab es erdrutschähnliche Veränderungen in den letzten Wochen und Tagen vor der Wahl. Glücklicherweise – für die Demoskopie – sind die meisten Wahlen keine Erdrutschwahlen. Nie bricht der Mißmut der Medien gegenüber dem gefräßigen Brüderchen so virulent hervor, wie wenn es die Wähler gewagt haben, in den letzten zwei Wochen vor dem Wahlsonntag ihre Wahlabsicht zu ändern, sich einem Sog zugunsten einer Seite anzuschließen. Dann kann man voraussagen, daß am Montag auf den ersten Seiten aller Zeitungen die Schlagzeilen stehen: »Niederlage der Meinungsforschung! Totales Versagen! Sie sind die eigentlichen Verlierer der Wahl!«

Ich dachte immer, die Medien würden sorgfältig Buch führen über die Qualität der Prognosen von den verschiedenen Instituten, sie würden die Prognosen zur Quellenkritik benutzen, um zu sehen, auf welche Zahlen sie sich am besten verlassen könnten, nicht nur bei Wahlprognosen, sondern ganz allgemein. Aber das war naiv. Mit der Anerkennung der Qualität eines Instituts wäre ja auch die Autorität dieses Instituts gestärkt worden, und das war das letzte, was beabsichtigt war. Unter dem Gesichtspunkt des Teilens mit dem gefräßigen Brüderchen mußten eher die Qualitätsunterschiede zwischen den Instituten verwischt werden; dumme Fragen, widersprüchliche Ergebnisse, schlechte Prognosen und ihre Methoden mußten den Instituten ganz allgemein angelastet werden.

»Wir haben uns den Kuchen geteilt ...«, sagte Augstein. Was ist das eigentlich für ein Kuchen? Der Kuchen ist die jahrhundertealte Macht der Medien, zu sagen, was ist. Die Definition der Realität. Diese Realität wird gebildet durch die Entscheidung des Spiegels, am Samstag oder Sonntag vor dem Erscheinungstag Montag bei den Meinungsführern, der Elite und vor allem bei den Medienkollegen die Schwerpunktthemen anzukündigen. Am Sonntag oder Montagmorgen kann man dann miterleben, was die Kommunikationswissenschaft »thematisieren« nennt, »agenda-setting function«: ein Thema auf die Tagesordnung setzen, Probleme,

Personen und dazu auch Argumente und die Bewertungen. Was nicht veröffentlicht wird, was nicht thematisiert wird, existiert damit schlicht nicht, fällt aus der Realität hinaus. »Vater«, fragte in einer Karikatur der amerikanischen Zeitung »Saturday Review« ein Sohn den die Zeitung lesenden Vater: »Wenn ein Baum im Wald umfällt und die Medien waren nicht dabei – ist der Baum dann wirklich umgefallen?«

Die Macht der Medien besteht darin, zu veröffentlichen oder nicht zu veröffentlichen bis hin zum »blow up« und zum Totschweigen. Die Macht der Demoskopie besteht darin, etwas zu fragen oder nicht zu fragen und damit in Konkurrenz zu den Medien auch selbst die »agenda-setting function«, die Thematisierung bestimmter Personen und Probleme, bestimmter Argumente und Bewertungen zu übernehmen. Die stärkste Macht der Demoskopie liegt darin, nach Dingen zu fragen, die in den Medien überhaupt nicht behandelt werden. Wenn alles nach der Wiedervereinigung von Katzenjammer, Katerstimmung und von der neuen Mauer in den Köpfen sprach, schlicht zu fragen »Ist die deutsche Wiedervereinigung für Sie eher ein Anlaß zur Freude oder eher zur Sorge?« und zu zeigen, daß bei dieser seit Frühjahr 1990 monatlich gestellten Frage in Ostdeutschland stets im Verhältnis 3 zu 1 geantwortet wurde »Mehr Freude«, und auch in Westdeutschland meistens das »Mehr Freude« überwog. Solche, dem Medientenor widersprechenden Ergebnisse machen die Demoskopie zum Konkurrenten der Medien, zum Störenfried.

Demoskopie liest die Informationen von den Lippen der Bevölkerung ab und besitzt damit – in Konkurrenz zu den Medien – eine der raren, ungefilterten Informationsquellen. Besonders kritisch wird das für die Medien, wenn zwei Informationen gegeneinander gehalten werden: Die Information, was die Befragten selbst denken, und die Auskünfte der Befragten, was ihrem Eindruck nach *die meisten* Menschen denken. Wo sich zwischen beiden Auskünften eine weite Kluft auftut, handelt es sich fast immer um Medienwirkung; denn den Eindruck über die meisten Menschen gewinnt die Bevölkerung aus den Berichten der Medien. Der Vorwurf an die Medien, daß sie verzerrt informieren – meist in negativer Richtung – liegt nahe.

Demoskopie kann Medienwirkung dann noch verstärken, wenn sie sich dicht an die Themen hält, die von den Medien gerade favorisiert werden, besonders, wenn sie möglichst noch die gleichen Sprachfloskeln gebraucht. In einer Art von Medienecho-Demoskopie schallt es aus dem Wald so heraus, wie man hineinruft. Solche Demoskopie läßt sich ohne weiteres in dieser Art instrumentalisieren und sogar noch als Erfolgskontrolle gebrauchen. Sie zeigt, wieweit die Bevölkerung der Thematisierung und Argumentation der Medien folgt. Eine erkenntnisorientierte Demoskopie hingegen, die nur die Wirklichkeit der Bevölkerung offenlegen will, ist kein verläßlicher Partner der Medien. Dann passiert plötzlich, was Rudolf Augstein in seinem Festvortrag beschrieb: »Wir waren darauf vorbereitet, alle vier Jahre in Bundestagswahlen, nicht aber darauf, monatlich oder gar wöchentlich widerlegt zu werden.«

Klaus Bölling war bei einer Fernsehdiskussion ganz sprachlos, als ich zu ihm sagte, wirkliche Pressefreiheit gebe es in einem Land erst, wenn es neben den freien Medien auch eine freie Demoskopie gebe, die unabhängig von den Medien die Fragen stellen könne, die notwendig seien, um die Einstellung der Bevölkerung ganz offenzulegen, und deren Ergebnisse auch veröffentlicht würden.

Der getarnte Elefant

Zu dieser ohnehin immer vorhandenen Rivalität zwischen den Medien und der Demoskopie kam dann, ab Ende der sechziger Jahre, noch etwas hinzu, was mir den Zorn der Redaktionen, vor allem der des öffentlich-rechtlichen Fernsehens, zuzog: Ich widersprach der damals weit verbreiteten These, daß das Fernsehen keinen oder nur einen äußerst geringen Einfluß auf die Meinungsbildung der Bevölkerung habe, und begann, Belege dafür zu sammeln, daß das Fernsehen tatsächlich eine starke Wirkung ausübte. Warum war es damals ein Wagnis, diese These anzuzweifeln? Um dies zu erklären, muß ein wenig ausgeholt werden. Ausgangspunkt war die berühmte Untersuchung von Lazarsfeld mit dem Titel »The People's Choice«, in der er zusammen mit Bernard Berelson und Hazel Gaudet den US-Präsidentschaftswahlkampf 1940 untersuchte. Dabei war er auch der Frage nach dem Einfluß der Wahlpropaganda der Parteien auf das Wählerverhalten nachgegangen. Er faßte das Ergebnis seiner Untersuchung mit den Worten zusammen: »Trotz der vielfachen Propaganda und Gegenpropaganda während des Wahlkampfes wird der Wähler nur sehr wenig davon erreicht. Und wenn man genau hinsieht, was ihn erreicht, stellen wir fest, daß er die Propaganda für die Seite zur Kenntnis nimmt, mit der er sowieso schon übereinstimmt, und daß er sich abschirmt gegenüber der Propaganda, die seinen Ansichten widersprechen könnte.« Das war die Geburtsstunde von der These der »selektiven Wahrnehmung«, die seitdem fast ein halbes Jahrhundert lang die Publizistikwissenschaft beherrschte. Tatsächlich ist der Effekt dieses Schutzmechanismus, mit dem Menschen versuchen, bestehende Einstellungen aufrechtzuerhalten und Zweifel abzuwehren, auch immer wieder eindrucksvoll nachgewiesen worden.

Doch aus dem an sich richtigen Befund wurde nun eine falsche Schlußfolgerung gezogen. Wenn die Menschen, so die Überlegung, sich nur den Medieninhalten aussetzen, die ihre Meinung stützen, dann könne es auch keine oder allenfalls eine sehr geringe bestärkende Wirkung der Massenmedien geben. Diese These war offensichtlich falsch, doch sie wurde von der Öffentlichkeit, besonders den Journalisten selbst, freudig akzeptiert und verfestigte sich schließlich zum Dogma. Wer die politischen und gesellschaftlichen Ereignisse auch nur halbwegs aufmerksam verfolgte, der konnte nicht glauben, daß die Wirkung der Massenmedien sich auf die Verstärkung von vorher vorhandenen Meinungen beschränkte. Wenn die Medien so wenig Wirkung hatten, wo bekamen die Menschen denn ihre politische Meinung her? Was wußten sie über die große Politik, über Konflikte, über die Politiker selbst, was sie nicht aus den Medien entnahmen? Warum wurden immer wieder erbitterte politische Grabenkämpfe um die Medien geführt, etwa bei der Spiegel-Affäre, der Einführung des ZDF, des Deutschlandfunks, bei der Besetzung der Intendantenposten im öffentlich-rechtlichen Rundfunk? Warum besetzen Putschisten in aller Welt zuerst den Fernsehsender und erst dann den Präsidentenpalast?

Lazarsfeld hatte ja auch nur eine *tendenzielle* Selektion in der Mediennutzung gezeigt. Sie bedeutete nicht, daß die Menschen Medieninhalte, die ihrer Meinung widersprechen, gar nicht wahrnahmen, sondern lediglich dazu neigten, sie zu vermeiden. Doch es fehlten Beweise für die Existenz einer Wirkung der Massenmedien. Erst als wir in den späten sechziger Jahren begannen, Umfrageforschung und Medieninhaltsanalysen miteinander zu kombinieren, wurde die Medienwirkung auf die Bevölkerungsmeinung allmählich sichtbar.

Es ist wenig bekannt, daß schon für die Studie »The People's Choice« eine Inhaltsanalyse angefertigt worden war, deren Ergebnisse in dem Buch merkwürdig kurz, am Rande und unscharf berichtet wurden. Eigentlich hätte Lazarsfeld mit seiner Untersuchungsanordnung auf die Existenz der Medienwirkung stoßen müssen. Doch er hat selbst später gesagt, daß er damals in einer schwierigen Lage gewesen sei. Sein »Office of Radio Research«, später das »Bureau of Applied Social Research« an der Columbia University in New York, war wesentlich von dem Geld einer großen Radiostation abhängig. Und es war klar, daß ihm diese Gunst entzogen worden wäre, wenn er treffend die Wirkung der Massenmedien auf die Bevölkerungsmeinung nachgewiesen hätte. Denn aus Sicht eines Radiosenders ist die Erkenntnis, es gebe keine Wirkung der Massenmedien, das wünschenswertere Ergebnis als der Nachweis einer deutlichen Wirkung. Man ist damit von aller Verantwortung frei und auch zu einem guten Teil von politischem Druck. Forderungen nach Objektivität in der Berichterstattung lassen sich so viel leichter zurückweisen mit dem Hinweis, man könne auch mit parteilicher Berichterstattung keine Wirkung erzielen.

Es gab also ein deutliches Interesse der Medien, an dem Forschungsergebnis festzuhalten, wonach es keine oder eine nur sehr geringe Wirkung der Massenmedien auf die Meinungsbildung gebe. Nach außen hin wird diese These, obwohl inzwischen eindeutig widerlegt, von einigen Redaktionen bis heute vertreten.

In dieser Situation begann ich nun, mit der Methode der Medieninhaltsanalyse den Inhalt der Berichterstattung zu messen. Minutiös werden dabei die Texte der Zeitungen und Fernsehsendungen verschlüsselt. Für jeden Satz wird notiert, welche Personen angesprochen werden, von welchem Gegenstand die Rede ist, ob eine positive oder negative Wertung enthalten ist. Was eine positive oder negative Wertung ist, wird nicht subjektiv nach dem eigenen persönlichen Eindruck notiert, sondern vorher ausführlich in einem sogenannten Codebuch beschrieben.

Die Ergebnisse dieser Inhaltsanalysen verglichen wir mit den Trenddaten der Allensbacher Umfragen und sahen dabei Erstaunliches. Wir verschlüsselten auf diese Weise beispielsweise bereits 1967 und 1968 den Inhalt der politischen Fernsehmagazine der ARD und (zur Empörung der Studenten) der BILD-Zeitung. Dabei stellten wir fest, daß die Berichterstattung eine ganz andere Haltung zur politischen Frage nach der Anerkennung der Oder-Neiße-Grenze zu Polen einnahm als die Bevölkerung. Während die Deutschen die Anerkennung der Nachkriegsgrenze mehrheitlich ablehnten, wurde dies in der Berichterstattung fast einhellig begrüßt. Ein Jahr später hatte sich die Bevölkerung in ihrer Meinungsbildung der Tendenz der Berichterstattung deutlich angenähert.

Im Jahr 1969 wurde ich vom ZDF zu einer jährlich stattfindenden Veranstaltung mit dem Titel »Mainzer Tage der Fernsehkritik« eingeladen mit der Bitte, dort einen Vortrag zu halten. Ich sagte zu. Bei dieser Veranstaltung, die ein wenig dazu diente, das gesellschaftliche Verantwortungsbewußtsein des ZDF zu demonstrieren, erschien es als angemessen, sich etwas problembewußt zu zeigen, sich aber im übrigen lobend über das Fernsehen zu äußern. Doch solche Redebeiträge haben mich nie interessiert. Als das ZDF mich vor der Veranstaltung bat, den Organisatoren den Titel meines Vortrags mitzuteilen, antwortete ich, den Titel würde ich zu Beginn des Vortrags mitteilen. So erfuhr keiner der Teilnehmer vor Beginn der Veranstaltung das Thema meines Referats. Ich gebe zu, daß das vom ZDF als Provokation empfunden worden sein muß. Als ich schließlich an die Reihe kam, sagte ich: »Der Titel meines Vortrags lautet: ›Der getarnte Elefant‹.«

Und im folgenden beschrieb ich, welche Erkenntnisse wir zum damaligen Zeitpunkt besaßen, die, anders als immer behauptet wurde, eine starke Wirkung des Fernsehens auf die Meinungsbildung bewiesen. Gegen Ende des Vortrags sagte ich: »Das Fernsehen, das sich bescheiden attestiert: ›Wir können Meinungen kaum verändern, nur bestehende Einstellungen verstärken‹, erscheint mir wie ein getarnter Elefant. Die Situation – die Chance, die hier der Gesellschaftskritik gegeben ist wie das Risiko – ist noch nicht bewußt geworden, weil die eigene Forschung fehlt … Wünschenswert wäre ein Fernsehen, das sich seiner Elefantennatur bewußt ist und sie deutlich in neuen, angemessenen Programmformen hervorhebt. Das könnte etwa heißen: Aktuelle Meinungsbeiträge werden zunehmend deutlich als Meinung von einem bestimmten Standpunkt her gekennzeichnet, die verschiedenen Ansichten werden profiliert gegeneinandergesetzt, so daß der Zuschauer den Meinungskampf erkennt, den Kampf auch um seine Meinung.«

Bald darauf veröffentlichte ich in der Fachzeitschrift »Publizistik« einen Aufsatz unter dem Titel »Kumulation, Konsonanz und Öffentlichkeitseffekt. Ein neuer Ansatz zur Analyse der Wirkung der Massenmedien«, in dem ich sowohl unsere Forschungsergebnisse aus der kombinierten Auswertung von Umfragen und Inhaltsanalysen präsentierte als auch die Resultate von Journalistenbefragungen, aus denen hervorging, daß die Mehrheit der Journalisten eine deutlich andere politische Grundhaltung einnahm als die Bevölkerung.

Seitdem war ich bei den öffentlich-rechtlichen Fernsehsendern eine Persona non grata. Die Situation verschärfte sich noch, als ich 1976, wie bereits berichtet, in der Tageszeitung »Die Welt« den Einfluß der Medienberichterstattung auf den Wahlkampf 1976 beschrieb und als Hans Mathias Kepplinger in Mainz eine Inhaltsanalyse verzerrender Kameraperspektiven in der Fernsehberichterstattung zum Bundestagswahlkampf 1976 veröffentlichte. Heute gilt diese Studie von Kepplinger als Pioniertat. In einer Ausstellung des Bonner »Hauses der Geschichte« über Bildpropaganda im 20. Jahrhundert wurde sie kürzlich ausführlich vorgestellt und als bahnbrechend bezeichnet.

Doch damals führte sie zu einem Sturm der Entrüstung auf seiten vieler Journalisten. Bis zu einem gewissen Grad war das verständlich, denn der Nachweis der Medienwirkung versetzte die Redaktionen in eine schwierige Lage. Der damalige Intendant des Süddeutschen Rundfunks, Hans Bausch, sagte mir wütend: »Sie können sich gar nicht vorstellen, wie sehr Sie uns mit derartigen Artikeln die Arbeit schwer machen. Wenn Sie so etwas schreiben wie ›Das Fernsehen hat die Wahl entschieden‹, heißt das doch, daß wir immer mehr unter Kontrolle gestellt werden.«

Kepplinger und ich erfuhren am eigenen Leibe, welche Wirkung die von uns erforschten Techniken der Medienberichterstattung entfalten konnten. Von nun an erschienen fast nur noch schlechte Bilder von mir in den Zeitungen. 1976 wurde mir das Große Bundesverdienstkreuz verliehen. Überreicht wurde es von dem damaligen baden-württembergischen Ministerpräsidenten Hans Filbinger. Bei der Zeremonie waren viele Pressefotografen zugegen. Am nächsten Morgen rief mich meine Mutter an und sagte: »Kind, was haben sie für eine Hexe aus dir gemacht!« In der Tat stellte ich fest, daß das Bild von der Veranstaltung, das über die Nachrichtenagenturen verbreitet wurde, außerordentlich häßlich war.

Ich schrieb daraufhin an das Staatsministerium in Stuttgart und bat darum, mir Abzüge möglichst aller Bilder zu schicken, die bei der Verleihung aufgenommen worden waren. Wenige Tage später erhielt ich einen dicken Umschlag mit vielen Bildern, von denen eines schöner als das andere war – mit Ausnahme des einen, das sich nun in allen Zeitungen wiederfand. Bei einer anderen Gelegenheit besuchte ich in Hamburg den Chefredakteur der DPA Hans Benirschke. Als ich das Haus betrat, sprachen mich drei Männer an und baten mich, nach dem Gespräch mit Benirschke doch einmal in den Keller ins Archiv zu kommen, sie wollten mir etwas zeigen. Ich wunderte mich, folgte aber dem Wunsch. Im Archiv eröffneten sie mir etwas verschwörerisch, sie möchten, wenn ich einverstanden wäre, die Gelegenheit nutzen und rasch ein paar gute Fotos von mir aufnehmen, denn sie besäßen nur schlechte. »Wir haben hier nämlich Anweisung«, sagten sie, »nur häßliche Bilder von Ihnen aufzubewahren.«

Die Folgen dieser Art von Berichterstattung fielen mir auf, wenn sich ein Journalist mir gegenüber fair verhielt, wie etwa Peter Merseburger, der in diesen Jahren das Fernsehmagazin »Panorama« leitete. Wann immer er eine Sendung ausstrahlte, in der ich vorkam, sagten mir hinterher die verschiedensten Leute: »Sie haben dieses Mal aber gut ausgesehen!«

So wurde mein Bild in der Öffentlichkeit durch eine massiv negativ gefärbte Berichterstattung in einer Weise verzerrt, daß ich für Menschen, die politisch links standen, wahrscheinlich zu einer der meistgehaßten Personen des öffentlichen Lebens wurde. Schließlich wurde ich sogar zum Attentatsziel für Linksextremisten. Die – wie berichtet wahrscheinlich zentral organisierten – Drohanrufe nahmen zu. Jahrelang lebten Kepplinger und ich unter Polizeischutz. Ständig fuhren Wagen mit Blaulicht an meinem Haus in Allensbach vorbei, um zu prüfen, ob auch alles ruhig war. Eines Nachts im Jahr 1986 wurde Kepplingers Büro an der Universität Mainz von einer 10-Kilo-Bombe verwüstet. In einem Bekennerbrief, welcher der Berliner »tageszeitung« zugeschickt wurde, stand – nach einer Eloge auf Ulrike Meinhof –, das Mainzer Institut sei eine »Kaderschmiede für Mediengestalter«, in der die Studenten das »Handwerk imperialistischer Demagogie« lernten.

Alles in allem kann man auch hier sagen, daß ich, wie fast immer in meinem Leben, großes Glück gehabt habe. Eine meiner nachdrücklichsten Erinnerungen stammt vom 5. September 1977. Auf dem Landsitz von Heinz Rudolph, dem ehemaligen niedersächsischen Landesminister und Vorstandsmitglied der Ludwig-Erhard-Stiftung, war zu einem Diskussionsabend eingeladen worden mit einem Vortrag von mir. Das Thema: »Das Bild des Unternehmers in der Öffentlichkeit – Welche Einwirkungsmöglichkeiten hat der Unternehmer?« In einer Art offener Scheune waren Tische und Stühle für Zuhörer aufgestellt. Die angemeldeten Teilnehmer waren so gut wie vollständig versammelt. Es fehlte noch Hanns-Martin Schleyer, der sich ebenfalls angemeldet hatte. Wir wollten erst beginnen, wenn er eingetroffen war. Eine Viertelstunde, eine halbe Stunde, eine Dreiviertelstunde verging. Wir warteten. Dann plötzlich die Schreckensmeldung: Schleyer war überfallen und entführt worden, es gab keinerlei Verbindung zu ihm. Ratlos, starr vor Schrecken standen wir herum. Erst zwei Wochen vorher hatte ich in Ludwig Erhards Haus in der Johanniterstraße in Bonn mit Schleyer über die Zukunft Deutschlands gesprochen. Ich denke oft an diese grausame Zeit. Viele, wie Schleyer, hat es getroffen, mich nicht.

Der Einfluß des Papstes

Aus heutiger Sicht müssen die Berichte von den Angriffen, Bedrohungen und Auseinandersetzungen der siebziger und achtziger Jahre beinahe unwirklich klingen. Man kann sich kaum noch vorstellen, mit welcher Schärfe, welcher Aggression damals auch

»normale« politische Auseinandersetzungen geführt wurden. Das betraf meine Person, Journalisten, Politiker, das Thema der Medienwirkung, aber auch viele andere Aspekte des öffentlichen Lebens. Ich frage mich, wie nahe unsere Demokratie damals wohl am Zusammenbruch stand angesichts des ungeheuren propagandistischen Drucks, der zeitweise auf sie ausgeübt wurde. Der aggressive Grundton zog sich durch viele Themen und wohl auch durch alle Parteien. Nur selten reagierte ich, wenn mich jemand angriff. In einem Fall allerdings ging ich bis zum Bundesverfassungsgericht, nämlich bei meiner Auseinandersetzung mit Franz Josef Strauß.

Strauß war ohne Zweifel ein brillanter Politiker, aber er neigte dazu, sich bei der Bevölkerung für beliebter zu halten, als er tatsächlich war. Als es im Jahr 1979 um die Frage ging, welchen Kanzlerkandidaten die Unionsparteien für die Bundestagswahl 1980 aufstellen sollten, Strauß oder den niedersächsischen Ministerpräsidenten Ernst Albrecht, war Strauß nicht bereit zu akzeptieren, daß er der weniger erfolgversprechende Kandidat war und daß die CDU/CSU mit ihm an der Spitze höchstwahrscheinlich die Wahl verlieren würde. In dieser Zeit präsentierte ich bei einer Gelegenheit in der Öffentlichkeit, wie sich die Parteistärken veränderten, je nachdem, ob man die Befragten vor die Wahl zwischen Helmut Schmidt und Ernst Albrecht oder zwischen Helmut Schmidt und Franz Josef Strauß stellte. Mit Strauß als Kanzlerkandidaten wollten rund fünf Prozent der Bevölkerung weniger die Unionsparteien wählen als mit Albrecht an der Spitze. Strauß regte sich maßlos über diese Präsentation auf.

Ich nehme an, daß das einer der Gründe dafür war, daß ich für Strauß eine Zeitlang so etwas wie ein rotes Tuch war. 1983 hielt mir der »Bayernkurier«, die CSU-Parteizeitung, in einem Kommentar angebliche Manipulationen vor. Ich verlangte den Abdruck einer Gegendarstellung, den mir der Bayernkurier verweigerte. Daraufhin klagte ich vor dem Landgericht München, das meinem Verlangen nach einer Gegendarstellung auch mit einem Urteil vom 20. Mai 1983 stattgab. Die CSU ging in Berufung, der schließlich stattgegeben wurde, weil, wie sich nun herausstellte, im vorangegangenen Prozeß eine Frist versäumt worden war und damit ein Formfehler vorlag.

Dies ist die etwas komplizierte Vorgeschichte zu einer Prozeßserie gegen Franz Josef Strauß, die schließlich bis vor das Bundesverfassungsgericht führte. Ausgangspunkt war eine Fernsehsendung im ZDF am 17. Oktober 1985 mit dem Titel »Was nun, Herr Strauß?«. In dieser Sendung wurde Strauß von zwei ZDF-Reportern wechselseitig befragt. Ein fester Bestandteil der Sendereihe war eine Art Assoziationstest, bei dem die Reporter schnell hintereinander verschiedene Stichworte nannten und die befragten Politiker gebeten wurden, sich spontan dazu zu äußern. Dabei wurde Strauß unter anderem auch aufgefordert, sich über mich zu äußern. Er antwortete: »Elisabeth Noelle-Neumann – ich bin hier ein schlechter Auskunftspartner, denn Sie wissen, ich bin der Herausgeber des Bayernkurier. Sie hat einen Prozeß geführt mit dem Bayernkurier, der ihr einige, ja, Manipulationen, wenn ich mich recht erinnere, nachgewiesen hat, und sie hat den Prozeß in allen Instanzen verloren.«

Ich erfuhr von diesem Interview in Tokio, wo ich mich gerade zu einer wissenschaftlichen Tagung aufhielt. Sofort war mir klar, daß ich mich gegen diese Äußerung zur Wehr setzen mußte. Strauß hatte nicht nur, was nicht weiter wichtig gewesen wäre, die Geschichte des vorangegangenen Prozesses mit dem Bayernkurier falsch wiedergegeben, sondern er hatte bei den Zuschauern den Eindruck erweckt, als sei es eine nachgewiesene Tatsache, daß ich unsere Umfrageergebnisse manipuliert habe. Für einen Umfrageforscher wie auch für jeden anderen Wissenschaftler gibt es keine schlimmere Anschuldigung als die Behauptung, er habe manipuliert. Mit mehr oder weniger deutlichen Andeutungen, unseren Umfragen sei nicht zu trauen, wir seien parteiisch oder verwendeten falsche Methoden muß man leben. Doch Strauß' Äußerung war als Tatsachenbehauptung formuliert, hatte damit eine ganz andere Qualität.

Ich klagte gegen Strauß beim Münchner Landgericht auf Widerruf und Unterlassung. Tatsächlich entschied das Gericht am 9. September 1986: »Dem Beklagten wird bei einem Ordnungsgeld von 500000,– DM ... verboten, wörtlich oder sinngemäß zu behaupten, der Bayernkurier hat Frau Prof. Elisabeth Noelle-Neumann Manipulationen nachgewiesen und sie hat den deshalb geführten Prozeß durch alle Instanzen verloren.«

Die CSU ging gegen dieses Urteil zunächst erfolgreich in Revision. Mit einem Urteil vom 18. September 1987 hob das Oberlandesgericht München das Urteil vom Vorjahr auf, mit der Begründung, bei der Äußerung von Strauß habe es sich nicht um eine Tatsachenbehauptung gehandelt, sondern um eine rechtlich zulässige Meinungsäußerung. Ich war empört. Was, wenn nicht diese Äußerung, war denn dann eine ehrverletzende Tatsachenbehauptung? Ich beschloß, wegen dieser groben Verletzung des im Grundgesetz verankerten Persönlichkeitsschutzes durch ein deutsches Gericht, Beschwerde beim Bundesverfassungsgericht einzulegen. Am 3. Oktober 1988 starb Strauß. Das Bundesverfassungsgericht legte mir nahe, meine Verfassungsbeschwerde zurückzuziehen, weil der Fall sich mit dem Tod von Strauß doch erledigt habe. Ich sah das nicht so, denn der Kern der Auseinandersetzung war ja nicht die Person Franz Josef Strauß, sondern der öffentliche Umgang mit den Persönlichkeitsrechten von Wissenschaftlern. Am 5. März 1992 entschied schließlich die dritte Kammer des ersten Senats des Bundesverfassungsgerichts durch den Gerichtspräsidenten Roman Herzog und die Richter Dieter Grimm und Alfred Söllner, daß meine Verfassungsbeschwerde nicht zur Entscheidung angenommen werde, weil mit dem Tod von Strauß die Voraussetzungen dafür entfallen seien. »Eine Wiederholungsgefahr«, hieß es trocken in der Begründung, »besteht nicht.« Bemerkenswert ist aber der Schlußabsatz der Ausführungen, mit denen das Gericht die Beweggründe für seine Entscheidung darlegte. Er lautet: »Vieles spricht allerdings dafür, daß die Verfassungsbeschwerde bis zum Eintritt des die Hauptsache erledigenden Ereignisses (gemeint ist der Tod von Strauß, E.N.N.) zulässig und begründet war, weil das Oberlandesgericht die Äußerung zu Unrecht als Werturteil angesehen und aufgrund dieser Annahme der Meinungsfreiheit den Vorrang vor dem Persönlichkeitsschutz der Beschwerdeführerin eingeräumt hat. Deshalb erscheint es billig, die volle Erstattung der der Beschwerdeführerin entstandenen notwendigen Auslagen anzuordnen.« So wurde der Freistaat Bayern dazu verpflichtet, die Kosten für das Verfahren zu tragen. Diese Geschichte zeigt beispielhaft, mit welcher Wut und Angriffslust viele politische Auseinandersetzungen und damit auch viele der Angriffe gegen das Allensbacher Institut geführt wurden. In einem solchen politischen Klima bedurfte es schon ganz besonderer Umstände, daß einmal jemand in sich ging und sich besann, und wahrscheinlich gelang dies auch nur den klügsten, den stärksten Persönlichkeiten unter den politischen Akteuren wie Helmut Schmidt. Schmidt hatte einmal bei einer Wahlkampfveranstaltung im Jahr 1980, nach meiner Erinnerung in irgendeiner Fabrikhalle, schnoddrig in den Saal gerufen: »Frau Noelle-Neumann brauchen Sie nichts zu glauben.« Ich habe vor Helmut Schmidt immer großen Respekt gehabt und ihn trotz meiner Freundschaft zu seinem politischen Rivalen Helmut Kohl immer als einen Freund betrachtet, und ich glaube zu bemerken, daß auch er sich freut, wenn wir uns treffen. Er mußte also wissen, wie sehr er mich mit einer solchen Äußerung verletzte. Aber andererseits befand er sich mitten im Wahlkampf, und es lag mir fern, ihm diese Bemerkung nachzutragen, zumal sie anders als die Äußerung von Strauß nicht den Charakter einer Tatsachenbehauptung hatte und auch nicht vor einem Millionenpublikum in einer Fernsehsendung stattfand.

Kurz nach der Wahl, im November 1980, besuchte Papst Johannes Paul II. die Bundesrepublik Deutschland. Heinz Maier-Leibnitz wurde in seiner Eigenschaft als ehemaliger Präsident der deutschen Forschungsgemeinschaft ausgewählt, den Papst im Namen der deutschen Wissenschaft im Kölner Dom zu empfangen. Am Nachmittag gab es noch einen Empfang im kleineren Kreis. Helmut Schmidt führte den Papst in eine Empfangshalle, in der die Professoren im Karree aufgestellt waren. Langsam gingen der Papst und Schmidt von einem zum anderen und begrüßten die Anwesenden. Ich stand neben Heinz und wartete, daß der Bundeskanzler und der Papst sich zu uns durcharbeiten würden. Als sie allmählich näher kamen, geschah etwas Merkwürdiges. Der Papst begann, wie gebannt, mich ungeheuer durchdringend anzuschauen, so daß ich ganz erschrocken war, mich unsicher fühlte. Während ich noch versuchte, mit dieser verwirrenden Situation zurechtzukommen, kamen beide auf mich zu und Helmut Schmidt fragte: »Können Sie mir verzeihen?« Das war so ungefähr das letzte, was ich in dieser Situation erwartet hätte. Er konnte damit nur seine Wahlkampfrede gemeint haben, und ich bin bis heute der Ansicht, daß die Äußerung nur in der besonderen Atmosphäre möglich war, die der Papst um sich herum verbreitete. Mich hat diese Szene sehr für Helmut Schmidt eingenommen. Wer auf die Ausstrahlung des Papstes – zumal als Protestant – so reagiert, kann kein schlechter Mensch sein.

Anfänge

Anfang des Jahres 1990 ging es am Allensbacher Institut drunter und drüber. Die Grenze zwischen der Bundesrepublik Deutschland und der DDR war gefallen, in Ostdeutschland stand die erste freie Wahl, die Volkskammerwahl vom 18. März, bevor und damit für uns eine organisatorische Herausforderung, wie wir sie seit den Anfangsjahren des Instituts nicht mehr erlebt hatten.

Jeder Mitarbeiter, der nicht gezwungen war, in Allensbach zu bleiben, um dort den Betrieb aufrechtzuerhalten, schnappte sich ein Auto und fuhr in die DDR. Wir hatten Anzeigen in ostdeutschen Zeitungen aufgegeben, daß wir Interviewer suchten, die es möglich machten, nun auch in der DDR repräsentative Umfragen verwirklichen zu können. Normalerweise melden sich die Bewerber dann per Post und alles weitere wird telefonisch besprochen. Doch in der Anarchie, die in der DDR seit dem Fall der Mauer herrschte, funktionierte die Post nicht zuverlässig. Telefonanschlüsse gab es ohnehin kaum, und wenn ein Telefon vorhanden war, war es fast unmöglich, von Westdeutschland aus dort anzurufen, weil die Zahl der Telefonleitungen viel zu gering war. So fuhren wir also selbst in die DDR und besuchten die Kandidaten persönlich.

Zuerst fuhren wir die Poststellen ab, bei denen die Bewerbungen gesammelt wurden. »Gott sei Dank, endlich kommen Sie!« riefen uns die Postbeamten oft zu, wenn wir dort auftauchten, »die Postfächer quellen über. Wir können uns vor Leuten, die sich bei Ihnen bewerben wollen, nicht retten!« Dann sahen wir an Ort und Stelle die Bewerbungen durch und besuchten diejenigen, von denen wir meinten, sie seien als Interviewer geeignet. Systematisch arbeiteten wir so das ganze Gebiet der DDR ab, wir brauchten für bevölkerungsrepräsentative Umfragen schließlich Interviewer in allen Regionen. Fast überall wurden wir überaus freundlich empfangen. Wahrscheinlich haben wir nie ein so enges und persönliches Verhältnis zu unseren Interviewern entwickeln können wie in diesen Tagen. Am Kaffeetisch im Wohnzimmer wurden die künftigen Interviewer mit der Demoskopie vertraut gemacht. Ein Mitarbeiter meinte nachher, er hätte nun genug Sandkuchen für sein ganzes weiteres Leben gegessen.

Die Zeit drängte. Im Februar hatten wir eine Infrastruktur geschaffen, mit der wir die Arbeit beginnen konnten. Am 17. Februar wurden die ersten Interviews des Allensbacher Instituts in der DDR durchgeführt, knapp einen Monat später, am 12. März, war die erste Umfrage mit fast 1400 repräsentativ ausgewählten Befragten beendet. Die lange Laufzeit der Umfrage zeigt allein schon, mit welchen organisatorischen Problemen wir noch zu kämpfen hatten. Normalerweise beträgt die Feldzeit für eine mündlich-persönliche Umfrage in dieser Größenordnung etwas mehr als eine Woche.

Kurz vor der Volkskammerwahl hielten wir die ersten Ergebnisse in den Händen. Noch waren sie nicht verläßlich genug für eine Wahlprognose von der Qualität, wie wir sie seit 1957 in Westdeutschland erstellt hatten, doch sie waren deutlich und verläßlich genug für eine überraschende Meldung auf der Titelseite der »Welt am Sonntag«. Während alle politischen Experten annahmen, die SPD werde die Volkskammerwahl klar vor der von der CDU angeführten »Allianz für Deutschland« gewinnen, zeigte unsere Umfrage eindeutig, daß sich die »Allianz« in den letzten Wochen vor der Wahl vor die Sozialdemokraten geschoben hatte und zunehmend stärker wurde. »Allensbach: Allianz vor SPD«, lautete die Schlagzeile. Tatsächlich gewann das CDU-geführte Bündnis die Wahl mit 48,1 Prozent, während die SPD nur 22 Prozent erreichte. Einen derart deutlicher Wahlsieg der CDU, die allein 40,8 Prozent der Stimmen erreichte, hatten auch wir nicht erwartet, doch immerhin hatten wir gerade noch rechtzeitig die Tendenz erfassen können. Unsere hastig angeworbenen Interviewer hatten gute Arbeit geleistet.

An diesem Beispiel wie auch an der ganzen Vorgeschichte der deutschen Einheit läßt sich gut illustrieren, wie wichtig es ist, daß einer unabhängigen Presse in einem freien Land auch eine unabhängige Demoskopie gegenübersteht. Die Chronistenpflicht der Demoskopie wird an dieser Stelle besonders deutlich. Man stelle sich vor, ein Historiker des Jahres 2200 versuchte, die Vorgeschichte der deutschen Einheit aufgrund von Zeitungsartikeln der siebziger und achtziger Jahre zu rekonstruieren. Ihm müßten die Ereignisse des Jahres 1989 völlig unverständlich bleiben.

Er würde zu dem Schluß kommen, die westdeutsche Bevölkerung sei über 20 Jahre hinweg an der deutschen Einheit nicht interessiert gewesen und auf unzählige Belege dafür stoßen: eifrige Versicherungen, die deutsche Einheit stünde nicht auf der Tagesordnung der Politik, die zwei deutschen Staaten seien eine unumkehrbare historische Tatsache, die friedliche Koexistenz zweier deutscher Staaten das Gebot der Stunde. Der Historiker würde von den Versuchen erfahren, die zentrale Erfassungsstelle in Salzgitter zu schließen, in der Belege für Menschenrechtsverletzungen in der DDR gesammelt wurden, er würde von den Bestrebungen hören, die DDR diplomatisch anzuerkennen, und davon, daß die wenigen Politiker, die sich, wie Helmut Kohl, gelegentlich zur deutschen Einheit bekannten, als reaktionär beschimpft und ausgebuht wurden. Der Historiker würde vor dem Rätsel stehen, daß sich scheinbar aus dem Nichts, aus einer allgemeinen und allumfassenden Ablehnung der Wiedervereinigung plötzlich eine Volksbewegung für die deutsche Einheit geformt hätte. Ein scheinbar vollkommen widersinniger Befund.

Nur mit Hilfe der Demoskopie und ganz gegen den herrschenden Medientenor der damaligen Zeit läßt sich nachweisen, daß die westdeutsche Bevölkerung den Traum von der deutschen Einheit nie aufgegeben hatte. Eingeschüchtert vom überwältigenden Druck der in politischen Reden und den Medien angeführten Argumente gegen eine Wiedervereinigung, äußerte sich die Bevölkerung nur noch zaghaft, aber eindeutig. Zwar sank seit Anfang der siebziger Jahre der Anteil derjenigen, die im demoskopischen Interview zu Protokoll gaben, sie sähen die deutsche Wiedervereinigung als eines der wichtigsten politischen Themen an, doch das Zusammengehörigkeitsgefühl mit den Ostdeutschen blieb immer lebendig. In diesem Zusammenhang ist übrigens nie richtig die Rolle der Hunderttausenden Pakete gewürdigt worden, die Westdeutsche regelmäßig und über Jahrzehnte hinweg in die DDR zu Menschen schickten, die ihnen persönlich kaum oder gar nicht bekannt waren.

Als nun die direkte Frage nach der Bedeutung des Ziels der deutschen Einheit nicht mehr in die Zeit zu passen schien, verlegten wir uns in Allensbach auf indirekte Fragen wie die »Schwarzmeer-Frage«. Sie lautete: »Stellen Sie sich bitte einmal vor, Sie machen Ferien irgendwo am Schwarzen Meer. Eines Tages lernen Sie einen anderen Deutschen kennen. Im Gespräch erfahren Sie, daß er aus der DDR kommt. Was denken Sie da wohl im ersten Moment, wenn Sie das erfahren?« Vom Jahr 1970, als die Frage zum ersten Mal gestellt wurde, bis zum Jahr 1988, also kurz vor dem Fall der Berliner Mauer, änderten sich die Antworten auf diese Frage nicht. Eine deutliche Mehrheit der Westdeutschen sagte, »Ich würde mich freuen«, und vor allem, »Ich glaube, daß wir uns als Deutsche im Ausland gut verstehen würden«. Die auf das Gefühl der Fremdheit hindeutende Antwort, »Ich wäre enttäuscht«, gaben nur ganz wenige. Und noch in den achtziger Jahren sagte die Mehrheit der Westdeutschen, für sie sei dieser Bürger aus der DDR nicht einfach ein Nachbar wie etwa ein Österreicher, sondern ein Landsmann, dem man sich in besonderer Weise nahefühlt.

Nun, nach der Wende im Herbst 1989, konnten wir sehen, wie nahe sich die Deutschen in Ost und West über all die Jahrzehnte hinweg geblieben waren. Als wir die ersten Umfrageergebnisse aus der DDR in den Händen hielten, fiel mir sofort auf, wie sehr sich die Ost- und Westdeutschen in vielen Belangen ähnelten. Die Jahrzehnte der Trennung hatten dazu geführt, daß in ideologischen Fragen und in vielen Bereichen der Alltagskultur Unterschiede entstanden waren, doch in wesentlichen Punkten, grundlegenden Persönlichkeitseigenschaften, unterschieden sich die Deutschen in Ost und West bemerkenswert wenig voneinander. Ein Beispiel ist die Neigung der Deutschen zu ausgeprägten emotionalen Stimmungsschwankungen. Mit einer von dem Chicagoer Psychologen und Umfrageforscher Norman Bradburn entwickelten Frageserie, der sogenannten »Affect Balance Scale«, werden den Befragten jeweils fünf positive und negative Emotionen beschrieben mit der Bitte anzugeben, ob sie selbst sich »in der letzten Zeit« einmal ähnlich gefühlt hätten. Einige dieser Fragen lauten: »Haben Sie sich in letzter Zeit mal so unruhig gefühlt, daß Sie nicht stillsitzen konnten?«, »Kam es mal vor, daß Sie sich im siebten Himmel gefühlt haben, das Leben einfach wunderbar fanden?« oder »Haben Sie sich mal sehr einsam gefühlt oder so, als ob die anderen Menschen ganz weit weg von Ihnen seien?« Bei dieser Frageserie wählten die Westdeutschen stets wesentlich mehr Punkte aus als die Befragten in allen anderen europäischen Ländern. Das galt für die positiven wie auch für die negativen Gefühle. Bei beiden sagten die Westdeutschen auffallend oft: »So ist es mir in letzter Zeit einmal gegangen.« Sie waren also insgesamt nicht glücklicher und nicht unglücklicher als Franzosen, Engländer, Spanier und Holländer, sondern sie waren emotionaler. Als wir die Bradburnsche »Affect Balance Scale« nach der politischen Wende nun auch in Ostdeutschland in die Fragebogen aufnahmen, zeigte sich bei der ostdeutschen Bevölkerung die gleiche Neigung zu außerordentlich starken emotionalen Reaktionen. Man erkannte, daß das berühmte Stichwort Goethes »himmelhoch jauchzend – zu Tode betrübt« mit gutem Grund oft als besonderes Kennzeichen deutscher Mentalität angesehen wird.

297

Lediglich die Amerikaner zeigen sich in ähnlichem Ausmaß wie die Deutschen emotional. Wenn man bedenkt, daß fast ein Drittel der heutigen Amerikaner sich auf deutsche Vorfahren beruft, liegt der Verdacht nahe, daß es sich hierbei um eine spezifisch deutsche Charaktereigenschaft handelt.

Auch in anderen Punkten waren die Mentalitätsähnlichkeiten der West- und Ostdeutschen so deutlich, daß von Anfang an eigentlich kein Zweifel bestehen konnte, daß die deutsche Einheit ein Erfolg werden würde. Als in den folgenden Jahren die öffentliche Diskussion von Stichworten wie dem der »Mauer in den Köpfen« beherrscht wurde und die Unterschiede und Konflikte zwischen West- und Ostdeutschen, die es nach Jahrzehnten der Teilung unvermeidlich geben mußte, in den Vordergrund gerückt wurden, stand für mich immer fest, daß dies vorübergehende Probleme waren. Als ich im Jahr 1990 den ersten Vortrag über den demoskopischen Vergleich zwischen Ost- und Westdeutschland hielt, sagte ich, die Deutschen in beiden Landesteilen ähnelten sich wie Brüder und Schwestern. Dabei ist es seitdem geblieben.

Dies allein zeigt, daß die Behauptungen der vorangegangenen Jahrzehnte, die Deutschen hätten sich auseinandergelebt, die zwei Staaten seien eine unveränderliche Realität, immer falsch waren. Ein Volk, das zusammenleben will, kann man auf Dauer nicht getrennt halten.

Stiftung Demoskopie Allensbach

Die Jahre um 1990 brachten für mich in mehrerlei Hinsicht einen Neuanfang. 1981 war ich 65 Jahre alt geworden und hatte damit das Alter erreicht, in dem andere Menschen in den Ruhestand gehen. Nichts lag mir ferner, als dies zu tun, unter anderem, weil ich die Erkenntnisse der Glücksforschung kannte, beispielsweise

die Forschungsergebnisse meines Freundes Mihaly Csikszentmihalyi von der Claremont Graduate University, dessen wichtigster
Befund besagt, daß aktives Handeln, die selbständige Reaktion auf
Herausforderungen, das aktive Bewältigen von Aufgaben zu den
wichtigsten individuellen Glücksquellen zählt. Mit dem selbst
erarbeiteten Erfolg wächst das Selbstbewußtsein des einzelnen
und damit das positive Lebensgefühl. Auch andere Ergebnisse der
weltweiten Glücksforschung wie auch unsere eigenen Untersuchungen zu diesem Thema belegen übereinstimmend, daß Glück
nicht durch besonders viel Freizeit, möglichst große soziale
Sicherheit oder eine Vielzahl von Freizeitangeboten gefördert
wird, sondern durch Aktivität, die Möglichkeit, selbständig und
eigenverantwortlich zu handeln.

Doch diese, seit mindestens zwei Jahrzehnten vorliegenden
Erkenntnisse finden nur langsam Eingang in öffentliche Diskussionen. Nach wie vor wird angenommen, man erweise den Menschen einen Dienst, wenn man die Verkürzung der Wochenar-
beitszeit fordert, die sozialen Sicherungen möglichst weit ausbaut,
ein dichtes System staatlicher Fürsorge auch um den Preis lücken-
loser Kontrolle erhält oder die Menschen möglichst früh in den
Ruhestand schickt. Doch alle diese Maßnahmen bewirken in der
Tendenz das Gegenteil dessen, was sie beabsichtigen. Sie
beschneiden die Bewegungsfreiheit der Menschen, lähmen ihre
Eigeninitiative und damit ihre mentalen Kräfte, das Selbstbewußtsein und das Wohlbefinden. Trägheit und das Gefühl von
Abhängigkeit machen auch unter den Bedingungen sozialer
Sicherheit traurig.

Ruhestand kam für mich also nicht in Frage, doch war es an der
Zeit, sich Gedanken über die Zukunft des Allensbacher Instituts
zu machen und dafür zu sorgen, daß es auch nach meinem Tod
weiterbestehen, seine Unabhängigkeit und seinen wissenschaftlichen Charakter erhalten konnte. Der erste Schritt bestand darin,
daß ich mich bemühte, die Beziehungen zwischen dem Allensbacher Institut für Demoskopie und dem Mainzer Institut für Publi-

zistik auf eine feste Grundlage zu stellen, die von meiner Person unabhängig war. 1983 war die Regierung Kohl in der Bundestagswahl vom März bestätigt worden. Ich sah die Zeichen einer Neuauflage von Studentenunruhen mit dem Angriffsziel: ungerechtfertigte Vermischung von Lehrtätigkeit als Professorin und Kanzlerberaterin. Während des Trimesters als Gastprofessorin an der University of Chicago im Frühsommer 1983 beschloß ich, mich emeritieren zu lassen, allerdings von Anfang an mit der Absicht, Forschung und Lehre fortzusetzen, so daß das Fach Publizistik nach der Neubesetzung meines Lehrstuhls einen zusätzlichen Professor haben würde, ich selbst aber als Emeritus für studentische Protestaktionen unattraktiv sein würde. Als Nachfolger auf dem Lehrstuhl wurde von der Universität Eichstätt Jürgen Wilke berufen, der gleichzeitig auch einen Ruf der Universität München erhalten hatte, sich aber für Mainz entschied.

Schon am 3. Oktober 1968 hatte ich in Vorahnung der Studentenunruhen in Mainz einen kleinen gemeinnützigen Verein mit sieben meiner Professorenkollegen, überwiegend aus der rechts- und wirtschaftswissenschaftlichen Fakultät, gegründet. Der Plan war, im Ernstfall nicht ganz allein zu stehen, sondern von meinen Kollegen im Verein verteidigt zu werden. Dieser Verein ist bis heute eine Stütze des finanziell nach wie vor schlecht ausgestatteten Mainzer Faches Publizistik bei jeder Notlage. Also haben auch damit die Studentenunruhen ihr Gutes gehabt.

Sicher hat die Verbindung zwischen dem Mainzer und dem Allensbacher Institut eine wichtige Rolle gespielt, nicht nur in der Forschung, sondern auch in der Lehre. Die Mainzer Assistenten und Studenten hatten Priorität bei der Besetzung der Sechs-Wochen-Praktika im Allensbacher Institut; zeitweise kam jeder zweite Nachwuchswissenschaftler in Allensbach aus dem Kreis der Mainzer Absolventen. Weil nach meiner Emeritierung die Gefahr bestand, die Verbindung könnte abreißen, erfanden wir die Einrichtung der regelmäßigen gegenseitigen Exkursionen. In einem Semester reisten zwölf Allensbacher nach Mainz zu eineinhalbtägigen Kolloquien, bei denen die Hälfte der Referate die Allensbacher, die andere Hälfte die Mainzer übernahmen. Im nächsten Semester reisten dann zwölf Mainzer nach Allensbach zum Gegenbesuch.

Durch den Ausbau des Allensbacher Instituts war ich ohnehin ständig auf der Suche nach Talenten. Um trotz der Studentenunruhen keine Massensituation entstehen zu lassen, begann ich, fast von Anfang an, neben der zweistündigen Hauptvorlesung eine zweistündige Übung zur Vorlesung anzubieten mit drei 40-Minuten-Klausuren zum Stoff der Vorlesung. Diese Klausuren korrigierte ich selbst, auch als es 100 oder 150 waren. Viele Studenten lernte ich zuerst durch ihre Klausuren kennen. 25 bis 30 wurden am Ende des Semesters in meine Mainzer Wohnung zu einem Abendgespräch eingeladen. Ich war sehr neugierig, wer hinter besonders interessanten Klausuren steckte, und oft führte das dann zum Angebot eines Praktikums in Allensbach. Eine Studentin, die bereits in den siebziger Jahren durch ein solches Praktikum ans Allensbacher Institut kam, war Renate Köcher.

Viele Freunde, vor allem die Unternehmer unter ihnen, mahnten mich, ich müsse meinen Mitarbeitern in Allensbach mehr Bewegungsfreiheit lassen, als ich es bis dahin getan hatte. Wie sollten sie denn, wurde mir gesagt, jemals in der Lage sein, selbst Verantwortung zu übernehmen, wenn ich ihnen ständig auf die Finger schaute. Das leuchtete mir ein, zumal es auch meiner Überzeugung entsprach, daß Menschen generell die größtmögliche Entscheidungsfreiheit haben müßten, um ihre Talente und Kräfte zu entfalten. Also zog ich mich mehr und mehr aus dem täglichen Geschäft zurück. Doch bald zeigte sich, daß ich diesen Schritt anscheinend zu schnell, zu unvorbereitet vollzogen hatte. Die Aufträge brachen weg, und im Jahr 1987 war das Allensbacher Institut nahezu bankrott. Ich überlegte, was zu tun sei, und lud schließlich Renate Köcher ein, in die Geschäftsführung des Instituts einzutreten. Seitdem leiten wir es gemeinsam als gleichberechtigte Geschäftsführerinnen.

Renate Köcher, Jahrgang 1952, hatte in den siebziger Jahren in Mainz Volkswirtschaft, Soziologie und Publizistik studiert. Als Studentin fiel sie mir zunächst nicht auf. Als sie dann aber ein Praktikum in Allensbach absolvierte, stellte sich heraus, daß sie einen ausgezeichneten analytischen Verstand hatte. Rund zehn Jahre später war sie zu einer der wichtigsten Mitarbeiterinnen des Instituts geworden, die sowohl in der Marktforschung als auch in der Sozialforschung glänzende Analysen schrieb. Hinzu kam, daß sie große Fähigkeiten auf dem Gebiet der Politik hatte. Sie ist in der Lage, auch die kompliziertesten politischen Situationen rascher als andere zu durchschauen und ihre Konsequenzen zu erkennen. In dieser Hinsicht ähnelt sie übrigens Erich Peter Neumann.

Als Volkswirtin verfügte sie auch über Kenntnisse der Betriebswirtschaft, die ich nicht hatte, die aber in der schwierigen Lage des Instituts von großer Bedeutung sein konnten. Ich war sehr erleichtert, als Renate Köcher mein Angebot annahm. Bei ihr wußte und weiß ich das Institut in guten Händen. Bereits nach kurzer Zeit stand das Allensbacher Institut finanziell wieder auf sicheren Füßen und ist seitdem nicht mehr in eine vergleichbar bedrohliche Lage geraten.

Ungelöst blieb zunächst aber noch die Frage, wie in Zukunft die Eigentumsverhältnisse an dem Institut zu regeln seien. Dabei handelte es sich nicht um eine Formalität, sondern um eine Grundsatzentscheidung, von der nach meiner Überzeugung die Zukunft des Instituts als wissenschaftliche Einrichtung abhing. Es lag mir daran sicherzustellen, daß der künftige Eigentümer nicht nur dem Ziel des wirtschaftlichen Erfolgs verpflichtet war, sondern auch der sozialwissenschaftlichen Grundlagenforschung. Ich mußte dafür sorgen, daß niemand in die Versuchung geraten könnte, das Institut aus wirtschaftlichen Zwängen heraus etwa an ein großes internationales Marktforschungsunternehmen zu verkaufen, das dann mit dem attraktiven Markennamen Allensbach allein das Ziel der Gewinnmaximierung verfolgen würde. Denn das wäre zwar aus Sicht des Marktforschungsunternehmens durchaus legitim, aber es wäre nicht mit dem Ziel vereinbar, wissenschaftliche Umfrageforschung auf höchstem Niveau einschließlich der methodischen Grundlagenforschung zu betreiben.

Eine Zeitlang glaubte ich, es wäre das beste, das Institut, das sich allein in meinem Besitz befand, testamentarisch der Universität von Chicago zu vermachen. Die juristischen Vorbereitungen dazu waren bereits recht weit gediehen, als ich von dem Gedanken wieder Abstand nahm, unter anderem deswegen, weil mir Helmut Kohl dringend davon abriet. Das Allensbacher Institut, meinte er, sei ein Denkmal der deutschen Zeitgeschichte, das man nicht einfach nach Amerika verschenken dürfe.

Schließlich kam ich auf einen Gedanken zurück, den Erich Peter Neumann und ich schon zwei Jahre nach Gründung des Instituts erörtert hatten, nämlich den Plan, es in eine Stiftung zu überführen. Im Mai 1996 übertrug ich 99 Prozent der Anteile am Institut an die neu gegründete gemeinnützige »Stiftung Demoskopie Allensbach«, lediglich ein Prozent blieb einer Geschäftsführungs-GmbH vorbehalten. Zielsetzung der Stiftung ist es, wie es in der Präambel der Satzung heißt, die Voraussetzung dafür zu schaffen, daß »unabhängig und auftragsungebunden Forschungsarbeiten auf dem Gebiet der Demoskopie durchgeführt, Wissenschaft und Forschung und wissenschaftlicher Nachwuchs gefördert und Forschungsergebnisse publiziert werden können und daß in Verbindung damit das demokratische Staatswesen gestärkt wird«.

Als Vorstand für die Stiftung gelang es mir, den Rechtswissenschaftler und ehemaligen Rektor der Universität Konstanz Bernd Rüthers und den Frankfurter Rechtsanwalt, Wirtschaftsprüfer und Steuerberater Ernst-Thomas Kraft zu gewinnen. Dem Kuratorium der Stiftung gehörten bei ihrer Gründung unter anderem der ehemalige Generaldirektor der Nestlé AG, Helmut O. Maucher, und die vormaligen Vorsitzenden der Unternehmen Henkel, Bosch und BMW, Konrad Henkel, Marcus Bierich und Eberhard von Kuenheim an, außerdem Hans-Jürgen Schinzler, Vorstandsvorsitzender der Münchner Rück, einer der weltweit größten Rückversiche-

rungsanstalten, der Hauptgeschäftsführer des deutschen Industrie- und Handelskammertags Franz Schoser, der Schweizer Industrielle Stephan Schmidheiny und Heinz Maier-Leibnitz.
Mir war es wichtig, daß der Stiftung ein Kuratorium zur Seite steht, dem erstklassige Wirtschaftsfachleute angehören, die aber neben ihrer unternehmerischen Kompetenz auch erkennen, wie wichtig es ist, eine von wechselnden Auftraggeberinteressen unabhängige kontinuierliche Sozialforschung zu sichern und das für die Geschichtswissenschaft einzigartig wertvolle Archiv des Allensbacher Instituts fortzuführen.

Das Jahrhundert der Sozialforschung

Warum war und ist es mir so wichtig, daß das Allensbacher Institut auch in Zukunft Grundlagenforschung betreibt und damit eine Aufgabe übernimmt, die üblicherweise von den Universitäten übernommen wird? Der Grund ist, daß es bis heute nicht gelungen ist, die Umfrageforschung fest in Forschung und Lehre an den Universitäten zu verankern. Wer das Vorlesungsverzeichnis einer beliebigen größeren Universität in die Hand nimmt, wird feststellen, daß dort zahlreiche Lehrveranstaltungen zu den Methoden der empirischen Sozialforschung und damit auch der Umfrageforschung angeboten werden, doch das ist hier nicht gemeint.
Die Umfrageforschung spielt heute an der Universität eine ähnliche Rolle wie das Fach Publizistik vor rund 40 Jahren. Sie wird im Rahmen vieler Fächer als Hilfswissenschaft gelehrt, etwa in der Soziologie, der Kommunikationswissenschaft, der Betriebswirtschaft und der Politikwissenschaft. Doch in den Kernbereichen dieser Fächer spielt sie noch immer eine untergeordnete Rolle. Es ist, als arbeiteten die empirischen Forscher und die Theoretiker nebeneinanderher, ohne sich gegenseitig zur Kenntnis zu nehmen.

Ich erachte es für die Zukunft der Sozialwissenschaften als besonders wichtig, daß die Demoskopie als selbstverständliche und zentrale Methode fest an den Universitäten verankert wird. Es gibt keinen anderen Bereich in unserem Staat und unserer Gesellschaft, in den sich ein Fach wissenschaftlich entwickeln kann, als die Universitäten und die mit ihnen verbundenen Forschungsorganisationen. In den Universitäten entsteht Grundlagenforschung. Ohne Grundlagenforschung kann sich eine Wissenschaft nicht entfalten, die Methoden werden nicht überprüft, und sie werden nicht weiterentwickelt. Ein Wissenschaftsgebiet, das nicht an der Universität verankert ist, ist schon aus diesem Grund zur Stagnation und dann zum Zerfall verurteilt. Und nur in den Universitäten können die für ein Wissenschaftsgebiet notwendigen Autoritätsstrukturen aufgebaut werden. Die Autorität, mit der entschieden werden kann über Qualität und wissenschaftlichen Fortschritt ebenso wie über Irrweg, Mißbrauch und Manipulation.

Zu meinem 80. Geburtstag am 19. Dezember 1996 gab die baden-württembergische Landesregierung unter Ministerpräsident Erwin Teufel einen Empfang im Neuen Schloß in Stuttgart. Es gab freundliche Ansprachen, Musik und ein sehr schönes Abendessen im Weißen Saal des Schlosses, heitere Stimmung. Im Programm war vorgesehen, daß ich eine kurze Rede halten sollte. Das Publikum erwartete eine freundliche Sonntagsrede. Statt dessen aber sagte ich, ich glaubte, als Geburtstagskind auch einen Wunsch äußern zu dürfen. Ich beschrieb, warum mir die Verankerung der Demoskopie an den Universitäten so sehr am Herzen lag, wandte mich dann direkt an Ministerpräsident Teufel und sagte, ich wünschte mir als Geburtstagsgeschenk, daß an der Universität Konstanz, die nur wenige Kilometer vom Allensbacher Institut entfernt liegt, ein Lehrstuhl für Demoskopie eingerichtet werde. »Das hätte man sich ja gleich denken können, daß sie diese Gelegenheit mißbrauchen würde«, zischte jemand am Nachbartisch. Tatsächlich nahm sich Teufel meine Bitte zu Herzen. Acht Jahre später, 2004, wurde der bis dahin in München tätige Soziologe Thomas Hinz auf den neu geschaffenen Lehrstuhl für »Empirische Sozialforschung mit Schwerpunkt Demoskopie« berufen. Ein guter Anfang.

Tatsächlich bin ich trotz aller Schwierigkeiten und Rückschläge, welche die Demoskopie in den letzten Jahrzehnten erlebt hat, bei dem Gedanken an die Zukunft der empirischen Sozialwissenschaft recht optimistisch. Das Hauptproblem ist auch heute noch, daß es in der Öffentlichkeit und selbst in Teilen der Wissenschaft an »empirischem Denken« fehlt. Doch ich bin überzeugt, daß sich dies in den kommenden Jahrzehnten ändern wird.

Was meine ich mit »empirischem Denken«? Ich möchte es verdeutlichen an einem Bild, einem großen Ölgemälde, das im Allensbacher Institut an der Wand hängt in einem Raum, in dem oft Gäste empfangen und bewirtet werden. Es ist die Kopie eines Gemäldes aus dem frühen 18. Jahrhundert, entstanden im späten 19. Jahrhundert, wahrscheinlich in Südamerika. Das Bild zeigt eine Meeresbucht, umsäumt von einem Strand, auf dem sich drei Spaziergänger befinden – sonst niemand. In der Meeresbucht schwimmt ein einzelnes prächtiges Segelschiff. Dahinter ragt eine Felseninsel aus dem Wasser, auf der eine mittelalterliche Burgruine zu sehen ist. Die Bucht ist umgeben von einer üppigen, tropisch anmutenden Vegetation; im Hintergrund erhebt sich ein hohes, steiles Felsengebirge.

Das Gemälde habe ich bei einem Antiquitätenhändler im Zentrum von Buenos Aires gekauft. Ich fragte ihn, wie es heiße, und er sagte mir: »Der Hafen von Hamburg«. Dieses Bild hat nicht das geringste mit dem tatsächlichen Hamburger Hafen zu tun (und es gibt auch keinen Ort dieses Namens in Amerika, den es darstellen könnte). Der Maler hat absurderweise einen Ort gemalt, den er nie gesehen hat, und stützte sich allein auf eine Vorstellung – man kann auch sagen, eine einleuchtende Theorie –, wie er aussehen müßte.

In wesentlichen Teilen der Sozialwissenschaft geschieht bis heute nichts anderes, ohne daß dies als absurd wahrgenommen wird. Mit

Vehemenz werden Theorien über das angebliche Verhalten der Menschen in der Gesellschaft aufgestellt und verteidigt. Ausgehend von der Annahme, daß derjenige recht habe, der über die besseren Argumente verfügt, werden Theorien oft mit intellektuell höchst anspruchsvollen Begründungen ausgestattet. Der Gedanke, daß nicht die Brillanz der Argumentation, sondern empirische Beobachtung und Experiment darüber entscheiden, welche These richtig ist und welche nicht, kommt oft gar nicht erst auf. So kursieren bis heute zahlreiche Annahmen über den Zustand und die Entwicklung der Gesellschaft, gelten teilweise sogar als gesichertes Wissen, einfach weil sie so einleuchtend klingen. Und dies, obwohl man mit Hilfe der Sozialforschung nachweisen kann, daß sie falsch sind. Diese Mißachtung der empirischen Sozialforschung kann beträchtliche Folgen haben. Denn falsche Grundannahmen führen zu falschen Entscheidungen.

Wollte man ein kleines Museum der Irrtümer einrichten, dann müßte man dort beispielsweise die These »im Wahlkampf steigt die Politikverdrossenheit« ausstellen. Tatsächlich war dies einmal so. In den fünfziger und sechziger Jahren verschlechterten sich regelmäßig in den Monaten vor einer Bundestagswahl die Meinungen der Bevölkerung über die Parteien und Spitzenkandidaten. Man vermutete, der Grund hierfür sei der öffentlich ausgetragene Streit und nahm an, dies sei ein Muster, das sich in allen Demokratien wiederfinden lassen müßte. Doch spätestens seit Anfang der neunziger Jahre ist das Gegenteil zu beobachten: Parteien- und Politikverdrossenheit erreichen regelmäßig ein Jahr vor einer Bundestagswahl ihren Höhepunkt, um dann, im Verlauf des Wahlkampfes, in sich zusammenzubrechen. Es ist eine spannende Aufgabe für die politische Wissenschaft, die Gründe für diese Entwicklung zu erforschen. Vermutlich hängt das Phänomen mit einer veränderten Struktur der Medienberichterstattung zusammen.

Doch die Tatsache, daß die Politikverdrossenheit im Wahlkampf nicht steigt, sondern sinkt, hat sich bisher nicht herumgesprochen.

So forderte vor einigen Jahren beispielsweise der ehemalige Bundesaußenminister Klaus Kinkel in einem Beitrag für die Frankfurter Allgemeine Zeitung, die Wahlperioden zu verlängern. Die Begründung lautete: »Dauernde Wahlkämpfe stören das demokratische Miteinander und führen zu Wahlmüdigkeit und Demokratieverdrossenheit.«

Ein gesellschaftlicher Irrtum mit schwerwiegenden Folgen ist die Annahme, es sei prinzipiell egal, ob Kinder Informationen durch Lesen oder Fernsehen aufnehmen. Bereits im Jahr 1967 zeigte eine Allensbacher Studie zur Wirkung des Fernsehens einen eigenartigen, damals rätselhaften Befund: Man konnte erkennen, daß Personen, die sich zum ersten Mal ein Fernsehgerät anschafften, nur dann einen Informationsgewinn aus dem neuen Medium zogen, wenn sie neben dem regelmäßigen Fernsehen auch weiter kontinuierlich Zeitung lasen. Ein Befund, der inzwischen auch durch Studien in anderen Ländern bestätigt worden ist.

Eine Gruppe von Kommunikationswissenschaftlern der Universität Zürich um Heinz Bonfadelli und Ulrich Saxer fand heraus, daß mit dem Fernsehkonsum nicht die politische Informiertheit der ganzen Bevölkerung angehoben wurde, sondern nur einer bestimmten Gruppe. Die ohnehin schon Gebildeten, die auch regelmäßig Zeitung lasen, verbesserten durch die Fernsehnutzung ihre politischen Kenntnisse. Der Wissensstand derjenigen, die wenig Zeitung lasen, änderte sich nicht. Saxer und Bonfadelli sprachen von einer »wachsenden Wissenskluft« zwischen informierten und uninformierten Bürgern. Personen, die nicht regelmäßig Zeitung lasen, konnten sich schon wenige Minuten nach Ende der Fernsehnachrichten nicht mehr daran erinnern, was sie gerade gesehen oder gehört hatten.

Eine Erklärung für diese rätselhaften Befunde lieferte schließlich die Hirnforschung. Die Fähigkeiten, die ein Mensch braucht, um fernzusehen, sind ihm weitgehend angeboren: Er muß lediglich sehen, hören und die Sprache verstehen können. Lesen ist dagegen wesentlich mühsamer. Es handelt sich um einen Vorgang der Entschlüsselung abstrakter Symbole. Das Gehirn muß lernen, Zeichen zu Buchstaben zusammenzusetzen, sie zu kombinieren und schließlich einem Sinn zuzuordnen. Dieser Lernprozeß führt zur Aktivierung und Verfestigung von Hirnstrukturen, welche die Voraussetzung dafür sind, daß ein Mensch in seinem späteren Leben generell abstrakte Informationen aufnehmen und verarbeiten kann.

Der Hirnforscher Ernst Pöppel schreibt: »Entdeckt wurde, was für die Pädagogik von größter Bedeutung ist, daß das Gehirn des Kindes durch ein hohes Maß von neuronaler Funktionsplastizität gekennzeichnet ist. Genetisch vorgegebene Strukturen müssen in sensiblen Phasen der individuellen Entwicklung durch Nutzung bestätigt werden, um dann für die Informationsverarbeitung zur Verfügung zu stehen; entfällt die Bestätigung durch Nutzung, gehen die genetisch angelegten neuronalen Möglichkeiten verloren.« Das heißt ganz verkürzt: Nur wer im Jugendalter – nach bisherigen Kenntnissen etwa bis zum 14., 15. Lebensjahr – die Fähigkeit zu lesen erwirbt und gründlich einübt, wird auch in der Lage sein, abstrakt und rational zu denken. Nur eine Gesellschaft, die liest, ist eine Gesellschaft, die denkt.

Angesichts dieser Tatsache kann es nicht folgenlos bleiben, daß das Lesen in der Gesellschaft langsam, aber beharrlich an Bedeutung verliert, vor allem bei der jungen Generation. Ein Indiz hierfür ist der seit mittlerweile fast 30 Jahren zu beobachtende Rückgang der Zahl der jugendlichen Zeitungsleser. 1977 gaben bei Allensbacher Umfragen noch rund dreiviertel der Befragten im Alter zwischen 14 bis 29 Jahren an, sie hätten am Tag vor dem Interview eine Tageszeitung gelesen, heute sind es unter 50 Prozent. Nun könnte man theoretisch annehmen, daß die Jugendlichen statt der Zeitung vermehrt Bücher lesen. Doch das ist nicht der Fall. Regelmäßige Zeitungsleser sind auch intensivere Buchleser. Verleger von Jugendbüchern klagen – trotz Harry Potter – über wachsende Absatzprobleme.

Man kann mutmaßen, daß hier einer der Gründe für das schlechte Abschneiden der deutschen Schüler in den internationalen

Pisa-Studien liegt, das seit einigen Jahren so viel Aufsehen erregt. Die Zahl der in Deutschland lebenden sogenannten »funktionalen Analphabeten«, also derjenigen, die zwar einmal in der Schule lesen gelernt, es aber mangels Anwendung wieder weitgehend verlernt haben, wird von der UNESCO auf drei bis vier Millionen geschätzt, Tendenz steigend. Eine Gesellschaft, die die Pflege der Kulturtechnik Lesen besonders bei Jugendlichen vernachlässigt und diese nicht durch gleichwertige Übungen des abstrakten Denkvermögens ersetzt, muß damit rechnen, daß sich dies über kurz oder lang in einer sinkenden geistigen Leistungsfähigkeit bei einem beträchtlichen Teil der Bevölkerung niederschlägt. Bereits heute sind die Leistungen der Befragten bei verschiedenen Wissens- und Konzentrationstests, die regelmäßig in Allensbacher Umfragen eingeschlossen werden, rückläufig.

Die Liste der gesellschaftlichen Irrtümer, die sich mit Hilfe der empirischen Sozialforschung aufklären lassen, könnte man noch lange weiterführen. Über den weit verbreiteten Irrtum, daß es das Glück der Menschen befördere, möglichst wenig zu arbeiten, habe ich bereits berichtet. Vor Jahren erschien in der »Süddeutschen Zeitung« der Artikel eines bekannten Soziologen unter dem Titel »Arbeitslos – das große Los«. Darin wurde beschrieben, daß Arbeitslosigkeit unter den Bedingungen einer einigermaßen sicheren sozialen Grundversorgung eine große Chance für die Betroffenen sei, weil sie die Möglichkeit eröffne, den eigenen Interessen nachzugehen und eigene Aktivitäten zu entfalten. Nichts könnte falscher sein als diese These, so einleuchtend sie auch auf den ersten Blick erscheinen mag. Lazarsfeld hatte schon 1933 in seiner Marienthal-Studie nachgewiesen, wie rasch die Kräfte der Menschen verfallen, wenn sie arbeitslos geworden sind. Sie haben zwar die Zeit für eigene Aktivitäten, verlieren aber alle Energie dazu.

Das 20. Jahrhundert hat das Instrumentarium geschaffen, das es ermöglicht, das Verhalten von Menschen und Gesellschaften wiederholbar und überprüfbar zu studieren und zu Ergebnissen zu kommen, die nicht mit rein theoretischen Argumenten aus der Welt geschafft werden können. Das 20. Jahrhundert hat die Methoden entwickelt, mit deren Hilfe Ideologiefragen in Sachfragen verwandelt werden können. Das Denken hat mit dieser methodischen Entwicklung nicht Schritt gehalten, doch es besteht Hoffnung, daß es in den kommenden Jahrzehnten nachfolgen wird.

Die Geschichte zeigt, daß eine sich entwickelnde Wissenschaft vom methodischen Durchbruch bis zur gesellschaftlichen Durchsetzung etwa ein Jahrhundert braucht. Im Jahr 1543 erschien Kopernikus' Buch »Über die Umläufe der Himmelskreise«, in dem zum ersten Mal seit der Antike beschrieben wird, daß die Sonne und nicht die Erde Mittelpunkt unseres Sonnensystems ist. Rund 70 Jahre später erlangte mit Galilei diese Weltsicht den Durchbruch.

Anfang des 17. Jahrhunderts unternahmen Simon Stevin und Galileo Galilei ihre Fallstudien, mit denen sie die Thesen des Aristoteles über den Zusammenhang zwischen dem Gewicht eines Gegenstandes und seiner Fallgeschwindigkeit widerlegten. Rund 80 Jahre danach, 1687, veröffentlichte Newton seine Gravitationstheorie, die in den nächsten Jahrhunderten die Physik beherrschen sollte. 1662 erschien das Buch »The Sceptical Chymist« des Engländers Robert Boyle, das heute als der Beginn der modernen Chemie gilt. Hundert Jahre danach wandelte sich das Fach endgültig zu einer modernen Experimentalwissenschaft, als es dem Franzosen Antoine Laurent de Lavoisier mit Experimenten gelang, die sich bis dahin hartnäckig haltende These von der Existenz des Phlogistons, des Feuerstoffs, zu widerlegen. Mit Justus Liebig wurde die Chemie dann endgültig an deutschen Universitäten verankert.

Besonders eindrucksvoll ist die Geschichte der Durchsetzung der experimentellen Physik an der Universität Heidelberg. Hans-Georg Gadamer hat im Jahr 1986 anläßlich des 600-Jahre-Jubiläums der Universität Heidelberg beschrieben, wie die experimentelle Naturwissenschaft an der philosophisch geprägten Universität auf den hinhaltenden, aber letztlich vergeblichen Widerstand der Geisteswissenschaftler stieß. Um 1770 wurde in Heidelberg der erste Lehrstuhl für Experimentalphysik eingerichtet, zwanzig Jahre danach ein zweiter. Es vergingen rund fünfzig Jahre, bis die naturphilosophischen Vorlesungen über den Geist des Wassers und den Geist des Feuers von den Lehrveranstaltungen der neuen exakten Wissenschaften abgelöst wurden. Zuerst, sagte Gadamer, sei es darum gegangen, die Beobachtung und das Experiment »gegen bloße Spekulationen zu Ehren zu bringen«. Und nachdem dies vollbracht worden sei, seien »die spekulativen Träume der Naturphilosophie am Geiste ernüchterter Experimentalforschung zerstoben«.

Wenn die Entwicklung der Sozialwissenschaften dem Muster der Naturwissenschaften folgt, dann müßte das 21. Jahrhundert den Durchbruch der empirischen Sozialforschung auf breiter Front in Wissenschaft, Politik und Gesellschaft mit sich bringen. Es müßte das Jahrhundert der Sozialforschung werden.

Der Garten in den Limonenstraße

Es ist schon ein wenig schade, daß ich den Durchbruch der Empirie in der Sozialwissenschaft in diesem Jahrhundert nicht mehr erleben werde. Doch der Gedanke, daß es in nicht mehr allzuferner Zukunft soweit sein wird, stimmt fröhlich, wie mich auch der Blick auf die vergangenen fast neun Jahrzehnte meines Lebens fröhlich stimmt. Das 20. Jahrhundert ist, zumindest in seiner ersten Hälfte, für Deutschland eine riesige Katastrophe gewesen. Es wird viele Jahrzehnte, wenn nicht Jahrhunderte dauern, bis sich das Land wieder ganz von den Folgen erholt haben wird.

Auch in meinem persönlichen Umfeld habe ich sehr viel Unglück und Elend erlebt, Hunger, Not und Vertreibung. Wenn man sich diese Umstände vor Augen führt, kann man nur zu dem Schluß kommen, daß ich unglaublich viel Glück gehabt habe. Es war ein Leben voller Wunder, von denen ich in diesem Buch nur einige aufgezeichnet habe. Das sichere Gefühl, als Fünfjährige von Engeln besucht worden zu sein, die Ratschläge von Heinz Ullstein und Karl Silex (»Ihr Platz bei uns ist Ihnen sicher – aber erst einmal promovieren Sie«), die Gewißheit an der Uferpromenade in Friedrichshafen, daß ich am Bodensee mein Leben verbringen würde, die spontane Entscheidung, mich für ein Stipendium in den USA zu bewerben, das Erlebnis im Tempel von Edfu, das weiße Häuschen im Knallbonbon auf der Friedrichstraße in Berlin, die Bekanntschaft mit dem Kunsthändler Doucet, die Tatsache, daß sein Vorgesetzter Lahy in der Freiburger Universitätsbibliothek auf meine Dissertation stieß, und der leuchtende Schriftzug auf der Tapete im Hotel Kempinski »Öffentliche Meinung und soziale Kontrolle« – dies alles gab mir stets das Gefühl, an einer sicheren Hand durchs Leben geleitet zu werden.

Dieses Gefühl hat zu dem anscheinend sehr ausgeprägten Selbstbewußtsein geführt, über das sich Paul Kirchhof schon gewundert hatte. Ich selbst habe mich nie als übermäßig selbstbewußt empfunden, aber anderen Menschen ist diese Eigenschaft immer wieder aufgefallen, oft anhand von Kleinigkeiten. Einmal saß ich im Flugzeug neben einem Mann, der mich nach der Uhrzeit fragte. Ich schaute auf meine Uhr – eine Chopard – und sagte sie ihm. Dann aber stellte ich fest, daß er selbst gleich mehrere Uhren an beiden Handgelenken trug. Etwas verärgert fragte ich ihn, warum er mich denn nach der Zeit frage, wenn er doch selbst drei Uhren trüge. Er lachte und sagte, er sei Nicolas Hayek, der Schweizer Uhrenfabrikant und Erfinder der »Swatch«-Uhren. Er wollte einmal sehen, was für eine Uhr ich trage. Und er fuhr fort: »Sie müssen ein sehr selbstbewußter Mensch sein, der eine so edle Uhr unter einem Pullover verschwinden läßt.«

313

Ich hatte mir schon als Kind vorgenommen, daß ich mich in meinem Leben nicht langweilen wollte, und es war weiß Gott alles andere als ein langweiliges Leben. Ohne Zweifel habe ich auch selbst einiges dazu getan, daß es nicht langweilig wurde. Jede Form der Trägheit, der Zeitverschwendung, war mir zuwider. Zu offiziellen Einladungen, ich erinnere mich hier konkret an ein Essen im größeren Kreis beim Bundespräsidenten, ging ich gerne frühzeitig hin, damit ich mir im noch leeren Saal in Ruhe die Tischordnung ansehen konnte. Wenn ich merkte, daß links und rechts neben mir Menschen plaziert worden waren, die ich uninteressant fand, tauschte ich die Tischkarten kurzerhand aus.

Arnold Gehlen, der berühmte Philosoph und Soziologe und einer der vielen Freunde, die in diesem Buch zu kurz gekommen sind, sagte einmal, Thomas Hobbes hätte behauptet, der Mensch denke immer. Nach seiner, Gehlens, Überzeugung sei das falsch, denn der einzige Mensch, den er kenne, auf den das wirklich zutreffe, sei ich. Man kann sagen, daß das der Preis für ein derart intensives und erlebnisreiches Leben war. Es ist, wie von Mihaly Csikszentmihalyi beschrieben: Nur durch Anstrengungen, durch das Bewältigen von Herausforderungen, gewinnt man an Stärke und Selbstbewußtsein.

Es ist schön, am Ende des Lebens – alles in allem – mit sich im Reinen zu sein und auf fast ein ganzes Jahrhundert Zeitgeschichte zurückblicken zu können. Es ist, als könnte man mit den eigenen Erinnerungen in der Geschichte spazierengehen. Wenn ich einmal niedergeschlagen, deprimiert bin, dann besuche ich in Gedanken den Garten meiner Kindheit an der Limonenstraße in Berlin. Ich könnte hinfahren, denn mein Elternhaus steht noch, doch das möchte ich nicht. Ich gehe in dem Garten spazieren, wie er in meiner Kindheit war, mit dem noch unbebauten Grundstück Nr. 9. Ich betrachte die fürstliche Freitreppe mit dem kleinen Springbrunnen vor dem Haus, davor das prächtige Auto meiner Eltern, ein Brennabor. Ich sehe den Gemüsegarten, in dem ich im Sommer mein Zelt aufrichtete, die zahllosen Bäume aller nur denkbarer Arten, die mein Vater gepflanzt hatte, um seinen Kindern die heimische Natur zeigen zu können, und dann denke ich, wie Paul Fleming:

Sei dennoch unverzagt! Gib dennoch unverloren!
Weich keinem Glücke nicht, steh höher als der Neid,
Vergnüge dich an dir und acht es für kein Leid,
Hat sich gleich wider dich Glück, Ort und Zeit verschworen.

Was dich betrübt und labt, halt alles für erkoren,
Nimm dein Verhängnis an, laß alles unbereut.
Tu, was getan sein muß, und eh man dirs gebeut.
Was du noch hoffen kannst, das wird noch stets geboren.

Was klagt, was lobt man doch? Sein Unglück und sein Glücke
Ist sich ein jeder selbst. Schau alle Sachen an:
Dies alles ist in dir. Laß deinen eitlen Wahn,

Und eh du fürder gehst, so geh in dich zurücke.
Wer sein selbst Meister ist und sich beherrschen kann,
Dem ist die weite Welt und alles untertan.

Personenregister

Wolfram Baentsch
Der Doppelmord an Uwe Barschel

Die Fakten und Hintergründe

Die »Barschel-Affäre« erschütterte die Bundesrepublik. Die größte politische Affäre der deutschen Nachkriegsgeschichte – so wurde das
dramatische Geschehen aus dem Wahlkampf
von Schleswig-Holstein schon vor dem ge-
waltsamen Tod des Ministerpräsidenten Uwe
Barschel genannt. Wie der 43Jährige starb – in
der Nacht, bevor er vor dem Untersuchungs-
ausschuß aussagen wollte – und warum, ist bis
heute nicht aufgeklärt, aber auch nie ernsthaft
ermittelt worden.

Die Legende vom Selbstmord war eine politische Erfindung. Dieses Buch, für das der Autor
drei Jahre lang recherchierte, enttarnt diesen
spektakulären Fall als einzigartige Desinforma-
tionskampagne.

384 S. mit Fotos u. Dokumenten, ISBN 3-7766-2489-2
Herbig

Lesetipp

BUCHVERLAGE
LANGENMÜLLER HERBIG NYMPHENBURGER
WWW.HERBIG.NET